U0905248

西北师范大学　华南师范大学组织编写

改革开放以来中国电化教育(教育技术)第1故事

主　编　李克东

副主编　李运林　王珠珠　杨改学　郭绍青　俞树煜

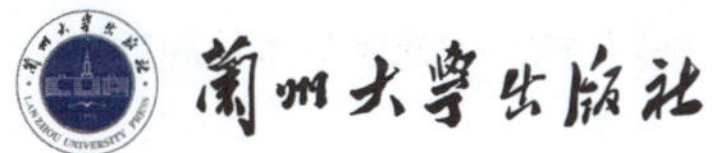

图书在版编目（CIP）数据

改革开放以来中国电化教育（教育技术）第一故事 / 李克东主编. -- 兰州 : 兰州大学出版社, 2020.9
ISBN 978-7-311-05798-5

Ⅰ. ①改… Ⅱ. ①李… Ⅲ. ①电化教育－中国 Ⅳ. ①G43

中国版本图书馆CIP数据核字(2020)第171082号

责任编辑 包秀娟
封面设计 严富华

书　　名 改革开放以来中国电化教育(教育技术)第一故事
作　　者 李克东 主编
出版发行 兰州大学出版社 (地址:兰州市天水南路222号 730000)
电　　话 0931-8912613(总编办公室) 0931-8617156(营销中心)
0931-8914298(读者服务部)
网　　址 http://press.lzu.edu.cn
电子信箱 press@lzu.edu.cn
印　　刷 兰州新华印刷厂
开　　本 710 mm×1020 mm 1/16
印　　张 29.25
字　　数 432千
版　　次 2020年9月第1版
印　　次 2020年9月第1次印刷
书　　号 ISBN 978-7-311-05798-5
定　　价 120.00元

谨以此书纪念南国农先生百年诞辰!

前　言

中国电化教育(教育技术)自1978年重新起步以来,已经走过了40年不平凡的发展历程,取得了非凡的成就和丰硕的成果。40多年来,中国电化教育(教育技术)学人栉风沐雨,砥砺前行,不断探索、实践和研究,创造了众多"第一"。这些"第一"敢为人先,开创先河,谱就中国电化教育(教育技术)发展的壮丽篇章。

2018年7月,李克东教授到西北师范大学参加第九届全球华人探究学习创新应用大会(GCCIL 2018),与杨改学教授、郭绍青教授交流时,提到应该把改革开放以来中国电化教育(教育技术)发展中的众多"第一"记录下来,让后辈学者和学生了解中国电化教育(教育技术)发展的历史及前辈学人所做的开拓性工作。这一提议得到杨改学教授、郭绍青教授赞同,并认为以南国农先生百年诞辰为契机,编写一本反映改革开放以来中国电化教育(教育技术)众多"第一"的书,以纪念南国农先生百年诞辰。后来,郭绍青教授把这一提议向李运林教授、王珠珠研究员做了汇报,他们一致认同这一提议,并表示一定要参与其中。2018年12月,李运林教授、李克东教授、杨改学教授、徐福荫教授、郭绍青教授、黄慕雄教授等在华南师范大学开会就《改革开放以来中国电化教育(教育技术)第一故事》的编写工作进行研讨,讨论和确定了本书收录文章的内容、体例等。2019年3月,以李克东教授、李运林教授、王珠珠研究员、杨改学教授为发起人,以南国农信息化教育发展基金和本书编委会名义向全国发起征稿活动。征稿活动得到了学界同仁的积极响应,大家踊跃投稿,共收到稿件50余篇。2019年8月,在华南师范大学召开了《改革开放以来中国电化教育(教育技术)第一故事》编写会议,就前期收到的稿件进行了详细讨论，并再次讨论确定了部分约稿选题。会议之后进行了定向约稿，前后共收到稿件120余篇。

本书为纪念新中国电化教育（教育技术）的开拓者和奠基人南国农先生百年诞辰编写，旨在挖掘中国电化教育（教育技术）发展历程中的众多宝贵历史资源，总结中国电化教育（教育技术）发展的珍贵历史经验，以口述历史再现中国电化教育（教育技术）波澜壮阔的发展进程，以鲜活事件呈现中国电化教育（教育技术）艰难开拓的探索历程，以亲身经历反映一代代中国电化教育（教育技术）学人的心血和智慧。本书共收入文章86篇，所记述的“故事”，大多是作者亲身经历，集中反映了改革开放以来中国电化教育（教育技术）在事业发展、学科建设、产业发展、学术团体成立及学术交流等方面第一次发生或出现的事件，如第一个电化教育（教育技术）本科专业创建、第一个学位点的建立、第一部教材的编制、第一个学术团体的成立、第一次学术会议的举行等。这些事件或“大”或“小”，但大都具有开创性和典型性，反映了改革开放以来几代中国电化教育（教育技术）学人为创建中国特色信息化教育学科，推进中国特色教育信息化实践所付出的艰辛努力和所做的开创性工作。也有些在改革开放以来中国电化教育（教育技术）发展中有重要历史意义的事件或因时间较长，无法找到合适的亲历者去写出“故事”，或亲历者因各种原因无法记述事件，致使一些有开创性和典型意义的事件没能在本书所收录的“故事”中反映出来，倍感遗憾，只有在今后尽力挖掘和保存这些珍贵的记忆了。

本书得以顺利编辑出版得到了众多单位和专家的大力支持和帮助。

西北师范大学、华南师范大学、中央电化教育馆、北京师范大学、华中师范大学、中国教育技术协会、创显科教股份有限公司等单位和杨宗凯、胡钦太、丁新、黄慕雄、邢顺峰、杨非、徐福荫、叶欣、谢幼如、张学波、胡小勇、刘雍潜、陈庆贵、孙强、武法提、刘三妍、郑燕林、谢百治、杨炳任、刘万年、李发军、王玮、郭炯、汪海燕、徐春玲、张瑜、李伟等专家和领导在本书前期策划及约稿、编辑过程中给予大力支持和帮助,付出良多,特别表示感谢。文章的各位作者为本书的出版付出辛勤努力,在此,也深表谢意!特别感谢西安交通大学杨光,华南师范大学秦兆年,南京师范大学张增荣,福建师范大学曾火焕,西南大学陈承志、罗会棣、刘革平,华东师范大学徐方瞿,安徽师范大学郭德成、刘和海,吉林省教育学院张恩成,南京大学桑新民,空军第三飞行学院亢军,大连舰艇学院张志荣,东北师范大学陈晓慧,同济大学医学院赵惠康,陕西师范大学乜勇,辽宁电化教育馆高铁刚,吉林师范大学毕景刚,浙江师范大学朱霞霞,山东省莱西市委党校吴新光等专家和老师,他们为本书的出版也付出很多辛劳。因体例、篇幅所限,有些文章没有收入此书,在此谨向作者表示歉意!部分文章在编辑过程中进行了删改,敬请作者见谅!

编者

2020年6月

目 录

改革开放引进理论技术
促进电化教育重新起步大发展

◎ 李运林

一、前言

1970年，我国要发展彩色电视，在全国范围组织攻关会战，全国分为北京、上海、成都、广州四个会战区，我参加了广州会战区的工作。当时中央“文革”领导小组有指示，攻关研发项目不能采用进口的零部件。结果，由于我们的彩色显像管还不过关，显示出来的彩色乱七八糟，会战以失败告终。

1975年，华南师范学院物理系成立了现代教育技术研究室，研究电子技术在教育中的应用。当时，国内的电子设备与技术还比较落后，只停留在研制低成本的九吋黑白电视机阶段，希望这种电视机能在学校、家庭普及应用。

1978年，我国制定了改革开放的政策，主张引进国外先进的理论与技术，以促进我国经济社会的发展。因此，在教育中应用现代信息技术的电化教育，得以重新起步。从中央到地方，纷纷成立了电化教育组织机构，积极引进了国外先进的教育理论与技术，促进了电化教育事业、学科与专业的全面大发展。

二、引进设备技术，编制电化教育教材，促进电化教育事业大发展

（一）引进设备

1978年6月，由中央电化教育馆（筹）与中国图书进口公司共同策划，在广州举办了电化教育展览会，这是改革开放后的第一次引进设备展览会。同年8月上旬和下旬，分别在上海、北京举办了第二、三次展览会。广州展览会结束后，广东省人民政府将大部分设备留给华南师范学院现代教育技术研究室使用。当时华南师范学院校长潘炯华采用先进的彩色电视录像系统首先编制了教育电视节目《罗非鱼》（见图1），该节目在国内外享有很高的声誉。华南师范学院成为首先引进国外先进设备并用来编制电视教材的单位。

图1　潘炯华在编辑教育电视节目《罗非鱼》

（二）引进技术

引进了设备，还得引进相应的技术，包括设备的使用技术与维修技术。

展览会结束引进设备后，还需电化教育技术培训，使我国广大电化教育工作者了解设备的性能与使用方法。1978年12月15日，在广州白云宾馆举办了全国最早的电化教育技术训练班。来自全国各省市的100多人参加了该训练班，其中有中央电化教育馆的陈庆贵同志。1980年年初，华南师范学院与香港教育科技国际有限公司共同组织举办了多期全国性的电化教育技术培训班（见图2）。另外，中央电化教育馆、省市教育机构也组织一些生产设备的公司进行设备使用技术的培训，掀起了技术使用培训的高潮。

图2　筹办培训班时李运林、李克东与唐世煌总经理合影

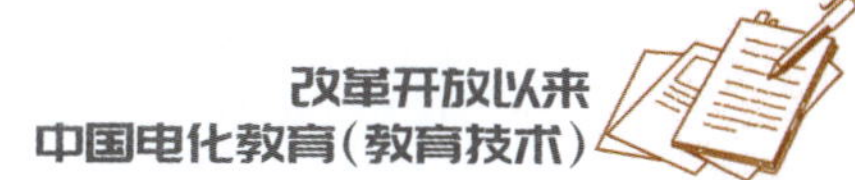

设备维修技术比使用技术更为重要，维修首先要弄懂设备的工作原理。华南师范大学从1978年引进首批教学设备开始，就与日本松下电器在香港的代理机构——香港信兴公司合作在广州开设了乐声牌电器维修部，修理电视、音响、录像机等设备。至1986年还扩大营业，增设了维修先锋牌、山水牌、罗兰斯宝牌的音响设备维修部。这些维修部门成为电化教育本科专业学生的实践基地。这些维修部门扩大开业时，时任广东省省长叶选平、省委宣传部部长杨康华还亲自参加了剪彩仪式。

（三）按国情需求，编制电视教材

引进设备和技术后，电化教育工作者按我国电化教育发展的需求，编制形象化的视听教材，在高校主要是编制电视教材。

1980年年底，教育部组织一批高校开展《中共党史》电化教育教材的编制，华南师范学院承担了《广州起义》《广州农民运动讲习所》《海陆丰农民运动》《省港大罢工》等电视教材的编制。同时，中央电化教育馆组织了工科、理科、医科、师范、体育等学科协作组，选题编制各门学科的电视教材。华南师范学院参加了理科和师范科的协作工作，编制的《分蜂》《熔岩地貌》《丹霞地貌》等电视教材，深受好评。

在编制电视教材的过程中，需要总结经验，探讨科学的方法和规律。1981年10月，我与李克东邀请了周君达、王绥祥、徐志瑞在广州从化区集中十多天编写了第一本《电视教材编导基础》讲义。后来用这份讲义，于1982年3月在广州举办了第一期全国电视教材编导讲习班，共43人参加；同年5月，在南京举办了第二期，共160人参加；10月，在上海举办了第三期，共83人参加。后来还在石家庄举办了全军的电视教材培训班。经过培训，大家都能用科学的方法去编制高质量的电视教材。

我们的培训是非常认真的，还有严格的考核，接受培训的人员都是电化教育系统骨干。记得在南京培训时，徐福荫考了100分，而刘茂森只考了99分，后来刘茂森到处开玩笑说李运林和李克东给分不公平。

这里还有一个关于“开放”思想的故事，在广州编写第一本《电视教材编导基础》讲义时，李运林给每位编写人员发了20元稿费。当时有人将此事告到中央电化教育馆，馆里有位处长来电话要我写检讨。我回到广州后，广东省高等教育局人事处处长找我谈话，问我是否有这件事，我说是事实。处长说：“你做得对，这事不用你管，我会处理好。”这事告诉我们，改革开放还要有“开放”的思想才能跟上形势去放开手脚做事情。

（四）按国情推广应用，电化教育事业大发展

按国情需要，各级学校、各门学科的电化教育教材编制起来了，如何在教学中使用，才能得到最优效果，是电化教育事业能否发展的关键问题。

我们在肇庆等地区组织了多种电化教育媒体与传统媒体优化组合的教学设计进行教学试验，取得了良好的效果。这一成果的推广应用促进了电化教育事业大发展，该项试验成果还获得了国家级优秀教学成果一等奖。

三、积极引进理论，建立中国特色电化教育理论体系与学科专业

（一）积极引进理论

1979年，教育部组织部分省市教育厅（局）长出境进行电化教育考察。广东省高等教育局局长林川是考察团团长，他非常关注电化教育发展的理论，觉得香港中文大学传播研究中心余也鲁教授的媒体传播理论对我国电化教育的发展有重要的指导作用。1980年，在林川局长的安排下，华南师范学院潘炯华校长带领我和李克东访问了香港中文大学传播研究中心，并代表林川局长邀请了余也鲁教授到华南师范学院讲学。余也鲁教授欣然应邀，并提出会邀请他的导师宣伟伯（威尔伯·施拉姆）一起来。1982年4月，美国传播学奠基人宣伟伯、香港传播学专家余也鲁应邀到华南师范学院讲学一周，全国电化教育界100多人与会（见图3)。会后将讲座内容出版成为专著《教育传播的理论与实践》。宣伟伯是传播学的泰斗，我们电化教育领域是第一次邀

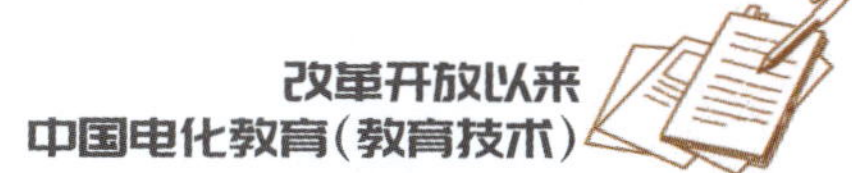

请他到中国大陆来，并用中文出版了他的著作。从此，美国的传播学理论引进中国。与此同时，日本的坂元昂、德国的弗朗克作为华南师范学院的客座教授，也将日本的教育工艺理论与德国的教育系统理论介绍到中国，丰富了我国电化教育的理论。

图3 美国施拉姆教授（前排左4）、香港余也鲁教授（前排左2）来华南师范学院讲学时与中国大陆电化教育专家合影

（二）按我国电化教育的本质，建立中国特色的电化教育理论体系与学科专业

1979—1982年，在兰州（西北师范学院）、广州（华南师范大学）、杭州、黄山先后举办了电化教育培训班和电化教育课程大纲研讨会，对电化教育的定义、本质，进行了深入研讨，一致认为电化教育是研究现代教育媒体在教育中应用的一门课程、一门科学。我们引进国外的理论，要用来建立以现代教育媒体应用为核心的中国电化教育理论体系。

为了发展电化教育，需要办专业培养电化教育人才。为此，在1981—1982年，华南师范大学都在向教育部申报创办电化教育专业，但未获得批准，理由是电化教育还只是一项事业，不是学科，还没有办专业的条件。

华南师范大学和全国电化教育的老前辈都在为创建学科理论体系努力。1983年上半年，我与李克东再次前往香港中文大学，在余也鲁教授的指导下做访问学者，专门学习研修电化教育的几门主干课程：传播理论、传播科学研究方法、电视教材编导、计算机辅助教学。余也鲁还为我们开了一门特色的课程“如何做好系主任”。

在全国电化教育专家的支持和华南师范大学的努力下，华南师范大学在1983年终于成功获批创办新中国第一个电化教育本科专业。

四、结束语

（一）改革开放是电化教育发展产生第一故事的源泉

改革开放是电化教育重新起步的动力。

改革开放引进理论与技术，是电化教育发展产生第一故事的源泉。

在短短的改革开放初期，就产生了无数个电化教育发展的第一故事。

第一个电化教育展览会。

第一次大批引进电化教育设备。

第一个编制的电视教材《罗非鱼》。

第一个举办全国电化教育技术训练班（1978年12月）。

第一个与日本松下电器香港代理机构——信兴公司合作举办中外合作的乐声家电维修部。

第一次编写全国电视教材编导基础讲义。

第一个在广州举办全国电视教材编导培训班。

第一次在华南师范大学引进电化教育的基础理论——传播理论。

新中国第一个电化教育本科专业在华南师范大学创办，并获国家级优秀教学成果奖。

第一个倡导开展多媒体组合教学设计，荣获国家级优秀教学成果一等奖。

（二）广东是改革开放的先行者

为什么改革开放以来，电化教育发展那么多第一都产生在广东，在华南师范大学？

因为广东是改革开放的先行者。

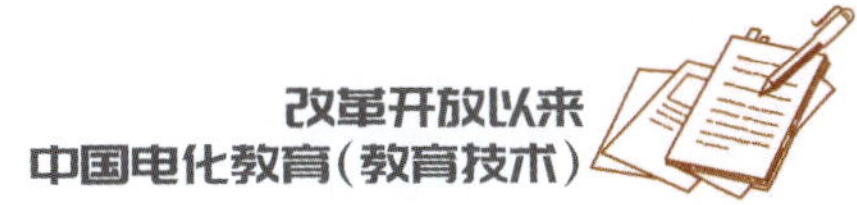

广东的各级领导是改革开放的积极践行者，时任广东省省长叶选平、宣传部部长杨康华亲自参加了维修部的开张剪彩仪式，时任广东省副省长王屏山亲自到教育部申报建立电化教育专业并参加创办仪式。时任广东省高等教育局局长林川亲自指导引进传播理论的系列工作，时任华南师范大学校长潘炯华教授亲自利用引进设备编制了第一部电视教材《罗非鱼》。

华南师范大学的电化教育工作者，在积极引进理论与技术的同时，能团结国内外的力量，结合中国电化教育的实际，创建中国特色的电化教育理论体系，创办我国第一个电化教育本科专业，促进电化教育事业、专业、学科全面大发展。

作者单位

李运林，华南师范大学教育信息技术学院。

中央电化教育馆创建记忆

◎ 陈庆贵

我国电化教育重新起步于1978年，其重要标志就是这一年国务院批准成立了中央电化教育馆。今天，北京长安街上巍峨耸立的电化教育大楼像一座丰碑，记载了电化教育从无到有艰苦创业的历程，展现了教育信息化由弱到强蓬勃发展的辉煌历史，讲述着教育由信息化走向现代化的精彩华章。时针倒回到40年前，当我们回顾这一段往事时，更清晰、更深刻地认识到创建中央电化教育馆在我国教育发展史上的重大和深远意义。

一、教育复兴，需要科技伟力

（一）整顿与恢复

1976年10月6日，粉碎“四人帮”，举国欢庆。结束“文革”，百业待兴，教育是“文革”的重灾区，亟待恢复和发展。1977年7月17日，党的十届三中全会一致通过决议，恢复邓小平同志职务。邓小平同志复出工作，主管科技和教育。7月19日，邓小平同志指示教育部召开一次科学和教育工作座谈会。8月4日，邓小平同志亲自主持了这次座谈会。会议开了5天，邓小平同志听取了与会专家的发言后，当场拍板恢复高考。要知道，在这次会议召开前夕，教育部全国高等院校招生工作会议刚刚结束，已经形成了《关于1977年高等学校招生工作的意见》，总的原则依然是延续此前“自愿报名，群众推荐，领导批准，学校复审”的16字方针。根据邓小平同志的意见，教育部破例第

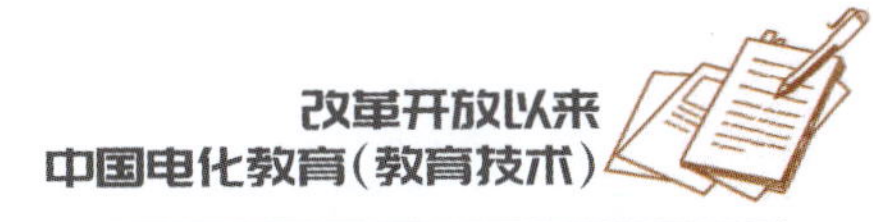

二次召开全国高等学校招生工作会议，重新制定了《关于1977年高等学校招生工作的意见》。1977年，高等学校招生是历史上唯一一次在冬天举行的高考，570万名不同年龄、不同身份的人走进考场，最后仅能录取27.297万人。高考恢复，改变了多少人的命运，但又有多少学子进不了高校的门；高考恢复，吹响了迅速恢复教育秩序，加快培养人才的号角；高考恢复，也催生了“运用科技手段，扩大教育规模，提高教育质量，加快教育发展”的新事业诞生。

（二）科学与教育的春天

1978年，中国迎来了科学和教育的春天。这年3月18—31日，盛况空前的全国科学大会在北京隆重召开。邓小平同志在这次会上提出“科学技术是生产力”的著名论断。这次大会的召开，标志着经过“文革”后，我国科学技术事业迎来了春天，激发了广大知识分子的冲天干劲和创造热情。举国上下充分认识到：四个现代化的关键是科学技术现代化，科学技术工作一定要走在经济工作的前面，能不能把科学技术搞上去，是关系到我们国家命运和前途的大问题。

科学技术要发展，四个现代化要实现，关键是人才。同年4月22日—5月16日，全国教育工作会议在北京召开。这次会议上，邓小平同志在讲话中强调：“要制订加速发展电视、广播等现代化教育手段的措施，这是多快好省发展教育事业的重要途径，必须引起充分的重视。”从这次全国教育工作会议的筹备到召开，发展电化教育事业被提到了新的高度，中央电化教育馆和中央广播电视大学的创建也沐浴着那个春天的阳光而加快了步伐。

（三）发展电化教育是我国教育史上的伟大创举

发展电化教育这件事，是邓小平同志1977年主管科学技术和教育工作后，在不同场合多次提及并强调的。教育部在准备“全国教育工作会议”（简称“全教会”）报告时高度重视这项具有开创意义的大事。

1978年初，教育部正式成立“电化教育组”。“电化教育组”成立后，第一件大事就是在京召开“全国电化教育汇报会”，了解各地电化教育的开展情况，修改提请“全教会”讨论的《关于电化教育工作的规划》，为“全教会”准备电化教育小型展览。

同年4月22日，时任教育部部长刘西尧在“全教会”报告的第六部分，以“努力实现教学手段的现代化”为题指出：当前要特别注意发展电化教育，充分发挥它在提高教学质量上的强大威力。刘西尧还强调：电化教育设备要大力应用于教学。要注意研制、积累各种视听资料，逐步形成全国电化教育资料中心；要积极培训人员，逐步建立一支专职和兼职相结合的电化教育队伍。“全教会”期间，与会代表还参观了电化教育组为大会准备的电化教育展览，代表们群情振奋，纷纷认为：电化教育大有可为，开展电化教育刻不容缓。

电化教育组成立后，创造性地积极开展工作，短短几个月工作开展卓有成效。他们走出去，应邀到先进国家参观访问；请进来，组织先进电化教育设备、软件资源展览；做规划，制订电化教育发展规划和中央电化教育馆建设计划；搞调研，了解各地电化教育情况等。

7月24日，教育部向国务院呈报《关于筹建中央电化教育馆、北京教育电影制片厂的请示报告》。该报告提出：中央和国务院领导同志多次指示，要扩大教育规模，加快发展速度，提高教育质量，必须积极发展电化教育。为此，需要迅速建立相应的电化教育资料中心，即教育部直属事业单位中央电化教育馆。

8月30日，邓小平等9位国务院领导同志批准教育部成立中央电化教育馆。中央电化教育馆的成立是形势发展的结果，是电化教育重新起步的标志，是教育发展史上的伟大创举。

二、勇于创新的人，值得记忆的事

1978年8月11日，我到教育部报到，被分配到教育部电化教育组。在我之前，电化教育组正式工作人员已有10位，我是第11位。8月17—30日，教育部电化教育组（中央电化教育馆筹备处）在北京师范大学举办了“香港菲林模影机公司电化教育展览会”，此次展览会规模空前，影响深远。8月30日国务院就批准成立中央电化教育馆了。可见，比我先到电化教育组工作的10位同志，他们应该是中央电化教育馆创建的先行者。

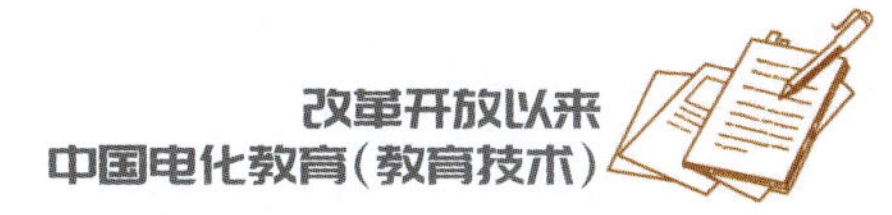

（一）中央电化教育馆建馆的十位先行者

程光同志，她是我国电化教育重新起步的重要谋划者和领导人。40年过去了，至今，许多同志还很怀念她，特别是老一辈电化教育工作者。1978年2月24日，教育部批准成立电化教育组，程光同志任组长。此前，她是教育部计划司副司长。改革的春风让她精神振奋，主动向教育部党组提出：要干电化教育事业。1978年年初，她开始搭班子，建队伍，搞调研，干事业。程光同志有一种忘我的工作精神，开拓进取的工作热情，勇于学习创新的工作担当。一个全新的事业，在她的带领下，搞得风生水起、热火朝天。如何用好两块牌子，干好一个事业；如何做好中央电化教育馆的规划设计与建设；如何引进技术，消化吸收，推动国内电化教育技术的发展；如何搞好学科建设，培养电化教育人才；如何推进软件资源建设（当时主要是幻灯投影、录音录像等），推进学科教学应用；如何开展电化教育宣传报道，巩固扩大电化教育影响，等等工作，她都亲力亲为，精心谋划部署。1980年7月24日，教育部任命程光同志为中央电化教育馆副馆（局）长（中央电化教育馆与教育部电化教育局两块牌子，一套人马）。1982年9月，程光调离中央电化教育馆，到机械工业部教育局任局长，直至离休。

张玉池同志，“文革”以前就在教育部工作，是教育部的老同志。在教育部电化教育组，他一直协助程光同志工作。在我们的印象中，他除了当好程光同志的副手，还有一项最主要的工作是负责筹建中央电化教育馆，包括中央电化教育馆的规划设计、馆址选择、《建设计划任务书》撰写等。最初中央电化教育馆的选址，北京市规划委员会提供了三个方案：其一，北太平庄，现在远望楼的位置；其二，复兴路中央电视台西侧，现中国情报研究所的位置；其三，西长安街，复兴门立交桥东南角，现在电化教育大楼的位置。当时，教育部电化教育组内部有个中央电化教育馆筹备处，负责中央电化教育馆的规划设计。经过调研论证，否定了第一、第二方案（主要认为太远、太偏），选择了西长安街上二环路以内复兴门立交桥东南角的馆址。1978年9月18日，教育部办公厅发出《关于启用中央电化教育馆筹备处印章的通知》。1978年11月9日，教育部向国家计划委员会报送《中央电化教育馆计划任务书》。当时的建馆工作，真是争分夺秒，环环相扣。1980年7月24日，教育部任命张玉池同志为中央电化教育馆副馆（局）长。1982年11月17日，张玉池调离中央电化教育馆，到教育部办公厅任副主任。1985年教育部成立总务司，后改为行政管理局，张玉池任正司（局）长，直至离休（张玉池是抗战时期的干部，离休后享受副部级医疗待遇）。

吴在扬同志，是从上海外国语学院（现上海外国语大学）调教育部电化教育组的，他曾是上海外国语学院电化教育馆馆长。“文革”期间，上海外国语学院电化教育工作非但没有停止，而且还搞得挺红火。除了经常利用幻灯、投影、录音、电影等教学外，有时还为国家进口的影片组织翻译和配音，其口碑很好，影响也很大。吴在扬是最早调到电化教育组，协助程光同志筹备电化教育工作的。建馆初期，吴在扬是综合部门（电化教育研究室）负责人，负责电化教育方针政策的研究制定，负责开展电化教育研究推广工作。1982年初，时任福建省委书记的项南同志给时任教育部部长蒋南翔写信，商调吴在扬同志去福建广播电视大学工作。吴在扬最终还是选择在北京工作。他对电化教育的历史研究颇感兴趣，建馆初期，他就开始收集与整理我国电化教育史研究资料。1994年，高等教育出版社正式出版了吴在扬同志编撰的《中国电化教育简史》。1986年，教育部决定将电化教育局和中央电化教育馆分开。教育部成立电化教育司，负责归口管理教育部电化教育工作，吴在扬到电化教育司工作，直至离休。

周君达同志，1978年初从教育部供应局调到电化教育组，筹备开展电化教育工作。周君达多才多艺，他曾师从著名花鸟画大师王雪涛先生学习绘画。周君达举办过个人画展，他的画作经常作为外交礼品馈赠友人。在北京电化教育馆工作期间，他编导拍摄过电影《首都北京》等。建馆初期，他像个秘书，经常为领导撰写报告、起草有关文件材料等；为提高电影、电视制作质量，他多次组织全国电视教材编导讲习班、研讨班，并担任主讲教师，他还担任过中央电化教育馆制作部主任。1991年10月10日，周君达任中央电化教育馆副馆长，1994年7月4日，国家教育委员会党组决定：周君达副馆长主持中央电化教育馆工作，直至1996年退休。

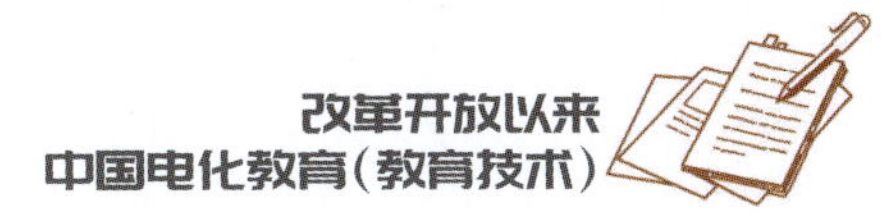

孙顺田同志，也是教育部的老同志，对待同事、工作总怀着满腔热情。孙顺田同志也是1978年初到电化教育组工作的，建馆初期负责综合协调工作。孙顺田同志工作能力强，嗓门很大，常常未见其人早闻其声了，人称“孙大炮”。孙顺田同志在负责对外合作项目过程中，一件最有影响和意义的事，就是联合高等教育出版社与中央电视台，根据社会需要组织计算机基础知识培训，并颁发证书。这件事产生了广泛的影响，取得了很好的社会效益和经济效益。

杨名甲同志，也是教育部的老同志，曾经在教育部沈阳教学仪器设备厂任厂长，后调教育部供应局，1978年从供应局调到电化教育组工作。杨名甲一直负责技术方面的工作，中央电化教育馆正式成立后任技术设备处处长。1986年，国家教育委员会组建教育电视（台），杨名甲调教育电视（台）工作。中国教育电视台正式成立后，他是首任总工程师（副司级）。

董汝达同志，是北京市工宣队进驻教育部工作结束后，留在教育部的干部。1978年初，教育部电化教育组成立后，他主动要求到教育部电化教育组工作。董汝达同志为人诚实厚道。建馆初期，他主要负责设备管理工作。1988年前后，教育部在深圳集资成立中国教育服务总公司，董汝达作为股东单位代表，直接调深圳中国教育服务总公司工作。

周兵同志，是从煤炭部调过来的干部，兢兢业业，刚直不阿，待人热情，一直负责中央电化教育馆（局）人事工作。高玉栓同志是教育部的老同志，1978年上半年就调教育部电化教育组工作，一直负责财务管理工作。孙华同志，是从机械工业部调过来的干部，建馆初期，她负责资料整理工作。

记叙他们，只为今天的电化教育人能够记住：他们是中央电化教育馆创建的功臣！今天信息化教育事业的发展，我们不能忘记他们的名字。

（二）关于电化教育名称的争论与讨论

我从入电化教育门，直到退休，亲历了电化教育名称和中央电化教育馆更名的争论。这里只想记叙一件事，说明重新起步的电化教育，为其确定名称也是非常慎重的。

采用“电化教育”这个名称，与中国电化教育的实践有关。我们知道1949年以前，我国就开展过电化教育。1936年，国民政府教育部在有关文件中正式采用了“电化教育”的名称。新中国成立后，我国许多地方成立电化教育机构，开展了电化教育工作，北京市1958年就成立了电化教育馆，时任教育部部长杨秀峰等参加过北京电化教育馆组织的活动。

电化教育重新起步，正是中国过去电化教育实践的延续，这件事在当时被看得极其迫切和重要。1977年中央和教育部就已经决定发展电化教育了。

事实上，1978年7月24日，教育部已经正式给国务院呈报筹建中央电化教育馆。记得8月中下旬，程光同志召集过两次会议，专门就电化教育名称问题进行了讨论。一次是在8月中旬（8月17日，香港菲林模展览会开幕前两天的下午），程光召集电化教育组正式工作人员开会，专门研讨电化教育名称问题。程光提出：我们干的这个事业，叫“电化教育”好，还是有别的更好的名称，听到社会上不同反映，希望大家发表意见。这次会议时间不长，好像内部意见基本一致，吴在扬、周君达、杨名甲等都觉得叫“电化教育”好，没有必要再改用别的名称。还有一次，是在8月下旬（香港菲林模展览会期间），程光同志又召集了一次扩大的小型研讨会，记得当时还有北京外国语学院（现北京外国语大学）的国中元、南京工学院（现东南大学）的甄开源、广州外国语学校的黄碧天等，再一次提出“电化教育”名称要不要改的问题。当时教育部批准北京师范大学和华东师范大学成立现代化教育技术研究所，北京师范大学还设有电化教育馆。北京师范大学现代化教育技术研究所和电化教育馆这两个单位全程参与了香港菲林模影机公司在北京师范大学举办的展览活动。北京师范大学这两个单位的设置，以及国际上关于电化教育的不同提法，引发了程光同志再一次的思考。在这次小型研讨会上，大家列出了国际上主流的一些名称及其概念与内涵，诸如：教育技术、现代教育技术、教育工艺、视听教育、视听觉教育、电化教育等等，经过综合分析，大家还是觉得叫“电化教育”好。当时，我刚到电化教育组，就遇到了这样两次有关要不要更换“电化教育”名称的讨论，记忆终身。

（三）香港菲林模影机公司电化教育展览会

香港菲林模影机公司电化教育展览，业界许多同志把它看得很重要，我也有同样的认识。要知道，改革开放是1978年年底党的十一届三中全会提出来的基本国策，在这之前我们还没有对外开放。1978年4月，教育部电化教育组为“全教会”准备电化教育小型展览会，这次小型展览会有部分国产电化教育设备，还有香港菲林模影机公司提供的一部分先进设备。与会代表参观后，觉得收获多多，眼界大开。

随后5月22日，教育部、国家科学技术委员会批准中国图书进口公司和中央电化教育馆筹备处，联合邀请香港菲林模影机公司来北京举办电化教育展览会。

为保证进京展出的效果，香港菲林模影机公司先期于1978年6月17—27日在广州，8月1—10日在上海举办电化教育展览。8月17—30日在北京举办电化教育展览会，汪东兴、李先念、乌兰夫、方毅等党和国家领导同志，国务院各部委，部队系统，北京市、东北、华北、西北各省市教育部门、科研与生产部门等组织参观展览，参观人数约达4万人。

香港菲林模电化教育展览，产生了空前的宣传效果，电化教育这件事被社会广泛认同。展览不仅为国人打开了一扇窗口，让人们看到了先进技术的发展以及在教育领域的应用；而且为开放国门，引进更多先进的设备资源起到了示范效应，很快中国仪器设备进出口总公司等为电化教育系统引进日本等国的企业直接来华展览。此外，展览也推动了国外先进设备的国产化和先进电化教育技术在教育教学中的应用。

三、艰苦创业，迎接新时代

1978年，国务院批准教育部成立中央电化教育馆，是要发展中国的电化教育事业。批准成立的时候，并没有办公场所，经过16年的艰苦奋斗，才搬进属于自己的办公大楼。

（一）我们搬了八次家

1978年，教育部电化教育组和中央电化教育馆筹备处（两块牌子，一套人员，合署办公）的办公场所是教育部主楼二层西北角（现为教育部南主楼）的两间房（一大一小，里外间）。同时借用了北京师范大学11号楼的三、四层，用来存放、展示、研究香港菲林模展览留购的设备。

1979年，随着事业的发展和人员的增加，中央电化教育馆从主楼搬到当时的红心楼三、四层办公（一层还有两间房），同时借用北京师范大学11号楼和主楼八层（存放SONY公司展览留购设备，用于展示和培训）。

1980年4月1日，由于电化教育业务发展迅速，加之急需为北京师范大学腾出所借用房，中央电化教育馆与北京市羊坊店学校签约，租用其部分空闲教室作为办公用房。中央电化教育馆陆续迁到羊坊店学校办公。

1981年8月18日，中央电化教育馆由北京市羊坊店学校迁到北京149中学办公。

1986年2月21日，中央电化教育馆由北京市149中学迁到北京市十一学校办公。

1987年5月4日，中央电化教育馆由北京市十一学校迁到中国人民解放军后勤学院办公。

1989年11月23日，中央电化教育馆由中国人民解放军后勤学院迁到国家教育委员会留学生招待所办公。

1994年10月，国家教育委员会电化教育大楼正式启用，中央电化教育馆入驻新大楼。

（二）建馆的花絮

1. 中央电化教育馆的馆址

1979年2月14日，国家计划委员会就批复教育部《关于中央电化教育馆计划任务书》（1978年11月9日上报）。其主要批复内容：同意筹建中央电化教育馆。总建筑面积为32500平方米。定员300人左右。总投资1350万元，其中，土建投资及室外工程900万元，设备投资

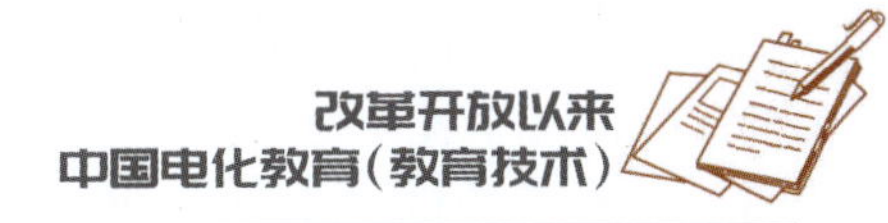

450万元。

很快，北京市建设委员会在复兴门立交桥东南角处划给用地12600平方米。1980年11月，教育部根据国家调整国民经济的方针，压缩基建规模，将中央电化教育馆由原来的中型建设项目改为小型项目。人员编制暂定为150人，各项建设用房面积为20500平方米。

2.“两电”工程指挥部

1981年6月18日，教育部决定，中央广播电视大学和中央电化教育馆两单位基建工程合建，成立“联合基建办公室”。1985年2月19日，中央电化教育馆和中央广播电视大学向教育部报送《合建工程计划任务书》。1986年，国家计划委员会同意“两电”《合建工程计划任务书》，总建筑面积为90300平方米，总投资控制在1.3656亿元之内。同年6月9日，国家教育委员会批准成立“电化教育大楼工程指挥部”。

3. 演播楼的消失

电化教育大楼是由中国广播电视设计院设计的，设计为一个建筑群，包括主楼（主要是办公用房）+东配楼（报告厅、展厅、会议厅）+西配楼（招待所和食堂）+演播楼（演播室、配音室、服装道具室、化妆室等）。1987年，在演播楼设计关键阶段，我作为中央电化教育馆技术负责人多次参与“电化教育大楼工程指挥部”组织的工艺设计讨论，并于1987年11月，应邀和广播电影电视部设计院刘真一起赴日本考察演播楼工艺设计的技术问题。现在电化教育大楼后面的停车场位置，就是原设计中的演播楼位置。演播楼的消失，主要有两个原因：一是1986年中国教育电视（台）（CETV）成立，没有办公和业务工作场所，也要进到电化教育大楼；二是演播楼的设计要发生变化，其建造成本要成倍增加，预算早已不堪重负。在这种情况下，只能丢“卒”保车了。

4.电化教育大楼是国家教育委员会的房产

1989年3月1日，国家教育委员会决定，将中央广播电视大学和中央电化教育馆联合组建的“电化教育大楼工程指挥部”改为“国家教育委员会电化教育大楼工程领导小组”，电化教育大楼工程直接由领导小组领导。“电化教育大楼工程指挥部”的工作人员，除选留少部分技术人员配合工作外，其余均回到原单位安排工作。

由于电化教育事业的飞速发展，电化教育大楼工程设计一变再变，最后成为国家教育委员会电化教育大楼。

5.终于有了自己的家

16年无固定办公和业务场所的经历，锻炼和培养了中央电化教育馆人的颠簸生存能力和事业创新能力。1994年10月20日，中央电化教育馆办公地点开始从国家教育委员会留学生招待所搬迁到北京市复兴门内大街160号国家教育委员会电化教育大楼，至此，结束了中央电化教育馆没有固定办公地点的历史。

中央电化教育馆从最初的两块牌子一套人马，到现在归口教育部业务司局指导，始终牢记使命，坚持正确的服务方向，与时俱进，不断创新，取得了令社会满意的成绩。

在《中央电化教育馆计划任务书》中，提出的设计蓝图和基本构想是组织编辑、收集、整理、存储、发行、出借各种电化教育资料，与全国各地电化教育机构形成网络（网络中心）；展览示范，组织交流，出版电化教育刊物和情报资料（展览与出版中心）；研究电化教育的内容和形式、教学方法和教学效果（电化教育研究中心）；研究电化教育设备的技术标准和选型（技术中心）；培训电化教育技术和业务人员（培训中心）等。中央电化教育馆当初的五大任务即五大“中心”的设计，基本上都实现了，现在的五大中心任务，仍然是中央电化教育馆基本任务中的主要内容。但是，时代在发展，技术在进步，2.0时代的教育信息化，同40年前相比已经发生了翻天覆地的变化，中国的教育正在向着现代化教育迈进，中央电化教育馆将在这个时代的洪流中，不负众望，与时俱进，再创辉煌！

作者单位

陈庆贵，中央电化教育馆。

改革开放后北京电化教育馆的恢复

◎ 潘克明

1978年4月，国务院召开了全国教育工作会议，邓小平同志在会上作了重要讲话。他指出："要制订加速发展电视、广播等现代化教育手段的措施，这是多快好省发展教育事业的重要途径，必须引起充分的重视。"同年8月30日，国务院正式批准建立中央电化教育馆。

1978年6月，乘全国教育工作会议的东风，北京市教育局做出了恢复北京电化教育馆的决定。同年11月，北京电化教育馆原址恢复，各区县电化教育站也陆续恢复。1979年10月，北京市教育局正式将北京电化教育馆恢复为局直属单位。

沐浴着全国电化教育的雨露阳光，首都的电化教育也迎来了明媚的春天！

北京电化教育馆恢复后，在积极加强本馆基本建设的同时，马上开展了对教学影片的整理和出借工作，电影放映员的培训工作，教育教学录音节目的录制工作和教学投影片的推广工作。

1978年，北京电化教育馆引进了第一套彩色录像设备，建成了全国省级电化教育机构第一个电视录像演播室。

1979年10月，反映首都电化教育开展情况、交流电化教育工作经验、指导电化教育工作开展的《北京电化教育》创刊。

到1980年初，北京全市中小学已经有投影机4000余台、盒式录音机3000余台、电影放映机500余套。

面对电化教育设备迅速增加，而教学资源严重匮乏的现象，北京电化教育馆马上组建了幻灯教材编辑组、教学录像制作组、教学电影摄制组，建成了多学科、多品种、内容较为丰富的原声录音带库。

为了满足学校对电化教育资料的需求，东城区电化教育馆还在全区设立了10个投影教材出借点。门头沟、怀柔、密云、延庆、通州等远郊区县，继续发扬“背篓精神”，组织教学电影放映队，深入山区和边远农村为师生放映教学影片。仅密云县电化教育站电影放映队，在1980年一年间，就步行2000多公里，为本县179所中小学校放映电影267场。

为了推进学校的电化教育工作，首都各级电化教育机构在深入教学一线，加强调查研究，发现、培养典型的基础上，采取总结经验、以点带面、分类指导的工作方法，建立了以教师为主体的学科电化教育研究组，在东城、西城、崇文、宣武、通县等区县开展了电化教育应用的试点，并取得了具有推广价值的经验。

在此基础上，1982年10月，北京市教育局召开了有各区县教育局长、电化教育馆（站）长参加的北京市第一次电化教育工作会议。会上，北京市教育局印发了《关于进一步开展中小学电化教育工作的几点意见》和《关于当前电化教育工作几个问题的意见》。这两个文件明确提出：各级教育部门要本着从实际出发、因地制宜、讲求实效、积极提高的方针，把电化教育列入议事日程，各级电化教育机构要“面向学校，面向教学，方便学校，方便教学”。同时还对各级电化教育机构的任务、体制、编制以及电化教育队伍的建设都提出了具体要求。

这次会议，提高了各级领导对电化教育工作的认识，使广大电化教育工作者受到了极大鼓舞，对中小学电化教育工作的深入开展，起到了重要的指导作用和推进作用。

1983年9月，北京电化教育馆举办了题为“发展中的北京电化教育”的电化教育成果展，展示了自党的十一届三中全会以来首都电化教育所取得的成就（见表）。北京市及各区县教育部门的领导大都参观了展览。特别令人感动的是，年逾古稀的杨秀峰同志，时隔20年之后又高兴地出席了展览会的开幕式。教育界的老前辈董纯才、教育部副部长黄辛白同志也都参观了展览。

表　十一届三中全会以来首都电化教育所取得的成就（截至1983年9月）

项目	数量	与1963年相比增长情况
幻灯机、投影机	6199台	增长4.9%
电影放映机	624台	增长19.5%
录音机	7290台	增长29倍
教学影片	505部	增长3.4%
原版录音带	6762小时	增长18倍
教学录像节目	441小时	1963年为0
积极开展电化教育的学校	1000余所	增长1.5倍

1984年12月，北京市电化教育研究会成立。随后，崇文、西城、宣武、朝阳、通县、怀柔相继建立了分会。北京市电化教育研究会和各分会，坚持“群众性、专业性、学术性”的宗旨和“在活动中发展，在研究中提高”的工作方法，组织全市专兼职电化教育工作者，对教育技术的应用展开了广泛而深入的研究。到目前为止，除全市所有区县都建立了分会组织外，还陆续建立了小学电化教育专业委员会、教育影视专业委员会、现代远程教育专业委员会、学前教育专业委员会。北京市电化教育研究会也连续多次被中国教育技术协会和北京市教育学会评选为“先进单位”。

1985年1月，北京市教育局召开了北京市第二次电化教育工作会议。会议提出并讨论了《北京市1985—1990年电化教育发展规划》。

会议之后，北京市又重点开展了对电化教育人员的培训，进一步开展电化教育研究，积极发展教学录像等工作，认真研究解决教学资源不足和提高应用效益与应用水平等问题。

1985年2月，北京电化教育馆成立了北京普教音像出版社。仅两年时间，就编制出版教学录音带61个品种、310个盒号，发行250万盒；出版发行教学录像带1.5万小时。

随着北京市中小学电视机的不断增加，为了解决教育电视节目不足，复制、观看困难等问题，北京电化教育馆建立了影视制作部和录音制作部，组织开发教育音像节目。1986年5月4日，经市委、市政府批准，北京电化教育馆和北京电视台联合开办的专栏电视节目《教育之窗》正式开播。

1989年，经北京市教育局批准，北京电化教育馆在全市开展了创建电化教育优类校的活动。活动依据《北京市中小学电化教育优类校标准》《北京市中小学电化教育优类校评定条例》开展。至2003年，全市共创建电化教育优类校385所。这一活动，对全市和各区县中小学电化教育工作的开展起到了指导、示范和辐射作用。

为了广泛深入地推动电化教育的发展，1991年，由北京电化教育馆申报并牵头组织的教育科学研究课题"课堂电化教学的整体优化研究"，被北京市教育科学研究规划领导小组批准为北京市教育科学研究"八五"规划重点课题，同时也被批准为教育部"八五"规划重点课题"电化教育促进中小学教学优化"的子课题。因此，1991年也成为我市中小学有组织、有计划地按照教育科学研究的方法进入教育技术综合研究阶段的标志性的一年。

从此，我市中小学的教育技术课题研究便一发而不可收，由"八五"的"课堂电化教学的整体优化研究"，到"九五"的"现代教育技术促进素质教育实施的研究"，又由"十五"的"运用现代教育技术促进学习过程优化的研究"，到"十一五"的"信息技术与学科教学整合的策略研究"。所参与的学校、教师、专业部门、专业人员、产业部门越来越多，所涉及的问题越来越广泛，对于促进教育教学改革，促进素质教育实施，促进课程改革，促进信息技术教育所产生的成效越来越显著。

据不完全统计，从1991年开始，直接参与我市中小学教育技术课题研究的中小学校已超过1000所；直接参加课题研究的教师已超过20万人次；所研究的课题接近1000个；所发表的研究论文、完成的研究报告和实验报告，累计近千万字；所推出的研究课、观摩课也达数万节。

通过大量的实践与研究，北京电化教育馆归纳提炼出了"电化教育必须突出最佳作用点和最佳作用时机"，"信息技术与课程及学科教学整合就是要将信息技术既作为意识，又作为内容、工具、方

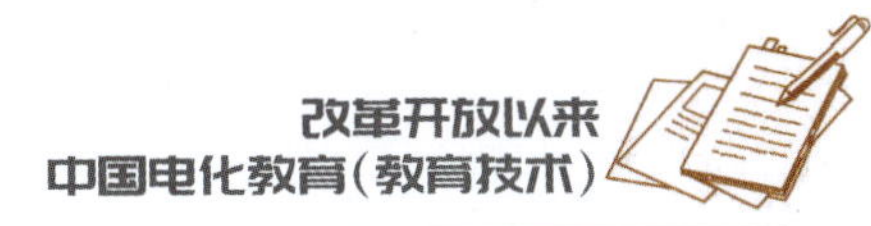

法和手段，融于课程及学科教学之中的理论和方法”等观点；提出了“我们已进入后网络时代”的论断。这些观点和论断，不仅对我市而且对全国中小学教育技术的深入开展，发挥了重要的理论与方法的引领作用。

恢复后的北京电化教育馆十分重视对教师和专兼职电化教育人员的教育技术培训。坚持专业培训、岗位培训与学历培训相结合的培训方针，编写出版了《中小学电教教师岗位培训教材》，组织开展了多种不同类型的培训，为首都教育技术的发展，培养了一批有觉悟、懂教学、懂技术的专兼职教育技术工作者。可以说北京市各区县电化教育机构和中小学专兼职教师中，几乎没有未接受过北京电化教育馆培训的。

作者单位

潘克明，北京教育网络和信息中心（北京电化教育馆）。

改革开放初期沈阳电化教育馆的教育电影、电视创作

◎ 王洪志

1959年10月，沈阳市教育局从基层学校调入3名物理教师（杜谦、张岗琴、司富生），成立教育电影编导组，工作地点设在沈阳市第二十中学。1960年，教育电影编导组完成了新中国成立以后教育系统第一部35毫米教学电影《静电学》的创作，此片在全国教育系统发行。

1962年，成立了教育电影幻灯组，从此沈阳市电化教育有了正式的工作机构。1964年教育电影幻灯组正式更名为沈阳电化教育馆（简称“沈阳电教馆”），这标志着沈阳电化教育事业步入了正规发展的轨道。这期间，沈阳电教馆利用教育电影和幻灯片服务学校，并积极开展教研活动。1964—1965年沈阳电教馆先后编印了《电化教育资料》共11期，介绍了基层学校，本馆电影幻灯摄制组、放映组、教研室以及北京、上海、南京等地的电化教育经验。

1978年5月11日，经沈阳市委批准沈阳电教馆正式恢复。这一时期，沈阳电教馆在人员编制上，由“文革”前的35人扩编为60人。从此，沈阳电教馆的发展步入了快车道，并伴随着国家改革开放的脚步一路走来。

1978年3月筹建恢复时期，沈阳电教馆拍摄的文献纪录片《周恩来同志少年时期在沈阳》在全国上映，这是我国教育部门拍摄的第一部全国发行的文献纪录片。沈阳电教馆开展一系列教学电影的开

发和制作，并取得了丰硕的成果，在教育部及全国教育系统产生了巨大影响。这一时期拍摄的主要教学影片有《中国季风》《大气压强》《汉字》《海上日出》《阿基米德螺线》《鸟的天堂》《鸬鹚》《东北大地》《家兔解剖与生理》等。

1979年拍摄的《中国季风》是我国第一部35毫米彩色教学电影。图1为《中国季风》摄制组在黑龙江外景地和海南三亚外景地拍摄。

图1 《中国季风》摄制组在黑龙江外景地和海南三亚外景地拍摄

1981年由沈阳电教馆录制的电视剧《心灵》，在中央电视台和13个省市电视台多次播出，这是新中国成立以后由教育系统独立制作的首部电视剧。图2为《心灵》摄制组全体演员与部分主创人员合影，图3为摄制组在大连外景地拍摄。

图2 《心灵》摄制组全体演员与部分主创人员的合影

图3 摄制组在大连外景地

1984年，沈阳电教馆拍摄的小学语文教学电影《鸬鹚》在全国教育系统发行，并被教育部推荐到联合国教科文组织亚太地区总部展映。图4为摄制组在江西上饶地区拍摄外景。

图4 《鸬鹚》摄制组在江西上饶地区拍摄外景

1984年，由沈阳电教馆与北京语言学院联合摄制、中央电化教育馆监制的教学电影《汉字》，是我国第一部同时向国内外发行不同版本的语言教学影片。图5为《汉字》摄制组在各地拍摄外景，图6为文字学专家王力在审查影片《汉字》。

《汉字》摄制组在金山岭长城外景地

《汉字》摄制组在沈阳棋盘山外景地

《汉字》摄制组在龙门石窟外景地

图5 《汉字》摄制组在拍摄外景

图6　文字学专家王力在审查影片《汉字》

作者单位

王洪志，沈阳市教育研究院。

第一台用于中小学信息技术教育的计算机

◎ 沙有威

1979年的春天，北京景山学校接待一个日本教育代表团来学校交流。日本代表团介绍了他们在中学数学课上利用函数计算器中公式存储的功能开展数学教学试验的情况和国际上一些国家在中学开展计算机教学的情况。会后游铭钧校长找我谈了开展计算机教学试验的想法，并希望我和章淳老师一起开展此项工作。

学校为计算机教学试验准备了一间办公室兼作活动室，我们把学校仅有的几台函数计算器全都借来，研究了其中还少为人知的公式存储功能和应用，并为学生编写和油印了讲义，在当时的高一年级开展了以函数计算器为载体的教学试验。

1979年10月，时任国家科学技术委员会主任的方毅同志得知北京景山学校开展计算机教学试验的消息后，委托工作人员将其出访美国时带回的一台计算机转赠给了北京景山学校（见图1）。

计算机拉回来后，我和章老师看着这台家用计算机都无从下手。在那个计算器都不多见的年代里，我们没见过计算机，真的没见过！章老师首先找出随机附带的英文说明书浏览了一遍，然后一点点地翻译，我就按照章老师翻译的说明书进行安装调试。这台计算机除了大家从图1看到的硬件以外还有十几个固化了一些程序的硬件卡，其中有家庭账务管理卡、游戏卡等。在这些硬件卡中还发现了一个固化了APL/S高级语言的硬件卡，通过查资料我们了解到APL是一种阵列式语言，后面的S表示这个卡固化的是APL语言的一个小子集。我们按

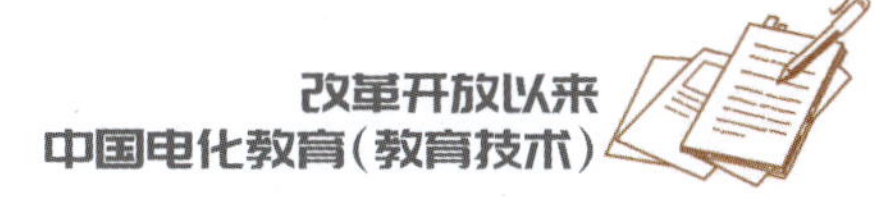

照说明书调试了APL/S语言的程序例题，并结合参考资料中的例题和大学教材中的例题，在学习理解的基础上改编了一些APL/S的程序。在学校高一和六、七年级组织了计算机小组，学习的主要内容就是APL/S语言的程序设计。

图1　用于我国中小学计算机教育的第一台计算机

据了解方毅同志赠送给北京景山学校的这台计算机是我国用于中小学计算机教育的第一台计算机。若以此台计算机来到学校为标志，北京景山学校开启了我国中小学计算机教育的先河。

1982年，为了开展计算机教学的试验，学校决定购置一台能够进行BASIC语言教学的计算机。最终经过考察从北京工业大学购进了一台固化了BASIC语言的TP-803计算机。记得TP-803计算机只有一块主板，内存16K，Z80的操作系统，固化了扩展BASIC。北京工业大学给这台机器配了个黄颜色的铁壳，我们把学校一台24英寸匈牙利的黑白电视机改装成了显示器，为了移动方便将一个课桌固定在一个4个小轮子的小车上，把24吋的电视机放在课桌上，需要时推着这个活动的课桌到教室上课，上完课再推回来。

图2是1983年庆祝六一儿童节时一本杂志的封面，照片上两个戴着红领巾的孩子是当时六年级计算机小组的同学，指着屏幕的是余晨同学，操作计算机的是李葆春同学。这两个孩子都是最早参加计算机

图2　学生展示自己编写的计算机程序

小组学习的同学。我还记得拍照片的时候他们很想展示一下自己编写的“蛇吃豆”的游戏程序，但是封面要体现六一儿童节的题材，经过劝说他们制作了这个“欢庆六一”的画面。桌子上放着的小录音机是这台机器的外存储装置，普通磁带是存储介质，程序的存储和调用都需要将音量调整到合适的位置，稍有偏差程序的存储和调用都会失败。

1984年，北京景山学校有了自己的计算机教室。学校在高一、高二年级都开设了计算机课程。那时同学们学习计算机课程的热情非常高，就连当时面临高考的高三年级，学校也根据他们的要求，将其他所有课程暂停了一周，专门安排每个班都上了一周的计算机课程。到1986年，北京景山学校实现了凡是从北京景山学校毕业的学生都接受过计算机的普及教育的基本目标。

1993年，学校从老校舍搬到新校舍。当时我在学校办的电脑公司工作，听说学校搬家已经基本上搬完了，一种莫名的担心驱使我来到了已经搬空的老校机房。机房中废弃的东西乱七八糟堆了一地，我像捡破烂似的在破烂堆中翻腾着，翻开一堆废品，映入我眼中的就是1979年方毅同志从美国带回来的那台机器的主机（见图3）。我继续翻腾，陆续又找到了游戏杆和解调器、苹果机等，最终找了一辆三轮车将这些“破烂”拉到了电脑公司，且将其存放在库房中。后来学校建展览室，我把它们又拉回了学校。现在回想，要不是我莫名的担心驱使，我们就见不到这些老古董计算机了。

“出土文物”这个词是我送给这台计算机的。记得2000年时，一位机器人教育的专家在得知我从1979年就开始从事中小学计算机教育的工作后，曾开玩笑地称我为中小学计算机教育的“出土文物”。我在为此沾沾自喜的同时总有一种不好的感觉，就是感到我这个老家伙只

图3 沙有威老师与第一台计算机合影

有历史价值，没有现实价值了。为此我把“出土文物”这个雅号送给了这台1979年来到北京景山学校的计算机，我觉得它才是名副其实的中小学计算机教育的“出土文物”，是可考证的大陆用于中小学计算机教育的第一台计算机（因港澳台无法考证）。

一晃都40年了，北京景山学校最早参加计算机小组学习的学生，现在应该都是50多岁的人了。40年前我国计算机教育的开拓者们也都老矣，但那台用于我国中小学教育的第一台计算机，那台有着“出土文物”雅号的计算机，依然存留在景山学校的展览室中，它不仅见证了我国信息技术教育40年的过往，也将继续见证我国信息技术教育繁荣发展的未来。

作者单位
沙有威，北京景山学校。

第一个现代化教育技术研究所成立

◎ 袁克定　吕巾娇

北京师范大学教育技术学学科的最初组织形式可以追溯到20世纪70年代末创建的现代化教育技术研究所。20世纪70年代中后期，电视、卫星和计算机等信息技术有了长足的发展，为教育提供了新的手段，并可能引发教育的变革。我国进入了改革开放的时代，国家百废待兴，尤其重视科技与教育发展。

一、《1978—1985年全国科学技术发展规划纲要》中的教育科技部分

尹俊华先生参与的《1978—1985年全国科学技术发展规划纲要》中教育科技部分的撰写是北京师范大学现代化教育技术研究所成立前最重要的基础性工作。1977年12月，国家科学技术委员会筹备编制《1978—1985年全国科学技术发展规划纲要》，要求教育部派一个人去参加规划纲要的起草工作，教育部委派北京师范大学物理系尹俊华老师参加该纲要“新兴科学技术方面”第七十五项“研究现代化教育新技术、新设备”的起草工作。

筹建现代化教育技术研究所经历了一系列过程。1978年3月，全国科学大会召开，邓小平同志发表了重要讲话，他号召：“树雄心，立大志，向科学技术现代化进军。”并指出“四个现代化”的关键是科学技术的现代化。这次大会是在“文革”结束之后，国家百废待兴形势下召开的一次重要会议，也是中国科学技术发展史上的一次具有里程碑意义的盛会。大会通过了《1978—1985年全国科学技术发展规划纲

要（草案）》（以下简称《规划纲要》），也是我国第三个科学技术发展的长远规划，列入了有关“研究现代化教育的新技术、新设备”的内容。在落实措施中提出：在北京师范大学、华东师范大学设立现代化教育技术研究所，在南京理工大学（时为华东工程学院）设立卫星教育研究室，承担《规划纲要》所列的研究任务。根据规划，1978年北京师范大学向教育部上报正式申请建设现代化教育技术研究所项目的《计划规划书》，拟筹建现代化教育技术研究所，计划于五年内建成。1979年，教育部《关于教育技术研究所计划任务书的批复》，正式批准设立现代化教育技术研究所，给定编制为109人。研究所办公室设在学11楼，各教研室仍在物理楼。现代化教育技术研究所筹建过程中，丁尔陞为首任所长（1978年5—8月），尹俊华为副所长。之后，金永龄（1978年8月—1980年5月）任所长。自此，代表教育技术学学科前身的行政组织机构成立了，专业人员的归属也落在实处了。

二、联合国开发计划署援助的“教育方法现代化”项目

1978年12月22日，在时任国家教育委员会副主任、联合国教科文组织全国委员会副主任杨蕴玉的主持下，召开了关于联合国援助的“教育方法现代化”项目会议，任命马燮如（女，我国第一批计算机专业学生，曾任职于东北大学，1978年调入北京师范大学物理系工作，1980年5月担任现代化教育技术研究所所长）为该项目的国家协调员。1979年6月29日，中华人民共和国政府和联合国开发计划署签订援助协定，其中“教育方法现代化”项目（项目编号为CPR/79/003/A/01/13）由联合国教科文组织于1980年1月开始执行。项目的政府机构为中华人民共和国教育部，执行机构为联合国教科文组织，联合国投入99.96万美元，中国政府投入2246.184万元人民币。该项目由杨蕴玉直接领导，经过时任外交部部长黄华审批签字，涉及外交部、教育部、外经部、驻华使馆，以及联合国驻华办事处。项目建设活动包括房屋建造、设备购买与人员培训。项目共运行8年，为教育技术学学科发展的物理空间奠定了坚实的基础。政府投资330万人民币建立起7150平方米的电子楼和演播楼，在1982年年底竣工。修建演播室的时候适逢中央电视台修建演播室，所以演播楼与中央电视台的规格、设计方

案和材料使用是相同的，演播楼由基建工程兵修建，设计先进，用料考究，施工质量非常高。演播室的静音条件达到广播级别，一个声闸重几百公斤，监视窗为三层钢化玻璃，装有带消音装置的中央空调，是当时全国第一个装有空调的演播室。1983年，无线电电子学系、现代化教育技术研究所各室纷纷从物理楼、学11楼等迁入电子楼，现代化教育技术研究所有了名副其实的工作空间。

三、“系所合一”的特殊体制发挥人员优势

1980年5月，经教育部批准，在现代化教育技术研究所的基础上，建立无线电电子学系。在当时，由于专业人员队伍来自物理系电视教育研究室、计算机教研室和计算机汉字编码信息处理研究室，为了发挥专业人员研究能力，并最大限度地发挥人员和设备条件的作用，北京师范大学将原来物理系的无线电专业独立出来，成立了更具高等教育人才培养模式的无线电电子学系，与现代化教育技术研究所合并，建立了当时“系所合一”的新体制，两个机构同一套人马。建系后相应增设的教研室有无线电物理教研室、电子线路教研室、计算机应用研究室、电视教育研究室和教育卫星地面接收研究室，建立了可以自行录像、演播的闭路电视系统，编制生物学、物理学等学科的录像教材，成立了计算机汉字编码信息处理研究小组。在现代化教育技术研究所暨无线电电子学系组织机构的基础上，完成了几件具有战略意义的重要工作，实施了几个加速学科发展进入快行线的项目。

四、通过各级各类项目为科研配备高科技设备

20世纪80年代，学界对现代教育技术的认识还很模糊，学科发展所必备的硬件条件还很单薄，研究设施非常简陋。政府支持力度也十分有限。北京师范大学教育技术学专业人员卧薪尝胆、勤俭持家，经过几年的创业和积累，基本装备了在当时属于现代化的设备。联合国援建项目对北京师范大学现代化教育技术研究所的基本建设定位为中低档设备。在众位教授和专业人员具有前瞻意义的论证和认真分析的基础上，马燮如所长亲力亲为，为教育技术学专业发展与高规格专业人才培养事业竭尽全力，据理力争说服联合国援助项目专家和官员，实事求是定位设备档次级别。根据联合国计划开发署的规定，设备购置只能够占

全部费用的49%，而人员培训费占51%。众位教授和专业人员通过集体论证，认为当务之急是购置基础设备，而培训可以节省一些。援助项目的经费来之不易，千万要用在实处。在大家的努力下，1981年联合国开发计划署又追加了3万美元的投入。在这些经费的支持下，现代化教育技术研究所的教育技术学专业研究的硬件环境得到实质性改善。

（一）中型计算机

1979年，获批了第一台计算机，型号为TQ16，由何克抗、荣树熙、李秀兰等去安徽黄山接收。这是一台中型计算机，安装在物理楼三层一个大机房内，机房有五六十平方米，存储机是个磁盘柜，内存是磁芯阵列，存储设备是磁带、磁鼓，输入设备是打孔纸。1980年，杨圭南、荣树熙等去美国考察，用节省下的4000美元外汇买回一台苹果个人计算机做科研用。1983年，联合国援助项目的PDP11/44计算机，包括主机和磁带机各1台、磁盘机1台、终端16个、打字机1台，安装在新盖的电子楼，沈长宁、师书恩、袁淑君、卢淑华去美国接收，林钧礼等参与验收。1984年，用世界银行贷款买了日本产的M-340中型计算机（裸机65万），安装在电子楼二楼，在三楼终端室安装了20台终端，这是当时北京师范大学最贵重的固定资产设备之一。该设备用于科学计算、数学建模和计算机程序语言学习。每个学期的CPU运行时间非常饱和，为物理化学、天体物理、生物科学等专业的科学计算立下汗马功劳。直至1996年，随着微型计算机的兴起，大中型机才逐渐退出历史舞台。

（二）教育电视设备

现代化教育技术研究所早期购置的电视设备是北京电视设备厂生产的闭路电视系统，黑白摄像机体积庞大笨重，控制系统也是两个巨型机柜。第一台录像机是沈阳教学仪器厂生产的设备，因性能差、工作不稳定、操作维护复杂、分辨率低等问题，基本派不上大用场。1979年及1980年初，教育部陆续将一批进口的电化教育设备配备给部属高校，北京师范大学现代化教育技术研究所也获得一套包括单枪彩色摄像机DXC-1200P（座机）和DXC-1610P（便携式）等的电视摄录编系统。该系统尚属中低档，分辨率和清晰度都不尽如人意，教学中应用效果还是不够理想。1983年，联合国援助项目终于配置了较先进的电视录像演播系统（包括三枪摄像机）。当时马燮如所长跟索尼公司谈判了多次，要求提升联合国援助项目先前确定的设备规格。但因高档的广播级设备价格缺口比较大，最后的折中方案采取了品牌不变，还是中等品牌，但将配置提升为最高的。最终配置了索尼公司新出的三枪彩色摄像机DXC-6000P中档闭路电视制作系统，是中档里的高端设备，同档次里质量最好的（见图）。另外还为北京师范大学附属实验中学提供了一套闭路电视制作系统（型号为DXC-1800P单枪机系列）。1992年，高等学校师资培训中心（北京分中心）的一部分用世界银行贷款项目购买的摄录像设备又划归现代化教育技术研究所（当时已经挂了无线电电子学系的牌子）。1993年，JVC公司赠送北京师范大学一套先进的电视摄录编系统，也配备给现代化教育技术研究所。自此，北京师范大学教育技术学学科专业研究的硬件条件已经达到广播级。连新成立的中央教育电视台都十分羡慕，曾有将教育电视台放在北京师范大学演播楼的提议。

图　联合国援助项目的索尼设备（操作者李芒）

与此同时，一些其他基础设施也逐步装备起来，如语言实验室设备：联合国援助项目中配置了挪威天宝IS9型语言实验室设备（包括1个控制台、32个座位装置），建设的语言实验室为全校开设公共外语课服务了很多年；卫星收发设备：受日本NHK的远程教育项目启发，1985年以后开始配备微型接收和发射设备。这也成为教育技术学学科的另一个后来平行的二级学科——远程教育学科的基础。

作者单位

裘克定，北京师范大学教育学部。

吕巾娇，北京师范大学教育学部。

电化教育讨论班在西北师范大学举办

◎ 杨改学

1977年8月1日，邓小平同志在听取时任教育部部长刘西尧的工作汇报后，同意建立中央电化教育馆。1978年4月，邓小平同志在全国教育工作会议上提出："要制订加速发展电视、广播等现代化教育手段的措施，这是多快好省发展教育事业的重要途径，必须引起充分的重视。"1978年8月，教育部成立中央电化教育馆和北京教育电影制片厂。从1978年起，教育部大力宣传、推广电化教育工作，并引进了先进的电化教育设备。热潮兴起之后，人们对电化教育是什么，开展电化教育工作都需要哪些条件，都不太清楚。人才是发展各项事业和国家兴旺的关键。我国电化教育1978年第二次起步之后，教育部深感人才培养的重要性，要有一支专业、热心电化教育事业的人才队伍，才能带动电化教育工作的开展。当务之急必须举办一期高层次的"电化教育讨论班"，讨论如何在高等师范院校创办电化教育专业，开设哪些课程，建立什么样的实验室，为省地县和高等学校、中小学培养骨干电化教育工作者。教育部将这一研讨培训任务交给了甘肃师范大学(西北师范大学前身)。

把这样一个关乎中国电化教育事业发展的重要任务交给地处西北深处的甘肃师范大学，有两个原因。第一，甘肃师范大学有两位电化教育专家，一位是在美国哥伦比亚大学攻读过比较教育和视听教育硕士学位的南国农先生，一位是在美国哥伦比亚大学攻读过视听教育硕士学位的萧树滋先生（见图1)。他们两位回国后都自愿放弃在北京工作的优厚条件，20世纪50年代初到西北师范学院（西北师范大学前身）。第二，原教育部电化教育局局长程光于1978年在兰州召开了座谈会（见图2），请南国农、萧树滋二位教授参加座谈会并委托他们举办首次“电化教育讨论班”。在会上还对各种电化教育人员的培训、师范院校电化教育课的开设、电化教育专业的设置等问题进行了研究。讨论班的筹备工作以学校教育研究室电化教育组为基础，以外语系电化教育组的萧树滋、物理系黄宝文、美术系杨改学、教务处彭守德等组成筹备组，制订方案，编印教材和参考资料，检修和补充设备，改装教室和实验室，准备学员宿舍等。经过半年，筹备工作基本就绪。1979年6月13日，第一期全国电化教育讨论班在兰州甘肃师范大学如期举办（见图3）。讨论班开学的第一天，南国农教授向全体学员介绍了本次讨论班的学习计划，并提出一些希望。讨论班以高等师范院校为主，有华东师范大学、北京师范大学、华南师范学院、上海师范学院、安徽师范大学、福建师范大学、东北师范大学、华中师范学院、西南师范学院等37所学校的43位老师参加，其中，年龄最大的是57岁的上海外国语学院的朱纯老师，年龄最小的是23岁的新疆教育学院的张成文老师。学习内容涵盖教育学、物理学、外语等11个专业。当时的讨论班班长是华东师范大学的林

图1　南国农（左）与萧树滋（右）1948年在美国哥伦比亚大学

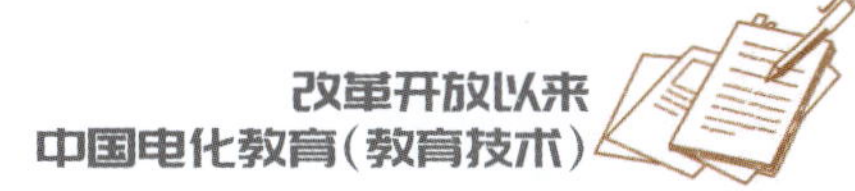

克诚教授，党支部书记是上海师范学院的姚根生教授。讨论班共开设7门课程（见表），并都有讲义发到学员手中，这些讲义为这37所高校的电化教育专业的建设起到了很大的促进作用。

周君达（左1）、周介一（左2）、吴在扬（左3）、尹俊华（左4）、南国农（左5）、孙明经（左8）、果毅（右1）、高汝森（右5）、萧树滋（右7）、朱纯（右8）

图2　座谈会合影

图3　全国电化教育讨论班在兰州开班

表 “电化教育讨论班”课程介绍

课程	电化教育基础讲座	电化教育概论	幻灯	录音与扩音	电视	电影	电化教育的物理学基础
授课教师	孙明经 杨名甲	南国农	萧树滋 杨改学	马季善	黄宝文	彭守德	黄宝文

本期讨论班进行到7月下旬时，教育部电化教育局程光局长指示，在甘肃师范大学举办的全国电化教育讨论班搬迁到北京，在教育部身边举行，以便电化教育局干部和她本人以及北京的专家也能参加学习和讨论。在程光局长的指示下，43位讨论班学员和参与讨论班的老师，由南国农教授、萧树滋教授带领乘火车赶往北京。到北京后，在教育部的安排下，住在香厂路国务院第六招待所。在北京期间，电化教育局程光局长、吴在扬处长，北京电影学院孙明经教授，厦门华侨大学的廖泰初教授多次参加会议并进行研讨。研讨过程中，大家提议成立全国性的电化教育学术组织及学术刊物等建议。经过讨论，建议成立“中国电化教育研究会”，挂靠在甘肃师范大学，程光任研究会会长。创办两个杂志，一个是面向普通教育，兼顾高等教育的研究刊物《电化教育》(现《中国电化教育》)，由中央电化教育馆主办。一个是面向高等教育，兼顾普通教育的研究刊物《电化教育研究》，由中国电化教育研究会和甘肃师范大学联合主办，作为中国电化教育研究会的会刊。讨论班于1979年7月底在北京结业（见图4）。

本次讨论班在兰州开班，在北京结业，历时两个月，完成了预定学习目标，为新中国电化教育的发展培养了最初的种子，很多电化教育机构的分管领导和骨干都来自这里。人们称它为我国电化教育系统的“黄埔军校”第一期，西北师范大学也被称为中国电化教育的“黄埔军校”。讨论班结束后，为了感谢甘肃师范大学对全国电化教育工作做出的贡献，全体学员在讨论班结业大会上给甘肃师范大学赠送了“电化教育的先锋”锦旗一面。

前排：南国农（右6）、程光（右7）、孙明经（右8）、廖泰初（右9）、吴在扬（右10）、萧树滋（右11）

图4　全国电化教育讨论班结业合影

作者单位

杨改学，西北师范大学教育技术学院。

全国第一次电视录像编辑技术培训班

◎ 李 龙

1978年，我国电化教育重新起步，当时使用的媒体主要是幻灯、电影和录音，也有少数大专院校和中学利用工业黑白电视系统进行电视教学实验。有的学校甚至举办了开路广播教育电视，影响到广播系统电视台和差转台的正常工作。为此，教育部专门下发了《关于学校开办教育电视问题的通知》(〔78〕教电字710号)。

文件中提出：(1) 各校在开展电化教育活动中，原则上不举办教学用开路广播电视；(2) 为本地区举办的教育电视节目或为本地区开设电视转播台，应当向当地主管部门办理申请手续。经过批准，纳入规划，按广播局《小功率电视转播台管理办法（试行）》办理。

但是，随着电化教育的发展，彩色电视和录像作为当时先进的媒体进入教育教学领域势在必行。为此，教育部引进了日本索尼、松下、JVC等公司的彩色电视节目制作与闭路电视系统。

为了尽快发挥进口电视设备的功效，1979年4月，教育部电化教育局在北京举办第一期电视录像编辑技术培训班，全国部分高校共有30多人参加了培训。这次培训地点设在北京师范大学原主楼8楼，由日本索尼公司提供VO-Ⅱ型电视节目制作设备，包括摄像机、录像机、编辑机等（见图），并派遣专业人员做技术指导。培训的内容包括：电视节目制作系统介绍，摄像机、录像机的原理和操作技术，录像节目的编辑技术等。

图　索尼公司的VO-Ⅱ型彩色电视摄像、录像和编辑设备

培训期间，电化教育局程光局长到现场看望大家，并和学员一一交谈，鼓励大家尽快掌握先进的技术，回去积极开展电化教育工作。当程局长得知我来自内蒙古时，她热情地说："我看过你的报名资料，你们学校20世纪50年代就开展了电化教育，很不容易。好好学习，回去把内蒙古的电化教育带动起来。希望你们以后多参加全国电化教育的活动。"

这次培训班是大家第一次接触到彩色电视摄录像设备，通过7天的培训，学员们学习了摄像机、录像机的基本操作，尝试了电视录像的编辑技术，为开展电视教学节目制作奠定了基础。

由于接受培训的学员认真学习，培训效果非常理想。电化教育局"为了使进口的电视录相（像）设备管好、用好，在教学上能够充分发挥作用"，在4、5、6月接连又举办了几期培训班。

为了增强培训效果，以及满足今后开展工作的需要，电化教育局规定"参加学习的学员必须是今后操作使用电视录相（像）设备的工作人员，要具有高中以上文化程度和电子学基础知识，并且是具有使用收音机、录音机、电视机等设备实践经验的技术人员或教师。"

几期培训班结束，学员们成为第一批掌握进口电视录像设备的操作者，后来都成为各个地区开展电视教学节目制作和电化教育工作的骨干力量。这批设备也由中央电化教育馆全部留购，成为最初的电视节目制作的家底。

作者单位

李　龙，内蒙古师范大学现代教育技术研究所。

全国唯一的院校教学电影制片基地

◎ 谢百治

原第四军医大学（现空军医科大学）电化教育室是在教材处照相室基础上于1978年筹备建立的。1979年春天，按照原总后勤部的统一部署，原第四军医大学启动教学电影中心建设。电化教育室主任江宗禧带着杨根源和西北建筑设计院一位工程师、学校营房处一位助理员组成电影用房建设考察组赴上海电影制片厂、北京电影制片厂和八一电影厂等进行电化教育用房、设备及生产流程的考察学习，开始筹划电化教育楼的设计建设。除当时的照相、电视教材制作、维修与技术研发等电化教育用房外，还特别规划设计了电影的前期拍摄、美工动画和后期剪辑、录音与洗印发行等用房。同时，杨维智、杨根源到西安电影制片厂专门学习电影拍摄及剪辑、洗印、录音技术，夏仁康到上海学习灯光运用。原总后勤部配发的电影设备到位后，张乃光、杨根源刻苦学习电影摄影机的使用，开始了电影拍摄，并于1981年在辽宁大连普兰店拍摄了《机上救护》（见图1）。

前排：南山（左1）、夏仁康（左3）；后排：杨根源（左1）、李铨印（左2）、李云修（左5）

图1 在辽宁大连普兰店拍摄《机上救护》

1982年春天，为了加强医学电影编导力量，西京医院主治医生、讲师李铨印调入电化教育室任编导。经过半年多准备，1982年下半年原第四军医大学举办了第一期电影编导学习班，通过李铨印同志和西安电影制片厂吴天明厂长的同学关系，编导学习班得到西安电影制片厂的大力支持。本期电影编导培训班，除原第四军医大学广大教师积极参加外，西安地区军校的不少电化教育人员和教师也参加，大大推动了原第四军医大学和西安军队院校电化教育教材建设，提高了电影的制作水平与质量，取得了很好效果。之后，为了加强和西安电影制片厂的合作与联系，我们聘请西安电影制片厂吴天明厂长为原第四军医大学兼职教授，并多次组织人员去该厂学习取经。1984年12月，原第四军医大学举办了第二期电影编导学习班（见图2）。吴天明、曹金山等知名导演和摄影师亲自授课，赵敏、毛天球、郭天文、秦秉志、彭兆知、王光华等众多知名教授及广大教师都曾为学习班成员。两期电影编导学习班的举办，大大推动了原第四军医大学电化教学工作。

1983年春天，4500平方米电化教育大楼建成，电化教育室搬进了新的电化教育楼，购买安装了电影拍摄、剪辑、录音和洗印设备，成立了由杨根源、夏仁康、彭建兰等组成的电影组，杨根源任组长。引进了张童、王小仲、赵兵、朱振林等一批技术干部和战士组成电影后期加工

图2　原第四军医大学第二期电影编导学习班

组，杨维智任组长。牛晓林、余寒、杨志伟、安建华成立了美工动画组，牛晓林任组长。还由吴朝、赵兵组成录音组。电化教育室人数达到40人，其中，在编军人（干部、战士）28人，职工12人，在当时的军队院校电化教育室中，原第四军医大学编制人数是名列前茅的。

20世纪80年代初，原第四军医大学的标准录音棚在西安属于稀缺资源，陕西电视台和西安电视台均没有配备。承担省市电视台的录音也是我们的主要任务之一，我们经常陪省市电视台录制秦腔，与眉户剧组录音到深夜，甚至通宵达旦。在这个过程中，我们开拓了工作思路，学习了地方剧种的拍摄技巧，提高了电化教育教材制作水平与能力。

新的电化教育楼启用，配备引进的技术骨干，购置的先进电影制作设备，为教学电影制作奠定了良好基础。通过广大教师及电化教育室同志的共同努力，我们先后制作发行了100余部电影，一批优秀教学影片获我国全军表彰。《充填术》于1985年获全军第一届电化教育教材评比优秀电影教材一等奖，《实验动物方法》《消毒与隔离》分别获全国医药院校及西北地区军队院校电化教育教材评比一、二等奖。

原第四军医大学电影制作中心是全国首家，也是唯一一家院校教学电影制片基地（厂）。20世纪90年代，随着电化教育技术设备的发展，教学电影逐步退出历史舞台，原第四军医大学教学电影制作中心完成了历史使命。该基地的建立与发展在我国全军电化教育发展史上具有里程碑意义。该基地的顺利建立与运转，得益于原总后勤部首长的高度重视，得益于原第四军医大学的大力支持。难忘原总后勤部司令部军训局宋志平参谋曾多次来校指导电化教育楼建设和设备采购；难忘张乃光高工（原金陵大学电化教育专修科毕业生），从电影摄影机引进到说明书翻译到应用探索，都发挥了重要作用；难忘江宗禧主任为教学电影制作基地筹建做出了贡献；难忘李铨印主任热爱电影电视编导工作，编导了一批优秀影片；难忘杨根源、杨维智主任技师、夏仁康教授、彭建兰技工为教学电影制作贡献了青春；难忘华庄仪技师，她负责教学电影、电视配音解说工作，浑厚甜美的声音、准确的发音给全军院校电化教育界留下了深刻的印象。

作者单位

谢百治，原解放军第四军医大学教育技术中心。

《电化教育研究》杂志创办

◎ 杨改学

《电化教育研究》杂志创办于电化教育事业重新起步时期。于1980年创刊，是顺应时代的要求而产生的，并随着时代的发展而发展，一直走在时代的前沿，响应时代的需要，为电化教育事业的发展提供了一个理论研究与实践探索的学术平台。在杂志社同仁的努力下，在创刊人全国知名专家南国农先生的带领下，在全国教育技术学学科领域师生的关心支持下，《电化教育研究》已经走过青涩的岁月，形成了自己的办刊风格，取得了卓越的成就，在全国教育技术事业和国家教育信息化发展中，确立了自己独有的风格和高质量、高品位的地位。

一、《电化教育研究》杂志创刊

1978年4月，邓小平同志在全国教育工作会议上指出："要制订加速发展电视、广播等现代化教育手段的措施，这是多快好省发展教育事业的重要途径，必须引起充分的重视。"这一讲话在全国教育界引起极大的反响，使得电化教育事业进入了一个蓬勃发展时期。同年，指导全国电化教育工作的中央电化教育馆建立，并由教育部召开了我国电化教育史上的第一次盛会——全国电化教育汇报会。电化教育重新起步，并在党的十一届三中全会以后得以迅速发展。电化教育重新起步以后，首先是创建电化教育专业和学科；其次是建立各系统、各层次的电化教育机构和高等学校电化教育中心，组成了浩荡的数万电化教育大军，有了可靠的组织保证；再次是购置大量的电化教育设备和器材，有了基本的物质保证。在万众一心，团结奋进的时代大潮中，我国电化教育领域出现了春光竞辉、群芳争艳的大好形势。电化教育的迅速发展，提出了创办电化教育报刊的急切要求，电化教育报刊的出版，能为电化教育事业的发展提供一个理论研究和实践经验交流以及技术传播的媒体平台。

1979年6—7月，教育部电化教育局委托甘肃师范大学举办“电化教育讨论班”。期间，参加讨论班的37所院校代表发起成立了“中国电化教育研究会”，推选教育部电化教育局局长程光为会长，南国农为副会长，萧树滋、孙明经、廖泰初等为理事，并决定由研究会与甘肃师范大学联合主办《电化教育研究》杂志，由南国农、萧树滋教授负责创办，南国农教授为主编。讨论班结束后，时任甘肃师范大学教育科学研究所所长、电化教育中心主任的南国农教授提出筹办《电化教育研究》杂志的申请。经过一年多的筹备，甘肃师范大学以“甘师发〔1980〕78”报告正式行文，向甘肃省文办和省委宣传部申请创办《电化教育研究》，报经甘肃省委宣传部和甘肃省新闻出版局批准备案，得到批准后，1980年11月创刊（见图1），内部发行，1981年正式出刊公开发行（见图2）。

图1 《电化教育研究》创刊号封面

图2 《电化教育研究》1981年第1期封面

《电化教育研究》杂志主编为南国农，编委由6人组成，包括南国农（甘肃师范大学教授，主编）、吴在扬（中央电化教育馆研究室负责人，负责电化教育方针、政策）、孙明经（北京电影学院教授，负责外国电化教育）、廖泰初（北京师范大学教授，负责电化教育译稿）、杨名甲（中央电化教育馆技术部负责人，负责电化教育技术）、萧树滋（甘肃师范大学教授，负责电化教育理论与方法）。原甘肃师范大学校长李秉德先生对创刊给予了指导与支持，并与南国农先生共同为创刊号写了发刊词。《电化教育研究》创办时为季刊，逢季度末在甘肃兰州出版。《电化教育研究》封面套色双色印刷，内页单色黑白印刷，16开本，64面，面向国内外公开发行。其主要任务是：研究、探讨电化教育的理论和方法；介绍电化教育器材和教材的编制经验和使用情况；交流国内外电化教育经验；推动电化教育的深入发展，提高教学、教育质量。读者对象是各级各类学校的教师、电化教育工作人员以及高校的学生，此外，也可供有关科研工作部门参考等。

1980年《电化教育研究》创刊号（本期为内部发行）刊登了发刊词和14篇文章，体现四个主题：评论、基础理论与方法、电化教育软件制作、技术知识等。作者为：章薪樵、吴在扬、廖泰初、南国农、戴公亮、陈琦、萧树滋、朱纯、杨名甲、沈兴国、孙明经、黄宝文、刘涤民，其中孙明经两篇文章。从上述的作者可以看出，6个编委在第1期上都发表了文章，编委文章总数为7篇，占杂志文章总数的一半。电化教育重新起步，电化教育工作者较少，编委人员起带头作用，对带动电化教育工作的开展、理论研究、技术探讨等发挥了较大的促进作用。

二、《电化教育研究》杂志的发展历程

40年的风风雨雨，《电化教育研究》从无到有，从摸索到发展，从稚嫩到成熟。《电化教育研究》从季刊、双月刊直至今天的月刊。每一步都是电化教育工作者和《电化教育研究》杂志社的全体工作人员扎扎实实努力工作的结果，是南国农先生辛勤培育的结果。

1991年7月，杂志社报经当地工商部门批准，《电化教育研究》取得了广告经营资格，正式开展广告经营。

1994年，经甘肃省新闻出版局审读和组织专家综合评议，《电化教育研究》差错率为万分之一点七，低于国家规定的万分之二的容错标准，为甘肃省首批编校质量达标期刊之一。同年《电化教育研究》被列为“中国教育类核心期刊”。

1996年，北京大学图书馆出版的《中文核心期刊要目总览》，从全国600多家教育类刊物中筛选出了23种核心期刊，《电化教育研究》排名第10位。

1997年，《电化教育研究》被选入《中国学术期刊（光盘版）》，进入权威部门的学术期刊数据网，使期刊以印刷和网络两种形式向国内外公开发行。

1998年，《国家级学术刊物名录》公布，教育类国家级学术刊物共14家，《电化教育研究》荣列其中并排名第9位。

1999年，《电化教育研究》被甘肃省新闻出版局组织专家考评为“甘肃省一级期刊”。为适应全国电化教育形势的发展和进一步满足广大读者的要求，报经上级出版管理部门批准，《电化教育研究》1999年改为双月刊，2000年进一步改为月刊，根据电化教育事业的发展需求，调整和新增了栏目，增加了信息容量，重塑了刊物形象，使刊物以新的面貌走向国内外。

2001年，《电化教育研究》被中国社会科学评价中心列为“CSSCI检索源期刊”。这是一个动态的检索阵列，每两年重新评价遴选一次。《电化教育研究》一直稳居其中，且排名靠前。进入这一阵列的甘肃期刊目前有为数不多的几家。另据中国学术期刊（光盘版）电子杂志社文献检索分析中心提供的《中国学术期刊综合引证年度报告》显示，2005年《电化教育研究》总被引频次达741次，“影响因子”和“他引率”均接近0.9，两年的Web下载量达17391次，整体排名靠前。2007年12月28日，南京大学中国社会科学研究评价中心公布了2008—2009年CSSCI来源期刊，《电化教育研究》名列入选的37种教育类杂志第四名。同时刊物发文质量逐年提高，文章被《人大复印资料》等权威报刊收录或摘编的数量逐年增加。这一系列成绩的取得与《电化教育研究》刊物科学的管理模式、积极发展刊物的市场化经营等密切相关，使《电化教育研究》在学术界彰显了其权威性。

鉴于此，《电化教育研究》杂志曾经连续多届被甘肃省新闻出版局筛选确定为“国家期刊奖”甘肃期刊提名申报单位；2004年被评为中文核心期刊，编入《中文核心期刊要目总览》，同时入选《中文社会科学引文索引》（CSSCI）来源期刊。2006年《电化教育研究》杂志社被教育部中央电化教育馆评为“全国教育技术先进单位”。

2008年经武汉大学中国科学评价研究中心课题组对中国内地近万种期刊广泛检索，反复比较和认真研究，从中挑选了6170种纯学术性期刊和半学术性期刊参与评价。共有1324种学术期刊进入核心区，其中权威期刊311种，核心期刊1013种。《电化教育研究》杂志入选《中国学术期刊评价报告——RCCSE权威期刊排行榜》（2009—2010），获得“RCCSE中国权威学术期刊”称誉。

三、《电化教育研究》杂志的贡献

纵观40年的历史，《电化教育研究》与电化教育工作者一起，为中国电化教育、教育技术、教育信息化的发展做出了自己的努力；《电化教育研究》与中国电化教育事业一起，经历了起步、发展和成熟阶段；《电化教育研究》为中国电化教育重新起步后的发展做出了应有的贡献。《电化教育研究》杂志的作用与贡献主要为以下方面。

（1）为学术讨论提供了平台，电化教育理论在此碰撞火花，为中国电化教育的理论建设做出了贡献。

（2）引领时代前沿，对新思想、新技术、新理论的引进提供了平台。

（3）技术的介绍与解读为技术的更快发展提供了条件。

（4）为电化教育和信息技术、教育信息化的递进发展提供了理论探讨渠道，尤其是20世纪80年代的中国，通信技术不发达，杂志传递的电化教育信息为大家提供了极大的方便。

（5）使全国的电化教育工作者对从事电化教育更为坚定。电化教育发展至今，有各种各样的声音，有赞同，有反对，有中立，有持怀疑态度的，电化教育的发展也有迷惑时期，《电化教育研究》杂志在这个时候刊登了大量坚定信心、引领时局的文章，为促进电化教育事业的发展和教育现代化做出了贡献。

(6) 及时发现问题并及时与全国电化教育工作者和教育技术学领域的师生共同探讨，共同研究，共同解决，促进了教育事业的发展。

(7) 开展的首届全国电化教育知识大奖赛，极大地宣传了电化教育，推动了电化教育知识的普及。

总的来说，《电化教育研究》杂志为研究者、教师、学生等提供了讨论的平台，提供了学习的平台，提供了相关专业信息的传播平台。

《电化教育研究》杂志是学术性刊物，是教育技术学专业群体的朋友。杂志为解决教育技术学各类问题而诞生。《电化教育研究》杂志在南国农先生多年的带领下，从探索走向发展，走向成熟。40年来，杂志不仅为电化教育、教育技术、教育信息化的相关问题的探讨提供平台，而且还组织开展了“首届全国电化教育知识大奖赛”和“全国电化教育考察万里行”活动，为宣传和推广电化教育做出了一定的贡献。《电化教育研究》杂志发展至今，受到一致好评，成了中国教育类核心期刊、CSSCI检索源期刊、《中国学术期刊（光盘版）》入编刊物，中国权威学术期刊的地位也不断得以提升，这与全国教育技术学领域的专家、师生和作者的支持是分不开的。杂志社全体人员将会继续努力，为教育信息化事业的发展争取再做更大贡献。

作者单位

杨改学，西北师范大学教育技术学院。

放飞梦想　扬帆再起航

——写在《中国电化教育》杂志创刊40年

◎ 许　林

20世纪70年代末，在我国电化教育重新起步之初，各地迸发出开展电化教育的巨大积极性，电化教育事业发展迅猛。1978年，经邓小平等领导同志批准，教育部正式成立了直属事业单位“中央电化教育馆”，1979年1月4日，教育部向国务院呈报《关于成立留学生管理司和电化教育局的报告》，明确中央电化教育馆和电化教育局一个班子，两块牌子。与此同时，创办电化教育报刊的呼声更加迫切，这也是电化教育专业建设与发展的必然需求。1979年7月，在首届“中国电化教育研究会”上，提出了创办《电化教育》（现《中国电化教育》）杂志的建议，其主要任务是宣传当时的电化教育方针政策和经验交流，由中央电化教育馆主办。迎着改革开放的春风，满载着广大电化教育工作者的殷切期望，1980年4月，一个崭新的权威性的期刊——《电化教育》诞生。刊物创办之初其定位主要是作为全国性的电化教育综合性刊物，面向全国教育战线以及各级各类学校广大教师和电化教育工作者、高等师范院校的师生，介绍电化教育基础知识，交流国内外电化教育工作经验，推动电化教育的理论研究，充分发挥现代化教学手段的作用，丰富教学内容，研究改革教学方法，以达到提高教育质量的目的。

1980年4月25日，《电化教育》（双月刊）正式创刊，内部发行，当时教育部分管电化教育工作的张健同志撰写题为《要逐步推行电化教育》的文章。1980年8月20日，教育部批准《电化教育》杂志自1981年开始改为公开发行，成为我国电化教育事业重新起步以后，创办最早、影响最大的杂志之一。

1980年9月5日，教育部批准《电化教育》编辑部成为中央电化教育馆的一个处级机构。1994年1月，《电化教育》杂志由双月刊改为月刊，1995年7月《电化教育》杂志被确定为中国教育类核心期刊，1996年1月更名为《中国电化教育》。

屈指细数，《中国电化教育》已经走过了40年的历程。40年来《中国电化教育》伴随着我国电化教育、教育技术事业的发展而不断发展和壮大，见证了中国电化教育（教育技术）学人的心血和智慧。

在回眸与梳理《中国电化教育》的发展历史之后，我们看到了不同时期的自己。一些浮光掠影的东西过去了，不同时代的影像慢慢地浮现出来。我们始于编辑《电教工作简报》，继而由双月刊到月刊，由电化教育事业的工作指导刊到教育技术学领域的学术性综合刊，由《电化教育》到《中国电化教育》，由国家拨款到自负盈亏，历经40年，举众人之力，不断发展壮大，目前已成为我国教育领域在国内外具有广泛影响力的中国教育类核心期刊、中国社会科学CSSCI来源期刊、中国科学评价RCCSE中国权威学术期刊。40年里，作为一个专业刊物，我们忠实地记录着教育技术学领域、事业、学科的发展历史。在面对发展中的每一个热潮时，我们时时勉励自己：热情而不失去敏锐，敏锐而不失稳重。作为一个交流平台，在编选每一篇稿件时，我们致力于创设一个平等的氛围，真实地传递每位作者的理性思考和实践真知，努力让广大读者感受到作者们的思想光芒与力量。有作者在，有读者在，我们所付出的一切都是值得的。

我们正在和作者、读者一起经历着教育信息化历史的嬗变。从幻灯、电影、广播、电视、投影到计算机与互联网，从电化教育、教育技术、教育信息化到教育的现代化，从行为主义、认知主义到联通主义，从西部试点到农村中小学现代远程教育工程，从促进教师的教到促进学生的学，从教材改革、课程改革到学习革命，从教育信息化1.0到教育信息化2.0，从注重“物”的建设向满足“人”的多样化需求和服务，教育信息化具有变革教育的巨大潜力，是破解新时代教育矛盾和教育现代化的重要途径。面对新时代教育发展的新要求，作为一个专业刊物，我们应该思考和关注什么？我们要传播什么？我们的身份是什么？我们要坚守什么？我们的使命和责任担当是什么？

一位哲人曾经说过这样的话，不管跋涉者能否取得最后的成功，但毕竟留下了前进者的足迹。40年风雨，数千万字文章，在这充满艰辛与拼搏的发展道路上，《中国电化教育》走过40年辉煌历史，发表了大量优秀作品，这些作品都凝聚了广大电化教育工作者不懈的支持，无私的奉献。电化教育界不少老前辈为我们的事业披荆斩棘，开创了一条道路。前人种树，后人乘凉。回顾过去，路途坎坷，成果来之不易，自当珍惜。在《中国电化教育》创刊40周年之际，梳理回顾我们的来路，旨在追寻一代又一代学人前辈的脚印，厘清中国教育信息化的历史发展脉络，吸取经验教训，为探索出一条符合中国国情，具有中国特色的教育现代化之路贡献我们的解决方案。

教育的对象永远是一个个具体的、有生命的个体。用教师的生命和爱去育人，和仅仅靠机器、用技术教人大不相同。教育的根本任务是立德树人，而不是培养工具人、技术人、知识人或运动人，而是多方面整体发展的人。人的创造不能伤害人，这是技术伦理的底线。在信息技术高度发达的今天，如何引领学生、教师、校长在运用技术时，成为技术的主人，适度合理地运用技术，避免技术对人的异化，让技术在教育中成为“人的自由发展”的工具，提高技术伦理意识，引导人归回教育的终极根本，让刊物所传播的信息既具有时代性又具有永恒性，这是我们的使命和责任担当。

文化作为一种观念的力量不能直接改变社会，但却能改变人，而人则能改变社会。学术期刊不同于其他刊物的一个重要特质就是，它是思想者创造思想、展示思想、传播思想，探寻真理的学术平台。从根本上说，应该是文化的人，甚至可以说是一个社会最有文化价值感和责任感的人维系着学术期刊的运行，决定着学术期刊的品质与道德高下。我们是传递教育真理的管道，如何让知识与良知同在，学术与正义共存，以高贵而正直的文化力量影响教育，影响社会，这是我们的使命和责任担当。

40年已经成为历史，新的征程已在前方，我们祈望在作者、读者和所有朋友的支持下，放飞新的梦想，扬帆再起航，创造崭新的未来。

作者单位

许　林，中央电化教育馆。

我国中小学计算机教育的开端

◎ 王吉庆

我国虽然在20世纪50年代就已经有了计算机，部分理工科大学也有了计算机方面的课程与教学，不过大学计算机有关专业的主要任务是培养计算机科学技术人才。至于中小学则没有相关课程和教学，直到80年代初，才有很少一些学校、少年宫和少科站等以新技术的兴趣活动方式开始计算机的教学，例如，北京景山学校因为得到了方毅副总理所送的计算机，就开始了计算机教学活动。华东师范大学在70年代末申请举办计算机专业的过程中，就受到了“现在中小学没有计算机课程，你们师范大学为什么要办这个专业”的质询，后来获批还是专门批的非师范专业。中小学计算机教育是我国信息化教育的重要内容，它是如何开始的呢？

一、我国第一批现代教育技术研究所的成立

1978年，为了迎接全国科学大会的召开，教育部在京西宾馆开会，聚集了教育部所属单位的专家学者，讨论科学研究的战略方向问题，华东师范大学的万嘉若、陶增乐等参加了这次会议。会上明确了教育事业的一个重要研究方向是现代教育技术研究与应用。会后，考虑到布局，教育部决定当年10月成立北京师范大学现代化教育技术研究所和华东师范大学现代教育技术研究所两个单位。华东师范大学现代教育技术研究所的所长是万嘉若，下面设立一个计算机辅助教育研究室，我刚刚成为讲师，就成为其中一员。1979年，研究所得到了一

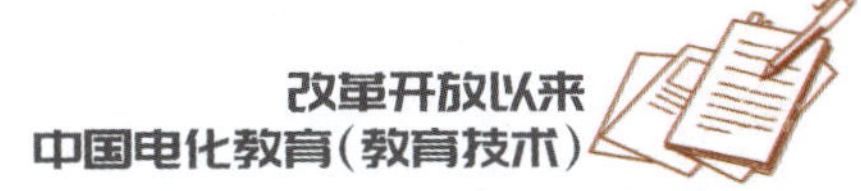

台用世界银行贷款购来的计算机CROMEMCO-III，于是，从1979年开始，我带领张琴珠、张际平、张华华三人开始用它研究开发一个计算机辅助教育系统。当时确定的目标是教BASIC语言，分为十几课，教学方法是遵循斯金纳的程序学习理论，为了加强刺激，除了屏幕显示外，还要有伴随的声音。学生的练习可以根据其不同回答反馈不同屏幕信息和声音信息。这就是我国第一套自己开发的计算机辅助教育系统——MCBBI系统。

1980年，这个系统基本上成型时，得知世界计算机教育大会在瑞士洛桑召开的消息。我们希望能够在其会上展示研究的成果，便把我们的论文"A Microcomputer-based BASIC Instruction System——MCBBI System"发给他们，不久就收到通知，论文被录取了，在分会场宣读。这也许是我国第一篇教育技术学领域在国际学术会议上宣读的论文。

二、第三届世界计算机教育大会（WCCE'81）

世界计算机教育应用会议（WCCE）是在联合国教科文组织支持下，国际信息处理联合会等组织从20世纪70年代开始举办的关于计算机在教育中应用的国际学术会议。1981年8月在瑞士洛桑举行的WCCE'81是第三届，我国第一次组织学术代表团参加，代表团团长是清华大学唐泽圣，副团长是北京大学杜淑敏，还有南京大学孙钟秀、复旦大学何永保等。我是最年轻的成员，第一次带着我们现代教育技术研究所的一篇技术方面的论文参加国际学术会议。参加这次会议，大家的重要收获是听取了苏联计算机教育专家叶尔肖夫的"程序设计——人类的第二文化"主题报告，并且亲身了解了各国（包括匈牙利这样的国家）在开展中小学计算机教育应用方面的情况，给我们震动很大。叶尔肖夫的报告首先进行了现有文化与程序设计的对比分析，他指出：程序设计与现有文化都一样有着它的来源、开始以及发展；都一样起源于某种技术的发明（现有文化起源于印刷技术的发明）；都一样反映了人的组织能力，包括社会交往的能力，如沟通交流的能力、工作能力、自辩能力等；而最重要的是一方面它们相互平行地发展而又相互沟通，另一方面相互补充，使人们形成新想法与新观念。同时，他还分析了现代社会中的人由于需要与他人一起工作和提高工作学习的效率，因此，除了读、写、算等基本文化以外，还需要一切都有预先的安排和计划，即程序。计算机的核心是程序，因此，学习计算机程序设计不仅可以学习新技术，而且可以帮助人们学会日常工作生活中的程序设计，因此，成了人类所必需的第二文化。当时的第一感觉就是，既然是第二文化，就需要从小开始培养与熏陶。

三、我国中小学计算机教育实验方案

回国后，我们向教育部做了汇报。教育部外事司的领导知道有关中小学计算机教育的内容以后，就请了中等教育司与初等教育司的同志听汇报。汇报以后，我们还把汇报的内容写成文字，送《中国电化教育》（当时叫《电化教育》）杂志发表。记得当时我已经出国访问学习，发表时署名用了“吉庆”。据苏式冬后来说，教育部有关领导听取汇报后，中等教育司就决定在我国中小学开展计算机教育实验，考虑到当时中国大学也只有一小部分开展了计算机教育的现实，苏式冬提出了“借鸡生蛋”的方案，即从1982年开始在5所大学的附属中学（北京大学附属中学、清华大学附属中学、北京师范大学附属实验中学、华东师范大学第二附属中学、复旦大学附属中学）开始计算机教育实验，请大学的计算机教师来设置计算机课程，制定教学大纲，编写教材，上课，并且利用大学的计算机设施进行实践活动。这样，教育部正式启动了我国信息技术教育事业。在香港华夏基金会等的支持下，其他一些中学也添置了一些微机，1982年，全国中小学总共有各种微机约150台，实际开展计算机课程实验的学校为19所。

四、其后的发展

1984年，邓小平同志在视察中国福利会少年宫儿童计算机活动时指出：“计算机的普及要从娃娃抓起。”之后，我国中小学计算机教育得到各个方面的关注，迅速在许多省市开始了比较广泛的实验。1986年初，全国进行计算机教学实验的中小学大概有3000所，拥有计算机大约33950台，主要的教学内容是程序设计。作为一门新学科，短时间扩展这么快，很快产生了一系列问题。目标、内容是什么？教材从哪里来？教师问题如何解决？前期的实验，只解决了部分问题，教师一般都是由其他学科教师兼任，他们的培训与日常教学研究也就成为一个需要考虑的问题了。这些问题一开始是各地自己解决，例如，当时调到广东教育学院任副院长的苏式冬，就邀请我到他们学院给骨干教师做培训。这次培训被他们称为广东计算机教育的黄埔一期，后来许多学员成为广东各个地市的计算机教研员。

1985年，在香港华夏基金会的支持下，我国组织了第一个包括中学教师参加（有北京师范大学附属实验中学和华南师范大学附属中学的教师与校长等）的中小学计算机教育考察团，赴美国参加在诺福克市举行的第四届世界计算机教育应用大会（WCCE’85），并且参观考察了美国许多中小学的计算机教育情况。会上计算机文化与计算机是通用应用工具的讨论引起了我们的关注。当时美国有的中小学组织学生建立学习地理用的数据库，一方面帮助学习数据库应用，另一方面以计算机为工具解决学习地理的问题，使我们看到当时国际上学习计算机的发展趋势。因此，1986年，在第三次全国中小学计算机教育工作会议上（华东师范大学是汪燮华和我以专家身份参加），讨论计算机教育目标时，开始有了以计算机作为工具的方向性变化，内容上增加了文字处理、电子报表、数据库的应用等。同时，会议认为，应该加强中小学计算机教育的研究和管理。王文湛司长给汪燮华布置了写一个关于成立中小学计算机教育研究中心可行性报告的任务，完成任务以后还带他去向国家教育委员会汇报。知道了国家教育委员会重视中小学计算机教育研究工作的意图以后，学校即刻组织了由汪燮华、吕传兴、王吉庆、吴洪来组成的计算机教育研究中心筹备组，把各方面力量汇聚起来，争取研究中心能够落户华东师范大学。

1987年2月，国家教育委员会发文，成立全国中小学计算机教育研究中心（以下简称：中心），下分北京研究部和上海研究部，分别挂靠在北京师范大学与华东师范大学，中心的两个副主任分别兼任研究部主任，而其任务是受中学教育司委托，参与制定全国中学计算机教育事业的发展规划、有关政策和实施措施，了解各地开展情况，组织试验和推广交流经验，还有教师培训、教材编写，了解国内外动态等。上海研究部的首任主任是吕传兴。

中心成立以后，开始时的重点工作是推广我国自己生产的中华学习机。为此，国家教育委员会、电子工业部与中国科学技术协会成立了全国中华学习机教育软件评审委员会，我是委员之一。后来，由于文本教材与电子教材都需要进行审查，部分成员包括我，也就成了全国中小学教材的审查委员。

中心在推动计算机学科教育的发展方面进行了大量工作。首先是推动了《中小学计算机课程指导纲要》的更新，通过对全国各地计算机教育发展情况的调查研究，吸收先进理念。1994年，教育部颁布的《中小学计算机课程指导纲要》以模块方式设置了必修模块与选修模块，各个学校可以选择其中一部分进行教学。内容也由强调程序设计到强调计算机作为工具的应用方面，而且把包括多媒体与网络等新技术（20世纪80年代在世界范围内也只刚刚引起关注的内容）也纳入到《中小学计算机课程指导纲要》内，这也预示着我国中小学从计算机教育向信息技术教育发展的开始。1992年12月，我们还创办了《中小学计算机教育》杂志。

1995年夏，华东师范大学与教育部基础教育司任命我为上海研究部主任。我在繁杂的工作中深感：中心既要推动计算机辅助教学，又要推动计算机管理教学，还要推动计算机学科教育，事情很多也很重要。但是，对于我国广大中小学学生而言，我们做的这些工作有什么意义？能不能以简单的方式说明白。1998年，我将多年的心得和思考写成《信息素养论》，1999年在上海教育出版社正式出版。我感到：世界即将进入信息社会，信息社会的人如果要在这个社会生存和发展，需要信息技术，需要信息素养。我在书中系统论述了信息社会需要每个人具有一种新的素养——信息素养。信息素养包括信息意识情感、

信息伦理道德、信息及信息技术的基本知识与信息能力四个方面。信息素养是可以经过教育培育提升的，也是必须从小培养的。学校提升信息素养的途径有信息技术课程、信息技术与学科教学的整合、信息技术在学校管理方面应用等。

在我国教育信息化进入2.0时代的今天，在我们从教育信息化向教育现代化快速发展的时代，回忆我国中小学计算机教育开启的岁月，仍然心潮逐浪，我们也因为中国教育信息化的发展做出过自己的努力而感到快乐和自豪!

作者单位

王吉庆，华东师范大学课程教学研究所。

全国第一家省级教育电视台的成立

◎ 马升明　韩建新　周学和

1978年，在全国教育工作会议上，邓小平同志指出："要制订加速发展电视、广播等现代化教育手段的措施，这是多快好省发展教育事业的重要途径，必须引起充分的重视。"

新疆教育厅党组对邓小平同志的指示高度重视，组织人员赴其他省份考察，进行多次的调研和科学论证，针对新疆地域、人口、民族、语言等特点和经济发展水平，决定申请建立新疆教育电视台。

新疆维吾尔自治区党政领导对建立新疆教育电视台表示赞同和大力支持。经过层层申请报批，广播电视部门正式批准建立新疆教育电视台，在进行了一段时间的试播后，1980年8月15日，新疆教育电视台正式开播，标志着全国第一家省级教育电视台成立，开创了我国省（区）级建立教育电视台的先河。

新疆电化教育馆、新疆教育电视台实行"一套班子，两块牌子"的管理体制，将"教育为本、服务社会"作为办台宗旨。

建台初期，新疆教育电视台走过了一段艰难的创业历程。利用日本友人三本源左卫门先生赠送的价值3800万日元的设备（简单，数量很少），开始了教育电视节目的制作。办公地点是一所中学的半层楼，演播室是由一所中学的地下室简单改造的。不懂技术就在实践中学习，互相切磋逐步掌握，就在十分简陋的条件下，制作和播出了《高考辅导》《优秀教师教学辅导》《青壮年文化课补习》，以及乌鲁木齐市电视职业高中的文化课部分内容，总计有102个班、4000余名学生通过收

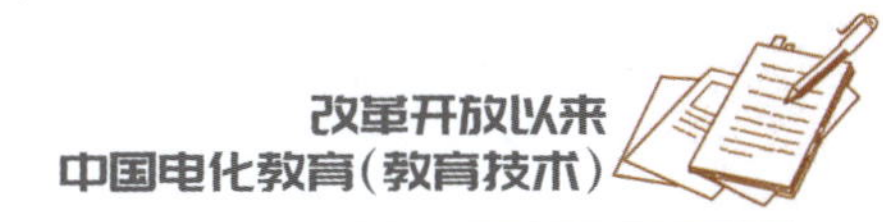

看教育电视台的节目完成了文化课的学习，共5.6万人有组织地收看了《青壮年文化课补习》，取得了很好的社会效益。1990年8月原国家教育委员会副主任邹时炎考察后给予了肯定，并题词：民族教育的桥梁，人民教师的益友。

1985年，5000平方米的电化教育大楼交付使用（见图1），市区中心红山上92米高的发射铁塔矗立起来了，大小演播室灯光等设备逐步到位，初步具备了一个电视台的基础条件。

随着基础设施条件的改善，教育电视台加大了栏目的管理和建设力度。多年来开设的栏目有《教育新闻》《叮当世界》《双语500句》《法制视线》《身边的奥秘》《寰宇地理》《安全与法》《百家养生堂》《影视城堡》等30多个，每天安排播出18个小时以上。其中《叮当世界》栏目是一档贴近乌鲁木齐市少年儿童学习和生活的节目，深受少年儿童的喜爱，该栏目的少儿节目主持人曾被全国教育电视协会评为十佳少儿节目主持人。

1995年8月16日，在新疆教育电视台开播15周年庆典上，新疆维吾尔自治区党委原副书记贾那布尔在讲话中说：“新疆教育电视台从无到有，从小到大，目前已办成了一座能覆盖乌鲁木齐地区，教育重点突出，节目内容健康、丰富，节目质量较好的教育电视台。15年来，新疆教育电视台没有辜负自治区党委和人民政府、广大师生和各族人民群众的厚爱，为发展自治区的教育事业，为促进自治区‘两个文明建设’做出了自己的贡献，在自治区的电视空间里占有了一方蓝天。”

1998年8月，新疆教育电视台被国家教育部授予“全国电化教育先进单位”。

图1　新疆教育电视台大楼外景

但是，新疆教育电视台节目的覆盖范围局限于乌鲁木齐市，如何扩大覆盖范围，使南北疆所有的中小学，特别是农牧区的中小学师生及农牧民都能享用到优质的教育资源，成为新疆电化教育人不懈的追求。

20世纪90年代中期，经过反复地上下协商，实现了新疆教育电视台的节目和教育信息资源通过新疆有线电视传输网络系统的传输；1998年8月，正式开通了新疆远程教育网，互联网成为新疆教育电视台的又一传播路径；2001年年底，教育部批复同意新疆教育电视台使用中国教育电视台卫星宽带多媒体传输平台（IP频道）传输新疆教育节目；自治区无线电管委会批准在乌鲁木齐市光明路电化教育大楼设置并使用卫星地球上行站，2002年，新疆教育电视台的教育节目通过卫星播出。空中覆盖成为新疆教育电视台节目通往边远农牧区学校的便捷通道。至此，新疆教育电视台已经构建起有线电视网络、计算机网络和卫星电视覆盖的“一个中心、三条链路”的节目传输覆盖体系。2004年2月28日，经教育部批准，新疆教育电视台的教育卫星宽带网正式开播。

中央和自治区对新疆的现代远程教育工程极为重视，2004年新疆维吾尔自治区把远程教育的发展列为全疆教育工作重点之一，指出现代远程教育是新疆教育发展的“三大支柱”之一。当年的9月下旬，国务委员陈至立赴新疆考察，考察后她说：“印象很深的是远程教育在新疆落实的很好”“这些事情都在新疆扎扎实实落在基层，落在‘地上’。”并且指示：“尽快让现代远程教育工程覆盖新疆所有学校，实现教育的跨越式发展”“远程教育建设要上一个新台阶，从今年到明年完成，资金不足，可以调整资金让新疆先做完。”中央领导的指示使广大新疆电化教育人深受鼓舞，决心铆足干劲完成现代远程教育网点建设任务。

2008年2月19日，为了加强对远程教育的领导，成立了具有行政管理职能的“新疆维吾尔自治区中小学远程教育中心”，至此，新疆维吾尔自治区中小学远程教育中心、新疆电化教育馆、新疆教育电视台实行“一套班子、三位一体”的管理体制。

到2008年年底，在中央和自治区的高度重视下，中央和自治区各级财政共计投入32181万元，在全区86个县（市）的6000多所农村中小学完成了现代远程教育“三种模式”的网点建设，占自治区农村中

图2　新疆远程教育地面卫星接收学校

小学总数的94%以上（见图2）。从此，汉语、维吾尔语、哈萨克语、蒙古语、柯尔克孜语等多语种教育教学节目资源，通过教育卫星宽带网以每年约5700小时的播出量，面向全区6000多所农牧区中小学校和教学点播放教育教学资源及科普知识，实现了各民族师生共享国家优质教育教学资源的夙愿。

要使现代远程教育工程网点建设在教育教学中真正发挥作用，必须建设庞大的教育教学资源库。多年来我们始终把资源建设列为每年的一项中心工作，常抓不懈。虽已经引进、制作、整理、储存了相当数量的教育教学资源，但远远不够。广大的农牧区中小学师生期盼着通过现代远程教育工程的设备共享更多的优质教育教学资源，以提高新疆各民族中小学的教育教学质量，任重而道远啊！

1980年8月15日，一颗幼弱的小苗在乌鲁木齐艰难地出土了。时过40年，不能说它一定长成了参天大树，但确实也给新疆广大师生带来了绿色的精神食粮。40年在历史的长河中是短暂的一瞬间，但是对新疆教育电视台却是一段不平常的历程。40年的路程是顺利的，也是艰难的。说它顺利，有从中央到地方各级党政部门的重视。我们曾当面聆听全国人大常委会原副委员长铁木尔·达瓦买提、原国务委员司马义·艾买提对我们办台方针的指示。原国务委员陈至立莅临新疆各地视察指导自治区现代远程教育工程。国家教育委员会原副主任邹时炎、韦钰，教育部原副部长陈小娅等先后考察新疆电化教育工作，教育部电化教育办公室、中央电化教育馆领导宋成栋、陈志龙、王珠珠，中国教育电视台领导康宁、柴云广、孙宝怡等多次来新疆现场指导工作。著名专家学者南国农、谈松华、李运林、李克东等先后多次来新疆为我们培训电化教育人员。自治区各级党委、政府，各级教育行政部门，各厅局单位特别是广播电视主管部门和无线电管理委员会给予了我们很大支持。自治区党委原副书记贾那布尔、克尤木·巴吾东，自治区人民政府原副主席巴岱、王怀玉、刘怡、靳诺等，自治区政协原副主席、高校工委书记、教育厅党组书记张贵亭等领导对自治区电化教育事业更是关心指导、关怀备至。

我们也不会忘记，在设备急需升级改造的时候，澳门特别行政区原特首崔世安先生、澳门理工学院原院长李向玉先生经过考察，五年来以澳门特别行政区政府名义和澳门理工学院名义向我们援款2700多万元，表达了澳门人民的爱国情怀，解了我们的燃眉之急。

饮水思源，吃水不忘挖井人。在回顾这一段历史的时候，我们深深怀念拍板筹备建立新疆教育电视台的老厅长张梵同志，深深怀念新疆教育电视台主要创始人和奠基人，老馆长任榜坤同志！

回顾过去的40年，老一代新疆教育电视人发扬“胡杨精神”，扛起了创业的大旗，为农牧区学校点亮智慧的灯火，为农家的守望播下知识的种子。

回顾过去的40年，前仆后继的电化教育工作者，从“三片两带”开始，放飞美好梦想，抓住历史机遇，一步一个脚印，实现了有线电视、卫星数据广播和互联网“三条链路”的贯通，让万千学校优质教育资源得以共享。

让我们向多年来为新疆教育电视默默耕耘，奉献青春和热血的老一辈教育电视人致敬！向多年来为新疆电化教育事业不懈努力、挥洒汗水、勤奋工作的广大电化教育工作者致敬！

作者单位

马升明，新疆维吾尔自治区电化教育馆（新疆教育电视台）。

韩建新，新疆维吾尔自治区电化教育馆（新疆教育电视台）。

周学和，新疆维吾尔自治区电化教育馆（新疆教育电视台）。

我国第一个工科高校电化教育协作组成立的前后

◎ 庄为其　王绍忠　袁家广　丁连发

一、我国第一个工科高校电化教育协作组成立

1980年5月，教育部电化教育局在北京举办了“高校和电化教育馆教学电影、录像编导学习班”，有80多所高校和电化教育馆的150多位编导人员参加，交流观摩了全国各地送来的28部教学电影片和48部教学录像片。会议期间，庄为其、高汝森、丁连发、甘朝有等电化教育界朋友们常在一起观摩和交流，发现许多教学电影和教学录像片选题重复或大同小异，如《气垫船》《布朗运动》《罗非鱼》等等。因为电化教育刚起步，编制软件都还在学习摸索阶段，编制水平和制片质量差别很大，如图像、解说、配音、音响效果等都有较大差距。大家认为制作电化教育教材选题要与教学配合，制片的目的是为提高教学效果和质量。目前是要解决“有机无片”的问题，但当时我国财力物力有限，要多快好省开发电化教育软件，首先应在各课程的重点、难点上选题。对制片也应有一个基本要求和标准，应该集中人力物力，有计划地来开发软件，找出一条多快好省的电化教育教材建设之路。

（一）酝酿阶段

庄为其首先向丁连发提议：“我们两个学校（西安交通大学和清华大学）开设的课程大多相同，是否可以与上海交通大学联合起来有计划地开发软件。”提议得到丁连发赞同。上海交通大学参加学习班的赵

汉波和郑经尧两位老师带来的两部教学片《气垫船》和《布朗运动》，都与别的学校选题重复了。西安交通大学与清华大学编制的《连杆结构》选题也重复了。庄为其和丁连发找赵汉波和郑经尧提出联合制作电化教育软件的意见，没想到一拍即合。与庄为其同房间住的是华南工学院的郑道林，庄为其和丁连发交换意见时他在边上，也十分赞同。商量后庄为其和丁连发就去找程光局长汇报，程局长听了喜出望外，她说："目前还是一个起步阶段，在推广电化教育工作上还有许多阻力与思想障碍，如有的人认为电化教育只是'锦上添花'，不是'当务之急'。有的认为电化教育要花钱，不如粉笔加黑板省钱、省力、省事。有的人嫌电化教育器材搬来搬去麻烦，更多的是想搞但不会搞，不知怎样搞等。当前如果有一些著名院校来带头，著名教授来出场，如你们清华、交大能出来带头太好了，我非常支持，愿意全力帮助。"程光局长请庄为其和丁连发两人先起草一份倡议书和联合开发的章程，提出一个统一制作的计划和软件制作标准。庄为其和丁连发很快就利用晚上时间起草了一份《电化教育软件制作协作组章程和制作标准（草案）》。程光局长看后，就指派参会的电化教育局周君达、孙顺田和张天林3位同志一起策划"工科高校电化教育协作组"方案。

会议结束后，程局长要庄为其留在北京与丁连发和电化教育局的3位同志一起制订成立全国工科高校电化教育协作组的方案和计划。郑道林回广州后，向电化教育中心主任袁家广汇报了以上情况，袁家广知道后马上赶到北京，找到了孙顺田，孙顺田表示也愿意参加协作组。庄为其和丁连发原来并不认识袁家广，孙顺田与袁家广比较熟悉，他极力向庄为其和丁连发推荐华南工学院的实力和袁家广的为人，程局长知道后也很赞同。当时表示愿意参加协作组的还有陕西师范大学和南开大学等教育部直属高校。

程局长十分重视成立全国第一个工科高校电化教育协作组，她对协作组提出了很多指导性意见，如协作组最好是相同性质院校联合，有利于深入学科，有计划开发。又如她认为清华大学、西安交通大学著名教授较多，可否请他们挂帅带头出来编制高质量的电化教育软件，发挥名校名师作用，有利于推广应用等。庄为其和丁连发听取程局长意见后，就与电化教育局3位同志草拟了一份《高校电化教育软件制

作协作组章程（草案）》。

（二）工科四院校电化教育软件制作协作组在西安交通大学成立

在北京讨论和草拟了高校电化教育软件制作协作组章程后，庄为其和丁连发把方案寄送到上海交通大学、南开大学、陕西师范大学和华南工学院等有关学校，得到各院校领导的赞同和支持，经大家积极充分准备，电化教育局于9月18—26日在西安交通大学召开了工科四院校电化教育软件制作协作组成立会议。程光局长亲临西安，还邀请南国农、萧树滋两位教授来指导。参加会议的代表有：教育部电化教育局程光、张天林，甘肃师范大学南国农、萧树滋，陕西师范大学高汝淼，清华大学丁连发、朱宏，西安交通大学任祖扬、庄为其，上海交通大学王兴裕，华南工学院袁家广，南开大学甘朝有。

西安交通大学庄礼庭校长参会且首先代表西安交通大学表示欢迎程光局长和各位来宾。程光局长介绍了目前电化教育在全国发展的大好形势后，她特别提出清华大学与西安交通大学要在全国推动开展电化教育工作中发挥名校优势，希望能在全国起好带头作用。又讲清华大学与西安交通大学名师云集，很多工科教材编审委员会主任均出自两校。电化教育工作的开展要深入教学，引向学科，进入课堂，必须依靠各学科的教师，如名师能出来带头，电化教育工作一定会蓬勃地发展起来。她对协作组抱着极大的希望与期待。1980年9月25日，清华大学、上海交通大学、华南工学院和西安交通大学四院校电化教育中心签订软件制作协作组协议书，成立由四院校组成的电化教育软件制作协作组（称为“全国工科高校电化教育协作组”，简称“工科院校协作组”），联合制作电化教育软件。

工科院校协作组成立会议讨论中，南国农、萧树滋教授均讲了开展电化教育的目的是为了提高教学质量，一定要与文字教材配合，相互补充、相辅相成，为优化教学而服务。成立电化教育协作组的任务是协作开发编制教学软件，一定要深入教学、深入学科、深入课堂，为优化教学服务。这一指导思想就成为电化教育局后来开展电化教育“三深入”的指导方针，也成为后来在南国农与萧树滋编写《电化教育学》和《电化教育概论》时提出电化教育定义的原始思想。他们认为我国开展电化教育应该不同于国外视听教育，电化教育是一种教育方式，电化教育是要应用先进技术和各种资源来获得更有成效的教育效果，达到优化教学的目的。大家在讨论中也一致赞成他们的观点，也成为工科院校协作组共同协作编制软件的指导思想。工科院校协作组是程光局长抓的试点工作，这一个指导思想也就成为今后电化教育局在全国领导开展电化教育的工作方针。在这个方针指导下讨论了工科院校协作组的宗旨、原则、权利与义务，录像片制作标准和质量要求，以及3年的制作规划。

在讨论制作规划时，西安交通大学在会上提出了编制“中共党史”课程专题电视教材的意见和设想方案，引起了程局长和与会代表的高度关注，程光局长马上抓住这个提议展开了热烈的讨论。

讨论后，程局长做出了3项重要决定：

第一，《中共党史》专题电视录像教材是一个非常好的课题，应该搞，还应抓住它好好来搞。可是程局长认为工科院校协作组应该将主要精力放在工科院校重点专业电化教育教材编制上。电化教育局就编制《中共党史》专题电视教材专门成立一个“中共党史电化教育软件制作协作组”编制《中共党史》专题电视教材，由师范大学、综合性大学来发挥优势。程局长想请北京大学或中国人民大学出来牵头，西安交通大学作为倡议与发起单位，可以参加这个协作组。她说西安交通大学有编制经验且有特长的人才，可请西安交通大学做一个样板，出来带个头，再起草一份“编制《中共党史》电化教育录像片倡议书”，与陕西师范大学、南开大学一起，联合北京师范大学、华东师范大学、中国人民大学、北京大学、复旦大学等校，由电化教育局来帮助组织成立第二个协作组。

第二，全国工科院校协作组，先由清华大学、西安交通大学、上海交通大学、华南工学院四院校组成，进行试点总结经验后，稳扎稳打逐步扩展。程局长一再强调工科四院校一定要发挥名校名师效应，在全国起好带头作用。

第三，由电化教育局出面，再组织师范大学、综合性大学的协作组，可由这次来参加会议的南开大学和陕西师范大学来牵头。关于师范大学电化教育发展的方向，重点应是培养电化教育师资，要争取早日成立我国的电化教育专业学科。程局长说这次请南国农、萧树滋、高汝森3位教授来参加会议，就是要和他们讨论这件事，还要和他们研究编写《电化教育概论》的大纲。

会议的第3天，参会代表分为两组，工科四院校会议由西安交通大学任祖扬主持，讨论协作计划，分工落实任务。程光局长就和其他同志去讨论成立“中共党史电化教育软件制作协作组”和“综合性大学电化教育协作组”等工作事项。

（三）计划

工科院校协作组制订的软件制作计划如下。

（1）首先在基础课和技术基础课程中选择电工学、电子学、材料力学、机械原理及零件等四门课程进行规划，3年内配套制作出电视教材。参加协作的学校可根据本校的条件，确定近期选题计划，配合教材与各个教学环节制作电视教材。

（2）近期内，先集中力量完成常用的《电子测试仪器的原理与使用》和《电子技术基础绪论》电视教材，对电工学等四门课程中难点各选1～2个专题进行试点。

（3）工科院校协作组制订计划时必须考虑协作学校及同类学校的通用性。协作学校要按时保质保量完成制作任务。经工科院校协作组检验合格的录像，由工科院校协作组向中央电化教育馆推荐，请其收购，向全国发行。工科院校协作组还明确提出各校承担编制的电视教材，是本校电化教育教材建设的一部分，其经费由本校解决。中央电化教育馆为了支持与鼓励工科院校协作组编制电视教材，可资助少量经费并预付部分稿费作为工科院校协作组编制电视教材和编审电视教材的会议费用。

二、工科高校电化教育协作组的电化教育实践和优化教学过程的理论研究

（一）工科高校电化教育协作组的发展历程

“工科高校电化教育协作组”组长单位选举为西安交通大学，组长

由西安交通大学电化教育中心主任任祖扬担任。1982年浙江大学、南京工学院、大连工学院加入工科院校协作组，1983年华中工学院加入，1984年同济大学、天津大学、重庆大学加入，随着电化教育协作优势的发挥，高质量的电化教育教材不断编出来，教学效果明显提高。在学科中先后组织了“电子技术基础”“机械原理”“机械设计（零件）”“材料力学”“电工学”“普通物理”“德育”“计算机科学与技术”“金属工学”等9门课程电化教育教材的协作编审，并成立了相应的全国性的单科协作组、编审组，由各学科有威望的著名教授挂帅，成员由重点大学优秀教师和电化教育中心负责人组成，逐步建立了一套选题、审稿、审片的标准和制度，在教学改革中起到了很好示范作用。由此许多学校不断加入工科院校协作组来，到1986年工科院校协作组成员发展到60多所院校。

1986年3月工科院校协作组换届改选，组长单位由清华大学担任，清华大学电化教育中心主任王绍忠任组长，华南理工大学电化教育中心袁家广为副组长（见图1）。工科院校协作组成员更是发展壮大，影响更加扩大，其中不少院校是部委、各省的骨干院校，他们分别担任了本系统、本地区电化教育协会（研究会）的负责人，工科院校协作组在全国范围内形成了庞大的电化教育协作网，对推动我国电化教育工作起到十分积极的作用。

（二）工科院校协作组形成一支全国最大的电化教育工作队伍

左起：庄为其、任祖扬、王绍忠、袁家广、徐志瑞

图1　工科院校协作组成员合影

工科院校协作组通过电化教育教材建设，在全国工科院校中逐步形成了一支庞大的电化教育积极分子队伍。据不完全统计，工科院校协作组在10年间有千余名教师参加了电化教育教材制作活动，形成

以沈尚贤、童诗白、来虔、唐锡宽、邱宣怀、陈秀宁、胡正家、恽英、胡盘新、沙锋、陈光祖等一批国内各学科的著名教授为骨干的教师队伍，他们不仅是各学科权威学者，也是电化教育的积极分子，在我国开展电化教育工作的初期起了带头、倡导、开拓和推动作用，而且他们还带动一大批中青年教师进行电化教育教学法研究，形成了一支严谨、求实，具有科学作风的电化教育队伍。与此同时，在工科院校协作组内也形成了一支团结协作，踏实肯干的专业电化教育工作队伍。一些骨干院校电化教育中心负责人为工科院校协作组工作日以继夜地操劳，千方百计地筹划，以顽强的毅力克服前进道路上的困难。工科院校协作组在10多年中开展各种活动50余次，许多学校不仅提供活动场所和人力，而且在经费上予以支持，保证了工科院校协作组顺利地开展各种活动，为工科院校的电化教育事业做出了贡献。

工科院校协作组不忘成立时提出的协作宗旨，学校不分大小，互相尊重，彼此信任，讲求团结，从而使参加工科院校协作组的院校不断发展，到成立10周年时参加的院校有68所，工科院校协作组先后两个组长单位西安交通大学和清华大学电化教育中心以及任祖扬、王绍忠、袁家广3位组长均功不可没。

（三）在电化教育“三深入”中编制电化教育教材

工科院校协作组成立时，对南国农、萧树滋二位教授的电化教育理念十分赞同，确定工科院校协作组开展电化教育的目的是为了优化教学过程，进行教学改革。由此将电化教育要深入教学、深入学科、深入课堂的“三深入”作为工科院校协作组的指导思想，大家坚持了15年的电化教育实践，也对电化教育“三深入”和“教学过程优化设计”理论研究做了大量工作。

1. 起步

工科院校协作组成立后，大家积极落实编制电化教育教材的计划，程光局长一再要求工科院校协作组要发挥名校名师效应，在全国开展电化教育起带头作用。工科院校的“电子技术基础”课程的教材编审委员会主任是西安交通大学沈尚贤教授，副主任是清华大学的童诗白教授，工科院校协作组成立后就请他俩出来挂帅，首先在这门课程中编制电化教育教材（见图2）。

图2　沈尚贤教授、童诗白教授带领青年教师制作电化教育教材

清华大学的童诗白教授在教研室积极带头，带领一批青年教师亲自制作电化教育教材，还不断总结经验，撰写电化教育论文，在开展电化教育工作初期，在普及和发展电化教育方面尽心尽力，把电化教育工作看作是自己事业的一部分对待，他和沈尚贤教授在推动全国电化教育工作开展中起了带头与示范作用，功不可没（见图3）。

图3　恽英、童诗白、唐锡宽、邱宣怀等教授在工科院校协作组10周年纪念大会上

第一批《常用电子测试仪器原理与使用》（14部）和《电子技术基础绪论》等电视教材，在四院校共同协作下于1981年1月完成，审片完全符合工科院校协作组所制定的制片质量标准，得

图4　来虔教授在演播室拍摄录像片

到中央电化教育馆验收人员的高度评价，充分发挥了工科院校协作组的优势和作用。在“电子技术基础”课程快速编制电化教育教材的同时，“机械原理”课程也由该课程的教材编审委员会主任、西安交通大学来虔教授和副主任清华大学唐锡宽教授挂帅，也快速开展了编制工作（见图4）。

清华大学的唐锡宽教授也带头与一批青年教师亲自编制《刚性转子的动平衡》等电化教育教材，他是推动“机械原理”课程电化教育教材编制和全校电化教育工作的老教授之一。

这两门课程都是工科院校的重点技术基础课，工科院校协作组编制的电化教育教材，都是在教学重点和难点上选题，在课堂上应用时，电化教育教材与文字教材相互配合，取长补短、相互补充、相辅相成，试用后明显具有实用性，起到了提高教学效果与质量的作用。因制作的电化教育教材都是由两门学科的教育部教材编审委员主任亲自挂帅编制的，试用后又明显提高了教学效果，所以工科院校协作组编制的电化教育教材在国内具有权威性，均由中央音像教材出版社收购并出版发行。

随着各学科编制电化教育教材的深入，工科院校协作组又将教育部由西安交通大学主管的“电子技术基础”“机械原理”两门课程的教材编审委员会联成一体，由教育部批准，在电化教育局的领导下，先后成立了这两门课程的“电化教育教材编审组”，组长由沈尚贤、来虔两位教授担任，从此这两门课程更有计划、有组织地与文字教材配合编制系列电化教育教材，发挥电化教育教材的优势，提高教学效果与教育质量。沈尚贤教授和来虔教授亲自带头并组织优秀教师与电化教育室的编导与技术人员相结合编制电化教育教材，深入在教学中的应用并研究教学法，并在全国推广，在我国电化教育发展的初期，对推动西安交通大学和兄弟院校的电化教育工作起到了十分重要的作用。

1984年4月，教育部又批准成立“机械零件电化教育教材编审组”，聘任天津大学邱宣怀教授为组长，浙江大学陈秀宁教授为副组长。以上3个电化教育教材编审组还分别聘请西安交通大学任祖扬、清华大学王绍忠、华南理工大学袁家广3位电化教育中心主任为电化教育教材编审组顾问。继而又成立了“计算机科学与技术电化教育教材编审组”由西安交通大学胡正家任组长。由于编审组组长不仅是该学科文字教材编审委员会主任，还是该学科的学术权威，大大推进了我国电化教育工作走上了“深入教学、深入学科、深入课堂”的进程，走上了迅速发展的道路，使我国电化教育工作得到了很好的发展。

2. 工科院校协作组多快好省地编制高质量的电化教育教材

工科院校协作组成立后，四院校按计划积极投入电化教育教材的建设。电化教育教材是电化教育的“食粮”，是开展电化教育工作的基础。如何多快好省地进行电化教育教材建设是19世纪80年代初电化教育界面临的一个重要课题。我国工科高校有300余所，很多学校有编制力量，如何加强计划性，避免重复编制，防止人力物力浪费，是工科院校协作组成立的宗旨。工科院校协作组先后在“电子技术基础”“机械原理”等九门课程中有计划地在课程重点、难点上进行选题编制电化教育教材，都请各学科有威望的著名教授挂帅，编委由重点大学优秀教师、电化教育中心负责人组成，还逐步建立起一套选题、审稿、审片的标准和制度。每个环节均数次讨论、修改，保证电化教育教材质量合格才交付出版发行，这些教材均在教学中发挥了积极的作用，受到各校和社会上的广泛好评。也由于协作院校遍布全国各地，学科上各有专长，在选题分工时尽量考虑因地制宜，发挥各校专长，且节约了经费和时间。到1986年工科院校协作组组织编制的电化教育教材有260多部。

（四）电化教育理论研究

工科院校协作组的电化教育教材建设也促进了电化教育理论和实践研究，加强了电化教育教材的应用和交流。工科院校协作组一开始就坚持以电化教育“三深入”为研究课题，重视国外开展电化教育理论和教学设计的研究。工科院校协作组为了协作进行校际之间交流，在1983年扩大到八院校之后，创办了《工科协作组电教通讯》。交流各学科电化教育教材出版情况及经验，报道国内外电化教育发展动态，探索电化教育发展规律，研究电化教育技术，交流电化教育管理经验。

图5　工科院校协作组电化教育教材编审会议

工科院校协作组在组织编制电化教育教材同时，在电化教育教材编审会议上，还要对电化教育教材的应用，电化教学教学法和编制技术进行研究（见图5）。

大家和专业老师共同撰写电化教育研究学术论文，很多学术论文大多发表于《电化教育》和《电化教育研究》杂志上。这些论文的发表都是为了与兄弟院校交流，明确开展电化教育要以我国教学改革为前提，优化教学过程是教学改革的必由之路，探索电化教育规律，开展教学过程的优化设计，是教学改革的需要，也是电化教育本质所决定。

比如“机械原理”课程电化教育教材编审组在来虔教授领导下，1985年专门讨论了电化教育教材的教学法，1987年又专门组织一次电化教育经验交流会，讨论了该课程的教学设计，会上收到论文60余篇，研讨了电化教育如何优化教学过程。会后大家总结各学科的电化教育理论研究，写了《电化教学的教学过程优化设计》《电化教材建设与优化教学过程》两篇文章。

（五）工科院校协作组在武夷山庄举办电化教育理论研讨会

1984年5月17—23日，电化教育局在黄山召开了“电化教育理论和电化教育实验研究会”，请南国农先生做了《关于电教研究和电教实验的几个问题》的报告。我国电化教育发展到理论研究的新阶段，此后各地广泛地开展电化教育研究和电化教育实验活动，工科院校协作组已发展到有浙江大学、南京工学院、大连工学院、华中工学院等八所院校，同年7月也在武夷山庄召开了“电教理论研讨会”（见图6），

图6　全国高等工科院校“电教理论研讨会”

电化教育局副局长武克参加了研讨会。研讨会前收到了各学校研究论文近百篇，后来编辑了两集《电教研究论文集》。

工科院校协作组的编审会对电化教育教材的编制质量必须按工科院校协作组技术标准进行验收，使用后还要对教学效果和教学质量进行评估，评估也必须要有一个标准来进行量化。工科院校协作组在多年的各学科编审会议实践基础上总结、制定了电化教育评估的标准，庄为其代表工科院校协作组撰写了《电化教育评估的理论与方法》一文，分两次刊载于《电化教育研究》1986年第6期、1987年第1期上，此论文被电化教育局认定后，编入了萧树滋主编的教材《电化教育概论》第十一章。

三、结束语

我国电化教育重新起步后，工科院校协作组在电化教育局支持下成立，通过各学科广大教师和电化教育人员的艰苦奋斗、努力工作，电化教育工作取得了很好成绩。工科院校协作组的电化教育工作，始终坚持为教学服务的方针，始终不断深入教学领域，深入对优化教学过程的研究，也取得了较好的学术研究成果。由此，工科院校协作组电化教育工作日益深入人心，电化教育手段的使用不断扩大，电化教育教学水平不断提高，在提高教学质量和深化教育改革中做出了贡献！

作者单位

庄为其，西安交通大学原电化教育中心。

王绍忠，清华大学原电化教育中心。

袁家广，华南理工大学原电化教育中心。

丁连发，清华大学原电化教育中心。

我国第一部《中共党史》电视教材诞生

◎ 庄为其

一、编制《中共党史》电视教材的缘起

1979年2月，教育部电化教育局在上海召开了“教学电影工作会议”，西安交通大学向教育部电化教育局申报了编制教学电影《材料力学绪论》后，教育部电化教育局十分关注。1979年12月，教育部电化教育局要我去北京汇报进展情况。我到北京后住在教育部招待所，招待所在西单民族文化馆旁边一条胡同内。我亲身感受到了全国“拨乱反正”后出现的大好局面，也感受到了处于思想解放之中的人们特别是青年人，需要加强正确的引导。

因我原来是西安交通大学马列主义教研室的教师，教授“中国革命史”多年，在教学工作中深深体会到，对青年学生进行思想教育，讲中国共产党艰苦卓绝的革命斗争历史，讲毛泽东思想的形成与发展，用摆事实、讲道理的方式讲历史，才能使人心服口服。如今我从事电化教育工作，如果我们也用讲故事的形式，用形象化的方法编制出一套《中共党史》电视教材，用我党领导革命斗争的历史和可歌可泣的革命先烈英勇斗争的事迹，来说明我们取得的革命胜利来之不易，向青年学生和全国人民进行思想政治教育，一定会收到好的教育效果。

我在向教育部电化教育局程光局长汇报时也讲了这一想法，程局长很赞同我的建议。我回到学校后立即去找我的老同学、老同事徐乃杰谈了这一想法，徐乃杰是西安交通大学中共党史教研室主任，他也非常赞成，我俩就草拟了一份《编制系列〈中共党史〉电视教材的计

划》。1980年9月，教育部电化教育局在西安交通大学召开工科高校电化教育协作组成立会议时，我提出了这个建议，马上得到程局长的赞同，立即在会上讨论，很快就确定了专门成立“中共党史电化教育软件制作协作组”并编制这一电化教育教材的方案。

工科高校电化教育协作组会议结束后，程光局长又专门请我与西安交通大学中共党史教研室主任徐乃杰和高汝森、甘朝有、张天林开会讨论怎样组织“中共党史电化教育软件制作协作组”，决定请西安交通大学、南开大学和陕西师范大学，并联系北京师范大学、华东师范大学、华南师范学院、北京大学、中国人民大学、北京邮电学院、武汉大学等高校一起开展这一工作。

二、11所学校和中央电化教育馆合力完成29部电视录像教材

在教育部政法理论教育司和电化教育局的组织领导下，北京大学、北京师范大学、中国人民大学、北京邮电学院、南开大学、西安交通大学、陕西师范大学、华东师范大学、复旦大学、华南师范学院、武汉大学等11所高等学校，1980年12月15日至20日在南开大学成立了中共党史电化教育软件制作协作组，教育部电化教育局局长程光和张天林、李丹林来参加会议。会上首先由西安交通大学徐乃杰宣讲了制作电视教材的26个专题的初步方案。《中共党史》专题电视教材的26个专题是：从鸦片战争到五四运动、五四运动、中国共产党第一次代表大会、二七大罢工、第一次国共合作的实现、五卅运动、海陆丰农民运动、广州农民运动讲习所、北伐战争的胜利进军、南昌起义、湘赣边界秋收起义和向井冈山进军、广州起义、中央革命根据地四次反“围剿”的胜利、红军长征胜利、“一二·九”运动、西安事变、抗战初期的两个战场、坚持敌后战争、皖南事变、延安整风运动、重庆谈判、转战陕北、第二条战线的开辟、伟大的历史转折、伟大的战略决战、新中国的诞生。

我在会上讲解了怎样编写电视教材脚本，阐述了《中共党史》系列电视教材编制的目的、要求、原则、主题与主题思想、内容的结构与组织、教学法等，并按照程光局长指示将《转战陕北》电视教材脚

本初稿分送给参会的所有代表讨论。为使各校制作好第一批电视教材，教育部电化教育局向中央宣传部求助，得到了中央电影资料馆，中国历史博物馆，中国人民革命军事博物馆，各地革命纪念馆、展览馆以及文物保管部门的积极支持与配合。这些单位都对编制《中共党史》电视教材打开绿灯，在资料查阅、复制、拍摄、借用等方面均提供方便，中央电化教育馆动用了所有需要的设备和人力，尽力为学校提供帮助。在教育部电化教育局程局长亲自挂帅指挥下和教育部电化教育局全力支持下，我们11所高校经过3年多艰苦奋战，编制了29部电视教材，可以说是历史奇迹。其中有许多鲜为人知的故事，最突出的是李丹林同志作为老一辈无产阶级革命家的后代为编制工作积极奔走，为《中共党史》电视教材的制作创造了条件。

三、《中共党史》电视教材相继完成，得到了领导同志的高度评价和广泛的社会反响

第一批《中共党史》电视教材经11所高校尽全力奋战半年，终于在1981年建党60周年前夕，完成了《五四运动》《党的一大》《北伐战争》《南昌起义》《转战陕北》等11部《中共党史》电视教材。图1中左图为《电化教育》副主编齐元昌的采访报道，为大力宣传《中共党史》电视教材的摄制，照片还作为《电化教育》封面刊出，图1中右图是由崔培元拍摄的《转战陕北》拍摄现场照片。

图1　庄为其在延安拍摄《转战陕北》现场照片

第一批11部《中共党史》电视教材摄制完成，在中南海中央宣传部礼堂审片，人民日报、新华社等宣传媒体云集礼堂，得到当时中共中央书记处分管宣传工作的领导及中央宣传部领导的肯定和极高的评价，他们认为：这是“为高等学校政治课教学开创新路子”。审查通过后，新华社随即发布了消息，并通知全国各校试用。

在第一批《中共党史》电视教材中，西安交通大学编制的《转战陕北》被中央宣传部高度重视，给予好评，认为这部片子以科学、准确的内容和形象的表现手法编制得非常成功，以大量珍贵的历史文献和资料再现了我党我军的光辉战斗历程。又因此电视教材是教育部电化教育局的样板片，在拍摄过程中《电化教育》杂志记者也跟踪采访报道。齐元昌副主编的采访报道发表在《电化教育》1981年第3期，是这样写的：“西安交大分工编制的录像片是《转战陕北》，这部片子以其科学、准确的内容和形象的表现手法而获得好评，为了拍好这部片子，他们吉普车深入陕北22个地区，行程2000多公里，历时半个月，真是风餐露宿……经过编制者们在陕北‘转战’，他们不仅拍摄了大量珍贵的镜头，而且通过实地考察，对《中共党史》有关部分内容作了重要的勘正，写出了有一定价值的学术论文。”

西安交通大学凌雨轩副书记原是西安交通大学马列主义教研室主任、中共党史专家，徐乃杰和我原来是学经济专业的，毕业分配到西安交通大学马列主义教研室后，给凌雨轩当“中共党史”课程助教，由此我俩编写《转战陕北》剧本初稿后先请他去看，在他的帮助下我们曾5次修改剧本。制作完成后要送北京审片前，他自己看了，还邀请陕西省文教部、高等教育局、社会科学院、中共党史研究会及各校中共党史教研室等单位200多位领导同志来审查，广泛地征求意见，帮助我们修改后，才送到北京去审片。党委副书记、原马列主义教研室主任凌雨轩在《电化教育》杂志1981年第3期撰文讲道：“我校《转战陕北》录制完成后在学生和青工中试用，效果大大地出乎意外。普遍反映：看了这部片子受到了一次很好的教育……我校电化教育中心为全校一万左右人播放了此片，而且邻近的几所学校也要求我校去播放，同样也取得了良好的效果。……所以我们党委要求有计划地将《中共党史》电视教材排入课程之中，并在不断总结经验的基础上加以改进提高，更好地为提高教学质量服务。”我与徐乃杰写了《党中央毛主席转战陕北几个史实的订正》和《〈转战陕北〉电视教材编写与科学研究》两篇文章，分别发表于《党史研究》（1981年第6期）和《电化教育研究》（1981年第2期）。《转战陕北》电视教材1982年获陕西省社会科学学术研究评奖委员会的优秀成果奖（见图2）。

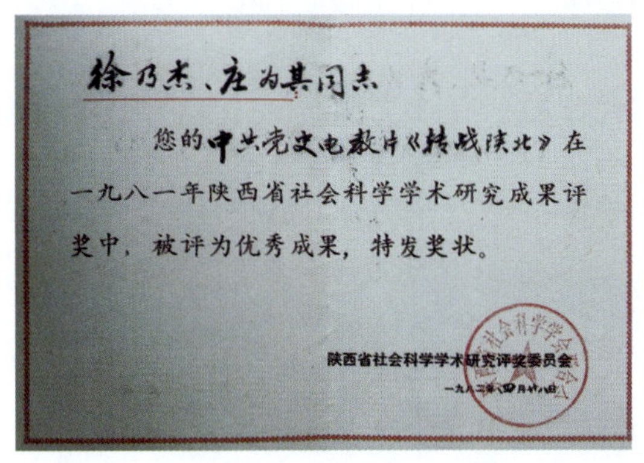
徐乃杰、庄为其同志

您的中共党史电教片《转战陕北》在一九八一年陕西省社会科学学术研究成果评奖中，被评为优秀成果，特发奖状。

陕西省社会科学学术研究评奖委员会
一九八二年四月廿八日

图2 《转战陕北》获陕西省社会科学学术研究成果奖

第一批《中共党史》电视教材摄制完成后，第二批19部《中共党史》电视教材马上开始摄制，解放军军事学院、安徽师范大学、华南工学院和华中师范学院也先后参加协作。中共党史电化教育软件制作协作组把选题也调整成为29个，西安交通大学编制了《伟大的历史转折》《延安——革命的熔炉》《大生产运动》3部《中共党史》电视教材。其中《伟大的历史转折》是我与徐乃杰和中国人民解放军军事学院李宗有教授合作编制的。

各院校紧张地投入了摄制工作，于1983年1月全部完成，送中共宣传部审查。审片再次在中南海里的中共中央宣传部举行，上次参加审片的中央书记处分管宣传工作的领导和中央宣传部领导又一次参加审片，教育部副部长彭珮云等也来亲自参加审片。领导同志充分肯定高校编制《中共党史》电视教材所取得的成绩，认为这套《中共党史》电视教材内容真实丰富，以它为教材，与《中共党史》课本结合，对学生进行生动、形象的爱国主义教育，很有必要。彭珮云提出，还可以把这批电视教材作为广播、电视片播放，让更多的群众受到教育。她又说，这项工作很有意义，希望大家今后继续做下去。

在中央宣传部通过审片后，中央电视台马上开始播放。在中国共产党第十二次全国代表大会后不久，中央电视台即连续播放了29部《中共党史》系列电视教材，让更多群众接受了教育。很快这套电视教材由中央音像出版社出版发行，出版了400多套。与此同时，因西安交通大学是发起单位和带头编制单位，教育部批准西安交通大学有全套电视教材的对外复制权，从西安交通大学也复制出去500多套，由此确立了西安交通大学在全国电化教育工作中的作用和地位。

29部电视教材的目录和编制单位如下：

（1）从鸦片战争到五四运动　华中师范学院
（2）五四运动　北京大学
（3）中国共产党第一次代表大会　复旦大学
（4）二七大罢工　武汉大学
（5）第一次国共合作的实现　华南工学院
（6）五卅运动　华东师范大学
（7）香港大罢工　华南师范大学
（8）海陆丰农民运动　华南师范大学
（9）广州农民运动讲习所　华南师范大学
（10）北伐战争的胜利进军　武汉大学
（11）南昌起义　华东师范大学
（12）湘赣边界秋收起义和向井冈山进军　中国人民大学
（13）广州起义　华南师范大学
（14）中央革命根据地四次反“围剿”的胜利　北京邮电学院
（15）红军长征胜利　南开大学
（16）“一二·九”运动　北京师范大学
（17）西安事变　陕西师范大学
（18）抗战初期的两个战场　中国人民大学
（19）坚持敌后战争　北京师范大学
（20）皖南事变　复旦大学、安徽师范大学
（21）延安——革命的熔炉　西安交通大学
（22）延安整风运动　陕西师范大学
（23）大生产运动　西安交通大学
（24）重庆谈判　北京邮电学院

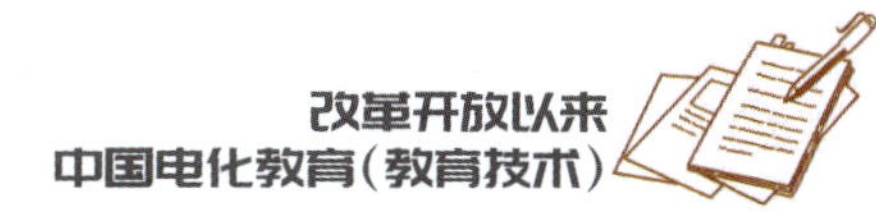

（25）转战陕北　　　　　　西安交通大学

（26）第二条战线的开辟　　北京大学

（27）伟大的历史转折（后改版为：千里跃进大别山）

　　　　　　　　　　　　解放军军事学院、西安交通大学

（28）伟大的战略决战　　　南开大学

（29）新中国的诞生　　　　北京邮电学院

为了配合这套电视教材在全国出版发行，便于在学校教学中使用，中共党史电化教育软件制作协作组将29部电视教材的脚本编了一本《中共党史专题电视教材》文字本，由陕西人民出版社出版。在这套电视教材中，西安交通大学编制的《转战陕北》《伟大的历史转折》《千里跃进大别山》《延安——革命的熔炉》《大生产运动》5部电视教材，1989年获得上海全国电化教育成果邀请评比特别奖（见图3）。

获　奖　证　书

"89·上海"全国电教成果邀请评比

特　别　奖

一九八九年十月

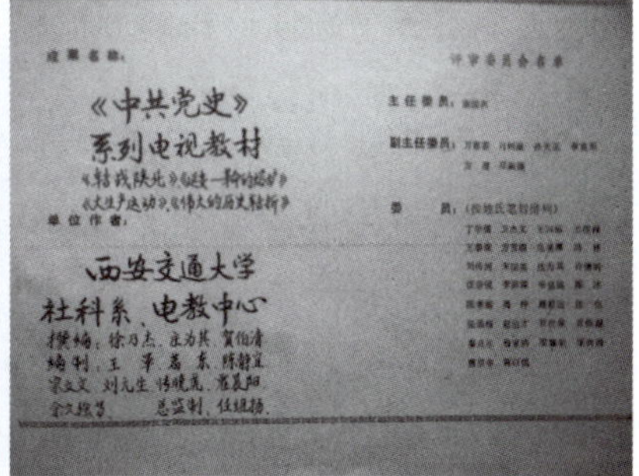
《中共党史》

系列电视教材

西安交通大学

社科系、电教中心

图3　5部电视教材获得上海全国电化教育成果邀请评比特别奖

四、中央宣传部指示将《伟大的历史转折》改编为《千里跃进大别山》

西安交通大学与中国人民解放军军事学院（今中国人民解放军国防大学）联合编制的《伟大的历史转折》审片通过不久，中央宣传部指示中央电视台协助我们将这部电视教材改编，片名改为《千里跃进大别山》。当时我们不知为什么，随即我与李宗有教授两人就被请到中央电视台军事部去，按照中央宣传部意见改编，并重新配音，前后达半个月之久，一直到中国共产党第十二次全国代表大会召开前才完成。1982年9月10日，新华社发布新闻称："在党的十二大胜利召开的前夕，中国人民解放军军事学院、西安交通大学联合录制了电视文献纪录片《千里跃进大别山》。其中，记录刘伯承、邓小平同志当年指挥战斗的一些镜头和图片，是首次与广大电视观众见面。该片形象记录了1947年，根据党中央、毛主席的指示，刘伯承、邓小平同志率领晋、冀、鲁、豫野战军渡黄河，战汝河，涉淮河，千里转战，建立大别山革命根据地的伟大创举。该片选辑了大量反映当时战斗情景的镜头、图片和有关资料。9月10日八频道播出。”中央宣传部通知各单位在当天晚间新闻后收看。我们才知道为什么要改片名，主要是要突出刘邓大军挺进大别山，更重要的是在我们电视教材里，转录了刘伯承与邓小平当年指挥渡淮河等真实的电影资料。这些电影资料，是我从临潼电影资料库里找出来的，据说当年是吴印咸拍摄的，邓小平同志自己可能也未见过，确实十分珍贵。中央电视台当天播放时，我还在中央电视台军事部里。此片播放后，在全国引起了极大的反响，也在西安交通大学引起了轰动。

以上珍贵的电影资料是我发现并编入《千里跃进大别山》的，可是得来非常偶然，也很不容易，没有“能人”帮助根本不可能。此人叫李丹林，是李雪峰（原北京市委书记）的小女儿。这个故事鲜为人知，我执笔写好《转战陕北》的脚本后，在制片过程中需要找大量真实的影视资料，想起过去曾看见过1947年蒋介石命胡宗南进攻延安时的有关纪录片，要去北京中央电影资料馆查找，但要进门谈何容易，更不要说让你去查了。我找了教育部电化教育局局长程光，她说：“好吧，我叫丹林帮你。”李丹林是程局长的秘书，她在北京到处有熟人，可以路路通，还是个热心人，与我也很熟。事有凑巧，中央电影资料馆的领导过去是李雪峰部下的人，与李丹林还很熟，由此我不但在电影资料馆找到我需要的资料，还在那里见到电影资料库的档案目录，发现了很多可用于编制《中共党史》电视教材的历史资料，但是这些资料是不开放的，藏在西安临潼深山的电影资料库里。这批电影资料不但制作《转战陕北》可用，很多《中共党史》电视教材也可用，我将它们抄录下来，向程光局长汇报，她喜出望外。但是要去弄出来太难了，要通过层层领导审批，程光局长打了个报告送到国家教育委员会，国家教育委员会将报告再送到中央办公厅，要求这次国家教育委员会组织的《中共党史》电视教材摄制，有关单位都要大力支持并免费开放。当时中央也急需加强中共党史教育。程光局长叫李丹林亲自送报告，李丹林为此事连续到处奔走数十日，亲自到各部门去找许多中央首长审批，盖了中央宣传部、文化部等有关单位十多个大红印，打通了各个关口。说实话，假如这报告用公文批转不知要多长时间，又假如不是李丹林这个特殊人物亲自通过私人关系找到相关领导人去批文，这件事很难办，能批下来也不知在何时，没想到这件事半个多月就办成了。我们得到了批件后获准可以直接去临潼电影资料库寻找电影资料，但是要从电影片转为录像磁带，在技术上需要有专用设备。事有凑巧，中央电化教育馆刚从日本进口的一套设备中有这一设备，还未用过，程光局长是中央电化教育馆主管，她立即批准中央电化教育馆的3位技术人员带了全套设备和我马上回到西安。我们电化教育中心也派了余久强等技术人员随我们一起去临潼找到电影资料库，我们在资料库里找到了所需要的大量电影资料，据说是过去吴印咸等拍摄的，有在延安抗大、南泥湾和刘邓大军挺进大别山随军拍摄的原始电影纪录片，还有国民党进攻延安时电影纪录片资料，等等。我们吃住在那里，夜以继日地工作了10多天，转录了有关中共党史的全部历史资料，丰收而归。这些电影纪录片资料，我除了编进《转战陕北》《伟大的历史转折》《千里跃进大别山》3部电视教材外，还在《延安——革命的熔炉》《大生产运动》两部电视教材中运用，原来本是没有这两部电视教材的制作计划。西安交通大学能在3年内编制完成5部高质量的《中共党史》电视教材，堪称奇迹。其实是得到“能人”的帮助，既是偶然，也是机遇。由此，西安交通大学在1989年获得国家教育委员会的电化教育特别奖，我个人获得电化教育杰出贡献奖，其中一个重要因素也源于此。现在这批宝贵的电影转为录像的资料，全部保存在中央电化教育馆和中央电视台。

五、《中共党史》电视教材诞生的历史意义

这套电视教材是在党的十二大前录制完成的，中央宣传部副部长、中共党史专家廖盖隆在我们出版《中共党史专题电视教材》题记中说：“编写和录制《中共党史》教学录像片作为一种中共党史教育的形象化的辅助手段，这是一件很有意义的工作，并且这个工作事实上也做得

很成功，受到了广泛的欢迎。这些录像片所使用的材料都是真实的，是从国内外收集来的电影资料和照片。对这些资料所做的说明，也是有充分事实根据的。正是这样，这些录像片就具有很大的感染力和说服力。这些录像片不但对于高等院校的中共党史教学，而且对于向全国广大人民，首先是对干部和青年进行中共党史教育，都有很大的帮助。可以毫不夸张地说，今后的事实将会证明，《中共党史》教学录像片可以成为建设社会主义精神文明的一种有力的武器。”

中共党史研究会副会长、《中共党史》教材编写者、著名的中共党史专家胡华说：“这是一套辅助中共党史教学、辅助思想教育的形象化的真实的富有说服力、十分感人的直观教材。它真切地告诉我们旧社会的黑暗，敌人的残暴。革命志士们的牺牲奋斗，人民创造历史惊天动地的英雄业绩，中国共产党领导人民光辉战斗历程。它是对革命先驱者们最彻底的爱国主义和革命英雄主义的颂歌，是对罪恶的旧社会、凶残反动派、阴险残忍的侵略者的有力控诉!”由此，他说制作这套电视教材是一件开创性的工作。《中共党史》电视教材可以说是一套传世之作，它将世世代代传下去，教育后人。

教育部对这套电视教材明确地指示：编制《中共党史》系列电视教材经验启示我们，这不仅对加强中共党史教育和思想政治教育方法的改革有积极作用，也对学生思想政治教育有重要意义。要大力发展电化教育，更有效地为各科教学服务，就必须根据各地、各校的特点、长处，加强同类学科、专业的协作，这是一条多快好省的捷径。大家都要十分重视这条成功的经验，携起手来把这条路子开拓得更加宽广，让更多的电化教育系列教材尽快地为教育、教学服务。

作者单位

庄为其，西安交通大学原电化教育中心。

《外语电化教学》的发展故事

◎ 胡加圣

《外语电化教学》刊物的创办和发展，是一个很长的、光荣的创业故事。《外语电化教学》最早是1978年以《外语电化教学（资料汇编）》的形式出现，当时仅作为内部参考资料使用。1979年，上海外语电化教学馆创办了《外语电化教学》杂志，作为不定期刊物出版了2期，而后在1980年出版了2期，总计不定期出版4期，是我国最早的一份电化教育刊物。1981年《外语电化教学》正式创刊，由中国高校外语电化教育协会与上海外语电化教学馆合办，面向国内外公开发行，改名《外语电教》(出版了1期)。1985年《外语电教》又恢复了《外语电化教学》的全称，直至今日，名称依旧。感谢数字技术，让中国知网保存了我们《外语电化教学》创刊以来的所有资料，关于我们刊物的早期活动和各位前辈学者，上面几乎都有记录，篇幅所限，有兴趣的读者可自行上网查阅。

我是2002年上海外国语大学研究生毕业后就职于《外语电化教学》编辑部的。自那时至今一干就是18年。对于中国外语教学改革40年来的电化教学故事，前20年看得多干得少，后20年则相反，一直在外语电化教学的理论研究前沿观察、思考和学习。相较于改革开放伊始开拓外语电化教育事业的大批奠基者，我作为一个晚辈，几乎没啥故事可讲。但是在我个人学习成长中的一件轶事，确实终生难忘，也特别想抽空好好记录一下传示后人。

我本人入职本刊的时间，也正是国内大学外语教学改革风头日盛，且“听说领先”教学发展得如火如荼的时候。面对外部世界计算机辅助外语教学实践的冲击，以及学界内部各种语言学和教学理论的推动，作为一家独具特色的技术化学术刊物，《外语电化教学》究竟如何定位发展，如何摆脱20多年来的老旧概念和形象，如何使其既能保持信息化外语教学支持的定位，又能超越计算机“辅助”教学的高度，和外语语言学及学科教学理论融合到一起，找到一条适合自己的办刊方针和宗旨，进而形成自己的理论特色，更好地服务于全国大学外语教学，成为当时我终日探索思考的一个重要理论转向问题。这期间，随着教育技术学学科的发展壮大，我一面不失时机地向各位教育技术学界的专家学者请教，一边把自己的研究心得往教育技术与外语教学融合的方向上去论证，试图在教育技术和外语教学中间找到一条切实可行的融合之道。虽然尽最大努力尝试了，但是“作为学科的教育技术学”在彼时还没有正式的发表或论证过，我也只是凭着自己的理解进行初生牛犊式的“蛮干”而已。一晃到了2014年，当我的《外语教育技术——从范式到学科》专著付梓之前，我有幸被几位教育技术专家朋友引荐给中国电化教育的先驱、西北师范大学的南国农先生。我在邮件里尝试恳请90多高龄的南老先生为我的拙作写个序言，没承想老先生立即应允下来。让我更没想到的是，老人家竟然不顾眼疾刚刚术后的疲累和不便，亲自给我回复了一封上千字的邮件。在邮件里，他老人家对拙作给予了太多的肯定：“作者创建了一门新兴学科……为外语教学论和教育技术学专业开辟了一个新的研究方向。……基于信息技术的外语教学论，是首创。……外语教育技术学的创建，使教育技术领域长期存在的难题，有望得到破解。”等，溢美之词，赞不绝口，奖掖之心，跃然纸上。

南先生回信表扬这件事情对我本人来讲，着实令我激动不已。对于一个素未谋面的、跨学科的、年轻后生之辈的请求，一位我国电化教育资深的开拓者和奠基人，竟然这样的谦逊低调、平易近人，不吝褒扬与赞美，真的使我倍感鼓舞和振奋。我决定待小书出版后亲自前往西北师范大学当面拜访，好好说声谢谢！

之所以记住并特别感动于南先生这件回信，可能读者有所不知的是，这对于我国电化教育事业更具有重要的学科发展意义。彼时正值教育部对教育技术学学科进行更名，从上到下到处充满着对教育技术学学科的逻辑起点的怀疑，教育技术学作为二级学科产生了生存危机。可贵的是，南先生在本人的专著里看到了外语教育技术学科论证的逻辑基础，那就是外语教育信息化范式的产生与转换，这是显而易见的事实，而外语教育技术学作为外语学科发展的必然产物，又及时地、逻辑地证明了教育技术学学科存在的价值和基础，恰如南先生所言："当前要破解教育技术领域上述世界难题，慕课和翻转课堂是两股巨大力量，还应有第三股巨大力量，就是由外语教育技术学引发的各种学科教育技术学的建立。"这也是和本人一直认为的，教育技术离不开具体的学科教学论的想法是一致的。

但是让人深感惋惜的是，几个月后的2014年9月底，在烟台举办的外语慕课教学会场上，听到了南先生仙逝的噩耗！当时的我真的为这突然的信息而悲痛不已，也由于还没有来得及去兰州拜谒老人家而深感惋惜。扼腕之余，我还是决定当场在大会上向大家通报了这哀讯，以寄托一个后辈学人对他老人家的哀思。斯人已去，风范长存！南国农先生个人的人格魅力和学者风范将长存我心中，并激励和褒扬我继续前行。我时常关注以南国农先生名字命名的信息化教育发展基金的工作，闲暇时也经常翻阅学者所撰写的南先生的生平传记，聊以作为我对南先生为人师表的崇高敬意和怀念！

《外语电化教学》见证和记录了我国外语教育技术的发展历程。《外语电化教学》作为媒介，让我也有幸结识了南国农先生为代表的一大批老一辈教育技术的探险者和开拓者，实为吾辈之幸事！

聊以自慰的是，《外语电化教学》共经历了几次质的飞跃，办刊水平、质量和视野不断提高，目前正努力开始向国际化期刊迈进。我想这也一定会是南国农先生等老一辈办刊人所殷切期待的结果。我们一定会以此激励自己更好地做好自己手头的外语"电化"教育事业，办好刊物和出版社，为广大师生提供更多优质的外语教育技术新理念、新产品！

作者单位

胡加圣，上海外国语大学外语音像出版社。

亲历湖南电化教育科学实验研究的故事

◎ 詹道佳

20世纪80年代，改革开放后重新起步的我国电化教育从炽热状况转向冷静，大家都在思考如何把电化教育引向深入。湖南省电化教育馆郑逢任馆长认为应该加强电化教育研究，他根据毛泽东关于阶级斗争、生产斗争和科学实验三大革命运动的论述，把电化教育研究的名称定为“电化教育科学实验”，在中国第一次将电化教育推上了实验研究的圣殿。该研究活动实行“五定”，即定学校、定学科、定老师、定课题、定班级，努力探索电化教育规律，并用它去指导电化教育实践。从1982—1995年，活动轰轰烈烈地开展了13年，对我国的电化教育产生了重要的影响。

电化教育科学实验研究活动可歌可泣。那个时代，人人热血沸腾，心中只有事业，夜以继日奋斗是常态。我无法复制那个时代的画卷，但因参与了这一事件而自豪。我1979年调入湖南省电化教育馆，1984年任副馆长分管实验研究的工作，直到1993年才到湖南教育音像出版社工作，几乎全程参加了实验研究活动。仅以个人的记忆，回忆其中一些小故事。

对于这项研究活动，我印象最深的是研究活动所采取的严谨的科学态度，推广研究成果的不遗余力，十分重视电化教育教材的编制和开发，研究成员精诚的合作精神。

电化教育科学实验研究，从一开始就建立在严谨的科学态度之上。1982年，《湖南电教通讯》第二期特别发表了一篇短评《要加强电化

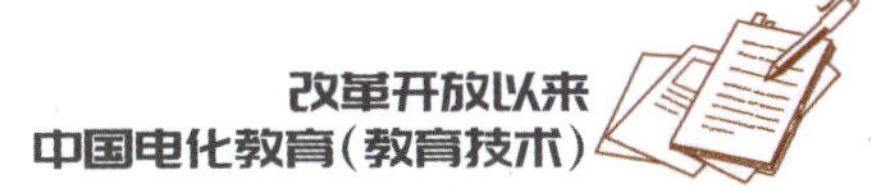

教育的科学实验》，强调要以科学的态度、科学的理论、科学的方法来搞好科学的实验。事实上，湖南电化教育科学实验孕育于1981年。1981年8月15日—9月1日，湖南省电化教育馆在大庸县（即现今的张家界市）召开了电化教育理论学习研讨会，名为“研讨会”，实为以南国农、萧树滋两位老师在“电化教育讨论班”上的讲义为学习材料的“学习班”，这次研讨会进行了理论武装，满腔热血的电化教育工作者有付诸实践的冲动，终被郑逢任、梁育腾等人引导走向了电化教育科学实验的轨道，使电化教育实验研究建立在深厚的理论之上。1982年7月，全省中小学电化教育科学实验工作座谈会在南岳召开，拉开了湖南电化教育科学实验研究的序幕。之后又经过多次大大小小的研讨和交流活动，把研究不断引向深入。比较重要的会议有1983年9月在沅江召开的小学电化教育科学实验经验交流会，1984年3月在长沙召开的中学电化教育科学实验工作座谈会。

有一件事我记得十分清楚，犹如昨天才发生一样。南岳会议后的一天，梁育腾主任找我谈话。他瞪着我说：“你要把电化教育实验担当起来。”我低着头回答：“难！”“不怕难，你不是还得了奖吗?”他指的是我设计制作的《正交分解（曲线运动）》幻灯片于1980年11月获得“全国中学物理电化教学经验交流会”优秀幻灯片奖。

大概是初生牛犊不怕虎，从来没搞过教育实验研究的我，捧着教育研究和教育统计的几本专著思考着怎样去设计实验、控制自变量、测量因变量、处理研究数据、分析实验结果、做出研究结论。我选择了长沙市十四中及沅江县的几所小学，和他们认真地进行科学实验研究。

为了指导实验研究，我还根据发现的问题写了一些教育研究理论的科普小文章，发表在《湖南电教通讯》上，其中《电教实验统计浅谈》被《电化教育》杂志转载。在近两年研究的基础上，我与梁育腾同志合作撰写了《对电化教学效果的初步研究》，刊登在1984年《电化教育》增刊第一期上。1985年6月，郭厚登局长和《电化教育》主编于芙芝到湖南考察，郑逢任书记陪同，先后有10天。郑书记回到单位一见到我，就喊：“小詹，你过来。”还未等我过去，他就急着说：“《电化教育》杂志于（芙芝）主编表扬你和老梁的文章写得好，说

《对电化教学效果的初步研究》是电化教育第一篇经科学设计控制变量做了统计分析的好文章。”辛苦劳动成果得到肯定，我更坚定了继续努力的信心。

1986年，我作为高等师范院校电化教育专业教科书《教育传播科学研究方法》的审稿人赶到广州开会，发现共4位审稿人：南国农、李运林、周君达、詹道佳，把我吓了一跳。电化教育老一辈把我扶上新台阶，使我有了新的视野，需要的是更踏实的工作，这是我参加电化教育科学实验研究的最大收获。

1984年11月，第一期电化教育科学实验研究结题，全省电化教育科学实验成果交流会在桃源县召开。这是一次别开生面的成果交流会。一是出席会议的嘉宾有教育部电化教育局副局长武克、我国电化教育的奠基人南国农教授、人民教育出版社编辑室主任李润泉研究员、北京师范大学教学法专家徐仁声教授；二是举行了隆重的论文答辩会，徐仁声教授主持了对新化县第一中学段一炎老师的高中生物学科电化教学研究成果的论文答辩。这是个精彩的答辩会，虽唇枪舌剑，不留情面，但又心平气和，晓之情理。

南国农教授在总结时说：“今天这个电化教育实验论文答辩会，说老实话，我感觉到是在参加一次学术演讲。如果要评，我认为这篇论文、这个答辩完全可以通过。要用文字来评，那就是‘优’。为什么呢？因为论文作者和答辩人提出的许多观点很新颖，这些新观点有助于电化教育理论的建设。第一，新的观点对电化教育理论建设做出了贡献；第二，新的观点对发展生物学的研究也做出了贡献。他提出的高中生物学两大知识系列，对生物学研究是很有意义的。同时，他的新观点也发展了心理学研究，如对‘观察’这一概念的理解，把‘观’和‘察’作了这样精辟的解释，我觉得还是有科学根据的。第三，他提出了使用幻灯教材的一些新方法，对电化教育，特别是对幻灯教学很有指导意义，很有参考价值。”（见图1）

我代表湖南省电化教育馆在结题会上做了题为《两年来电化教育科学实验工作的总结及今后工作的设想》的报告。第一期电化教育科学实验着重在学科教学领域进行，解决了电化教育深入学科后的许多问题。但是单是学科电化教育的研究还不足以解决电化教育在学校中

图1　南国农教授在湖南省电化教育科学实验论文答辩会上

所面临的问题。因此，第二期电化教育实验研究要扩展研究范围，分为三个层次进行：第一个层次是学科的微观研究；第二个层次是班级各学科电化教育的综合研究；第三个层次是学校电化教育的整体研究。第二期实验研究要“进一步提高电化教学科学实验的科学化水平和电化教育科学实验研究成果的学术水平”。会上，代表们还讨论了我起草的《湖南省电化教育科学实验工作暂行办法》。会后，经修改，1984年12月由湖南省教育厅颁布施行。湖南电化教育工作者不满足已取得的成绩，决定继续向前行。在新的基础上，湖南省电化教育科学实验研究又踏上了新的征程。

湖南电化教育科学实验研究从系统观出发，提出了这样一个观点：完善的电化教育实验包括实验研究和应用推广两部分，一个实验研究只有进入推广阶段才能体现真正的价值。他们采用多种形式不断推广研究成果，其中一个方法是“电化教育科学实验研究周”，另一个措施是强化研究中的电化教育教材建设。

1986年5月，“湖南省第一次电化教育科学实验研究周”的活动在长沙举办，这是一次实验研究成果的展示推广会。9月，“湖南省第二次电化教育科学实验研究周”在宁远县进行，这次是一次当时称之为“电教支边”的活动，邀请了8位电化教育科学实验成绩卓越的特级教师和优秀教师为宁远所属的零陵地区各县200多位教师上了8节示范课，并讲述了开展电化教育科学实验的经验。电化教育科学实验研究通过这些形式的活动不断推广，不断验证，不断创新。电化教育也因此不断扎根。

湖南的电化教育科学实验研究十分重视电化教育教材的开发，把电化教育教材的应用作为推广研究成果的重要措施，有了源源不断的电化教育教材供应才造就了湖南电化教育的普及。湖南电化教育蓬勃深入的发展和教育音像产业的发展，证明了把研究成果转变为电化教育教材是多么的重要。

获得初步研究成果的湖南电化教育工作者，渴望着向国内同行学习、交流和分享。他们不断派外出各省市学习，同时也接待了不少同行到本省传经送宝。1985年7、8月间，湖南省电化教育馆和湖南省电化教育研究会在岳阳市举办了两期电化教育实验人员培训班。其中第一期是应外省同行的要求举办的，参加这一期培训班的有来自湖北、河南、河北、广东、广西、四川、陕西、青海、宁夏、辽宁、北京、重庆、武汉、南京等14个兄弟省市电化教育工作者和教师210人。1987年6月，由湖南省电化教育馆主办的"潇湘电化教育理论讨论会"在大庸（今张家界市）召开，上海、北京、江苏、浙江、四川、湖南等15个省市从事电化教育研究的学者专家80余人参加，国家教育委员会电化教育局和中央电化教育馆的领导佟力、吴在扬、周君达、李鹏出席并讲话（见图2)。如此的阵容，湖南省电化教育馆只有请湖南省教育厅出面才匹配，厅领导孙景华到会主持了讨论活动。

图2　佟力（前排左4)、周君达（后排右1)、李鹏（前排左1)到湖南参加潇湘电化教育理论讨论会前参观爱晚亭

1989年11月，湖南省电化教育馆在临澧县召开了全省电化教育实验研究工作会议，宣布第二期科学实验研究结题，布置第三期电化教育科学实验研究开题。第三期电化教育科学实验研究以电化教育的整体优化为研究对象，设立了"电化教学整体优化"的总课题，组织全省围绕总课题设立子课题来进行研究。湖南的电化教育科学实验研究一步步地为解决电化教育发展问题而不断深化，既服务又引领着湖南电化教育的发展。

1989年12月，中央电化教育馆在山东青州市召开部分省市电化教育科学实验交流座谈会。我带着湖南刚刚闭幕的电化教育科学实验会议精神赶赴青州，向中央电化教育馆汇报，与兄弟省市交流。在会议前，我建议中央电化教育馆牵头将电化教育课题申报为全国教育科学“八五”规划国家教育委员会重点课题。会上，许乃英以中央电化教育馆名义提出申报全国课题的建议，获得与会代表一致支持。之后，“电化教育促进中小学教学优化实验研究”课题列入“八五”规划国家教育委员会重点课题，我和梁育腾同志受聘参加了9人总课题组，开始新的实验研究。

湖南的第三期电化教育科学实验研究于1995年1月结题，历时13年的湖南电化教育科学实验研究结束。中央电化教育馆“电化教育促进中小学教学优化实验研究”课题也于1995年结题。全国教育科学规划领导小组办公室和中央电化教育馆联合召开全国教育科学“八五”规划国家教育委员会重点课题“电化教育促进中小学教学优化实验研究”成果报告交流会，会议由湖南教育音像出版社和湖南省电化教育馆联合承办，1996年在长沙市隆重召开。1995年由我主持的“义务教育音像教材建设的理论与实践”课题也被批准为全国教育科学“九五”规划教育部重点课题。一段电化教育研究的故事结束了，但是电化教育研究的故事仍在继续。探索无止境，总要前赴后继。

有人问：“湖南13年的电化教育科学实验研究的成果是什么？”这是个重要而不太容易回答的问题。我可以负责任地回答：一是电化教育科学实验研究有力地促进了湖南中小学电化教育的深入发展，对全国的电化教育也产生了重要的影响。二是通过实验研究，发表了一批论文，撰写了《电化教育实验》《电化教育基础》《电化教育概论》《小学语文电化教学法》《小学数学电化教学法》《小学自然电化教学法》等专著。三是编制了一批电化教育教材，经过省教育厅审批发行使用，形成了电化教育产业，促进了湖南教育音像出版社的创立和发展。四是一批电化教育工作者不断成长，成了名教师、名校长或者某一领导机关的领导。

信息化时代电化教育的发展日新月异，我们这一批人已经落伍了，真正的完全落伍了。那些所谓论文、著作，那些所谓得过奖的电化教育教材，说实在的，没有什么可夸耀。不过，电化教育科学实验研究的是中国特色的电化教育，立足中国实际，脚踏实地，大胆吸收和扬弃国内外的相关电化教育理论，使电化教育深入了中国的学校、学科和课堂，实现了“三深入”，又走进了中国的学校、家庭和社会，实现了“三协同”。电化教育科学实验使我们学会从文化的视角认识电化教育的本质：文字的应用改善了教育，现代信息技术的应用将彻底改变教育。现代社会的数字化生存，教师的教育素养需要重新定义，用多媒体语言来写电子教案，用多媒体语言来实施教学，是现代教师的基本功。学生的信息素养必须加强，学生只有具备了数字化时代的“听说读写”才能在信息社会中有质量地生存和发展。电化教育科学实验研究告诉我们：不能用传统的教育质量观评判电化教育，必须重构信息化时代教育的质量观。这就是电化教育科学实验研究的价值所在，也是其研究成果的完全体现。我们还可以继续追问：智能化时代的教育是怎么样的呢？任重道远，后来者还必须努力。

作者单位

詹道佳，湖南教育音像电子出版社。

第一期全国电视教材编导讲习班在广州举办

◎ 李克东　刘万年

1980年4月，为团结广东省高校广大电化教育工作者积极发展电化教育事业，广东省成立了高校电化教育研究会，并推选出李运林教授任理事长，李克东教授任秘书长。它是我国最早成立的电化教育专业研究会之一，是广东高校广大电化教育工作者的第一个群众性学术组织。在我国电化教育重新起步这一历史时期，它与江苏省高校电化教育研究会、上海市高校电化教育研究会密切合作，尤其是合作承办广州、南京、上海三期面向高校的全国电视教材编导讲习班，为全国培养了一大批电化教育骨干，对推动我国电化教育发挥了重要作用。

20世纪80年代初，各级各类电化教育机构陆续建立，但首先面临的问题是电化教育专业人员如何能迅速掌握新的媒体技术并应用到教学资源开发和教学过程中。1981年9月，教育部电化教育局在杭州召开电化教育课程教材讨论会，会议主要研究开设电化教育公共课的教材编写大纲，全国有15所高校及省电化教育馆代表参加。会议上，江苏、广东、上海高校电化教育研究会代表倡议举办面向高校的全国电视教材编导讲习班，获得电化教育局同意，由中央电化教育馆委托苏、粤、沪三省市高校电化教育研究会联合承办，由中央电化教育馆组织实施并发文通知。此后不久，分别于当年10月底和12月底在江苏省苏州市召开该班的筹备会议，先后邀请了全国知名专家13人及江苏代表共27人到会，李运林和李克东及中山大学的陈尔真老师代表广东一同出席会议。会议商定了讲课内容、教材编写、分期时间与地点、学员人数分配及经费来源等，并成立办班的领导小组，由3个研究会各派1～2人组成，周君达代表中央电化教育馆为联络员。李运林和李克东代表广东参加领导小组。在中央电化教育馆的指导下，广东、江苏、上海三省市高校电化教育研究会就此进行协作，从电视教材编导讲习班的发起、筹备、编写教材，都由三省市高校电化教育研究会联合承办，倾注了大量人、财、物力。详细过程可参阅刘万年撰写的《具有里程碑意义的全国电视教材编导讲习班》一文。

当时要举办电视教材编导讲习班，首先任务就是要联合编写全国第一本《电视教材编导基础》讲义，参加编写定稿的成员有李运林（广东华南师范学院）、李克东（广东华南师范学院）、周君达（北京中央电化教育馆）、王绥祥（上海高校电化教育馆）、徐志瑞（江苏南京工学院）等五人（见图1）。其实在编写定稿这本教材的前期，还有许多老师参与了讨论，包括有南国农（甘肃师范大学）、庄秀娟（华东师范大学）、黎康（上海第一医学院）、陈尔真（中山大学）、邓嗣源（上海市电化教育馆）等。为了保证讲义的编写质量，编写组集中入住广东从化温泉一所小型、但十分安静的宾馆里，认真讨论，分工编写。

左起：李克东、徐志瑞、李运林、周君达、王绥祥

图1　第一本《电视教材编导基础》讲义编写组的成员

这本《电视教材编导基础》讲义共分七章二十六节。第一章绪论，包括电视教材的基本概念、教学原则、学习心理等；第二章电视教材制作的设备和系统，包括摄录像机、编辑机、音响设备等；第三章电视教材的制作技巧，包括摄像、布光、特技、编辑、配音等；第四章电视教材的种类与编导的职责；第五章电视教材稿本的编写，包括文字稿本的编写、分镜头稿本的编写、电视的表现手段等；第六章电视

教材的导演过程，包括录制前的准备、现场指挥、后期工作等；第七章电视教材的运用和评议，包括电视教材的运用、评议要求、评议方法等。我们确定各章的编写人，并明确以后讲习班上分别担任有关专题主讲人。完成定稿后，编印成册。以后就是利用这本教材，先后举办了三期全国电视教材编导讲习班，包括第一期在广州（1982年3月），第二期在南京（1982年5月），第三期在上海（1982年10月）。

1982年3月底，第一期全国电视教材编导讲习班在广州华南农学院（现华南农业大学）举办。由中央电化教育馆主办，广东高校电化教育研究会承办，为期3周，学员43人，广东、江苏、上海三省市各有10人参加，其余名额来自其他省市。电化教育局程光局长和广东省高等教育局有关领导参加开班典礼（见图2），还特邀了香港几位专家讲课，该班以讲课为主，结合观摩评片、实习，最后通过考试，合格的颁发证书。正如很多学员反映的：这是一次管理严格、内容新颖、学习紧张、收获最大的培训班。全国电视教材编导讲习班为我国各省市培养了一批电视教材编导与制作人才，他们中许多成为各地电化教育馆和教育电视台的领导和业务骨干。

图2　时任中央电化教育馆负责人程光，联络员周君达与负责组织第一期全国电视教材编导讲习班的广东、江苏、上海高校电化教育研究会负责人在一起

1982年5月，在南京举办第二期全国电视教材编导讲习班，这一期是由江苏高校电化教育研究会承办。第二期学员人数扩大到160人，其中粤、沪、苏三省市继续保持各有10人参加外，面向全国高校有48人，共78人，另外还有参加学习但不参加考试的军队院校代表40人、江苏省高校代表42人。这一期编导讲习班是规模最大、教学最活跃的一期编导讲习班。江苏省高校电化教育研究会的3位秘书长参加了该期编导讲习班的领导小组，还选调3位在江苏省工作的第一期编导讲习班学员组成辅导组，协助教学管理和业务指导。通过编导讲习班的学习，学员学习了电视教材概论、稿本编写、导演过程、制作技巧、教材运用等内容，初步掌握了电视教材编导的基本知识、基本理论和基本技能。

1982年10月，由上海高校电化教育研究会承办第三期高校系统的编导讲习班。1982年7月，由东北三省电化教育协会主办了一期面向普通教育系统全国电视教材编导讲习班。我们三个省市的高校电化教育研究会没有介入。

先后4期编导讲习班，共培养了470多名电视教材编导，他们成为我国首批教育软件骨干人才，大大促进了电视教材编制水平的不断提高，多数人成为本单位的负责人或知名专家，成为高校电化教育系的业务骨干和院系领导，如华南师范大学的徐福荫教授，东北师范大学的刘茂森教授都是第二期编导讲习班的学员。因此，编导讲习班被誉为电化教育界的黄埔军校，当年的学员见面时往往以此为荣。通过三期编导讲习班的协作活动，我们广东和北京、江苏的同志朝夕相处两个多月，不仅增进了相互的了解，密切了彼此关系，建立了深厚的友谊，更为广东和江苏两省的高校电化教育以后的合作奠定了良好基础。

作者单位

李克东，华南师范大学教育信息技术学院。

刘万年，南京大学教育技术中心。

具有里程碑意义的
全国电视教材编导讲习班

◎ 刘万年

20世纪80年代，我国电化教育教材的建设经历了实践、理论、再实践、再理论的理想循环。这期间，有几件大事值得载入中国电化教育（教育技术）史册，这就是1982年的“全国电视教材编导讲习班”，1983年的“全国高校电视教材制作技术研讨班”，1986年的“全国高校电教教材编制理论研讨会”，1989年的首届全国电化教育成果评审。这些堪称是电化教育教材建设的系列大举措。

其中，1982年，由江苏、广东、上海三省市高校电化教育研究会及东北三省电化教育协会牵头的“全国电视教材编导讲习班”先后举办四期，来自全国高等教育、普通教育、部队院校等系统的470多名学员参加了学习，为我国电视教材的编制理论和资源建设做出了巨大贡献，在中国电化教育史上具有里程碑意义。我有幸参与了两次筹备会的讨论，参加了第二次编导讲习班的学习。

一、开设电视教材编导讲习班的动因

我国电化教育工作于1978年重新起步，规模大，步伐快，涉及面广，也取得了不小的成绩。为了发扬团队精神，1980年9月18—26日在西安交通大学成立了由清华大学、西安交通大学、上海交通大学、华南工学院（现华南理工大学）四院校组成的电化教育软件制作协作组（称为“全国工科院校电化教育协作组”，简称“工科院校协作组”），时任电化教育局程光局长出席了工科院校协作组成立会议。1980年11月25—29日在北京国家教育部招待所成立了由南开大学、北京大学、复旦大学、武汉大学、北京师范大学、华东师范大学、华南师范学院、陕西师范大学等共8所院校组成的电化教育软件制作协作组（后改称“理科院校协作组”，1983年5月吸收南京大学、中山大学为协作组成员），时任电化教育局程光局长、武克副局长出席了理科院校协作组成立会议。理、工科院校协作组的宗旨是加速高校之间各门课程电化教育软件的制作和配套，尽快制作出较高水平的电化教育软件，扬长避短，发挥各校优势，促进交流，提高教学质量。

理、工科院校协作组的协作内容，最初只是软件制作，涉及各门学科。《中共党史》电视教材的制作及发行、使用，在全国影响较大，得到中央宣传部的肯定和赞许，为今后的工作奠定了良好的基础，也为高校电化教育机构赢得了地位。

随着工作的深入开展，电化教育教材特别是电视教材的编制渐渐暴露出一些问题。由于编制人员基本上是非专业出身，使得电化教育教材的教育性、科学性、技术性、艺术性等不好与教学结合。

要使电化教育工作“三深入”（深入学科、深入课程、深入课堂），则要紧紧抓住电化教育教材这一“牛鼻子”。但不少人意识到，电化教育教材的缺乏一直是我们工作难以深入发展的“瓶颈”。我们的电化教育教材，特别是电视教材数量并不算少，但使用率很低，有的只用一两次就束之高阁，有的是“常年睡大觉”。造成的原因主要有：（1）内容陈旧，无法适应学科新要求；（2）手法不对，有的用拍故事片的手法去拍教学片，有的片子只有10分钟左右，而开头、结尾就占去较大篇幅；（3）教育性不够，与课程结合不紧，如有的地理教学片拍成了风光片，有的教学片拍成了科普片；（4）针对性不强，有的教学片对适用哪些年级、哪些专业、哪些课程其目的性不明确，教师想用而担心不能与课程同步、吻合；（5）教学法不当，有的教学片内容较多，涉及面太宽，时间又长，又不注意教学方法和传播心理，不适合课堂教学，因而教师弃之不用。凡此种种，不少有识之士提出电化教育教材要大换血，或重新编制，或进行改制。

在1983年10月的全国第一次电化教育工作会议上，教育部副部长

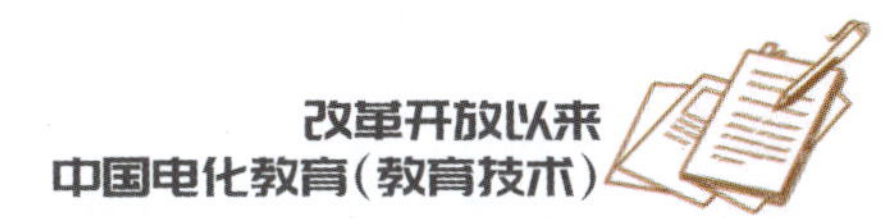

黄辛白在报告中提出要求："电化教育教材的编制工作要和教育部各有关文字教材编审组织密切配合。"这句话我们可以解读为在过去的几年中，有些电化教育教材偏离文字教材或结合不紧密，教学中实用性差。他指出："为保证电化教育教材的质量，要有质量标准，防止粗制滥造。"

因此，提高编制人员的制作业务水平迫在眉睫！

二、电视教材编导讲习班的筹办

1981年9月，教育部电化教育局在杭州召开电化教育课程教材讨论会。会上，时任南京大学电化教学研究室主任的辛显铭向中央电化教育馆的周君达谈起：电视编导制作人才缺乏，能熟练操作使用摄录像设备的人较少，迫切需要培养一批具有系统编导理论和实践技能的编导人员，建议进行编导人员的培训。此建议得到周君达的支持，并得到上海、广州等高校电化教育部门有关负责人的响应，后获得教育部电化教育局领导的同意，决定由中央电化教育馆委托苏、粤、沪三省市高校电化教育研究会联合承办，由中央电化教育馆组织实施并发文通知全国。

为使全国电视教材编导讲习班顺利进行，中央电化教育馆于1981年10月底和12月底两次在江苏省苏州市召开了"全国电视教材编导讲习班"（全国编导提高班）筹备会议，先后邀请了全国知名专家到会，商定了讲课内容、教材编写、办班时间与地点、学员人数分配及经费来源等，并成立了领导小组，由三个研究会各派1～2人组成，周君达代表中央电化教育馆为联络员。我有幸全程参加了两次筹备会。

第一次筹备会议，以观摩样片、范片为主，了解一部电视片的制作过程和编导的作用。参加的代表（13人）有：华南师范学院（现华南师范大学）电化教育中心李克东、华南工学院（现华南理工大学）电化教育研究室袁家广、中山大学电化教育中心陈尔真、上海高等教育电化教育馆王绥祥、上海第一医学院电化教育研究室黎康、华东师范大学现代教育技术研究所庄秀娟、华东化工学院（现华东理工大学）电化教育科印仁冲、南京邮电学院（现南京邮电大学）电化教育研究室宋庆江、江苏师范学院（现苏州大学）电化教育研究室刘涤民、南京工学院（现东南大学）电化教育中心徐志瑞、南京航空学院（现南京航空航天大学）电化教育研究室陈华、中央电化教育馆周君达、南京大学电化教学研究室刘万年。

第二次筹备会议主要商讨了教材编写和办班的具体事宜，还商定讲习班分别在广东的广州、江苏的南京和上海举办，决定1982年3月底在广州开办第一期，为期三周，暂定学员为50人。本次筹备会议代表除第一次筹备会代表（袁家广没来）外，还有南国农（原西北师范学院）、萧树滋（原西北师范学院）、丁连发（清华大学）、张岗勤（沈阳江苏师范学院）、白世庠（原山东医学院）、庄为其（西安交通大学）、赵治才（上海第二军医大学）、冒维本（华东师范大学）、邓嗣源（原华东化工学院）、高如淼（原华南师范学院）、李运林（原华南师范学院）、李才擎（暨南大学）、李议序（原南京师范学院）、周叙九（原南京工学院）、金文照（原南京铁道医学院）、孙利华（北京市江苏师范学院），共27人（见图1）。

全国电视教材编导讲习班第二次筹备会议代表

参加第二次筹备会议的部分代表在南京参观南京长江大桥(左起：李克东、李运林、萧树滋、高如淼、南国农、刘万年)

图1　全国电视教材编导讲习班第二次筹备会议代表

筹备会议决定由中央电化教育馆周君达，广东华南师范学院李运林、李克东及苏沪各一人负责编写《电视教材编导概论》讲义。参与编写初稿的有南国农（西北师范学院）、庄秀娟（华东师范大学）、李克东和李运林（华南师范学院）、徐志瑞（南京工学院）、黎康（上海第一医学院）、王绥祥（上海高等教育电化教育馆）、陈尔真（中山大学)、邓嗣源（上海市江苏师范学院）等。最后由李运林、李克东、王绥祥、徐志瑞、周君达修改整理，并确定教材名称为《电视教材编导基础》，讲习班的名称确定为“全国电视教材编导讲习班”。其实，绝大多数所谓的编导并非专业出身，因而不少人是在看着电影“玩”编导，尤其是对作为应紧密结合学科内容的电视教学片，最初都很困惑，不知道如何拍摄，导致许多教学片并不能用于教学。所以讲习班教材的编写要紧密结合实际，受教对象侧重于编导。

三、电视教材编导讲习班盛况空前

为期三周的第一期“全国电视教材编导讲习班”于1982年3月底在广州隆重举办。名额分配为：主办的三省市各选派10人参加，其他省市选送学员代表参加，共43人。时任电化教育局局长程光和广东省高等教育局有关领导参加了第一期开班典礼，还特邀了香港几位专家讲课（见图2）。该班以讲课为主，结合观摩评片、实习，最后考试，合格的颁发证书。正如很多学员反映：这是一次管理严格，内容新颖，学习紧张，收获最大的培训班。第一期“全国电视教材编导讲习班”盛况空前，在举国上下引起强烈而积极的反响。

图2　第一期全国电视教材编导讲习班(广州)学员及主讲教师等(前排左7为程光)

1982年5月31日，为期三周的第二期“全国电视教材编导讲习班”在南京举办。第二期编导讲习班学员人数扩大到160人，来自全国20个省、市、自治区的71所高校和4个省、自治区的师范学院。其中，粤、沪、苏三省市继续保持各有10人（我是参加本期学习的学员之一），其他省市高校有48人，正式学员共78人，考试合格发给证书的69人，其余9人学员由江苏省高校江苏师范学院研究会发给了讲习班期间学习情况的证明。另外参加学习的（不参加考试）还有军队院校学员40人，南京地区的旁听学员42人。在第一期的基础上，第二期的组织和安排更加合理、周全。时任江苏省高等教育局局长徐福基和教学处处长邱坤荣多次到讲习班看望并指导工作（见图3）。这一期是四期中规模最大、教学最活跃的编导讲习班。除了理论讲授外，还有优秀教学片的观摩，学员每人自带教学片的交流、互评、打分，以及参观有关高校。老师授课严谨，学员学习认真，白天上课，晚上看片、讨论，收获很大。

其间，1982年6月24日—7月10日，受教育部委托，由东北三省

前排左起：李议序（南京师范学院）、宋庆江（南京邮电学院）、辛显铭（南京大学）、李克东（华南师范学院）、徐福基（时任江苏省高等教育局局长）、李运林（华南师范学院）、周君达（中央电化教育馆）、曹揆申（华东师范大学）、邱坤荣（江苏省高等教育局）、徐志瑞（南京工学院）、鲍亦骧（南京邮电学院）

图3　第二期全国电视教材编导讲习班（南京）的教师和工作人员

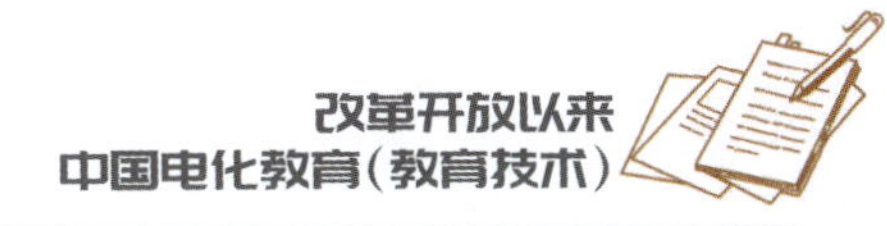

电化教育协会在沈阳举办了第三期“全国电视教材编导讲习班”，来自全国21个省、自治区、直辖市的110名普通教育系统的学员参加了学习并结业。

1982年10月11—31日，在上海举办了为期三周的第四期“全国电视教材编导讲习班”，是上海高校电化教育研究会举办的各类培训班中规模最大的。来自全国17个省、市、自治区的77所院校，以及中央电视台电化教育部和两个省、市电化教育馆的正式学员共83人参加了学习。同期，在空军政治学校还举办了平行班，有中国人民解放军空军部队所属军事院校的正式学员79人参加。这次讲习班吸取了前两期在广州、南京办班的经验，做了几个月的准备，组织了讲课老师及辅导老师集体备课，撰写了补充讲义。教学内容较丰富，形式较多样。学员通过电视教材概论、稿本编写、导演过程、制作技巧，以及教材的运用和评议等内容的教学、实践及考核，较系统地掌握了编导的基本理论，交流了编导经验，进一步明确了电视教材编导的职责和要求。经过审核，合格者取得了结业证书。

1982年先后举办的四期全国电视教材编导讲习班，总共为全国培养了470多名电视教材编导，成为我国首批教育软件骨干人才。全国电视教材编导讲习班被誉为电化教育界的黄埔军校，当年的学员见面时往往以此为荣。1982年的全国电视教材编导讲习班在中国电化教育史上具有里程碑意义。

四、电视教材编导讲习班的成效

1982年3月在广州开办第一期全国电视教材编导讲习班期间，时任电化教育局局长程光主持了讲习班领导小组成员和部分高校电化教育负责人座谈会，要求高校联合编制有中国特色的学科电视教材系列片。当时议定首批选题为“中国地理”和“中国园林与古建筑”两大学科，争取出口向国外发行，由中央电化教育馆牵头并投资，南京大学、南京工学院（现东南大学）分别担任学科组长单位。1982年5月底，第二期全国电视教材编导讲习班在南京举办期间，6月8日由南京大学主办了全国大学地理学科制片会议，时任南京大学代理校长郭令智和高等教育局有关领导人参加了会议开幕式，由南京大学、华南师范学院主持会议，到会的12个院校36人经过4天讨论，确定了近期选题和远期规划。1984年10月24日，在安徽九华山召开为期一周的第一批地理电视教材审片会，近20部教材经过认真评审，分别修改后交中央电化教育馆向全国发行。

此后，全国理、工科院校协作组以及全国有能力的制作部门都陆陆续续摄制了数百部电视教材，一大批电视教材被中央电化教育馆收购，并向全国发行。一系列电视教材在中国教育电视台播放。这些电视教材在制作数量和质量上都有了很大的提高。

为检阅电化教育自1978—1988年十年的成果，发扬成绩，奖励先进，借以增强信心，鼓舞斗志，推动电化教育的深入发展，1989年3月，全国首届电化教育成果评比在上海举行，其中一件大事就是电化教育教材的评比。1990年9月6日，《中国教育报》刊发了“一百〇六部优秀电教教材获奖”的消息报道和“首届全国优秀电教教材获奖名单”。在此获奖名单中，从高等教育优秀电化教育教材（分幻灯片投影片、录音带、录像片等三类）、基础教育优秀电化教育教材（分幻灯片投影片、录音带、录像片等三类）和广播电视教育优秀电化教育教材等几个层面进行表彰，参加评选的电视教材、录音教材和幻灯投影教材共有923部，其中，106部电化教育教材获奖，191部教材经评委认定作为国家教育委员会的推荐教材。短短几年时间里，全国涌现出这么多的优秀电视教材，足以说明“全国电视教材编导讲习班”已经取得了显著的成效。

作者单位

刘万年，南京大学教育技术中心。

全国高等师范院校电化教育课教师进修班开班

◎ 杨改学

自1978年我国电化教育第二次起步后，全国电化教育工作蓬勃发展，对电化教育专业人才的需求量逐年增加。为了能够适应新形势的发展，1982年6月29日，教育部电化教育局向有关师范院校发出“关于分配电教课师资进修班名额的通知”，名额由教育部分配。进修班于1982年9月10日开学至1983年1月6日结业，历时约4个月。学员来自全国各地，包括上海师范学院、东北师范大学、华南师范大学、北京师范大学、陕西师范大学等25个省、市、自治区的45名高校教师（见图1）。

其中，年纪最大的是来自安徽师范大学教育系的王国斌老师（52岁），年龄最小的是来自内蒙古师范学院物理系的马凤老师和汉中师范学院电化教育研究室的史山老师（22岁）。这次进修班的主要培训对象是高等师范院校电化教育课的教师或准备开设这门课的教师。目的在于使培训者在电化教育的基础理论、基本知识、基本技能和教学实践能力上有所提高，能胜任课程的教学工作。为期4个月的“全国高等师范院校电化教育课教师进修班”共开设了8门课程，课程介绍见表。并且，由南国农先生主持做了相关内容的专题讲座和学术报告，包括“信息化与电化教育”“电子计算机辅助教学”“教学投影幻灯片制作新工艺”等10个专题的讲座，“语音实验室简介”“程序教学机简介”“电子计算机辅助教学”等学术报告。学术报告的专家包括：厦门华侨大学廖泰初教授、华南师范大学李运林教授、华南师范大学李克东教授、解放军高级军械技术学院秦兆年教授、中央电化教育馆工程师杨名甲等。

表 “全国高等师范院校电化教育课教师进修班”课程介绍

课程	电化教育概论	幻灯技术基础	电教美术	摄影基础	扩音收音录音	电影技术基础	电视录像技术基础	教学电影、电视编导
授课教师	南国农	杨改学	杨改学 抗文生	蒋楚均	马季善	彭守德	黄宝文	周君达
课时	54学时	48学时	48学时	56学时	72学时	72学时	90学时	48学时

前排：南国农先生（右5）、原西北师范学院党委书记侯亢（右7）、甘肃省教育厅副厅长汪都（右8）、原西北师范学院校长李秉德先生（左7）

图1 全国高等师范院校电化教育课教师进修班开班合影

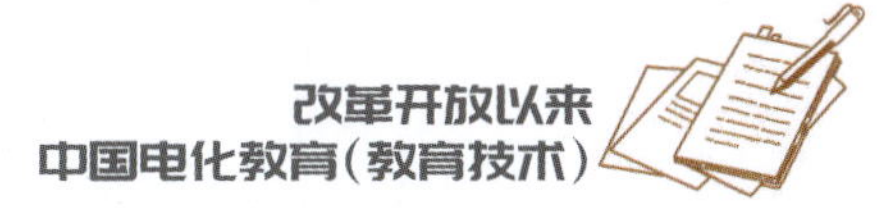

4个月的学习期间内，共授课668学时，在教学过程中，除印发了6本文字教材外还编制了5部电视教材，并负责给学员转录。学员们学习刻苦认真，除听讲和钻研教材外，还阅读了17种电化教育参考资料，进行了多个实验实习，完成学习作业及论文数百篇，自制了电化教育教材18种。

南国农先生讲授的“电化教育概论”课程使学员获得了电化教育的一般理论，初步掌握了编制电化教育教材的原则，学会使用常用的电化教育设备与教材进行教学的方法，以及懂得电化教育行政管理的常识。本课程包括五章内容：第一章绪论主要介绍电化教育的概念、研究对象、意义和作用、产生与发展以及与相关学科的关系；第二章介绍电化教育设备，包括扩音、录音、收音，幻灯、投影，电影、电视、录像和语言实验室的相关的内容；第三章介绍电化教育教材的特点、编写、制作的方法；第四章讲授电化教学法，包括目的性与计划性相结合的原则、媒体选择与组合的最优化原则、教学效果与经济效果相结合的原则等七大原则和个别教学、小组教学等四种教学组织形式，并介绍了电化教学的步骤；第五章是电化教学管理的相关内容。

1983年1月6日，在全国高等师范院校电化教育课教师进修班结束时，经过培训的合格学员都颁发了结业证书。结束时在进修学员的参与下举办了一期进修成果汇报展览，展出的内容包括为期4个月学习过程中的生活剪影、教学计划完成情况统计表、各种作业完成情况统计表、摄影习作选、编写和制作的文字脚本、形声教材、投影片、电化教育美术作品、色彩习作等。

甘肃省委副书记刘冰同志、省委宣传部副部长裴江陵同志、省教育厅副厅长汪都同志和教育部电化教育局副局长武克同志、西北师范大学侯亢书记、宋福僧副校长等参加了结业仪式并观看了展览，南国农先生亲自讲解展览内容（见图2）。进修班结业时，相关领导同培训教师、培训班学员进行合影留念（见图3）。

在这期进修班上南国农先生提出“全国电教是一家”的倡议，在结业仪式上全体学员为西北师范学院（现西北师范大学）赠送了“电教一家”的锦旗。这期进修班，被人们后来称之为电化教育的“黄埔

南国农先生（左1）、甘肃省委副书记刘冰（右3）、教育部电化教育局副局长武克（左3）

图2　相关领导参观全国高等师范院校电化教育课教师进修班成果汇报展览

二期”。此次进修班，第一次在全国范围内有规模地培养了讲授“电化教育”课的专业教师，从此奠定了电化教育专业建设的基础，对后来的电化教育（教育技术学）专业的建设产生了深远的影响。1983年1月的《电化教育》杂志、1983年1月11日的《甘肃日报》、1983年的《外语电教通讯》《电化教育研究》等报刊都报道了关于进修班的相关情况。

前排：中央电化教育馆周君达（右1），西北师范学院副校长樊大畏（右4），西北师范学院校长李秉德（右5），教育部电化教育局副局长、中央电化教育馆副馆长武克（右6），甘肃省委副书记刘冰（右7），甘肃省委宣传部副部长裴江陵（右8），甘肃省教育厅副厅长汪都（右9），南国农先生（左3），西北师范学院党委书记侯亢（左8）

图3　全国高等师范院校电化教育课教师进修班结业合影

作者单位

杨改学，西北师范大学教育技术学院。

新中国第一个电化教育本科专业的创办和建设

◎ 李运林 李克东

一、新专业创办前的准备

华南师范大学于1983年创办了新中国第一个电化教育本科专业，至今已走过30多年的历史。为什么会在华南师范大学创办一个电化教育本科专业，是有其历史背景的。

1975年，当时有几位曾参加全国彩色电视大会战后回校参与电子学教学与研究工作的教师，提出要开拓一个有别于中山大学、华南工学院（现华南理工大学）的电子学研究方向，并依据现代教育发展的需求，希望能建立一个电子技术在教育中应用的研究方向，同年获华南师范大学批准成立了现代教育技术研究室，归物理系领导，由李运林任研究室主任，李克东是这个研究室的成员之一，从此展开了电子技术教育应用的研究工作。当时关注的重点是电视教学应用和教育电视节目编制。最初，华南师范大学购买了两台简易摄像头开始做简单的电视节目录制试验。

1978年，我国电化教育重新起步，李运林和李克东参与中央电化教育馆（筹）组织的引进国外电化教育器材的展览。展览结束后，当时的广东省高等教育局和华南师范大学决定把这批设备购置下来，其中包括一批松下电视录像、编辑设备。我们就利用这批先进设备，由当时的校长潘炯华教授主持，拍摄了《罗非鱼》等我国首批优秀的教育电视节目。这些教育电视节目在国内产生很大影响，受到国内外好评。

1980年，由于电化教育事业的迅速发展，华南师范大学将现代教育技术研究室与华南师范大学电化教育科合并成立了华南师范大学电化教育中心，由李运林任主任，李克东和潘锡英任副主任。

1981年，李运林和李克东邀请周君达（中央电化教育馆）、王绥祥（华东师范大学）、徐志瑞（南京工学院）在广东从化编写了《电视教材编导基础》讲义，之后在广州、南京、沈阳、上海先后举办了几期全国性的电视教材编导讲习班，对我国电化教育事业的发展产生了重大的影响。

1981年，潘炯华校长带领李运林和李克东访问香港，并按广东省高等教育局林川局长的指示专访了香港著名传播学专家余也鲁教授，邀请余也鲁教授来华南师范大学讲学（见图1）。余教授欣然接受邀请，并提出拟请他的导师美国传播学创始人宣伟伯（威尔伯·施拉姆）同来。

1982年，经过两年充分准备，余也鲁教授会同宣伟伯首次来中国大陆，并在华南师范大学做了为期七天的传播学学术报告，全国电化教育界同行参加（见图2）。报告的九大专题结集后在高等教育出版社出版了《传媒·教育·现代化》一书，这是首次将传播学理论引入中国大陆，也为电化教育事业发展找到了理论基础，对我国电化教育事业与学科发展产生了深远影响。

图1　潘炯华、李运林、李克东应邀访问香港时与余也鲁教授合影

图2　宣伟伯(施拉姆)、余也鲁在华南师范大学讲学

1982年，由于广东省高校电化教育事业发展的需要，广东省高等教育局成立了广东省高校电化教育中心，依托华南师范大学电化教育中心共同工作，由李运林任主任，李克东任副主任（1985年起任主任）。

1978—1982年间，电化教育中心除积极开展电化教育教材编制与推广应用工作外，还在华南师范大学开设了“电化教育学”“教育电视”“教育电视设备系统”等公共选修课程，在电子学学科招收了现代教育技术研究方向的研究生两名，分别由李运林和李克东指导。

二、新专业的创办

1981—1982年间，根据电化教育学科与事业发展的需求，华南师范大学积极为开设电化教育专业创造条件。在物质上，开始建设电化教育大楼；在师资队伍上，将我国电化教育界五大元老之一的高汝森副教授从陕西师范大学调过来，并通过公开招聘的方式，将一批优秀的中学教师调进来，其中包括徐福荫老师；在学科专业上，反复研讨与拟定该专业的培养目标与教学计划。余也鲁教授与南国农教授曾多次来华南师范大学研讨与修订创办电化教育专业的教学计划。1983年上半年，为创办电化教育专业做准备，李运林和李克东作为访问学者到香港中文大学研修，并直接到香港中文大学的传播研究中心和教育学院进行访问，认识了许多学者。访问期间，两人做了分工，李运林重点放在传播学理论和教育电视研究上，李克东重点放在传播学研究方法和计算机辅助教学方面，共同部分为有关专业的教学管理，为学科专业课程的建设做了深入细致的工作。在香港期间，两人还访问了多间经营电化教育器材的公司，参观了香港教育电视台、电视广告制作中心。

1983年6月，经华南师范大学向教育部申报，当时广东省分管教育工作的副省长王屏山亲自到教育部咨询，终于批准华南师范大学创办我国第一个电化教育本科专业，并于同年开始招生，首批招了20名学生（见图3、图4）。同年，电化教育大楼落成启用，华南师范大学成立了电化教育系，李运林任主任，李克东和高汝森任副主任（1996年李运林退休后，由徐福荫任系主任）。

图3　新中国第一个电化教育本科专业成立

三、新专业创办后的早期学科建设

早期的学科建设包括学科教材建设、学科实验室和实践基地建设、教师队伍建设，以及科学研究和国际学术交流的开展，等等。

（一）学科教材建设

教材建设是学科专业创办后的关键工作。1984年，中央电化教育馆组织成立“全国电化教育课教材编审组”，由南国农担任组长，李运林任副组长，开始组织编写公共课教材《电化教育学》（1985年，高等教育出版社出版）。之后，按专业建设需要，由高等教育出版社组织编写出版专业教材，华南师范大学电化教育系教师承担了其中大部分编写工作，编写出版的专业教材包括：《电化教育导论》（华南师范大学李运林、李克东著）、《幻灯投影教学》（华南师范大学秦兆年、刘瑞然著）、《教育传播科学研究方法》（华南师范大学李克东著）、《电视教材编导与制作》

图4　国内首个电化教育本科专业创办仪式上客座教授与系主任合影

（华南师范大学李运林、徐福荫著）、《电教摄影》（江苏师范大学刘涤民著）、《电教美术》（西北师范大学杨改学著）、《电化教育管理》（南京师范大学张增荣著）、《教育传播学》（西北师范大学南国农、华南师范大学李运林著）等十多门学科专业教材。另外还组织编写了一批电化教育丛书作为参考书。有《传媒·教育·现代化》（宣伟伯、余也鲁著）、《传播理论》（李运林著）、《中国电化教育简史》（吴在扬著）、《电教用房设计》（张宗尧著）、《电化教育实验研究》（梁育腾、詹道佳著）等十多部。后来电化教育更名为教育技术学后，在教育部师范司组织的面向21世纪教育技术学专业的八门主干课程教材编写中，华南师范大学教师承担或参与了其中三本教材的编写，即《教育技术学研究方法》（李克东编著）、《教学媒体理论与实践》（李运林、徐福荫编著）和《教育系统设计》（何克抗、郑永柏、谢幼如编著）。

（二）实验室与实践基地建设

教育技术学学科是一门技术性很强的综合性学科。专业教学必须具有与课程配套的实验室与实践基地才能培养高素质的专业人才。为此，在20世纪80年代，华南师范大学新办的电化教育专业集中建好四大实验室：常规电化教育媒体实验室、电视电声技术实验室、电视教材编制实验室以及计算机实验室。另外，为了提高学生的学科专业综合技能与实践能力，华南师范大学还与社会结合建立了三大实践基地：一是电化教育设备维修基地。包括与香港信兴公司合作在广州开设的日本松下、乐声和JVC电器维修中心（开幕时时任广东省省长叶选平剪彩），与香港和记集团合作开设先锋和山水电器维修中心。学生在4年学习中，必须有6周在这里学习各种电器的维修技术；二是电化教育教材制作实践基地。电视教材方面与广东电视台及广州电视台共建，学生在电视台实习6周，参与或主持做1个以上的专题节目；三是学科专业教学与实验研究实践基地。选定广州附近的一批实验学校，学生在这里教学实践6周或做毕业论文6周。经过上述约20周的实践，大大提高了学生的电化教育综合技能，培养出合乎现实社会需求的学科专业人才。

（三）教师队伍建设

创办一个新的学科专业，教师队伍建设是一个最大的难题，华南师范大学采取“请进来”“走出去”“立足于参加电化教育实践与实验研究”的三种途径。“请进来”，即引进人才，对有专业水平的教师能调来的调来，不能调来的聘为兼职教授。20世纪80年代，华南师范大学先后调入高汝淼副教授、秦兆年教授。在“九五”期间引进桑新民和丁新两位国内已有较高知名度的专家，还引进了留日博士徐晓东副教授。华南师范大学还通过主管领导批准登报招聘的方法，调进一批优秀的中学教师，如徐福荫教授就是通过这个渠道调进来的。对于调不进的，聘为兼职教授。先后聘任的有中国香港传播学专家余也鲁、美国传播学创始人宣伟伯、日本教育工学权威坂元昂、德国控制论专家弗兰克，还有从美国来长期参与教学工作的英健博士等。聘任的国内电化教育界元老、专家有南国农、萧树滋、廖泰初、孙明经、武克、郭厚登、周君达、李奈、佟力、费国福、宋成栋等。其中，余也鲁教授与南国农教授对本学科建设发挥了重大的作用。“走出去”就是争取一切机会派出教师到国内外进修学习或攻读博士学位。如1982年派出叶力汉、刘瑞然（均曾任副院长）到西北师范学院（现西北师范大学）参加进修班学习。1983—1985年先后三批派出李运林、李克东、徐福荫、黄乔峰、郑毅冰、许翔以访问学者身份赴香港中文大学研修。另外派往美国、德国、澳大利亚、英国、日本等国攻读博士或做访问学者的有吴社章、叶力汉、冯正元、李克东、郭琴、黄晓地、刘明琳、赵建华等。此外，还采用以在职博士生培养方式在本校进行提高培养。“立足于电教实践与实验研究”是指积极鼓励教师大量参加我国的电化教育实践活动，开展多方面的电化教育实验与研究工作，总结电化教育规律并将其上升为理论，从而能联系我国电化教育发展的要求与学生实际，开设出新的课程，编写出新的教材。如《电化教育导论》《多媒体组合教学设计》《幻灯投影教学》《电视教材编导与制作》等都是教师在参加了大量电化教育实践与研究工作后，编写出的著作教材。作为一个新学科专业，教师的职称评定曾经也成了一个难题，1986年李运林和李克东申报教授职称时，由于电化教育是一门综合性很强的

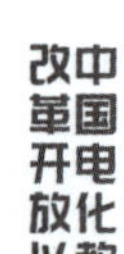

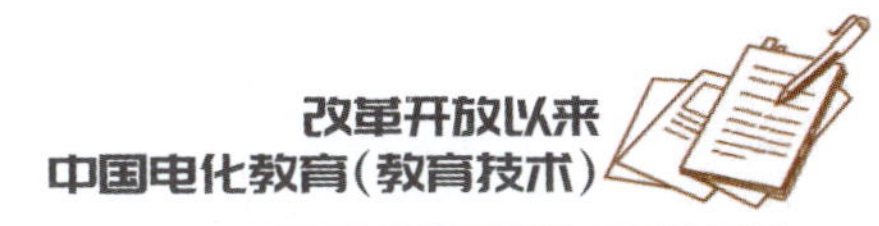

学科，广东省高等教育厅为此专门聘请了国内电化教育界元老南国农教授、廖泰初教授、萧树滋教授、杜维涛教授等与广东地区教育学、电子学、物理学的专家一起，成立了一个特殊的全国性评审组，评出我国首批电化教育（教育技术学）教授。

（四）积极开展国际、国内学术交流活动

一个新建的学科专业必须加强国内外学术交流才有生命力，华南师范大学非常重视这项对专业建设有重大意义的工作。20世纪80年代，华南师范大学就邀请美国传播学创始人宣伟伯、美国著名教学设计专家梅瑞尔、日本教育工学专家坂元昂、德国控制论教育学家弗兰克，以及几任美国AECT主席到本专业访问，其中一些受聘为本专业客座教授。1997年在广州成功举办了首届全球华人计算机教育应用大会（GCCCE），现在GCCCE已成为国际上计算机教育应用的一个重要论坛。2000年，本学科专业与联合国教科文组织共同举办了首届亚太地区“网络时代的学与教”国际学术会议，产生重要影响。2001年，承担教育部高等学校教育技术学专业教学指导委员会组织的第一届教育技术国际论坛，邀请一批国际著名教育技术专家参加，对教育技术学专业建设产生重要影响。2005年创办第一届中日教育技术学研究与发展论坛等。

此外，学科带头人和博士生、硕士生多次应邀参加AECT（美国教育传播与技术协会）、ICCE（国际计算机教育应用大会）、GCCCE、AAOU（亚洲开放大学协会）、ICDE（国际远程教育研讨会）等国际会议和学术访问。学科带头人参加教育部或广东省组团到美、日、加、澳和欧洲等国的教育考察。

在国内学术交流方面，通过协作组完成了特定的课题任务，进行了广泛的学术交流。如参加全国理科院校协作组、东南11省师范院校电化教育系主任协作会议等。或举办各种全国性学术会议，如全国计算机辅助教育（CBE）学术年会、全国师范院校教育信息化经验交流会、全国教育技术论坛等，使本学科专业成为教育技术领域的学术交流中心。

作为新兴学科，亟须加强教育教学研究。1984年起华南师范大学

将原现代教育技术研究室升格为华南师范大学现代教育技术研究所，由李克东任所长。为加强学科研究工作，根据电化教育发展需求定出研究课题，列入广东省和国家研究项目，并开展研究工作。如早期的电视教材编制研究工作，后期由李克东主持在高校开展的“八五”期间的“多媒体组合教学设计实验”、“九五”期间的电化教育“五个一百工程”、“十五”期间的教育技术“151工程”等研究项目均取得很好的研究成果。

新办专业从筹备到开办，华南师范大学都在努力进行基础建设，包括学科教材建设、实验室与实践基地建设、教师队伍建设和开展国际学术交流等。学科教材的出版发行填补了学科专业教材的空白，解决了专业教学的急需，为学科专业建设做出了重大的贡献；学科实验室与实践基地的建设大大提高了学生的学科专业综合技能与实践能力，培养出合乎现实社会需求的学科专业人才；学科专业教师队伍建设对学科专业的发展起到了积极的促进作用，其中余也鲁教授与南国农教授对本学科建设发挥了重大的作用，为学科专业建设做出了重大贡献，造就了本学科的骨干与带头人队伍。国际、国内学术交流活动的开展使新建的学科专业更加具有生命力，对学科建设有重大意义，对教育技术学专业建设产生重要影响。教育教学研究成果显著，电化教育于1985年被列入首批广东省重点建设学科，此后每四年评审一次，电化教育每次都保持成为华南师范大学几个可数的省级重点建设学科之一，2002年获批国家重点学科以来保持至今。

作者单位

李运林，华南师范大学教育信息技术学院。

李克东，华南师范大学教育信息技术学院。

举办全国规模最大的电化教育展览

◎ 杨改学

一、展览的由来

中国电化教育的发展是从1920年开始的，发展到现在已逾百年。它所经历的曲折道路诠释了中国电化教育发展的历史演变过程。而在中国电化教育发展历史进程中的几次颇有影响的电化教育展览，也从不同角度阐释了电化教育从初始萌生到茁壮成长并日益显示其生命力的全过程。

甘肃省电化教育展览受中央电化教育馆委托，由甘肃省教育厅主办，西北师范学院（现西北师范大学）承办，于1983年11月17日至12月6日在甘肃省博物馆举办。展览旨在汇报甘肃省五年来的电化教育工作，宣传电化教育的优越性，使更多的人了解电化教育，支持电化教育，也为了更好更深入地推动全国和甘肃省电化教育及教育改革的深入发展。

1978年以后教育部积极推进电化教育工作，并在大量引进了电化教育器材后，电化教育兴起了热潮，对专业人员的培训和教师的培养已成为了当务之急。但在当时，群众对电化教育不了解，甚至不知道电化教育是用来干什么的。针对这种情况，为了解决存在的各种问题，向群众宣传、交流全国各地电化教育发展情况，总结电化教育经验，对全国和甘肃省电化教育做一次再动员、再宣传、再提高的工作，以便进一步推动全国与甘肃省电化教育工作迅速发展，促进教育改革深入进行，让电化教育在振兴教育事业，培养“四化”建设人才和改变甘肃贫穷落后面貌中发挥更大的作用。时任教育部电化教育局局长、中央电化教育馆馆长的郭登厚同志，对西北师范学院电化教育中心（当时南国农教授任电化教育中心主任）又提出了新的要求：能否在兰州举办一次电化教育展览，让全国各省、市的电化教育工作者，教师代表和领导来参观，受一次启发教育。经研究南国农教授向甘肃省教育厅时任副厅长的汪都同志进行了汇报，很快得到了同意。甘肃省教育厅于1983年8月30日正式向全省发出通知，拟于1983年11月在省会兰州举办甘肃省电化教育展览，由甘肃省教育厅主办，西北师范学院承办。

二、展览的规模

本次电化教育展览从1983年11月17日开始，1983年12月6日结束，历时20天，展出时间长，参加展览的单位多，展出的电化教育设备新颖、实用，展出规模在当时来说是宏大的。展览对全国和西北地区的电化教育事业起到了积极的促进作用。

举办这样大型综合性电化教育展览在国内是第一次。参加展出的地区单位和学校共有50多个，展览单位包括甘肃省各地市、各厅局和大专院校以及部分中等师范学校、11所中小学和9个厂矿企业。提供展览所用电化教育资料的单位包括中央电化教育馆和北京、河南、四川、黑龙江、吉林、辽宁、山东、江西、湖南省等电化教育馆，《电化教育》编辑部，《电化教育研究》编辑部，《外语电化教学》编辑部，上海市高等教育电化教育馆，机械工业部部属院校电化教育协会，西安市雁塔区教育局，武汉市教师进修学院电化教育研究室，江苏高校电化教育研究会等44家单位。

这次展览以较为丰富的内容，展示了党的十一届三中全会以来全国及甘肃省电化教育迅速发展的喜人景象。为了使参观者对展览内容有更清楚的认识，本次展览共分为五个部分，分别为综合部分、普通教育部分、高等教育部分、社会教育部分和近期发展规划。

综合部分主要内容有教育史上的四次革命、电化教育的产生和发展、我国电化教育的历史和现状、甘肃省电化教育发展概况以及各种电化教育设备的展示；普通教育部分包括各地、市、县中、小学校及

图1　电化教育展览在甘肃省博物馆开幕

大型厂矿学校开展电化教育工作概况和部分教学片现场演示；高等教育部分包括甘肃省高等院校和中等专业学校教育教学应用，电化教育在课外、校外活动中的应用，电化教育在科学研究中的应用等；社会教育部分主要是甘肃省广播电视大学、广播电台、电视台在开展社会教育方面的情况及其取得的成绩和甘肃省电化教育馆工作概况与成果。

展览占地面积为2000平方米，展品达千余件。展览除了版面文字、图表、照片等形式外，还运用了各种形声教材和实物，对观众进行现场播放、演示，使展览收到了很好的宣传效果。

1983年11月17日上午9时，甘肃省委、省人大常委会、省政府和兰州部队负责同志李子奇（时任甘肃省委书记）、陈光毅（时任甘肃省省长）、王占昌（时任甘肃省人大常务委员会副主任）、王秉祥（时任甘肃省顾问委员会副主任）、刘海声（时任甘肃省人大常务委员会副主任）、兰天民（时任甘肃省军区政委）、朱宣人（时任甘肃省副省长）等出席开幕式（见图1），副省长朱宣人致开幕词后，省委书记李子奇、省长陈光毅、省人大常务委员会副主任刘海声为展览开幕剪彩（见图2）。时任教育部电化教育局、中央电化教育馆馆长的郭厚登同志，办公室主任常茂华同志，《电化教育》杂志编辑部记者李鹏同志，甘肃省教育

图2　时任甘肃省委书记李子奇（左1）、省长陈光毅（右2）等为展览剪彩

厅厅长邓品珊，宁夏回族自治区教育厅顾问李华舫等同志参加了开幕式并参观展览（见图3、图4、图5）。参加开幕式的还有来自全国各地包括香港的一些电化教育专家、学者、教授以及应邀前来参观展览的代表1000余人。

展出期间，参观展览的有各级领导干部、教师、电化教育工作者、学生和关心教育事业的学者，除了甘肃各地县的代表，还有来自全国20多个省、市、自治区包括香港的来宾、专家。每日平均参观人数2000余人，总计接待来宾和参观者共40000余人。

图3　教育部电化教育馆馆长郭厚登（左3）、办公室主任常茂华（左1）、《电化教育》杂志社李鹏（左2）、萧树滋先生（右2）参观展览

图4　南国农先生（左1）、萧树滋先生（左2）陪同甘肃省教育厅厅长邓品珊（右1）参观电化教育展览

图5　展览设计者杨改学给时任甘肃省委书记李子奇（右2）、省长陈光毅（右1）讲解展览内容

展览结束后全体工作人员进行了合影留念（见图6）。

图6　甘肃省电化教育展览人员合影

此次展览在展出期间，举行了西北地区电化教育协会、甘肃省电化教育研究会和甘肃省电化教育工作会议。展览期间，还举办了学术报告会，邀请香港中文大学余也鲁教授做了“电化教育、现代化与评值——评价研究的重要性与评值方法”和“信息、教育传播、现代化——教育传播的发展现状与明天”等两场学术报告。南国农先生、萧树滋先生，华南师范大学李运林教授、李克东教授也都分别做了学术报告。由于听报告的人数较多，报告采用发入场券的形式进行。

此次展览规模宏大，展览的内容丰富，设计独特，展览为电化教育事业的发展起了极大的推动作用。1983年国庆喜逢邓小平同志为北京景山学校题词：“教育要面向现代化，面向世界，面向未来。”“三个面向”的提出，为此次展览增加了动力和方向。在这样的背景下，西北师范学院电化教育中心的全体教职工在南国农先生的带领下，由杨改学担任展览总设计任务。筹备组在资料收集时，采用实地调查和信函访问，资料收集范围几乎遍及了全国各地，并进行了大量的工作。最终于1983年11月17日正式展出。

三、展览产生的影响

此次电化教育展览，各级领导都非常重视并给予大力的支持。亲自来抓，亲自过问。为展览题词的领导包括教育部电化教育局局长、中央电化教育馆馆长郭登厚，甘肃省委书记李子奇，甘肃省省长陈光毅等。时任甘肃省省长陈光毅的题词为“大力发展电化教育，促进两个文明建设”，时任甘肃省副省长侯宗宾的题词为“发展电化教育，提高教学质量”（见图7），时任甘肃省人大常委会副主任王世杰的题词为“电化教育是普及教育的最好方式”，时任甘肃省委顾问杨植霖的题词为“推广电化教育是发展教育的捷径”（见图8），西北师范大学原校长李秉德教授题词：“电化教育是扩大教育规模，提高教育质量，多出人才，快出人才的好办法。我们大家应该重视它，关心它，并尽力为它或者利用它做些实际工作。”时任《甘肃日报》社总编辑流萤的题词为“大批建设人才将来自电化教育”，西北师范学院原校长白光弼、

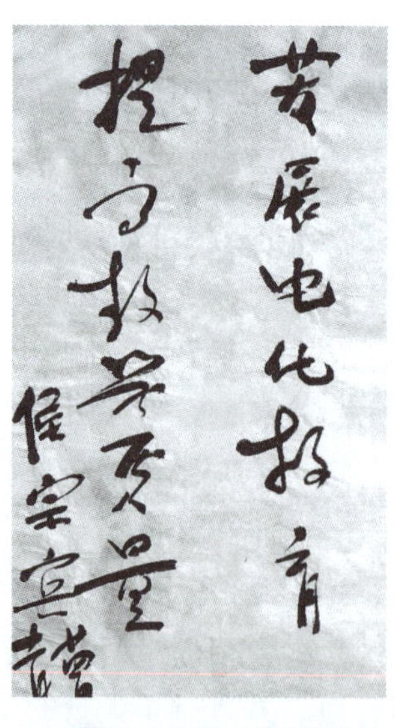

图7　时任甘肃省副省长侯宗宾的题词

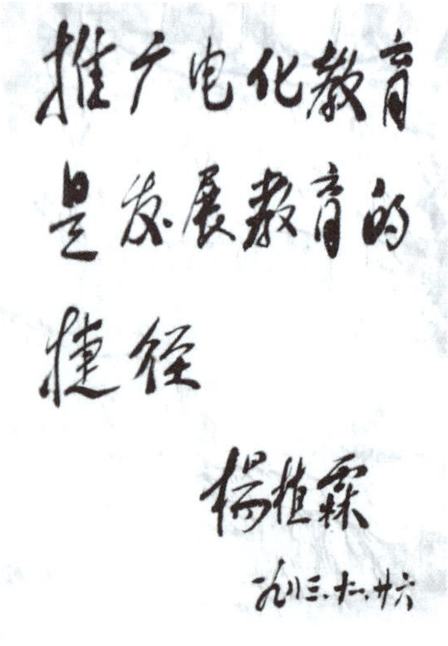

图8　时任甘肃省委顾问杨植霖的题词

副校长王福成、杨敏政、党委书记闫思圣等人的题词为“努力办好电化教育，加速培养建设人才”，萧树滋的题词为“展览已为，电教发光”，解志德题词为“大力发展电化教育，为实现四化建设服务”。

“甘肃省电化教育展览”对我国电化教育的发展起到了很大的推动作用，是我国电化教育深入发展的一个历史缩影，也是一次对甘肃省电化教育发展历程的全面检阅。它使人们看到了教育现代化急骤发展的步伐，教育现代化凯歌在陇原的回旋，也看到了改革开放后教育发展的新形势。展览内容和规划的前景体现了甘肃教育事业的好形势、好兆头。中央电化教育馆和甘肃省领导对展览的题词体现了领导和同志们对发展电化教育的决心和信心。展览对我国电化教育的发展产生了积极的促进作用，丰富和发展了电化教育的理论，增强了电化教育的实践意义，同时，对中国电化教育的宣传和普及起到了积极的推动作用，扩大了电化教育的影响力，也对电化教育工作者提供了一次学习的机会。

作者单位

杨改学，西北师范大学教育技术学院。

全国电化教育课教材编审组的成立与贡献

◎ 李运林

一、教育发展，需要开设电化教育课

1978年，我国实行改革开放，积极引进国外先进的教育理论与技术，电化教育重新起步获得飞速发展，现代教育媒体（幻灯投影、广播、电视、计算机技术）在各级学校获得广泛应用。因此，广大教师需要学习电化教育的知识，了解电化教育的功能作用，熟练运用电化教育手段，发展我国的教育事业。

1979年，师范院校公共课“教育学”教材重新修改时，增加了“电化教育”一章。

1979年6月，教育部电化教育局委托甘肃师范大学举办了一期全国性的电化教育讨论班。应广大教师要求，1982年在兰州又举办了全国高等师范院校电化教育课教师进修班。

1981年9月，中央电化教育馆在杭州召开了“电化教育课程教材讨论会”。相关师范院校，省、市电化教育馆的19名同志出席会议。会上交流了开设电化教育课程和编写电化教育课教材的经验，并草拟了高等师范院校和中等师范院校电化教育课程的教学大纲。

1983年7月，教育部电化教育局在长春召开全国高等师范院校电化教育课研讨会。参加会议的有28所高等师范院校担任电化教育课程的教师和电化教育中心负责同志，共51人。大家交流了开设电化教育课程的情况，并再次对课程教学大纲进行了讨论。

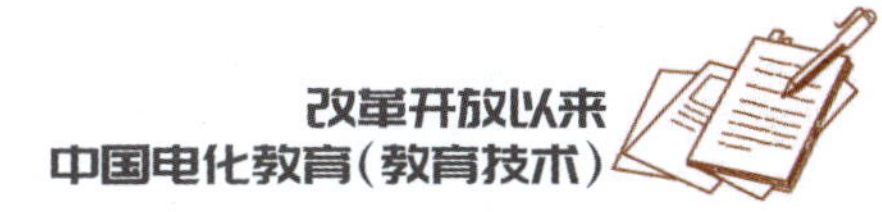

以上事例证明，电化教育事业发展，师范院校普遍准备或已经开设电化教育课。

二、成立编审组，组织编著电化教育课程教材

开设电化教育课程需要有教材，但全国却没有关于这门课程的教科书。这个时候，教育部电化教育局、中央电化教育馆，在1984年3月成立了“全国电化教育课教材编审组”，编审组任务是负责组织编制与审定各类电化教育课程的文字教材和音像教材。编审组成员有：南国农（组长）、李运林（副组长）、萧树滋、孙天正、高汝淼、徐仁声、舒泽湖、庄秀娟、梁育腾、丁学儒等。

1984年3月27日—4月5日，由中央电化教育馆主持的“全国电化教育课教材编审组”首次会议在华南师范大学召开。会议宣布编审组成立，讨论了编审组的工作任务，并以编审组的角度总结了历年来全国各地讨论电化教育课程大纲的情况，要求拟定一个编审组确定的教学大纲。

1984年5月17—23日，在安徽省太平县召开了电化教育理论与实验研讨会，再次研讨了高等师范院校“电化教育学”、中等师范院校“电化教育基础”的教学大纲，并确定了这两部教材的编写人员分工。研讨会上还考虑了书稿完成后，送哪个出版社出版发行等问题。在之前曾联系过几个出版社，因是新教材都不愿意接收。因此，决定由舒泽湖联系他的同学，高等教育出版社社长祖振铨，最后成功落实由高等教育出版社出版。

1984年12月，全国电化教育课教材编审组在武昌召开了审稿会，除教材编写人员与编审组成员外，高等教育出版社责任编辑徐迎同志出席了会议，会议对作者交来的书稿，进行认真审查并提出详尽的修改意见。他们白天讨论审稿，晚上编写人员进行修改，会议持续了半个月时间，基本完成各章节的审定与修改任务。

由于这两本公共课教材要在1985年秋季供学校使用，任务紧迫。南国农、李运林、舒泽湖、徐迎4人会后都继续南下广州，在华南师范大学继续进行书稿的加工工作。南国农、李运林负责统稿，舒泽湖绘制了全部插图，徐迎进行文字加工，紧张工作至1985年1月16日才

胜利完成交稿，随后的工作是出版社的三审三校，排版印刷。1985年7月，由全国电化教育课教材编审组编审的《电化教育学》《电化教育基础》面世了，当秋季开学时，全国各高等师范院校与中等师范学校终于有教材上电化教育课了。

这两本书还由华南师范大学编制了用幻灯、投影、电视等手段呈现教学内容的配套电化教育教材，也赶在1985年7月完成编制工作，交由全国电化教育课教材编审组与全国高等师范院校电化教育协作组审定（见图）。审定后交由中央音像教材出版社出版发行。

编审组成立之后第一任务是编著出版一本公共课电化教育教材。但能供广大电化教育工作者和教师阅读的参考书也太少了。考虑要出版一套丛书，因此在编审组的基础上加入7人，成立了电化教育丛书编委会，具体是主编：南国农、李运林、李奈；委员：丁学儒、孙天正、孙明经、庄秀娟、李运林、李克东、李奈、周君达、南国农、徐仁声、高汝淼、梁育腾、萧树滋、梅家驹、舒泽湖、谢景隆、廖泰初。

三、编著出版电化教育专业教材与丛书

我国从1983年开始在全国建立电化教育专业，这一专业的教材仍是空白的。因此，1986年在高等教育出版社有关领导的主持下，编审组和丛书编委会在广州华南师范大学联合召开了1986—1990年电化教

图　编审组与师范院校协作组在华南师范大学评审电化教育课的配套电化教育教材

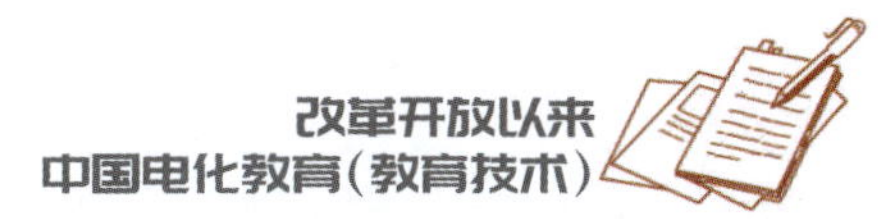

育专业课程教材和电化教育丛书选题规划会议。会议对选题规划从指导思想到遴选编写人员和出版问题进行了认真讨论，制订了电化教育专业15门课程和电化教育丛书的编写与出版规划（见表1、表2）。

表1　1986—1990年电化教育专业教材编写规划

序号	选题	字数(万)	编著者
1	电化教育导论	22	李运林、李克东
2	幻灯投影与教学	25	秦兆年、刘瑞然
3	广播录音与教学	15	上海外国语学院
4	电影与教学	15	周君达、高汝森
5	教育电视系统	25	杨圭南
6	电视教材编导与制作	30	李运林
7	教育传播学	25	南国农
8	教育传播科学研究方法	25	李克东
9	电化教育管理	20	孙天正
10	计算机教育应用	15	万嘉若、王吉庆
11	电教课程教材教法	20	萧树滋、徐仁声
12	摄影基础	15	刘涤民
13	电教物理	70	舒泽湖等
14	电教美术	10	杨改学、抗文生
15	电教音乐	10	待定

表2　1986—1990年电化教育丛书编写规划

序号	选题	字数(万)	编著者
1	传媒·教育·现代化	14	宣伟伯、余也鲁
2	电化教育原理	12	南国农
3	传播理论	12	李运林
4	电化教育实验	10	梁育腾、詹道佳

续表

序号	选题	字数(万)	编著者
5	中国电化教育发展简史	8	孙明经
6	美国的电化教育	10	冯友竹
7	日本的电化教育	8	孙天正
8	卫星教育电视	9	顾龙翔
9	激光视盘	8	黄宝文
10	电视教材文字稿本的编写	8	周君达
11	教育电影电视动画	8	关大我
12	电教制图	8	舒泽湖
13	远距离教育	12	李克东
14	小学语文电化教学	8	梁育腾
15	小学数学电化教学	8	贺大国、宋光华
16	小学自然电化教学	8	詹道佳、钱建昌
17	中学语文电化教学	8	邸沧桑、吴广勋
18	中学数学电化教学	8	丁学儒、耿树田
19	微型教学	8	任伯江
20	电教用房设计	8	张宗尧
21	教学设计与评价	8	乌美娜、徐仁声
22	计算机课件设计	10	傅德荣
23	电教中的心理学问题	8	庄秀娟

通过五年实践，规划有些调整。结果完成电化教育专业教材10本：《电化教育导论》《幻灯投影教学》《教育电视系统》《电视教材编导与制作》《教育传播学》《教育传播科学研究方法》《电化教育管理概论》《计算机教学应用》《摄影基础》《电教美术》等。

编写出版的丛书有10本：《传媒·教育·现代化》《传播理论》《电化教育实验》《中国电化教育简史》《激光视盘》《电视教材文字稿

本的编写》《小学语文电化教学法》《小学教学电化教学法》《小学自然电化教学法》《电教用房设计》等。

从此，从无到有，完成第一批电化教育专业教材与电化教育丛书的编著出版。

四、全国电化教育课教材编审组的灵魂与影响

（一）编审组的灵魂

南国农是编审组的组长，所以南先生的教育思想和做人品质自然成为编审组的灵魂，主要表现在以下三个方面。

1.以现代教育媒体为中心

电化教育原本是广播教育与电影教育的合称，电化教育本质是现代信息技术（广播技术、电影技术）在教育中运用的理论与实践。因此编写电化教育课教材应以现代教育媒体在教育中应用为中心。下面是编审组编写的《电化教育学》一书的目录：第一章绪论，第二章电化教育的基本理论，第三章幻灯投影教学，第四章广播、录音教学，第五章电影教学，第六章电视教学，第七章计算机教学，第八章语言实验室教学，第九章电化教育管理。

从上可见九章中有六章是讲现代教育媒体教育应用，另外三章是介绍电化教育的基本概念、理论基础、基本理论与管理。

在电化教育专业教材中已出版的十本书中，除了《电化教育导论》《教育传播学和研究方法》外，全是介绍现代教育媒体的编制与教学。

研究现代教育媒体在教育中应用的理论与实践是全国电化教育课编审组的灵魂。

2.全国电化教育是一家

“全国电教是一家”是南国农先生提出的口号，我们编审组及其成员也都是按照这一口号做的，在讨论《电化教育学》编写大纲时，大家都积极发表了不同的意见。萧树滋先生认为目前只能写各种不同媒体的具体应用，还不能写共性的基本理论。我们编审组大多数人认为必须写基本理论才能建成一门学科。但编审组也支持他按本人意见去编写一本《电化教育概论》，并且推荐到北京师范大学出版社出版。

编审组为了团结全国电化教育界更多力量编著更多电化教育书籍满足电化教育发展的需求，在编审组10人基础上添加了7名电化教育元老与专家，成立了电化教育丛书编委会去编著更多的电化教育书籍。另外编审组在很多场合与丛书委员会和全国高等师范院校电化教育协作组共同研究与工作。

电化教育更名为教育技术学，并采用美国AECT 1994定义之后，南国农先生认为不符合国情，但仍提出以和为贵，提出多元发展的整合方案，团结不同意见的电化教育人来发展共同的电化教育事业。

3.与时俱进，不断发展

编审组成立于1984年，1990年因成立高等师范院校电化教育专业教材委员会，编审组职能已自动终止。但编审组主编的教材，仍随现代信息技术的发展，在不断修订再版。

《电化教育学》于1998年随着信息技术的发展做了大幅度修订，从原来9章扩充到13章。21世纪初随着我国教育信息化事业蓬勃发展，该书于2003年又增加了大量关于教育信息化的理论与技术，同时书名也改为《信息化教育概论》。紧跟上时代的发展，从电化教育发展到信息化教育。

几本教育技术学专业用的主干教材《教育传播学》《教育技术学研究方法》《电视教材编导与制作》，也都作了二次甚至三次修订再版，一直沿用至今。

（二）编审组的影响

1.编审的教材获得广泛、长期使用

《电化教育学》一书除了作为师范院校学生的必修教材外，广大电化教育工作者都将其作为必读资料，每年发行数万册，我国台湾也将该书改用繁体字在台湾出版发行，称该书为大陆名著，在台湾教育界有很大影响。

编审组正式工作时间从1984—1990年，仅是短短的6年，但组织编著的公共课与专业主干课教材，却反复修订沿用至今，虽专业名称经过变更，但其教材仍成为经典的教材，可见编审组认真地工作、长远的眼光，工作成果影响之大，为我国培养电化教育人才做出了

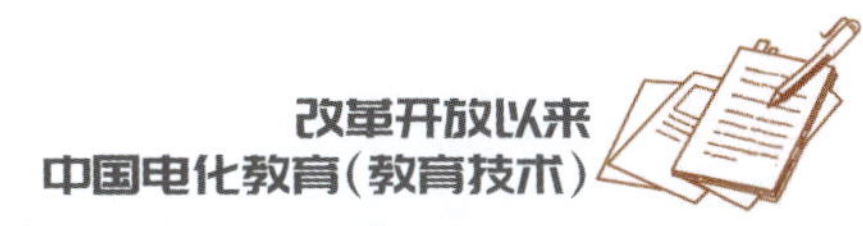

贡献。

2.继承与发展，开拓了我国现代信息技术在教育中应用与研究新领域

当广播、电视等信息技术出现时，西方国家从信息接收的角度研究了视听教育新领域，我国的教育前辈们则是从承载教育信息的新媒体，提出广播教育、电影教育，统称为电化教育。

电化教育是研究现代教育媒体在教育中应用的新领域，这就是区别于视听教育的中国特色。编审组的系列教材建立了以现代教育媒体研究与应用为核心的中国特色电化教育理论体系。

3.电化教育发展为信息化教育，促进我国教育信息化、现代化建设与发展

编审组在《电化教育学》和修订本《信息化教育概论》中，明确提出了电化教育、视听教育、教育技术、现代教育技术、信息化教育的定义。随着现代信息技术的发展，电化教育发展为今天的信息化教育，不是发展为教育技术。电化教育包含有电化教育事业、学科与产业三大部分。1990年，电化教育专业名称改为教育技术学专业，但电化教育事业与学科，仍随着信息技术的发展成为教育信息化事业与信息化教育学科。教育技术学专业也应培养教育信息化人才，编审组的以现代信息技术在教育中应用的理论体系，在指导我国教育信息化、现代化建设中发挥了重大作用。

作者单位

李运林，华南师范大学教育信息技术学院。

AECT火种首次引入中国大陆

——辛显铭先生口述史

◎ 苑丽萍　张一春　王春莲

“美国教育传播与技术协会”（Association for Educational Communications and Technology，简称“AECT”）在20世纪20年代初成立，1971年正式改为现在名称，已有近百年的历史，入会人员近万人，会员包括各个方面、各个层面的教师和专业工作者，协会组织庞大，机构健全，下有48个分会、13个专业委员会，9个部，拥有几十个会员国，在美国教育技术学术上最具有权威性和代表性，是美国最大的学术组织，同时在国际上也有很大的影响。江苏省高等学校电化教育研究会的会刊《江苏电教》在1981年第3期上刊发过《美国教育交流与技术联合会简介》和《美国教育交流与技术联合会1981年年会》，将AECT的有关情况在国内进行介绍。在随后中外教育技术交流互动中，AECT的许多新思想、新成果、新理论，比如教学设计的理念、教育技术AECT 1994定义等被引入我国，对我国教育技术的发展产生重要的影响。而中国大陆与AECT的接触是在20世纪80年代中期，是如何建立联系的？联络人是谁？是谁将AECT的火种带到中国？本文通过对当事人之一的南京大学辛显铭教授的访谈，并辅之以文献，以期解答上述问题。

一、中国大陆派代表组首次参加美国AECT年会

中国大陆派代表组首次参加AECT年会与乔安·顿博士到南京大

学中文系开展合作有重要的关系。

（一）乔安·顿博士与南京大学中文系的合作

乔安·顿（Joanne·Dunn）博士是美国匹茨堡阿列根尼学院媒体中心副教授、传播学博士和教学设计（Instructional Design）专家，在设计和编制各类教材方面具有丰富的经验和较高的学术水平。1983年夏天她到南京大学中文系工作，帮助编写外国人用的中文课本。她在中国期间（1983年5月14日—8月12日），就教育传播学和教学设计两门新的边缘学科在南京大学、北京大学、华东师范大学和上海外国语学院等高校共进行了20多次讲演与学术交流。她还应上海外语电化教学馆邀请，到上海外国语学院（1983年6月3—4日）主讲了"人类社会信息交流与传播"和"视听媒体的理论和实践"，对我国电化教育理论的研究和学术气氛的活跃起到良好的促进和推动作用。

她认为由于中国教授外文的方法（使用语言与语法的方法）并不适用于不太了解语法与语言学的外国人学习，所以与之合作的南京大学中文系的教师们考虑探索多种办法，包括通过视觉、游戏、磁带听力练习，借助计算机教学以改进外国学生的语言课程。南京大学的邱质朴教授，是第一个应邀在美国从事语言学工作的人，他当时同乔安·顿一起工作。在美国他看过有关语言教学的研究和许多不同的教授方法，他认为许多采用媒体的课程和革新技术所具有的优点，对外国人学习中文将更有效，使用一些各种各样的技术（如小组交流、角色扮演、利用视觉材料、利用朗读和记忆方法等）可以教授更多的学生，他建议在教学中采纳"联结"技术。

乔安·顿博士与南京大学中文系合作，取得了一系列成果。在南京大学讲学和协助设计有关教材的近3个月里，与邱质朴教授合作完成了两篇论文（《美国的视听教学》《设计视听软件的基本原则》），与南京大学中文系对外汉语研究室合作完成了200多张投影片、多种录音带和四本汉语教材的总体结构设计，其中一本供超短期汉语班使用的教材《汉语24小时》当时已投入试用。

（二）辛显铭先生与乔安·顿博士

乔安·顿博士在南京大学期间，参观访问了南京大学的电化教学研究室，并与南京大学电化教学研究室的主任辛显铭多次交流，并就对外交流方面，专门对与辛显铭先生的交流做了录音。辛显铭向其表达了自己的观点，他说：“我们正在努力建设具有中国特色的电化教学，这无疑是要向你们学习的”“我们努力学习，掌握专业技能，边干边学，取得了一些经验”。乔安·顿博士通过与有关中外专家的交谈，似乎觉得中外相互交流的大门已经开始敞开，辛显铭先生与北京大学、上海外语电化教学馆的同行所言极为相似，乔安·顿博士说：“我们希望我们之间（AECT与中国）可以建立某种合作与交流，通过共同努力我们可以就教育方面双方所感兴趣的问题进行研究。”

当时，南京大学电化教学研究室已经在校内开设电化教育相关课程，在全校组织开展各种电化教育活动，为校内外开设讲座、报告会，举办培训班，还为该校图书馆系开设了现代教育技术课，很受学生欢迎，与中文系合作开设电影电视选修课，狠抓电化教育手段的应用。南京大学自制了教学电视片、电影片、幻灯片、投影片等多种电化教育教材，还出台了专门的文件（南办发〔85〕134号）对1985年以前（即1980—1985年）的电化教育教材进行评选，以鼓励教师和电化教育人员编制更多高质量的电化教育教材，促进电化教育教材的建设，推动电化教学更深入地开展。

（三）乔安·顿博士在AECT 1984年年会上的汇报

乔安·顿博士参观南京大学电化教学研究室后十分赞佩，拍了一些南京大学电化教育概况的幻灯片，回美国时带去了南京大学的三部录像片和录音对话，并在AECT 1984年年会上播放，产生了巨大的影响。1984年年会于1984年1月22日在美国达拉斯召开，有近万人参加，乔安·顿博士在国际组会议上宣读了《奇妙的肥皂膜：中华人民共和国的教学设计》的报告，同时播放了南京大学电化教学研究室制作的《前进中的南大》《奇妙的肥皂膜》《晶体的形成》三部录像片和录音对话，长达75分钟，引起了各国专家的极大兴趣，得到了各国专家的赞扬。乔安·顿博士还在很多场合放映了上述录像片，使更多的人了解中国的电化教育。南京大学的三部录像片在AECT 1984年年会上崭露头角，获得各国专家、教授们的关注、好评和赞赏，在国际交

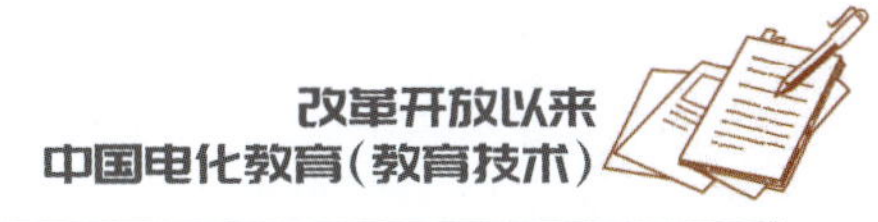

流中起到很好的促进作用，是南京大学电化教育“面向现代化、面向未来、面向世界”的良好开端。

乔安·顿博士的论文《奇妙的肥皂膜——教育技术在中华人民共和国》在AECT会刊上发表，此论文热情地介绍了中国电化教育的成就和发展方向，并提出了“合作建议”：“希望AECT可以着手设立一个‘支援中国委员会’，在美中进行教学技术应用方面的研究，在改善教学为宗旨的有关国家中起联络作用”，并就委员会的目的谈了自己的看法。她提出：“通过这个委员会，可以募集基金，以便提供咨询和工作小组。许多大学都有兴趣参加这个委员会。”

在乔安·顿博士的努力下，其建议经AECT主席同意，由乔安·顿博士和国际组的主席考克斯（B·Cox）教授发起组织“支援中国委员会”，乔安·顿博士任该委员会主任，她积极筹备并募集资金，通过资料、信息、咨询、奖学金以及派遣专家讲学等方式援助中国发展电化教育。

由于大陆没有与AECT建立联系，也就没有派人参加1984年年会。而台湾于1980年以“中国视听教育学会”的名义申请加入了该会，并每年派代表团出席年会。在1984年年会上，台湾方面听到乔安·顿博士的报告和访问录音，观看了三部录像片，深感震动，在《视听资料》第132期上，他们呼吁台湾当局“早做准备”“编列专门预算”，加强组织，巩固在AECT的地位，以“产生强大宣传功效”。

（四）教育部首次派代表组参加AECT 1985年年会

回国后的乔安·顿博士仍经常与南京大学合作过的教师通信，继续合作完成“对外汉语”教材。在双方相互交流过程中，乔安·顿博士代表美国AECT邀请南京大学参加1985年年会，特别是在南京大学邱质朴的联络下，AECT于1984年年底向南京大学发出参加1985年年会的邀请函。后南京大学报请教育部，教育部决定派出三人代表组参加，成员有南京大学电化教育中心主任辛显铭（任组长）、南京大学中文系邱质朴教授和中央电化教育馆周君达。

AECT 1985年年会于1985年1月在美国洛杉矶召开，三人代表组在美国期间所做的工作，所表现的学术水平，展现的中国风采和教师风范，受到赞赏，并受到高规格的热情接待（见图）。

图　辛显铭、周君达、邱质朴参加美国AECT 1985年年会

在年会期间，与周君达交往多年的AECT资深会员冯友竹主任给予中国代表组大力襄助，他全程陪同，使中国代表组能及时知晓会议情况和各方反映，广泛开展学术交流，既扩大了我国的声誉，也促进了与各国专家的友好交往。在冯友竹主任的热情帮助下，三人有选择地参观访问了美国7个电化教育机构，并参加了一些年会活动，多方面地了解了美国教育技术现代化的发展概貌。

冯友竹是北京人，1952年毕业于台湾师范大学艺术系，在台湾师范大学学习阶段曾受教于张大千、溥心畲、黄君璧等国画大师，陈慧坤、廖继春等油画大师。1957年获美国印第安纳大学（Indiana University）硕士学位，后获得博士学位，曾任美国加利福尼亚州政府视听主任和美国加州理工学院教育技术中心主任。20世纪80年代，他来南京大学、苏州大学等高校交流了美国电化教育发展的情况。20世纪90年代初期，《电化教育研究》（自1993年第1期到1994年第1期）连载了（共5期）他撰写的《美国的电化教育》一文，共计25页多，4万余字，将美国电化教育的发展状况进行了介绍，包括常用的教育媒体（种类、编写方式、评鉴、制作、发行）、美国信息传播技术的发展、美国学校里的教育资源中心、美国高校的教育传播与技术的课程、美国电化教育学术团体与学术研究活动、电子计算机在美国教育中的应用（应用模式、应用情况和评鉴、应用趋势）、美国中小学教育媒体应用的情况（一般的教学趋势、如何应用教学媒体用于教学）等。他在美国旅居50年中，画耕不辍，执着求索，不断实践和创新，他的绘画作品在风格、技巧及材料运用方面有一种独创与成熟之美。他曾多次举办个人画展，并获加利福尼亚水彩画年展银奖、海沃画展优等奖及旧金山都市建设文化展奖等重要奖项。

辛显铭先生回国后，将在美国的所见所闻向教育部和南京大学校领导做了汇报，并撰文《访问美国电教的见闻和观感——略论我国电教的改革与发展》，连载在《电化教育研究》1985年第4期和1986年第1期。

二、中国大陆参加AECT年会的影响与意义

中国大陆三人代表组参加美国AECT 1985年年会，大大促进和扩展了我国电化教育的对外交流，影响之广、效应之多出乎意料。辛显铭先生在回忆苏粤高校电化教育合作22周年的纪念专文上曾谈及产生的重要影响，并用事例进行佐证。中国大陆派代表组参加美国AECT年会，迈出了改革开放后中美电化教育交流的第一步，建立了中国大陆与AECT之间的联系，对中国电化教育的改革和发展有借鉴意义和历史意义，在国际上为中国的电化教育争取了好的声誉，打开了中外电化教育（教育技术）交流的大门，为更多的人提供了对外交流和学习的机会。

（一）美国电化教育的发展对中国电化教育改革与发展的借鉴意义

辛显铭先生参观访问的经验和体验，对中国电化教育的发展具有借鉴和启发意义。他对比美国和我国当时电化教育发展的状况，得到不少借鉴和启发。他认为美国电化教育发展中的一些特点和可借鉴之处在于美国AECT起到指导和推动电化教育的作用，科学技术的进步和人才培养的需求推动电化教育的发展，学校和社会的电化教育相互配合，运用多媒体进行电化教育要讲求实效并择优发展，电化教育必

须为教学服务，电化教育教材要集中制作和专业生产，学术研究和人才培养占有重要位置，电化教育发展应注重管理并讲求实效。对当时中国发展电化教育，他认为要加强领导、统一规划、重视人才培养、加强队伍建设、增加电化教育投资、充分运用设备、大力抓好电化教育教材建设、积极开展电化教育实验和研究、充分发挥学术团体的作用等。

（二）实现了大陆代表组与台湾代表组的首次交流

在AECT 1985年年会上，大陆与台湾学者互相交流，建立了学术上的友好关系。

（三）促进了美国AECT的组织机构建设

促使AECT建立了“支援中国委员会”，乔安·顿博士任委员会的主任，架起了中美合作沟通的桥梁。通过该委员会，募集资金，通过多种方式对中国电化教育的发展进行援助。

（四）打开了中外电化教育交流的大门

中国大陆代表组第一次参加AECT年会，为中国以后参加AECT年会打下了教育技术行业的外交基础，建立了中国大陆与AECT之间的联系，打开了中国教育技术与美国教育技术交流的大门，也打开了中国与AECT成员国交流的大门。在AECT 1985年年会期间，三人代表组根据教育部的指示，向AECT发出邀请，当年就有两位主要负责人来中国访问交流。

此后多年，有多国的电化教育（教育技术）方面的专家来我国讲学、开办讲座等。我国也派代表参加后面的AECT年会，例如在1986年1月，中国教育技术代表团赴美参加了AECT 1986年年会。AECT十分重视中国教育技术代表团，AECT会刊头版头条介绍我国代表团活动情况，代表团团长是国家教育委员会电化教育局副局长李奈，他在年会上做了《发展中的中国电化教育》的报告，报告会由乔安·顿博士主持。在1986年年会上，代表们结识了许多美国教育技术界的朋友，与国际部主任周起敏博士进行学术交流，探讨合作前景。

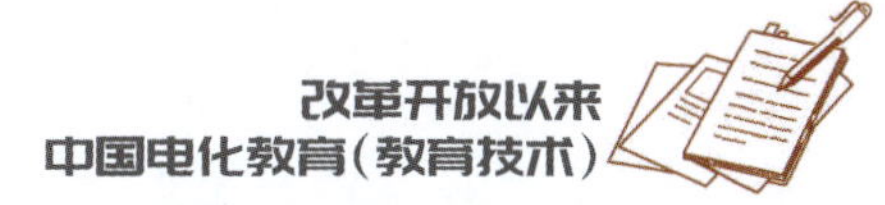

三、结束语

中国大陆首次派出由南京大学辛显铭先生（组长）、中央电化教育馆周君达先生和南京大学邱质朴教授组成的三人代表团参加美国AECT年会是在1985年，我国台湾是在1980年首次参加美国AECT年会的。南京大学与乔安·顿博士的合作开启了中国大陆与AECT接触的序曲。在中美联络参加AECT年会的过程中，乔安·顿博士和邱质朴教授起重要的作用。中国大陆代表组访美期间表现出了很好的外交风范，取得政治和学术上的双丰收。冯友竹对中国大陆代表组提供了热情而无私的帮助，在对外交流和展示中国特色方面发挥了重要的作用。中国大陆首次派代表组团参加美国AECT年会，对中国电化教育（教育技术）的发展产生了重要而深远的影响，打开了中国与国外电化教育（教育技术）交流的大门。

作者单位

苑丽萍，山东省曲阜市教育和体育局。

张一春，南京师范大学教育科学学院。

王春莲，济宁学院。

第一本全国公开发行的省级电化教育期刊

——《中小学电教》成长记忆

◎ 张　也　徐春玲　郑方林

四十年怀想，《中小学电教》杂志参与、助推中小学电化教育重新起步发展全过程；四百期承载，《中小学电教》杂志见证、记录电化教育对教学水平提升的大作用！

一、春风化雨，应运而生

1978年9月，吉林省电化教育馆成立，当时叫吉林省电化教育公司，1981年改成吉林省电化教育馆。那个时候，我对电化教育很感兴趣，经常积极参加一些活动。1980年，吉林省电化教育馆馆长孙克敏把我从进修学校调到馆里，让我组建教研室。当时电化教育是一项全新的工作，老师们也都不是太懂，技术怎么和一线教学紧密结合起来，怎样才能快速推广并且能发挥实效？为此我们下了很大的功夫，一方面我们琢磨题目引导加强教研活动；另一方面我觉得应该扩大宣传，普及电化教育知识。

当时馆里有一个自编的《电化教学学习资料》，是不定期、无固定页数、无专职编辑的小册子。我觉得这是个很好的宣传窗口，应该把它充分用起来。我就跟领导申请，把《电化教学学习资料》改为《吉林电教》，在教研室固定下来，配合教研活动出刊赠阅。我之前在报社工作过，所以对办刊很感兴趣，也有信心把这个事做好。领导同意后，我就兴致勃勃地一边搞教研，一边研究栏目设置，探索话题引导，撰稿、摄影、编辑、印刷，都争取亲力亲为，虽然辛苦，但是值得。经过努力，一段时间后，《吉林电教》果然在普及知识、宣传动态、交流经验、推广应用上发挥了大作用，受到欢迎。到了1981年10月，因为宣传推广电化教育取得成效，经过省委宣传部批准，《吉林电教》成为内部发行的季刊。

二、把握时机，扩展空间

刊物后来之所以朝着公开发行方向发展，可以说是得益于两次大的电化教育活动。

20世纪80年代初，我国的电化教育工作进入了一个再发展的阶段。中央电化教育馆在全国范围内组织开展电化教育实验项目，极大地推动了技术和教学的融合。我们也紧跟步伐，1982年在全省开展电化教学跟班实验和电化教育对比实验，搞了“单科突破”项目。为了配合活动，我在《吉林电教》上开辟了实验专栏，记得大约精选了30篇文章，分享知识和项目实施过程中的一些经验做法，指导促进教学实验的开展，老师们觉得非常实用。

1983年10月，教育部召开第一次全国电化教育工作会议，我们开展的“单科突破”实验项目被选在会上做经验介绍，主抓的“小学语文电化教学跟班实验”被选为全国先进典型，取得了令人瞩目的成绩。吉林电化教育人获得极大鼓舞，老师们对电化教育工作的热情十分高涨，纷纷投稿献计献策，许多新想法、新观点不断涌现。稿源丰富起来，编辑量也大了起来，刊物初见规模。当时教研室新来了两批大学毕业生，其中的王天镪、史秀图、咸彦平、昌曙平对办刊感兴趣，我就侧重安排他们多做一些刊物编辑工作，他们的加入为《吉林电教》补充了新鲜血液。

第二次大的活动是1984年。为贯彻全国电化教育工作会议精神，发展吉林省幻灯教学的优势，我们策划举办“‘面向未来’最佳教学幻灯片大奖赛”（简称“大奖赛”），发动广大教师、电化教育工作者为解决教学中的难点和重点攻关。这一活动得到了吉林省领导的关注和支持。时任省委书记刘敬之同志在活动题词中写道：“电化教育是一项有前途的事业，大家共同努力。”时任省人大常委会副主任董速同志、省政协副主席车敏瞧同志、省政府顾问庄彝尊同志也分别为大奖赛题了词。时任教育厅侯树范副厅长专门撰文祝大奖赛成功。

大奖赛历时一年，在全国引起热烈的反响，极大地调动了各界钻研电化教育的热情。大奖赛获得空前成功，共收获全国354个选题、922框作品，科目之全、数量之多是全国开展幻灯教学以来的第一次。初选合格作品在《吉林电教》上刊登。为了满足发展需求，我们还在《吉林电教》基础上增办了不定期小报《中小学电教通讯》。可以说这次大奖赛把《吉林电教》迅速地带到了全国教师的面前，打开了刊物的全国视野。

三、确立定位，明晰方向

在这样的背景下，我感觉到刊物的发展将会迎来新的契机。所以我考虑要把它做大，怎么才能做大？因为内部刊物没有经费，馆里已经有一些声音认为办刊浪费巨大物力、财力、人力，不想办了。所以我考虑做成公开发行，从根本上解决钱的问题。放眼全国，各省已经陆续创办了不少本地的电化教育刊物，但基本都局限在本省范围内。面对这种情况，我的想法是进一步提高刊物的影响力，让刊物“走出”吉林省，真正地将辐射范围覆盖全国。

几经讨论，我的想法得到葛雨青副馆长的支持。但首先要解决的是刊号的申请。当时全国有公开出版刊号的电化教育刊物很少，只有中央电化教育馆的《电化教育》和西北师范学院的《电化教育研究》，其他省份许多电化教育杂志相继申请刊号，但都没有成功，可见难度之大。为了做好先期准备，我多方咨询探讨，得到了孙天正、齐元昌、刘茂森等专家的鼓励，最终决定做出两个重大改变：一是将《吉林电教》更名为《中小学电教》，去除刊名中对“地域”的限制，转而强调“面向的读者对象”；二是重新定位，最终确定为面向全国中小学的普教类电化教育刊物，主要为中小学校教师、教育管理者、电化教育工作者服务。可以说，这两项改变充分考虑到当时电化教育期刊行业的形势，对以后刊物的发展起到了关键性的作用。

当时我几乎每天都要去跑刊号的事情，迟迟都没有成功，各种辛苦只有自己知道，后来我找到教育厅梁植文厅长，把刊物全国公开发行的重要性认认真真、仔仔细细地做了汇报。梁厅长很支持，认为这

块重要的阵地应该好好地建设，当即打电话做了沟通。后来省新闻出版局专门召开集体会议讨论这个刊号，最终得以通过。获得省委宣传部的批准，1985年，我们以“中小学电教”作为刊名，正式向全国公开发行，成为第一本省馆办刊、全国发行的电化教育刊物，填补了基础教育领域电化教育杂志的空缺，并由此开启了新的篇章。

四、开花结果，长足发展

新的启程意味着新的挑战。全国电化教育需要有这样一份刊物，中小学需要有这样一份刊物，现在有了，怎么把它立住，怎么把它做好，需要我们不断地努力努力再努力。为了保证刊物全国公开发行后的质量和发展，我从几方面进行了“改革”：一是成立独立编辑部，专门负责《中小学电教》杂志的出版发行；二是完善责任编辑制度，将责任落实到每个人头，保证每期杂志的质量；三是建立好的作者队伍，保证稿源的质量；四是对杂志进行包装、设计；五是定期开展活动，加大宣传，增加发行；六是开展广告业务……

我们可借鉴的经验尚少，一切都是“摸着石头过河”。有些举措引起了很多人的质疑甚至反对，但我们仍然顶着压力精心做下去。大家凭着一股劲、一种激情，去研究、去琢磨这个事怎么干，一门心思想把它做好。那个时候我几乎是有一半的时间都在外边，跑稿源、跑发行、跑广告……编辑们也不是天天坐在办公室里编稿，我认为《中小学电教》这样的杂志既要“够时尚”，又要“接地气”，向上要紧跟中央，吃透发展精神，走到前边做好导向；向下要融入教学一线，明晰定位，回答教学应用提出的实际问题。要让读者看了觉得有营养，有收获。如果都是“官话”“套话”，不解决实际问题，起不了作用，读者自然就要流失。所以编辑们要学习，要参加活动，要调研，要采访……大家都很忙，忙到对于单位其他科室新来的年轻人而言编辑部甚至是一个神秘所在。

功夫不负有心人，局面逐渐打开。范增先生为《中小学电教》题写刊名；知名电化教育专家、学者在刊物上发表文章；首创的电化教育论文大赛、电化教育教材大赛在全国引起热烈反响；在北京隆重召开联席洽谈会；每期刊物有30家厂商要发广告；与《中国电化教育》

《电化教育研究》合称全国电化教育刊物“三朵金花”；许多省教育厅把《中小学电教》纳入电化教育必订期刊目录；文章被中国人大报刊复印资料索引摘录；发行量达到数万册，读者遍及海内外……《中小学电教》的发展逐渐步入了良性轨道，杂志的知名度和影响力越来越大，成为全国电化教育优秀期刊。

五、心怀感恩，不忘初心

《中小学电教》杂志一路成长起来，助推中小学电化教育发展取得一定成绩，离不开很多领导、专家们的呵护与扶持。

尤为难忘的是南国农先生。1985年，杂志全国公开发行的第一期，南国农先生欣然为我们撰写发刊词：“《中小学电教》面向全国公开发行，必将为我国电化教育的发展和中小学教育改革起到积极的推动作用。”并一直关注着杂志的成长，关心办刊遇到的困难，关心稿件的质量。1990年南先生为杂志题词：“《中小学电教》是广大中小学电化教育工作者和教师的良师益友。”还亲自撰文《中小学电教深入发展需要解决的问题》为我们的读者解惑。2007年杂志出刊200期的时候，先生又题词祝贺，鼓励我们“做教育信息化建设的尖兵”。

南国农先生、李克东先生、李运林先生、丁学儒先生、萧树滋先生、刘茂森先生、孙天正馆长、王珠珠馆长等多位专家先后做了《中小学电教》的编委，在杂志发展进程中给予了我们重要的指导和莫大的帮助。

《中小学电教》伴随着我国电化教育事业重新起步而诞生，深深植根于基础教育这块沃土，由季刊变成双月刊，又发展成月刊。是一个时期我国电化教育发展的真实缩影，伴随几代老师、学生和电化教育工作者的成长一步步发展壮大，同时赢得了欢迎和肯定。

在百期贺词中，河北大学萧树滋先生写道：“《中小学电教》使我们中小学校师生和社会受益匪浅……这是编辑同志们肯动脑、敢创新、能发奋、力图强、甘辛苦，深入实践，扎扎实实地钻研教育理论，运用现代技术，有目的地传递教育信息，赢得广大中小学教师读者、电化教育工作者认同的结果。”

《中国电化教育》齐元昌主编写道：“历经二十多年的艰辛磨砺，二十多年的苦心经营，《中小学电教》在我国电化教育界赫然留下了鲜

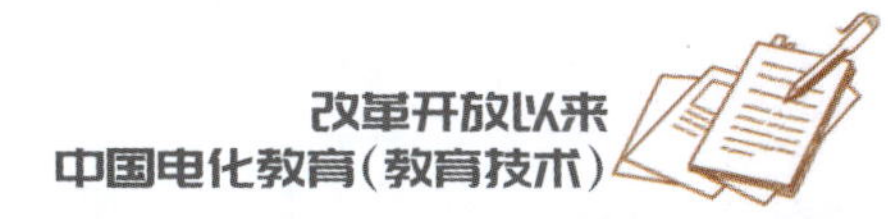

明的印迹。”

东北师范大学刘茂森教授写道：“我所结识的一些年轻电化教育工作者和我的学生们，也都相伴着《中小学电教》卓有成效地提高着、发展着。如果我们对过去二十余年中的百期《中小学电教》进行评说，那么应当首肯的是它在培养和提高电化教育人才中所具有的如山高海阔的无量功德！”

二百期贺词中上海师范大学黎加厚教授写道：“中国电教三刊物，万千读者在心中，引领教育信息化，面向未来更英雄。”

中央电化教育馆王珠珠馆长写道：“《中小学电教》是师生的良师益友，基础教育信息化的助推器。”

东北师范大学王以宁教授写道：“当我面对《中小学电教》的时候，都是过着一种手不释卷的生活。作为中国教育技术界唯一的一本面向中小学的电教刊物，《中小学电教》以其自身的努力向世人交了一份满意的答卷。”

……

岁月如梭，从最初的那本学习资料小册子开始转瞬已经过了四十个年头。四十不惑，如果说《中小学电教》杂志在我国电化教育事业的发展之路上坚守信念，留下了那么一行属于我们的印迹，我心甚慰，因为终不负我曾为电化教育人。成绩属于过去，教育信息化更新迭代进入快速发展阶段，迎接未来，我想仍用南国农先生在《中小学电教》发刊词中对我们提出的希冀，与刊物的后继者们共勉：“使《中小学电教》成为传播电化教育基础知识、技能的园地，成为介绍和交流中小学电化教育先进经验园地，成为推广中小学电化教育研究新成果、新技术、新方法的园地，成为促进中小学教育早日实现现代化的园地！”

（此文系对《中小学电教》创始人张也的访谈，由徐春玲、郑方林整理）

作者单位

张　也，吉林省电化教育馆。

徐春玲，吉林省电化教育馆。

郑方林，《中小学电教》编辑部。

河北大学举办全国首届教育技术学硕士研究生教学研讨会

◎ 冯秀琪　颜士刚　段爱峰

1982年初，萧树滋教授从西北师范学院调入河北大学教育系任教。当时，冯秀琪是河北大学电化教育研究室主任（兼职）。从此以后，他们在教学、科研等工作中建立了亦师亦友的密切关系，冯秀琪也成为协助萧先生的得力助手。

一、申报教育技术学（电化教育）硕士学位点

1984年，国家教育委员会决定在我国试行培养电化教育专业硕士研究生，萧先生便积极组织协调各方力量筹备申请硕士学位点，着手准备申报材料。1985年9月，萧先生与冯秀琪一起依据国务院学位委员会的文件要求，对申报材料进行了修改和完善。申报材料的主要内容包括：申报的专业是电化教育；研究方向是电化教育教材教法；导师成员有萧树滋教授（国内著名电化教育专家）、路冠英副教授（教育系，专长是教学理论）、刘式藩副教授（电子系，专长是电子媒体技术）；开设的课程主要有“电化教育的理论与应用”（任课教师：萧树滋）、“学习理论与教学理论”（任课教师：路冠英）、“现代教学媒体设计与开发”（任课教师：冯秀琪）、“传播学与教育传播”（任课教师：萧树滋）等。

1986年上半年，收到了国务院学位委员会批准河北大学申请的通知。批准的专业名称为教育技术学（试行），研究方向仍为电化教育教

材教法。河北大学与北京师范大学、华南师范大学一起成为全国首批具有教育技术学（电化教育）硕士学位授予权的单位。河北大学之所以能成为全国首批教育技术学硕士学位点，首先，也是最重要的是萧树滋先生早年在美国取得视听教育硕士学位，回国后一直从事电化教育的教学和研究工作，具有很高的知名度和学术影响。其次，是河北大学对这项工作的重视，无论是教育系，还是电子系的领导，都对这项工作给予大力支持。电子系主任刘式藩加入了导师团队，学校领导考虑萧先生年事已高，动员冯秀琪从电子系转到教育系全职协助萧先生做好研究生的教学与培养工作。1987年开始，萧先生在河北大学招收了第一届教育技术学专业硕士研究生，开创了我国教育技术学研究生教育的先河。

二、召开教育技术学硕士学位研究生教学研讨会

教育技术学作为促进教育现代化发展的新兴学科，在教育改革与发展中发挥着越来越大的作用。20世纪80年代初期，已有一些院校适应教育发展的需要，开办了电化教育的本、专科专业，客观上急需培养教育技术学（电化教育）方面的高层次人才。为此，国家教育委员会将教育技术学列入新增申报硕士学位点目录，并批准有条件的学校试行招生，培养硕士研究生。为了保证培养的方向和质量，国家教育委员会于1988年春季，委托萧树滋教授在河北大学主持召开全国首届教育技术学硕士学位研究生教学研讨会。参会人员有西北师范学院的南国农教授，以及来自北京师范大学、华南师范大学和河北大学的导师代表。会上就培养方向、目标、教学方法、课程设置及要求等内容，进行了广泛的交流和研讨。会后，参会人员合影留念（见图）。

会议一致认为教育技术学是一门包含教育学、传播学和媒体技术在内的综合性学科，不同院校应依据本校的优势办出特色。河北大学于善瑞校长在百忙中抽空去看望了与会代表。国家教育委员会研究生司原计划派人出席会议，后因临时有事未能与会。会后萧先生委托冯秀琪就研讨内容写出了会议纪要，交由河北大学打印、盖章后上报给国家教育委员会研究生司。国家教育委员会收到上报材料后，对会议

研讨的内容比较满意，认为可作为各校培养教育技术学专业硕士研究生的参考依据。

左起：萧树滋、路冠英、南国农、尹俊华、徐仁声、李克东、冯秀琪

图　会议合影

作者单位

冯秀琪，河北大学教育学院。

颜士刚，天津师范大学教育学部。

段爱峰，河北大学教育学院。

北京师范大学教育技术学硕士点的建立

◎ 袁克定　吕巾娇

1986年6月12日，国务院学位委员会办公室颁布文件（〔86〕学位办17字号文件），正式公布：在国务院学位委员会第三批学位授予权审核中批准北京师范大学作为新增列的教育技术学硕士学位点，成为我国首批教育技术学硕士学位点之一。

您一定会认为，北京师范大学作为全国师范大学中的“老大哥”，获批硕士学位点是一件理所当然的事情。殊不知，前辈们在当年付出了多少心血。

1979年，北京师范大学现代化教育技术研究所与无线电电子学系（原本申请教育技术系，但教育技术不被认可，因而成立了无线电电子学系）采用系所合一的体制，物理学出身的尹俊华先生（见图）担任副所长、副系主任，带着对教育技术学学科的认识与责任踏上了学科建设征程。次年，尹俊华先生就带领团队成员，向教育部申请“现代教育技术”硕士点，然而作为一个新专业，当时国务院学位委员会对教育技术的了解还很模糊，学科组中计算机组和教育组都不承认教育技术学学科，计算机组认为应该由教育组来审查，教育组认为应该由计算机组审查，所以第一次申请硕士点未能

图　尹俊华先生

成功。1981年，转为申请无线电电子学的硕士点，成功获批。

之后，尹俊华先生并不气馁，而是通过加强学术研究为学科建设提供依据。尹先生查阅了美国相关资料，检索到美国的《教育媒体年鉴》，了解到美国有200多个教育技术学硕士点，几十个博士点，并列出了详细的名单，为教育技术学硕士点的建立找到了依据。1985年，北京师范大学向教育部申请在无线电电子学系里增加两个专业：视听教育技术和计算机科学专业，由于数学系也申报计算机专业，所以教育部批准为现代教育技术专业和计算机科学与技术专业，当年就可以招生。之后，北京师范大学无线电电子学系就具有了三个本科专业：现代教育技术、计算机科学技术、无线电电子学。

1986年，北京师范大学再次申请教育技术学的硕士点，尹先生从《人民日报》《光明日报》上找了几篇关于卫星教育的文章，将材料送到教育部的学位评审组。在教育学科学位评议组组长顾明远先生的大力支持下，这次申请成功被批，同时被批的还有河北大学和华南师范大学，这两所学校申请的都是电化教育专业，但是在学位委员会讨论以后，都用了“教育技术学”这个名称。

1986年6月12日，国务院学位委员会办公室颁布文件（〔86〕学位办17字号文件），正式公布：在国务院学位委员会第三批学位授予权审核中批准北京师范大学作为新增列的教育技术学硕士学位点，成为我国首批教育技术学硕士学位点之一。同时要求申办单位将学科、专业的培养目标、学科范围及主要研究方向、主干课程、就业去向，以及该学科、专业设置的必要性及与相邻专业的关系，国外相近的研究生专业设置情况等书面材料上报国务院学位委员会办公室。1987年，北京师范大学开始招收教育技术学硕士研究生。

作者单位

袁克定，北京师范大学教育学部。

吕巾娇，北京师范大学教育学部。

第一个中国官方教育技术代表团赴美参加AECT年会

◎ 李克东

美国教育传播与技术协会（Association for Educational Communication and Technology，简称“AECT”），它创办于1923年，至今已有90年的历史。它是美国教育技术领域最具有权威性的学术团体，在国际上也有重要影响。AECT的宗旨，就是通过协会提高会员的教育技术专业技巧，并帮助会员有效地发展新的理论和技术，宣传、介绍新的教育技术成果，解析各种媒介是如何在教育中发挥有效作用的。AECT是一个美国唯一的教育技术学术组织，它具有历史的悠久性、成员的广泛性（包括教育技术领域中的各种专业人才）、组织的国际性（已有30多个国家参加）、活动的学术性（建立专业分会、专业刊物、学术年会等）等特点。AECT每年的活动很多，有每年一度的全国性年会。在每年的年会上，有学术讲演、专题讨论，还有一些可以让会员亲自动手实践的专题讲座、技术交流、示范表演等活动。还有传播技术展览会，名称为COMMTEX（Communications Technology Exposition），它是美国最大的传播和信息技术展览会，由AECT和ICTA（国际传播工业协会）联合主办。展览会展出大量的、令人眼花缭乱的各种类型的视听器材和微电脑方面的硬件和软件，以及视听教室、资料管理等系统的设施等，还有各种专题讲习班、研讨会。通常是由各个专业小组与一些大学合作，共同举办，多数安排在年会前夕，以在职训练为主。通过讲习班，帮助会员了解有关教育技术实际应用的新信息。这些讲习班重点放在更新专业知识，帮助了解新的发展动态。这些讲习班授以学分，而且学分得到研究院的承认，很受欢迎。

美国友好人士乔安·顿博士曾与南京大学合作完成《对外汉语》教材。在乔安·顿博士的推动下，1984年，美国AECT向南京大学发出邀请，希望派人参加AECT 1985年年会，后南京大学报请教育部，教育部派出由辛显铭任组长的三人代表组参加在美国洛杉矶召开的AECT 1985年年会。成员有南京大学电化教学研究室主任辛显铭（任组长）、南京大学中文系邱质朴教授和中央电化教育馆周君达。代表小组受到高规格的热情接待，且与AECT建立了联系。

1985年，美国AECT派出由AECT轮值主席海尔和秘书长为首的官方代表团访问中国，其中专程访问了华南师范大学电化教育系，我们向他们介绍华南师范大学创办专业的经历和发展状况，给他们留下很好的印象。美国AECT代表团在华期间，正式邀请中国教育部派出官方教育技术代表团参加在拉斯维加斯举行的1986年年会。

1986年，中国教育部正式派出官方的中国教育技术代表团到美国拉斯维加斯出席AECT 1986年年会。代表团团长是当时的中央电化教育馆副馆长李奈同志，代表团成员有李克东（华南师范大学）、王绍忠（清华大学）、张祖忻（上海外国语学院）。这是中国大陆第一次派出正式代表团参加美国AECT年会，目的是介绍中国、了解国际、联系交流。美国AECT在其1985年12月的新闻公告版上发布“Official Chinese Delegation to Visit AECT's 1986 Annual Meeting”。并在AECT刊物上发布中国官方代表团成员的照片（见图1）。

我们的主要活动是参加在拉斯维加斯举行的AECT 1986年年会的各项活动。代表团在大会上做“新中国的电化教育”的专题报告并播放介绍北京市电化教育馆和华南师范大学电化教育专业的录像片和投影片，与会者对此产生极大的兴趣，代表团受到热烈的欢迎。代表团除了参加各种学术活动，参观国际视听教材展示会外，还参加了AECT

图1　美国AECT刊物上发布的中国官方代表团成员的照片

国际委员会专题会议，专门讨论AECT和中国的关系（见图2、图3）。代表团成员通过参加各种招待会，广泛与美国官方人士、学者、专家进行交流，认识了多个国家的知名学者，其中，我与日本教育工学会会长坂元昂教授建立了联系，为以后华南师范大学电化教育系与日本教育技术领域专家的密切交往打下基础。

会议期间，AECT组织利用各种场合宣传中国教育技术代表团的活动，在会刊上的头版头条介绍中国代表团。应邀出席各种招待会，会长海尔发表了十分热情的讲话，使中国代表团出头露面于国际舞台。在交谈中，许多美国代表都表示以曾到过中国为荣，也表达想访问中国的强烈愿望。柯达公司特别举办欢迎中国代表团的招待会，播放“中国之行”电视节目，会场有2500多名观众。当大会主席向与会者介绍我们代表团成员时，与会者报以长达两分多钟的鼓掌，以表达对中国代表团到来的深情欢迎，当时我内心极为感动。大会对中国代表团的接待工作极为重视，处处以VIP规格接待，并做了新闻报道和采访。由于祖国强大，国际地位也提高了，美国教育技术界人士对中国电化教育的发展十分关注，我当时作为中国电化教育代表团的一员是感到自豪的。

访美期间，代表团到了洛杉矶、旧金山等地参观考察，参观美国国家教育培训中心、丘吉尔电影制片厂、KECA公共教育电视台、洛杉矶媒介中心、加州北岭分校的大学媒介中心等单位。在此期间，代表团成员与美国教育技术官方人士进行了接触，包括联邦政府教育部主管与科学技术计算机主管、加州教育局教育技术委员会顾问、洛杉矶教育局教育技术顾问接触等。

图2　代表团参加AECT国际委员会专题会议时的合影

图3　代表团团长李奈在AECT国际委员会专题会议上发言

会后，美国友好人士乔安·顿曾写了一封信，提到："中国代表团表现了学者风度，大会的报告是成功的，你们在极困难的条件下取得了外交上的胜利……"回国后，先后收到许多来信表示要来中国参观、访问、工作。

1987年，我和李运林教授共同参加美国阿特兰大的AECT 1987年会，还访问了斯坦福大学、华盛顿州立大学、纽约哥伦比亚大学、南卡罗纳拉州的纽伯利学院等多所高校。

1988年，我再度到新奥尔良参加AECT 1988年会，并在会上做题为《中国卫星电视教育实验的中期评估研究》的演讲。通过参加各种招待会，广泛与美国官方人士、学者、专家进行交流，也认识了多个国家的知名学者。

以后，美国多届AECT的轮任主席曾到华南师范大学进行参观访问，我们与AECT建立了良好的联系。

在AECT 1986年年会和以后1987年、1988年的AECT年会上，我们认识了一些来自台湾的教育技术专家和中小学教师，并结交成朋友了。1998年，我们在参加香港举办的国际研讨会时，见到了台湾著名的电化教育专家张霄亭教授和朱则刚教授，并留下了一张十分珍贵的照片，很有意义（见图4）。2001年，我到台湾参加全球华人计算机教育应用大会时，还专程到台湾师范大学拜访了张霄亭教授和朱则刚教授。我曾多次访问台北，在台北多次会见他们两位和其他一些教育技术专家，与他们感情十分融洽。

图4　教育技术专家研讨会合影

作者单位

李克东，华南师范大学教育信息技术学院。

回望1988:全国首届教育传播学研讨会

◎ 钟志贤

横看成岭侧成峰，远近高低各不同。不识庐山真面目，只缘身在此山中。

——苏轼《题西林壁》

教育技术学（电化教育）的理论基础之一是传播学。传播学是什么？教育传播学又是什么？它们对教育技术学（电化教育）理论与实践有何意义？作用机制又是如何？这在20世纪80年代是郑重的学科之问。

为了进一步拓展学科理论视野，学习传播学和教育传播学，探索电化教育学的时代走向，开启学科融通和整合的思维亮光，1988年8月上旬，在香港浸会大学传理系创系主任、香港中文大学原新闻传播系主任余也鲁教授（Timothy Yu）的策划和支持下，成立仅仅两年的江西师范大学教育传播系在庐山解放军企业管理学校（后来并入九江学院）举办了全国首届教育传播学研讨会。华东师范大学、华中师范大学、华南师范大学、南京师范大学、上海师范大学、上海外国语学院、福建师范大学、苏州大学、哈尔滨师范大学、上海市电化教育馆等10余家单位20余名代表参加了此次研讨会（见图1）。

研讨会的主讲原定是余也鲁教授和美国大众传播学博士Bernard Anderson（余也鲁教授精心挑选的助力江西师范大学教育传播系建设

的外籍教师，余先生按中文习惯给他取名为“安彬礼”）。学习材料主要有宣伟伯著、余也鲁先生译述的《传学概论：传媒、信息与人》以及相关讲稿和译作，安彬礼博士编印的《西方教育传播理论与实践》，江西师范大学教育传播系青年教师钟志贤编写的《教育传播学论纲》等。教育传播系参加此次办会的主要人员有系主任魏奇老师、副主任刘高佶老师，王永环、钟志贤、黄晓东、端木林、米竞等老师。

后来余先生因为时间冲突未能来现场讲学，但他特地撰写了题为《传播理论的旧有基础和新的展望——祝愿教育传播工作者在新的领域开展急需的科研工作》的讲稿，并且翻译了美国著名传播学家第佛鲁博士的《社会传播理论》第一章的精华内容供研讨会使用。他在前言写道：教育传播学是运用传播媒介于知识的传授。研究教育传播似乎可在已有的传播理论（特别是有关媒介、受众与效果部分）和教育学理论（特别是学习理论）与社会心理学理论的基础上来开展，来写出新的一页。中国急需用教育来提高人口素质为现代化奠基，教育传播工作的确任重道远。

图1　全国首届教育传播学研讨会成员合影（前排右5为主讲安彬礼博士）

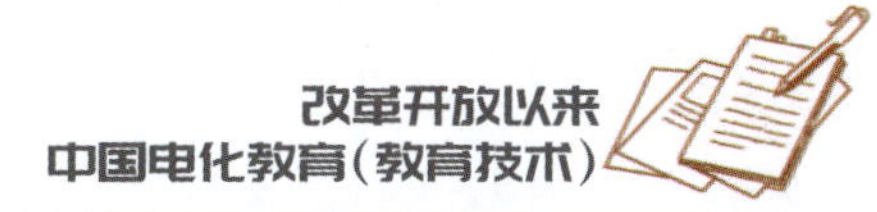

余也鲁先生祖籍江西奉新，是国际著名传播学家威尔伯·施拉姆（Wilbur Schramm）教授高足（余先生将其翻译为宣伟伯，可谓形声兼备又合中文习惯）。1986年，余先生怀乡梓之情，协助创办了江西师范大学教育传播系，作为研究现代媒体教育的大学系科，与当时国内通称“电化教育系”不同而冠以教育传播系，开传播学与教育相融通之先，耳目一新，在全国颇为引人注目。

安彬礼博士用英文编撰了《西方教育传播理论与实践》讲稿，由江西师范大学教育传播系教师钟志贤、黄晓东翻译整理。该讲稿由十讲构成：第1讲“西方传播学研究简史”，第2讲“现代心理学与传播学理论”，第3讲“教育传播学是一门科学还是一门艺术”，第4讲“西方教育传播有技术的课程设置”，第5讲“大众媒体学习理论”，第6讲“现代信息技术”，第7讲“如何选择电子和非电子媒体（一）”，第8讲“如何选择电子和非电子媒体（二）”，第9讲“如何培养教育传播领域的教师”，第10讲“教育传播的未来发展趋势”。

余也鲁先生特别重视学科的理论研究。他指出，理论是指由一组相互关联的概念、定义和假设组成的系统观念。它是依据某一现象，经由假设验证而建立起来的一套通则。它将看似互不相关的事实组合成一套有秩序、有意义的关系。理论是任何一门学科跻身科学之林的必备条件。理论对于实践来说不是固定僵硬的框模，而是知识与方法的应用、指导或某种启迪。它不仅是一门学科走向科学化的手段和必需，而更在于它对实践预测、指导和解释的真实意义。理论首先集中反映了人的主观能动性、创造性等基本特征。其次，理论的抽象力能够使人的创造潜力得到充分的体现。这是因为理论能使人们通过想象、设计、联想以及抽象能力的自由驰骋，跳出旧知识经验的羁绊。

安彬礼博士主要给我们讲西方教育传播学理论及其教学媒体选用。我、王永环老师（1987年7月—1988年8月曾在夏威夷东西方文化交流中心传播研究所做访问学者）作他的“同传”。我英语专业出身，又刚从西北师范学院研究生毕业（师从南国农先生和胡德海先生），由于导师的引导，在国内较早涉猎了一些传播学理论知识。

安彬礼博士借助投影仪、活页、黑板、墙壁等，采用讲授、小组讨论等方式讲授了西方传播学理论和教学媒体应用发展历史、原理和方法（见图2）。他在学习资料中对教育传播学这样写道：教育传播学是以这样的假设为基础的，即传播过程每一部分都可进行研究，信息的形式和内容都应进行分析，以便不断改进数据的传播，最重要、唯一目标是促使特定的受教育者在特定的情景中达成预期的学习目标。

图2　研讨会教学现场：投影+墙贴活页+小组讨论

无独有偶，安彬礼博士在讲课中也特别强调了学习和研究学科理论的意义，形象地把理论魅力概述为：

（1）理论是地图。在辽阔复杂的教育传播研究领域中，我们需要“地图”来辨别途径与方向。否则就会迷失于不同的思想观点、术语以及所谓的研究结果之中。

（2）理论是铁锚。有了铁锚可以在漂泊不定的思想海洋中站稳脚跟。它可以使人们避免漫无目标的漂荡，不至于被“易变的风向”或冲突的观点闹腾得不知所措。

（3）理论是磁铁。它可以把各种相关的观点集聚在一起，有利于综合贯通各类纷繁的理论思想，扬长避短，优化组合，提高理论的现实意义。

安彬礼博士强调，有些人也许会忘却理论是多么有用的事实。胸怀良好的理论素养，人就会变得自信，就不至于对社会和教育中那些看起来秘不可测的种种事情茫然无知乃至束手无策。理论对于一门学科的意义犹如一个人心智发展中的必需精神食粮。它像望远镜，亦像显微镜，可以使我们的视野触及更远、更细微处。

余先生和安博士关于理论方面的论述对我们产生了积极的影响。可以说，我的第一篇稚拙的学术论文《电化教育理论研究沉思录》（发表于《电化教育研究》1988年第3期）就是受到他们的激励而完成的。

全国首届教育传播学研讨会产生了系列积极的影响。

首先，拓展了专业视野，激发了我们对电化教育学发展的更多思考。最为直接的是推动了国内教育传播学研究。我国的教育传播学研究肇始于20世纪80年代中期，记得1985年我在西北师范学院教学论专业研究生班的时候，“教育学原理”的授课教师是胡德海教授，他向我们推荐了一本名为《传播学（简介）》（中国社科院新闻研究所编，人民日报出版社1983年出版）的书。从传播学视角看教育，新鲜无比，一时这本书在研究生中间高密度地流转，没多久便成了海带的样子。胡先生不仅向我们推荐阅读传播学中英文著作，建议我们从传播学的角度思考和探讨教育问题，而且还撰写了关于教育传播学的学术论文《略论教育的传播学原理》。文章指出，在一定意义上，教育过程本质上就是一种传播过程，教育就是传播。而教育的传播学原理乃是教育原理中最基本的事实和要素之一。无疑，这是一个很值得我们重视和研究的教育理论问题。尽管我们目前对教育的传播学原理还缺乏全面系统的认识，但建立一门教育传播学的必要性和可能性是存在的。

研讨会结束后，我们在教育传播学和教学设计领域如饥似渴地学习、探索、借鉴和融合，一方面是被新颖的研究视野所吸引，另一方面也是当时教学材料严重匮乏。我们在《现代大教育观——中外名家教育思想研究》一书中设立了第六篇“传播学家的教育观”，选择研究了国内外四位学者的学术思想：宣伟伯（施拉姆）的教育传播思想、余也鲁的现代教育新秩序观、坂元昂的教育技术观、南国农的电化教育观，编写出版了国内较早的《教学设计》（刘高信编写，江西科学技术出版社1990年出版）。同时，在研讨会学习和一定的研究与实践基础上，撰写出版了《教育传播学》（江西教育出版社1992年出版），该书兼具专著和教材的特色，主要内容设计为十章。

值得一提的是，1992年我国出版了三部《教育传播学》（见图3），另外两部分别是：高蕴琦、林克诚、金振坤、陈东编著的《教育传播学》（上海教育出版社1992年出版），邵培仁主编的《教育传播学》（南京大学出版社1992年出版），可见实践的急迫需要和教育传播学研究一时之盛。前两部教材的作者都直接参加了本次研讨会。

图3　三部《教育传播学》

其次，培养了一批教育传播学的师资队伍，他们成为教育传播学、教育传播与技术、教学媒体与技术或教育技术课程建设的担纲者、主讲者和开拓者，并且始终耕耘在教育信息化领域，诸如原上海电化教育馆的高蕴琦研究员，上海师范大学的金振坤教授，华东师范大学的林克诚教授，苏州大学的潘中淑教授，华中师范大学的许雄教授，福建师范大学的曾火焕、黄宇星教授，南京师范大学的王珺教授，哈尔滨师范大学许俊强教授等，以及后来成为我国教育技术学界著名的不老松、学术演讲家、上海师范大学的黎加厚教授。于我来说，研讨会的举办可以说是我学术生涯的开端，随后我就一直在专业领域耕耘。

再次，研讨会的举办极大地助推了江西师范大学教育传播学的学科建设发展，特别是远程教育研究与实践的探索。研讨会结束后，余也鲁先生旋即资助我们在赣东南开展教育电视实验，在江西红土地上掀开了媒体传播教育研究的一页。这项工作作为国家社科基金“七五”规划项目“初级阶段老区文化教育建设”的一个组成部分，1994年通过鉴定。我承担远距离教育部分并完成了《红土地上的教育革命》专题报告。1995年为本科生编写了内部教材《远距离教育导论》并呈余也鲁先生指正，经过多轮次使用和修改，后更名为《远程教育导论——学与教的原理和方法》出版。1996年获批全国教育科学“九五”规划课题“远距离教育电视促进老区农村文化和经济发展效果模式研究”，亦是上述工作的自然延伸。

后排：钟志贤（左1）、时任系主任魏奇教授（左2）、南国农先生（左3）、梅家驹先生（左4）

图4　南国农先生和梅家驹先生来江西师范大学教育传播系指导学科建设

与此同时，研讨会也引起国内电化教育界学术大家南国农先生、萧树滋先生、梅家驹先生等前辈对教育传播系建设的关心（图4）。他们或用书信或亲自前来指导，给襁褓中的教育传播系以莫大的鼓励。

2019年8月28日，适逢祝智庭教授学术思想研讨会，当晚在从秋林阁折返文科大楼的路上，黎加厚教授饱含深情地回忆1988年暑期全国首届教育传播学研讨会的往事：认识来自各地的与会者，云蒸霞蔚的清晨、热浪翻滚的中午、映照山麓的晚霞……站在教学楼楼顶，仰望星空，憧憬电化教育的未来……那时，黎加厚教授还是李克东老师二年级的研究生，与他一同来参加学习的是吴冬子同学。黎加厚感怀地说："是李克东先生让我第一次飞上了蓝天。1988年，作为一名在读研究生，能乘飞机去参加培训是一件很了不起的事。当有一天我听到亚东的《向往神鹰》之歌'当梦想成真，走进宽敞的机舱，俯看天外世界，止不住热泪盈眶……我已经告别昨天，找到了生命的亮光'时，联想起我第一次乘飞机去庐山参加教育传播学研讨会的情形，不禁潸然泪下。"巧的是，2019年8月31日晚，我们有幸在南昌接待了李克东先生夫妇。李先生神采奕奕，兴致勃勃给我们讲了许多有关电化教育的"第一故事"，包括他随余也鲁先生研习传播学，到美国造访，遗憾未能面见宣伟伯先生，获得教育技术学领域第一个国家级教学成果奖，等等。

"拈花有意风中去，微笑无语须菩提。念念有生灭四相，弹指刹间几轮回。"

2018年7月，有关部门同意我辞去担任9年之久的大学副校长一职，回到大学教书，担任校学术委员会副主任、首席教授、学科带头人和博士生导师。有一天我信步走进学院院史陈列室，玻璃展柜里赫然醒目地摆放着《西方教育传播理论与实践》等油印资料，这些正是当年全国首届教育传播学研讨会的材料。一晃就是31年，感慨系之。“寄蜉蝣于天地，渺沧海之一粟。哀吾生之须臾，羡长江之无穷。”（苏轼《前赤壁赋》）

在时间之流，我们都像一点浪花。今天再大的事，都经不起时间橡皮的轻抹。再看数据主义日益发展的今天，“一旦万物互联网开始运作，人类就有可能从设计者降成芯片，再降成数据，最后在数据的洪流中溶解分散，如同滚滚洪流中的一块泥土……到时回首过去，人类也只会成为宇宙数据流里的一片小小涟漪。”（《未来简史：从智人到神人》）大无大有。从1986年的江西师范大学教育传播系，到1994年的传播系，2000年的传播学院，再到2017年新闻与传播学院。母体消弭，血脉赓续。“事了拂衣去，深藏身与名。”（李白《侠客行》）“功成而弗居，夫唯弗居，是以不去。”（老子《道德经》）

“庐山烟雨浙江潮，未到千般恨不消。到得还来别无事，庐山烟雨浙江潮。”（苏轼《观潮》）

世间事，江山笑，几多“庐山烟雨浙江潮”。1988年8月，全国首届教育传播学研讨会，庐山。是种子，是星火，是希望。回望三十一年前，仿如昨日。

作者单位

钟志贤，江西师范大学教师教育高等研究院。

第一个教育技术学领域国家级教学成果奖的诞生

◎ 李克东

教学成果是指反映教育教学规律，具有独创性、新颖性、实用性，对提高教学水平和教育质量，实现培养目标产生明显效果的教育教学方案，包括：针对教育对象的特点和人才培养的要求运用现代教育和教学手段，在加强思想政治教育，开展课程、教材、实验实习基地建设等方面，坚持教书育人，探索教学规律，更新教学内容，改进教学方法，提高教学水平和教育质量的成果；根据教育目的、教育环境和教育教学规律，在组织教学工作，推动教学改革，开展教学评估，加强专业（学科）、教师队伍和学风建设，促进产学研相结合，实现教学管理现代化等方面的成果；结合自身特点，推广、应用已有的教学成果，并在实践中进一步创新和发展，对提高教学水平和教育质量有显著效果的成果。

1989年，是我国第一次在全国普通高等学校评审优秀教学成果，奖励在普通高等学校教学工作中取得教学成果的单位和个人，包括普通高等学校中的教师、教学辅助人员、教学管理干部，从事普通高等教育教学（含研究生、本科、专科）及成人高等教育工作，在教书育人、教学改革、教学建设、教学管理等方面取得的教学成果，也包括其他社会组织和其他个人在普通高等学校中取得的教学成果。奖励的重点是在改革方面迈出重大步伐并取得显著成绩的教学成果。

华南师范大学“教学、科研、生产三结合，创办我国第一个电化教育本科专业”项目荣获第一届国家级教学成果优秀奖。这是教育技术学领域第一个获得国家级教学成果奖的项目，由李运林和李克东共同完成。

20世纪80年代，为了适应电化教育发展的急需，华南师范大学于1983年由国家教育部批准，首先创办新中国第一个电化教育本科专业，培养电化教育专业人才，并以开放、改革、创新的精神从全方位、多层次实现了“教学、科研、生产”三结合（简称“三结合”），创办了有特色的电化教育新专业，在专业培养方案、专业教材、师资队伍、实验基地、教学方法改革等方面取得了突出成果，培养了一批高质量的专业人才。

如何办好一个以培养应用技术变革教育教学人才为核心的新专业，办好一个技术与教育相结合的综合性学科，我们面临许多的困难需要去思考、探索。经过多年的实践，我们总结出几点经验：

建立了三结合的组织体制。（1）我们把电化教育系、教育技术研究所、学校电化教育中心、省高等学校电化教育中心结合为一体；（2）在教学、科研、生产三方面与国内外实现多层次横向联合；（3）根据电化教育学科综合性的特点，进行多层次的科研开发，包括电化教育设备研制生产，面向社会开展电化教育软件制作服务和面向全国开展电化教育专业人才培训；（4）以本科教学为主，探索综合性人才培养培训方案；（5）把教学、科研、生产具体定量化，使之互相促进，蓬勃发展。“三结合”的组织体制促进了电化教育专业建设，取得了多方面显著的成果。

制订的电化教育专业“教学、科研、生产”三结合培养方案，编写的系列专业教材，为开办电化教育这一专业提供了科学的办学模式。在大量的电化教育实践与调查研究基础上，电化教育系广泛与国内外专家进行研讨，制订了电化教育专业培养目标与课程设置和实践教学方案，确立了电化教育专业培养目标是培养其他专业无法培养的人才，并按电化教育学科体系开设了11门专业主干课程，并组织教师研究编制了大批电化教育教材，在全国发行且获得各种奖励。

建立“教学、科研、生产”三结合办学基地，开展“教学、科研、生产”三结合办学实践。我们积极与国内社会企业包括港澳地区的生

图1　南国农教授、余也鲁教授到华南师范大学“三结合”实践基地考察

产工厂、企业进行横向联合，建立了一系列良好的实践基地，包括科研生产实践基地，电化教育设备、视听器材维修实践基地，电化教育教材实践基地，电化教育应用实践基地，教学实习基地等（见图1、图2）。我们根据社会需要开发研制的DJ-1型键控器，彩色字幕图形叠加器等获省级科技成果奖；电视特殊效果发生器、电视特技扩展器，被鉴定达到国内先进水平并填补了国内空白。在理论方面，发表论文一百多篇，提出了电化教学过程的理论、电化教育媒体的理论、电化教育原则与方法、电化教育研究方法等，为建立与完善具有中国特色电化教育理论体系打下基础，对指导当时电化教育工作与学科专业建设具有重大意义。

实行“三结合”办学方法，对当时各省市新创办的电化教育专业，具有普遍的指导意义，有利于改革教学方法，调动社会力量办学，解决教育经费不足的问题，对加速教育事业发展具有重大意义。

图2　华南师范大学电化教育系领导李运林、李克东和香港合作企业负责人在电化教育设备维修中心门前合影

1985年美国AECT主席海尔访问华南师范大学电化教育系时感慨地说：“想不到在中国有一个办得如此出色成功的专业。应该为你们所做的工作感到自豪。”

作者单位

李克东，华南师范大学教育信息技术学院。

独立建制的湖南教育音像出版社的创业故事

◎ 詹道佳

湖南教育音像出版社是我国各省、市、自治区教育厅所属教育音像出版社中第一个独立建制的音像出版社。湖南省电化教育馆郑逢任馆长力主成立教育音像出版社，以加快电化教育教材建设，1989年获国家广电总局批准。1990年湖南省编制委员会下文，明确湖南教育音像出版社为湖南省教育委员会直属二级事业单位。

1991年1月，湖南省教育委员会决定由湖南省电化教育馆组建湖南教育音像出版社。当时，湖南省电化教育馆馆长暂缺，由我暂时主持工作。经研究，派沈云亮、李业文、谭辉、周捷4人，由沈云亮牵头，以湖南省电化教育馆科室的名义展开工作。在这种运行模式下，由于事业与企业的界限不清，发生众多纠纷，导致运行维艰。4月新馆长（兼社长）李云初到任，也无法理顺关系。为了促进发展，湖南省教育委员会决定探索出版社的管理体制和运行机制。1991年年底陈白玉副主任到省电化教育馆（见图1），宣布任命我为专职副社长，不再兼任副馆长职务。陈白玉副主任表示，1992年若赚到20万元，教育音像出版社就独立建制。这时，出版社的成员增加了詹道佳、李超英、谭雄、贺坚信4人，加上原来的4人，一共8人。人们称为“一块牌子八个人”的出版社。

自负盈亏的运作模式，激发了职工的创造热情。1992年这一年出版了《职称英语》《职称俄语》《职称日语》录音带和录像带（配书），《小学听说训练》《英语听力渐进》录音带（配书）等。音像出版的发

行情况出乎意料的好，利税总额45.9万元。年底，湖南省教育委员会宣布：从1993年元月起，湖南教育音像出版社独立建制，自主经营、自负盈亏、自我完善、自主发展。

前排左起：张作功副主任、胡冬煦主任、陈白玉副主任

图1　湖南省教育委员会领导到湖南教育音像出版社指导工作

湖南教育音像出版社独立建制引起关注。1993年，武克、孙天正、周君达等中央电化教育馆的领导先后到社里指导工作（见图2）。1994年，南国农先生来到湖南教育音像出版社考察调研。华南师范大学李运林教授、西北师范大学杨改学教授、东北师范大学刘茂森教授等多所大学的专家、学者也先后来考察。他们认为湖南音像教材产业化的实践，对电化教育的发展将会产生深远的影响。1997年，国家教育委员会音像出版主管部门在长沙召开教育音像出版会议，会议对湖南教育音像出版社的发展给予充分的肯定。

独立建制后，面临的第一个问题是生存。独立建制时，国家不拨付人员工资，不提供开办经费，不调拨固定资产。没有钱怎么发展？向银行贷款？规模小银行不贷。向社会筹资？利息太高支付不起。一块牌子，说起来是国企，干起来却像个体户，没办法，只好玩时髦“用别人的钱做自己的事”：一是购置设备实行“分期付款”；二是出版物销售实行“款

图2　孙天正（左3）到湖南教育音像出版社参观指导

到发货”；三是购买原材料实行“货到付款”。这似乎是空手道，像是天方夜谭。事实上，要使这些看来不可能的事变成可能，需要付出的东西仅仅是诚信。人靠诚信而立，企业也一样。依靠诚信，终于把事办成，并且办好。独立建制头一年，实现利税总额149万元。兄弟单位都赞叹：士别三日当刮目相看。

1993年的实践证明，要实现产业化发展，就要实行企业化管理，从人事管理制度和分配制度两方面去改革，向事业单位管理模式说“拜拜”。

人事管理制度改革。由于产业扩大，需要聘用编外人员。聘用人员越来越多，在编与聘用两种人员形成了两支队伍、两种体制，不利于管理，不利于产业的发展。从1994年起，改为“全员聘用制”，即根据需要设岗，不论是在编或外聘人员都必须竞聘上岗，社领导也执行同样的办法。社领导由职工大会聘用，年终评议不称职，职工大会不予聘用，上报省教育委员会要求给予免职。在分配制度改革方面，从1994年起，彻底打破大锅饭，所有人员一律实行工资与效益挂钩。这里的效益，包括社会效益、教育效益和经济效益。这些改革的措施最终形成了《湖南教育音像出版社目标管理责任制方案》，1998年省教育厅正式批准实施。

我们把目标和责任量化，分解到部门、落实到个人，配套制定实施细则，有奖有罚。实行严格的责任问责制和经济奖罚制，无论奖罚，从直接责任人一直追索到社长本人，既落实责任又经济奖罚，提高了工作质量、工作效率和工作效益，有效地减少和避免了责任事故的发生。

湖南人自称“蛮子”，敢做敢当。我们“八个人”在冲撞事业单位管理体制的同时，也试图改革音像出版的运行模式。传统的出版业有固定的运行模式：作者撰稿著书，出版社出版，新华书店发行。我们不想因循守旧，想闯出新路。1992年，出版《职称外语》，自办发行，获得成功。1993年把《小学听说训练》和《英语听力渐进》送交省教育委员会审查后列入用书目录，继续自办发行。自办发行的新策略实质上是通过教学研究和教学应用推广等多种教学活动推介，扩大影响，吸引广大用户。同时，在应用推广中不断修订出版物，提高出版物的质量。

1995年，我们提出了“以人为本，服务教育，市场导向，科研带动，持续发展”的产业发展思路。这就形成了一种新认识，出版社的发展不把业务囿于出版业务，而是向上游和下游延伸，形成教育音像出版产业链。上游，是音像电子出版物的编制和开发；下游，是营销，出版物的教学应用和教学研究成为出版物营销的有效手段，即直接为教学服务成为营销人员的首要任务，营销在我们手中转型为“为教育服务”。出版环节融合了编制开发和营销的能量，产生合力，形成品牌，有了品牌就掌握了王牌。用现在的话形象地来说，我们把湖南教育音像出版社打造成一列动车组，它由编制动车、出版动车、服务动车这三节动车组成，这三节动车厢的动力依次是科研、品牌和推广应用。

当时，我们参加了全国教育科学“八五”规划国家教育委员会重点课题“电化教育促进中小学教学优化”课题的研究，抓住这个机会成立了教育音像推广应用课题组，跟踪课题研究进程，把研究成果及时地转化为音像教材。由于起点高，编制的音像教材的质量也“水涨船高”。《汉语拼音》录音带通过国家教育委员会的审定，列入了国家教材目录。《校园风·中学校园歌曲》获国家教育委员会、国家新闻出版署优秀教育音像出版物奖。《童心雅趣》《学前班教学有声读物》《中学校园歌曲》被国家新闻出版署评为中国少年儿童出版物音像精品。从1992年到1995年仅4年时间，编制出版的13个学科108种（盘、盒）音像教材（包括投影片）通过湖南省教育委员会审定，在全省推广应用。

1995年3月，湖南教育音像出版社课题研究成果的推广应用工作被中央电化教育馆授予“推广应用特别奖”（见图3）。从此，我们与中央电化教育馆和中央电化教育馆电化教育电子音像出版社开启了长期的卓有成效的合作。全国教育科学规划领导小组秘书长、中央教育科学研究所所长卓晴君说：“湖南的同志一直紧紧地追踪‘电化教育促进中小学教学优化’课题研究的成果，不断掌握研究成果的实质，及时地把这些研究成果转变为音像教材，在全省范围内推广应用。这样，教育科学研究成果就及时地转变为教育的‘生产力’。”她还说：“推广

图3　詹道佳社长(左5)在第二届全国优秀教育音像制品颁奖大会上领奖

应用本身也是一种研究，这种研究不仅促进了教育科学研究成果的推广应用，也进一步完善和丰富了教育科学研究的成果。”

1995年，为了进一步发挥科学研究在产业发展中的作用，我们设立教育音像课题来研究。我们申报的“义务教育音像电子教材建设的理论与实践”课题获批为全国教育科学“九五”规划教育部重点课题。时任中共湖南省副书记的郑培民听到这消息十分高兴。正好他带团出国考察出版工作，我是团员之一，他要我详尽地汇报了情况（见图4）。他说：“这是个大事，一定要搞好，一定要出成果，出好成果。”他表示要给课题研究写几个字。归国后第二天，他的秘书就把题词送到出版社。他为课题组题词：加强音像教材建设的理论与实践研究，促进我省教育改革和发展。

经过几年的努力，“把研究成果转变成音像教材”的模式，发展为“课题研究，成果推广，形成产业”的三位一体全程运作模式。科研带动，成功地促进了产业的发展，卓有成效地服务教育。2000年，我们建成了13000平方米的出版社办公和生产大院，产业形成了一定规模。2000年一年，湖南教育音像出版社在省内销售投影片350万框、录音带160万盒、录像带16万小时。一年的供应量，相当于20世纪80年代10年间全省拥有投影片、录音带、录像带各自总量的0.6倍、4.0倍、12.3倍，另外还供应了十几万张光盘。

图4　时任湖南省委副书记郑培民(左3)带团考察欧洲出版业，詹道佳(右1)陪同

我们的实践和研究都证明“音像教材是现代教材体系的组成部分，应按教材来管理”，这一研究成果被政府部门采纳。湖南省教育委员会从1993年起每年都把音像教材列入《湖南省中小学教学用书目录》，1996年又联合省物价局、省财政厅发文，规定音像教材和课本一样代收费，列入中小学收费项目，从政策上解决了音像教材购置费的来源。这些做法在全国产生了积极的影响。这项政策一直执行到2008年。义务教育实行免费之后，学生使用的教学录音带改由政府买单，教师课堂用音像电子教材由公用经费支付，音像教材购置费得到确保。

“义务教育音像电子教材建设的理论与实践”课题研究成果先后获国家部委奖励11项，其中音像出版物奖7项。其研究报告获湖南省“九五”规划课题优秀成果一等奖。

丰硕且多样化的课题研究成果，受到各界的重视。2001年6月底，时任全国教育科学规划办丰力副主任给我打电话，说国家教育委员会原副主任邹时炎要听课题研究情况汇报，我专程赶去北京。邹主任在办公室接见了我，详细询问了研究中的各种问题。邹主任过去是国家教育委员会电化教育工作的分管领导，对电化教育有独到的见解。我返回长沙没几天接到邹主任寄来的亲笔信：“7月6日，在教育部与您会面并同卓晴君、丰力等同志一道讨论音像电子教材建设问题，很有收获。我对全国教育科学‘九五’规划教育部重点课题‘义务教育音像电子教材建设的理论与实践’研究取得的丰富成果高度赞赏，对本课题与湖南教育音像出版社的创新精神深感钦佩。为此，谨致信向课题组和出版社的同志们表示衷心的祝贺！”“我国在20世纪末基本普及义务教育，这是法律规定的重点任务。湖南抓住这个重点，大胆编写、使用音像电子教材，培训教师，利用先进技术革新教学内容与方法，最终达到普及与提高义务教育水平的目的。这一举措，是有远见卓识的，富有时代特点和创新精神。”

2001年7月，全国教育科学规划办在长沙为“义务教育音像电子教材建设的理论与实践”课题的研究成果举办了专题报告会，国家教育委员会原副主任邹时炎（见图5）、湖南省副省长唐之享、省长助理许云昭出席了报告会。南国农先生在会上发表了《关于音像电子教材建设的几个问题》的重要演讲，他认为：本课题研究，取得了丰硕的成果，特别是建立了‘音像电子教材应用模式’和‘三位一体的音像教材建设运行模式’。他说：“这些成果有很大的创造性，很有价值，在全国很少见到，很是可贵。”十年后的2010年，他把这个重要讲话编入了他的文集《教育技术学科建设：中国道路》。

图5　国家教育委员会原副主任邹时炎（右1）专程到长沙参加“义务教育音像电子教材建设的理论与实践”课题研究成果专题报告会，会议期间与课题主持人詹道佳（左1）合影

在音像出版社的发展过程中，我们十分重视音像电子教学资源编制技术创新。

幻灯片、投影片是中小学最常用的电化教育媒体。当时投影片的生产仍是印染法手工生产，生产效率低，产品质量差（套印不准，片基涂有有机胶受潮后易霉变和卷曲）。1993年，我们设立攻关组，力求实现投影片生产技术的突破。发明了“印刷法生产投影片技术”，申请了国家专利。印刷法生产投影片，套印准确、色彩鲜艳，和在铜版纸上印刷的彩图一样精美，彩色油墨直接印刷在无机胶片上，附着性好，决不会霉变和卷曲。接着，又实现了投影片编制的数字化。电脑绘画在当时还是一件新鲜事，我们直接用于电化教育教材的编制。老师们评论说，你们这样做想不火都不行。“编制数字化、生产机械化”的投影片生产流水线诞生，投影片的质量上新台阶，生产效率大幅提高，满足了学校电化教学的需要。教学投影片扩大了销售，成为出版社2000年之前利润的重要来源。

1993年，我们购进当时在我国属于最先进的“盘对盘”专业复制生产线，高起点迈出录音带生产第一步。一个才露尖尖角的小社一下子获得学校用户的信任。这一举措还获得人民教育出版社的信任，两社从此走上合作的道路，1994年，我社成为人民教育出版社教学录音带“租版”和“委托复录”单位，在教育音像出版社中是全国第一家。2002年，我随国家代表团参加了在希腊雅典举办的第11届“莫必斯”多媒体光盘国际大奖赛（见图6）。2010年，我还荣幸地被人民教育出

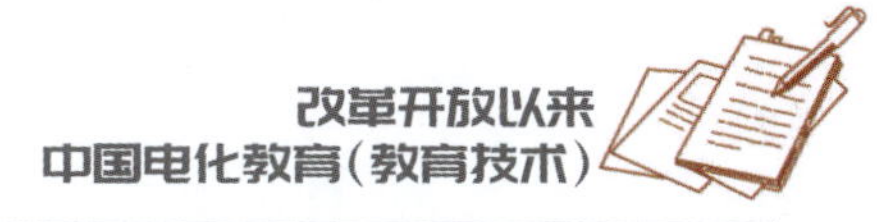

版社和人民教育电子音像出版社授予“特殊贡献奖”。湖南教育音像出版社采用的录音技术从一开始就抛开了模拟技术，直接从数字技术入门。这并不是我们高瞻远瞩，而实是无奈之举，歪打正着。当时的录音带录制和编辑设备清一色的进口货，都是采用模拟技术，几十万甚至上百万美元一套，我们根本买不起。天无绝人之路，当时市场上出现一种叫作DAT的数码录音产品，几千元一台，我们买来就凑合着用了。不久，发现电脑也能录音，对此进行尝试，采用电脑既能保证质量，操作又方便。我们一步一步地被纳入了数字化的技术轨道，湖南教育音像出版社做了第一个吃螃蟹者。

图6　国家新闻出版署原署长宋木文(左2)带团参加在希腊雅典举办的第11届“莫必斯”多媒体大奖赛，詹道佳(左3)陪同

“数字化生存”是指人类生存的环境数字化，我们依靠数字化，促进了跨越式发展。我们有两句话：一句是“低成本高质量”，重视采用高新技术去实现技术创新，就能实现这似乎矛盾的目标；另一句是“不断创新才是最好的技术实力”，即技术实力不是技术保守，要“销售一代，储备一代，开发一代”，不断创新才能保持优势，在动态中去保持显实力。

在信息化教育中，教学语言是多媒体教学语言。正如口头教学语言是用词、句构成的，多媒体教学语言也应有它的“词”和“句”。在编制教学资源时，我们试用新思路，打破所谓的“系统性”的做法，按问题、事件、情景和知识点来组织材料，构成多媒体教学语言的“词”和“句”。有了这样的多媒体教学语言的“词”和“句”，就能十分方便地将多媒体教学资源组成多媒体的教学语言，方便了教学。

我们按这种思路改革了VCD教学光盘的开发模式，开发了多媒体VCD。“多媒体VCD开发与应用”获湖南省第一届基础教育研究成果二等奖。湖南省教育厅副厅长、教育学博士朱俊杰评论说：“音像电子教学资源的编制，可以不重复课本按学科知识结构来组织教学内容的路子，不同的教学资源应具有不可替代性，它们之间应该是互补的，这样，才能丰富教学资源，满足教师和学生创造性地生成‘自己的课程’的需要。”

湖南教育音像出版社开发的多媒体VCD，有300多张教学母盘经教育部审定推荐到全国农村远程教育工程应用；开发的交互式DVD，有400多张教学母盘被收入教育部教育资源库。

电化教育的深入开展，需要教学资源内容多样化而且表现形式也多样化。从适应教育需要的角度，湖南教育音像出版社不满足于单纯的音像出版物出版，需要增加电子出版物的出版。经批准，我们成立了湖南教育电子出版社。针对这种多样化的需求，我们提出了“一次性开发，多格式生成，多媒体出版”的数字化出版的编制模式，提出了个性化服务的理念，开发电化教育教材的能力进一步提升。我们还创建了“堂堂网”，利用网络为师生提供教与学的多媒体教学资源。

2007年，在教育部组织的基础教育资源开发项目招标中，我们中标两个包，承担“安全教育（小学）专题教学资源”和“学生守则和日常行为规范（中学）专题教学资源”的开发任务，我们是全国省级教育音像出版社中唯一的投标者和中标者。2008年，又承担了湖南省教育厅基础教育学科教学资源418张交互式DVD母盘的编制开发任务，这些教学资源2011年被教育部征集成为国家教学资源库资源。我们出版的《小学生安全教育》获第三届中华优秀出版物奖音像出版物奖，《国歌颂》获湖南省出版物政府奖二等奖。到2008年止，我社编制开发了义务教育阶段18个学科的1500余种（盒、盘）音像电子教学资源，其中，98.1%通过了湖南省教材审定委员会的审定，并在全省学校使用。330个母盘光盘教学资源通过教育部审定，向全国推荐在农村中小学现代远程教育工程项目中使用。

出版社的核心竞争力有三种：产品和技术层次的实力是显实力，制度和机制层次的实力是隐实力，文化层次的实力是软实力。在2003年教育部召开的教育音像出版社发展研讨会上，我以“认真培植比较优势，增强核心竞争力”为题，发表了对显实力、隐实力和软实力的

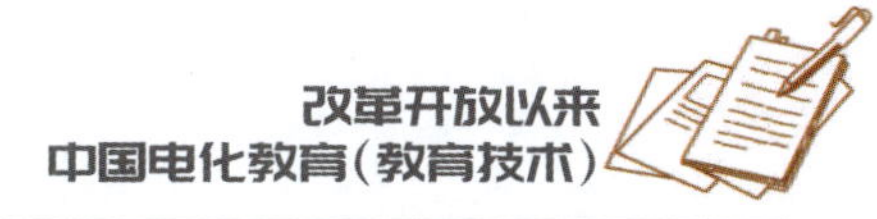

看法，获得与会者的好评。

湖南教育音像出版社，从独立建制时起就注重在发展过程中铸造自己的企业文化，形成企业价值观、企业精神、企业理念。我们把“以人为本”作为企业文化建设的基本原则。对内，不仅着眼于职工现实困难问题和工作生活条件的改善，而且注重职工的长远发展和根本利益的实现，尊重职工的人生价值，让职工在出版社有成就感、成长感和归属感，给职工一个自我实现、自我发展的平台；对外，以客户需求为标杆，以优质的产品、周到的服务、良好的信誉，赢得顾客和市场。我在1993年年终曾总结说：“我们抓企业的发展，不是单纯去抓产品，抓利润，而是通过抓企业精神来激励人的斗志，通过全面提高人的素质来实现。”1997年，出版社被评为湖南省直机关双文明建设先进单位。1998年，我代表出版社在湖南省机关党的工作会议上，做了典型发言，重点介绍了“以抓特色为重点，加强企业文化建设”和“不做出版商，要做文化的使者”的做法和经验。1998年，出版社被湖南省人民政府授予“文明单位”光荣称号。我也被授予“全国百佳出版工作者”的称号。

2008年，我从湖南教育音像出版社退休。感谢时代把我推上这个舞台，让我为电化教育的产业发展贡献微小力量，得以实现自我价值；感谢我的同事与我并肩拼搏，他们的事业心、创造性都是我的榜样。经过共同奋斗，“一块牌子”成了全国教育音像电子的品牌，“八个人”发展成了一支集教育研究、音像电子出版和教学音像电子推广应用为一体的队伍。成绩已成为过去，未来还需不断创造。

作者单位

詹道佳，湖南教育音像电子出版社。

第一个正式备案的全国性电化教育组织

◎ 刘雍潜　李　龙

1978年，党的十一届三中全会确定了“改革开放”的大政方针，我国电化教育事业随之迎来了蓬勃发展的春天。

为了贯彻党中央关于教育面向现代化的方针，更好地适应外语教育改革的需求，1978年6月，教育部电化教育组在广州召开了外语电化教育座谈会，决定成立全国高等外语院系电化教育协作组。7月，协作组正式成立，组长单位由中央电化教育馆担任，副组长单位有北京外国语学院、上海外国语学院和广州外国语学院。

1980年，专门成立了筹备组，向教育部申报建立中国高校外语电化教育协会。1884年9月15日，经教育部有关领导批准，电化教育局正式发文通知筹备组：“自即日起以‘中国外语电教协会’的名义开展工作。”经民政部正式备案，中国外语电化教育协会于1985年10月8日召开第一次全国代表会议，宣告协会正式成立，北京外国语学院陈振宜担任首届会长。

这一时期，在电化教育大发展的形势下，各部委、各地区、各专业电化教育协作组织，以及远程教育学术组织如雨后春笋般发展起来。为了适应电化教育发展的需要，更好地团结、组织全国电化教育力量开展电化教育协作和研究，促进国家教育事业发展，经国家教育委员会批准，于1989年7月成立了以电化教育司邢纯洁司长为组长的“中国电化教育协会筹备组”，开始进行建立中国电化教育协会的准备工作。筹备组成员包括中央广播电视大学校长谢新观、中央电化教育馆

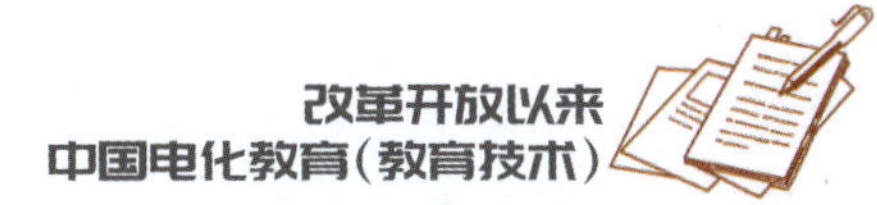

副馆长李奈、中国高校外语电教协会会长陈振宜、清华大学电化教育中心主任王绍忠、北京市电化教育馆馆长马成杰和国家教育委员会电化教育司学校处处长吴在扬。

筹备组在广泛调研的基础上，起草了《中国电化教育协会章程》《中国电化教育协会关于团体会员资格、协会常设机构设置的意见》《中国电化教育协会经费管理办法》等文件草稿。

在上述准备工作基础上，于1990年6月6日，由国家教育委员会介绍，中国电化教育协会筹备组向民政部递交了《关于中国电化教育协会申请登记的报告》，共有9个附件，分别为：（1）国家教育委员会于1990年6月6日致民政部的《关于同意中国电化教育协会申请登记的函》（教人〔1990〕024号文件）；（2）中国电化教育协会章程（讨论稿）；（3）中国电化教育协会筹备工作报告；（4）中国电化教育概况；（5）中国电化教育协会团体会员与理事会建议名单；（6）中国电化教育协会常设机构、专业委员会、领导成员名单及简历；（7）中国电化教育协会经费管理办法；（8）中央广播电视大学关于为中国电化教育协会提供办公条件的函；（9）中央广播电视大学张庆副校长关于中央广播电视大学向协会赠款的函。

1991年8月19日，民政部复函同意建立中国电化教育协会，发放了社会团体登记证（社证字第0513号），同时将中国高校外语电化教育协会明确为中国电化教育协会的二级组织。

1991年9月7日，国家教育委员会办公厅发出《关于召开全国电化教育工作会议的通知》，定于9月24日在内蒙古自治区赤峰市召开全国电化教育工作会议。考虑到参加中国电化教育协会成立会的代表与参加全国电化教育工作会议的代表基本是相同的，决定将中国电化教育协会成立会与全国电化教育工作会议同时举行，并由电化教育司于1991年9月6日发出《关于中国电化教育协会成立会的通知》（教电司函〔1991〕13号）。

在全国电化教育工作会议第三天（即1991年9月26日）下午，举行了中国电化教育协会成立大会。在成立大会上由中国电化教育协会筹备组组长邢纯洁司长做《中国电化教育协会筹备工作报告》。大会通过了《中国电化教育协会章程》，并协商推选了中国电化教育协会第一届理事会人选51人。为了适应教育信息化的发展，2002年，中国电化教育协会更名为中国教育技术协会。

中国教育技术协会是由全国各级各类学校、相关管理机构和社会组织、企业和教育工作者自愿结成的行业性、全国性、非营利性的社会团体。协会的宗旨：贯彻党和国家关于教育和教育信息化工作的方针、政策，为政府、企业、学校、研究机构搭建从事教育信息化服务和教育技术研究、应用和实践的平台；引领行业创新发展，实现教育公平，提高教育质量，促进教育均衡发展，为国家教育现代化做出贡献。

中国教育技术协会的成员覆盖了高等教育、基础教育、职业教育和成人教育四大领域，以及相关的企业、社会组织和管理机构。现有省部级团体会员单位102个，各级会员组织达几千个。协会下设信息技术教育，教育测量与评价，教育仿真，教育游戏，影视传媒，电影教育，智慧教育，创新教育实践，中小学教育，职业教育，高校远程教育，高等农业院校，外语、体育、金融、医学、中医药、中学教育信息化等35个专业委员会。

中国教育技术协会设有学术委员会和技术标准委员会，由全国知名教育技术专家和信息技术专家组成。协会成立以来，一直积极推动社会各界关心、重视和支持教育技术工作；协调和组织教育技术研究，举办各种学术活动，推广、交流教育技术理论及技术研究的成果和经验；为教育行政部门提供对教育技术的决策咨询服务和行业管理；培训教育技术管理干部、教师、理论研究人员和技术人员；编辑出版书刊和资料，交流教育技术信息；举办专业展览；加强与有关国际组织的联系，开展学术交流活动；接受教育部委托的任务。

中国教育技术协会每年召开一次学术年会，就当时电化教育（教育技术）的重大问题进行研讨，引领全国的发展方向。在1995年年会上，专门以美国教育传播与技术协会的“AECT 1994定义”为主题开展了深入讨论，后来直接促成我国电化教育事业和学科，从工作层面、学术层面到组织层面的全面转轨。从20世纪90年代开始，协会陆续承担全国教育科学“九五”“十五”“十一五”和“十二五”规划课题研

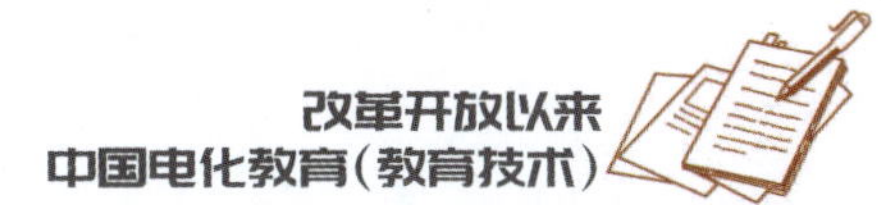

究，引领高等学校、中小学校以及相关企业的数万名教师和研究人员，在教育技术理论和实践两个方面开展了深入研究，取得了重要的成果，促进了教育现代化的进程。

近年来，随着教育信息化的飞速发展，协会吸收教育信息化优秀企业会员，向全国各级各类学校推广新技术、新产品，改善了教学环境，促进了“学与教”方式的明显变化；推动校企合作、政企合作，搭建“教育信息化桥梁”，制定教育技术和教育信息化领域行业标准，为国家推进教育信息化落地实施做出了重要的贡献。

作者单位

刘雍潜，中央电化教育馆。

李　龙，内蒙古师范大学现代教育技术研究所。

“电化教育促进中小学教学优化”课题实验研究

——中央电化教育馆第一次在全国范围内组织的课题研究

◎ 黄　慧　许乃英

“我国的教改，特别是教学领域的改革，喊了许多年，但进展缓慢，改变不大。有人说：‘我国的教学改革就像一潭池水，虽然有时有人向它投放了几颗小小石子，使水面激起层层浪花，但是石子沉向水底，浪花消失，池水很快又恢复了平静。’而这次的课题实验（指‘电化教育促进中小学教学优化’课题实验），是向池水投进一颗巨石，它所掀起的波澜，将久久不会平静，影响是深远的。”（见南国农《电教实验发展的新阶段》，《电化教育》1985年第10期）

“电化教育促进中小学教学优化”实验研究课题，是中央电化教育馆在与各地电化教育馆及有关专家充分论证的基础上，于1991年5月提出，并申报全国教育科学规划领导小组办公室，被批准为全国教育科学“八五”规划国家教育委员会重点课题。全国有31个省、自治区、直辖市、计划单列市电化教育馆，82所中小学，近千名教师、研究人员和聘请的专家、教授参加了这一课题的实验研究。整个实验在中央电化教育馆的组织下，全体实验研究人员以高度的责任感，科学、求实、认真、团结的态度，按全国教育科学规划领导小组办公室的有关规定和教育科学实验的规范、要求，在总课题组严密计划、组织、指导下，各子课题组努力做到专题落实、分科深入、理论领先、深入探索、积极实验、共同负责开展课题研究。历时5年，按预期目标完成课题实验研究任务，并于1996年3月11日通过了全国教育科学规划领导小组办公室组织的专家鉴定。

笔者作为该课题的策划组织者、总课题的负责人与所有参加课题实验的组织人员、研究人员、实验教师，摸着石头过河，一步一个脚印，共同学习、共同研究、共同探讨，5年实验，亲力亲为，酸甜苦辣，各种滋味，现在回想起来，仍会感慨万千。

记得是1989年年底，中央电化教育馆在山东青州召开的“部分省市电化教育实验交流座谈会”中，中央电化教育馆提出要在全国组织电化教育课题实验研究的设想，得到与会人员一致赞同，反响热烈，同时提出为提高实验的层次、水平，争取能申报成为全国教育科学规划课题。

1990年初，中央电化教育馆李奈副馆长和研究室主任许乃英，一起到全国教育科学规划领导小组办公室了解有关课题申报的程序、要求、条件、规定、途径等，到中央教育科学研究所了解实验方案的设计等问题。在征求有关电化教育研究人员、专家教授的意见后，数易其稿，于年中，许乃英起草完成了“电化教育促进中小学教学优化”实验研究方案。后将方案下发到各级电化教育馆，要求各地认真选择实验学校、子课题，制订好子课题实验研究方案，包括课题的提出、假设、指导思想、目标、方法、步骤、要求、组织与管理等方面，并正式向全国教育科学规划领导小组办公室申报。为稳步推进实验研究，10月，中央电化教育馆在湖南慈利举办了课题研究培训班。南国农、李克东、查有梁等教授，就“现代教学理论与教改实验”“系统科学与电化教学”“传播理论与教育传播”“科学研究方法与教学设计”“科学理论与方法在电教研究中的运用”做了讲座，对参加课题实验的有关人员进行初步培训。

1991年5月，中央电化教育馆决定，无论“电化教育促进中小学教学优化”实验研究课题申报成功与否，都要在“八五”期间组织各省、自治区、直辖市开展这一实验研究。并对此项研究的具体事宜做出了具体布置，得到了各地电化教育单位、研究人员积极热烈反响。11月30日，“电化教育促进中小学教学优化”研究课题被批准为全国教育科学“八五”规划国家教育委员会重点课题，更激起了所有参与人员的热情与信心。还记得：为争办此课题开题会，不少省市电化教育馆都积极要求承办，有的馆长带着研究室主任直接找到许乃英家中表态，要求承办会议，为推动电化教育的实验研究出力，着实让人感动。12月初，中央电化教育馆在广西南宁召开了有300余人参加的全国电化教育实验研讨会，这一课题的实验研究正式启动。

这一课题实验周期长，研究内容广，涉及单位和研究人员多，而起始水平又不一，操作有很大难度。为保证实验的科学性、规范化及其效度和信度，完成实验任务，达到预期目标，中央电化教育馆成立了总课题组（前中期组长许乃英，中后期黄慧。成员：许乃英、黄慧；湖南：詹道佳、梁育腾；北京：潘克明；上海：张迪梅；广西：潘志诚）。整个实验是在总课题组总体设计、严格控制、具体指导下，有计划、有步骤地进行的。期间还制定了《课题研究管理暂行办法》《课题研究评估指标体系》《子课题验收评估表》。从1990年准备，1991年开题，到1995年10月各子课题验收结题，总课题组针对实验中发现的问题，对实验研究人员进行了4次大的集中培训，召开了3次课题研讨交流会，编发5期《实验研究信息》。并由总课题组集体编写2册，计30万字的《课题研究指导》（1992年湖南教育音像出版社出版、1993年教育科学出版社出版），指导、提高所有参加该课题实验研究人员的理论水平和科研方法。

在充分调研的基础上，总课题组成员在实验前、中、后期，对整个课题研究开展的情况经常交换意见，对各阶段各子课题的实验研究分类、排队，进行个案分析，通过通讯的方式，或利用课题研讨交流会会议间隙，对各子课题分别进行指导。还记得每次研讨交流会，总课题组的几位成员就成了香饽饽、大忙人。各子课题的研究人员、实验教师，几乎排队等候总课题组成员的指导、建议。当时实验教师的那种对实验的认真、热情、求知欲，使我们至今难忘。

实验中后期，总课题组又提出“相近课题，自愿结合，开展专题研讨”的要求，并确立了组长单位组织专题研讨活动。两年中，组织了6次专题研讨会，通过交流、答辩、总结、评价等活动，互相启发，促进实验研究成果水平的提高。

为了使课题研究单位有一种责任感、使命感，认真投入实验研究，不走过场，同时对因名额限制（各省限报1所中学，1～2所小学），没

有批准进入本课题实验，却又十分积极执着地跟着本课题实验同步走的“外围学校”以希望、鼓励，实验研究初期总课题组即确定了“优胜劣汰、滚动发展”的激励机制，允许中途上下车。据此，实验后期，1994年又有一些学校被批准进入课题研究。有个别的子课题学校，因种种主客观原因，终止实验，退出课题研究。

近5年的实验研究，各子课题除了达到了课题预期的提高教学质量、教学效益，减轻学生负担，培养学生的能力外，还形成了一些具有一定水平的理论认识成果，撰写了一批有一定学术水平和使用价值的论文，积累了一批有价值的实验数据、资料，得到了国内和当地教育界专家的认可和高度评价。其中，有60多篇在国家级教育专业刊物上发表，有300多篇在省级刊物上发表，40多份实验报告或论文在省级教育科研成果、论文评奖中获奖。有一些论文、著作由专业出版社出版发行，形成了一批中小学学科课堂电化教学的教学设计、课堂电化教学模式。

总课题组在所有参加本课题实验的各子课题几年研究成果的基础上完成了理论著作《课堂电化教学研究》（41万字，教育科学出版社1996年出版）（见图1）。本课题不仅达到了研究的目标、目的，而且初步建立起符合我国教育实际的中小学课堂电化教学理论和方法体系，为我国现代教学理论建设提供了新的理论，为发展学校电化教育，推广运用现代教学手段做出了积极贡献。时任国家教育委员会柳斌副主任欣然为本书题词“运用现代电教手段，努力提高教育质量”（见图2）。南国农先生作序，序中特别强调：“本书的编辑出版，对深化教育改革、提高教学质量，必将起到有力的推动作用。”记得该书在全国各新华书店发行后，一书难求，不少教师和教育科学研究人员竟然直接打电话或写信给笔者索取该书。在《电化教育》杂志做的有关电化教育理论著作索引统计上，该书也名列前茅。1999年，全国第二届教育科学优

图1 《课堂电化教学研究》封面

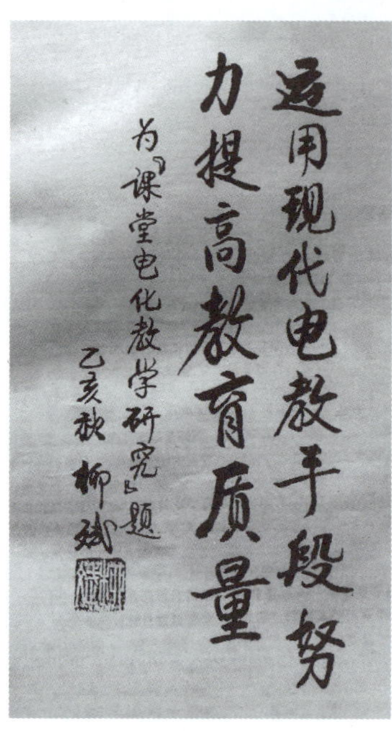

图2 原国家教育委员会柳斌副主任为《课堂电化教学研究》题词

秀成果评奖活动中，该著作获优秀成果二等奖，荣获了中华人民共和国教育部颁发的获奖证书和奖牌，是优秀成果奖中唯一的关于电化教育教学的理论著作，可以说是电化教育起步20年来获得的全国教育科学研究的最高奖项（见图3）。

应该说，这一课题实验，以先进的教育理论为指导，以已有的教学实践、电化教育实验研究为基础，立足于本课题研究，为达到提高教育教学质量，探索电化教学的规律、原则的目的，实现电化教育的实验从经验总结层次向科学理论层次的升华、飞跃，进行了大量的卓有成效的实践，其社会价值、社会反响远远超过课题研究本身。

如参加课题实验的教师，多为中青年，他们教育科学实验的经验几乎是一张白纸。五年的实验，使所有参加实验的教师得到了锻炼，提高了教育科研能力，提高了自身素质。不少教师通过实验被评为特级教师、高级教师、优秀教师，有的被破格晋升，有的被提拔到领导岗位，许多教师已是学校或本地区教育教学改革的带头人。

又如有的学校由于参加课题实验，显现出十分明显的效果，引起当地教育界和教育行政部门的重视、注意，因此改变了学校的办学条件，提高了学校的知名度。仅举一例：吉林省辽源市矿电街小学。实验前是“三类三”的学校，家长宁可舍近求远，也

图3 《课堂电化教学研究》荣获全国第二届教育科学优秀成果二等奖

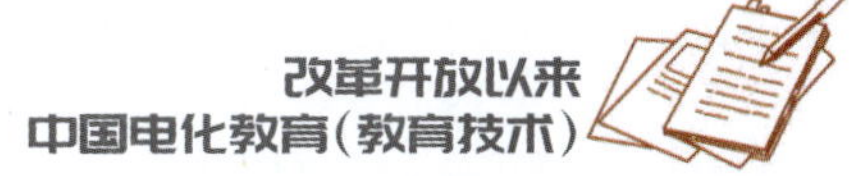

不愿子女进入此校。通过五年的课题实验，实验效果十分明显，教学质量极大提高，社会影响广泛。因此，学生数额激增，实验结题当年，学校由实验前的12个教学班扩大到24个班，还有4个学前班。由于实验的成效极大，市教育委员会为这个“三类三”学校添置了电化教育设备；由于实验的影响推动了整个区的电化教育工作，《吉林教育》以“开辟了教改新途径”为题，发表了调查报告；由于课题实验，学校在当地已小有名气，校长是课题实验的组长，也有了一定的知名度，被推选为区人大代表。这样的例子，实验结题后，比比皆是。

该课题实验为什么能组织这样庞大的队伍，参与的学校这样多，参加的教师这样多，还有不少学校在实验圈外同步，自筹经费，自愿参加，坚持数年，成果丰硕。原因主要有：（1）选题科学、合理，课题结合教学改革进行，成为深化教学改革的一项重要举措，是实验成功的前提；（2）重视理论指导，强化课题管理，实验科学规范，是实验成功的保证；（3）领导重视，专家、教研人员、电化教育人员、实验教师紧密结合，是实验成功的关键；（4）边实验、边学习、边研究、边出成果、边验证、边推广运用，直接促进基础教育的改革和发展，是实验成功的重要途径。更为重要的是，所有实验研究人员都有一颗忠诚党和人民教育事业的炽热红心。

有专家认为，这一课题实验的完成是我国中小学电化教育实验研究进入到一个新的发展阶段的明显标志。表现在：（1）在中国电化教育发展史上，“电化教育促进中小学教学优化”实验研究课题，第一次被列为全国教育科学规划重点研究课题。（2）在中国电化教育发展史上，第一次自上而下，有组织、有计划、有领导地进行的科学、规范的实验研究。（3）在中国电化教育发展史上，电化教育的研究成果、理论著作（《课堂电化教学研究》）第一次获得全国教育科学研究优秀成果二等奖。（4）在中国电化教育发展史上，第一次有82所实验学校得到由全国教育科学规划领导小组办公室颁发的结题证书。

南国农先生认为：“‘电化教育促进中小学教学优化’课题的实验研究，是我国教育科学领域一次极有价值的探索，四年多的实验研究，取得了丰硕成果，积累了一批有价值的实验数据、资料，形成了一批新的教学模式；锻炼了一支以第一线教师为主体的电化教育研究队伍，提高了广大教师教学教研水平；为建立学科现代教材体系、教学方法体系和教学理论体系做出了有益的贡献。”（摘自南国农先生为《课堂电化教学研究》一书所做的序）

通过这一课题研究，笔者得到了南国农、李克东、卓晴君、潘仲茗等教授、专家的指导；与詹道佳、梁育腾、潘克明、张迪梅、潘志诚开展了精诚合作；与众多的从事电化教育的教研人员、第一线教师组成团队，历尽艰辛，排除阻力，积极探索，取得相当的成果，我们以此为幸运、为荣光、为骄傲、为自豪。

作者单位
黄　慧，中央电化教育馆。
许乃英，中央广播电视大学。

全国电化教育知识大奖赛在兰州举行

◎ 杨改学

1978年，我国电化教育重新起步之后，全国教育领域掀起了开展电化教育的热潮。省、地、县成立电化教育馆（站），高等学校成立电化教育中心，中小学积极将电化教育手段引进课堂，看是一片热热闹闹的繁荣景象。但对电化教育是什么，它的功能与作用是什么，电化教育的构成要素有哪些等问题，在学校和社会的相关领域了解得不够深入，运用的不够广泛，因此得不到社会的广泛支持。在《电化教育研究》杂志创刊10周年的1990年，时任《电化教育研究》杂志主编的南国农先生和编辑部的一班人提出，由《电化教育研究》编辑部发起并举办一次全国性的“电化教育知识大奖赛”。1990年开始筹备，1991年在全国开展宣传和征稿，并在当年开奖。当时的全国电化教育发展的背景条件是非常好的：全国各级电化教育机构先后建立，一支专兼结合的电化教育队伍在逐步扩大，电化教育教材建设取得了明显的成绩，电化教育理论和实验研究有了一定的进展，电化教育专业从专科、本科、研究生，已在全国30余所学校建立，广播电视教育和卫星电视教育蓬勃开展，语言实验室和计算机教育也得到了较快的发展，电化教育团体和电化教育刊物也得到了较快的发展。在这一大发展的形势下，南国农先生提出：“电化教育事业是全社会的事业，通过本次大赛，希望社会各界都来关心电化教育，了解电化教育，支持电化教育，使我国的电化教育事业能得到更快、更健康的发展。”在南国农先生的领导下，《电化教育研究》编辑部和西北师范大学电化教育系的老师们，在大赛的内容、形式、宣传、开奖、奖品、协办单位等方面进行了精细的策划。

“全国电化教育知识大奖赛”主要是通过阅读给定的材料回答问题，寄送答案进行参赛。《电化教育研究》于1991年第3期刊登了文章《首届“全国电化教育知识大奖赛”隆重举行》。参赛者主要阅读杂志所登文章《首届“全国电化教育知识大奖赛”隆重举行》，然后填写刊登在《电化教育研究》1991年第3期上的首届“全国电化教育知识大奖赛”试题（20道）的答题卡，并将答题卡寄回大赛组委会即可完成参赛。此次大奖赛以宣传电化教育知识为主，采取只要认真阅读文章就能正确回答所给问题的方式，使更多人员能参与到大奖赛中来，从而使更多的人了解电化教育，开展电化教育，支持电化教育。为使更多的人参与到此次活动中来，此次活动还分别在甘肃日报、光明日报、甘肃电视台等多家新闻媒体刊发消息。据后期统计，参赛者有数万人，包括大、中、小学校教师，学生，教育管理干部，家长，基层电化教育专干等多个层次的人员，发放试题和回收答案历时半年。《电化教育研究》是学术性的刊物，作为主办单位，所需资金无法提供。本着经过努力，困难可以逐步解决的信念，《电化教育研究》尽己所能联系公司，获取赞助。在大家的共同努力下，13家企业对本次活动鼎力支持，分别是国营长风机器厂、中兴电子仪器厂、中国机械电子工业部烽火无线电厂、兰州连城铝厂、兰州碳素厂、北京计算机外部设备三厂、北京宏庙幻灯制片厂、甘肃光学仪器工业公司、甘肃铝业公司、白银铝厂、兰新无线电厂、江西仪器厂、兰州金城宾馆。上述企业不仅为此次活动提供资金，还提供了本次活动的获奖奖品，兰州金城宾馆为开奖仪式无偿提供场地。其中提供的奖品为：

一等奖：“长风”立式20寸彩色电视机一台及人民币500元。

二等奖：“潘太克斯”全自动照相机。

三等奖：“仙曲”微型收放机。

四等奖：FH-90型电视伴收音机。

组织奖：精美纪念品。

首届全国电化教育知识大奖赛开奖仪式于1991年12月10日在兰州的金城宾馆九楼进行（见图1），南国农先生主持了开奖仪式（见图2）。根据摇奖所获取的名单依次邮寄获奖奖品。为求得公平公正，大

图1 “首届全国电化教育知识大奖赛”开奖仪式

奖赛取得了公证机关的公证，接受参与人员包括协办单位的代表、参赛人员群众代表、兄弟院校的领导、西北师范大学领导及《电化教育研究》编辑部人员等的监督。据后期调查和许多参赛人员回访《电化教育研究》编辑部时交流，大家对本次活动给予了高度评价。其中第一名获得者表示，举办如此规模的大奖赛，发放如此名贵奖品，对于一个编辑部来说，着实不易。

本次大赛获奖者共245人，其中一等奖1人（由贵州省黔南荔波县教育局教研室的覃桂林获得），二等奖10人，三等奖54人，四等奖180人，获奖人员包括教师、学生和教育管理干部，参加的人涉及全国大部分省市的数万人。本次大奖赛影响之大，涉及面广，是以前没有过的。这次活动对全社会各个阶层普及电化教育知识，寻求社会对电化教育的了解和支持起到了积极的推动作用。是《电化教育研究》对全国电化教育发展做出的应有贡献，也是南国农先生对全国电化教育事业发展的一次巨大贡献。

图2 南国农先生在“首届全国电化教育知识大奖赛”开奖仪式上

作者单位
杨改学，西北师范大学教育技术学院。

首次全国电化教育考察万里行

◎ 杨改学

一、“全国电化教育考察万里行”概述

1992年，是中国改革开放关键的一年，是我国社会主义现代化建设史上关键的一年。邓小平同志视察武昌、深圳、珠海、上海时发表了著名的“南方谈话”，之后全国人民很快学习和贯彻邓小平同志“南方谈话”的精神，全国出现了一片生机勃勃的改革开放局面。为了使中国电化教育领域也能够很好地贯彻和落实邓小平同志“南方谈话”中提到的“抓住有利时机，加快改革开放步伐”的精神，西北师范大学电化教育系南国农先生提出，对我国电化教育事业发展现状进行一次实地考察，了解和总结电化教育工作的新情况、新问题、新经验、新成果，以便推动全国电化教育事业蓬勃发展。这一具有深远影响的活动受到原国家教育委员会电化教育司的重视，在南国农先生主持下，西北师范大学电化教育系和《电化教育研究》编辑部承办了这一有重大影响的“全国电化教育考察万里行”活动。国家教育委员会电化教育司为考察专门出具了公函。

1992年5月23日上午，在西北师范大学举行了“全国电化教育考察万里行”活动的启程仪式，启程仪式由西北师范大学电化教育系党总支书记任来宝主持（见图1）。学校领导和教务处、保卫处等相关领导以及电化教育系师生参加了启程仪式。西北师范大学党委书记阎思圣、校长王福成为考察组授旗，大家情绪非常高涨，随后南国农先生

图1 “全国电化教育考察万里行”活动启程仪式

做了简要讲话，讲话结束后万里行考察活动正式开始。

“全国电化教育考察万里行”活动，从甘肃省兰州市出发，沿途经过陕西、河南、湖北、湖南、广西、广东、深圳、福建、江西、安徽、江苏、山东、河北、北京、内蒙古、宁夏等17个省、市、自治区。在整个考察过程中，考察组依靠当地政府、教育主管部门、电化教育馆及学校等单位的支持和帮助，运用访谈、实地观察、问卷调查、定向约稿、文献资料收集、录音录像摄影等方法，顺利地对各省市进行了考察，如实地记录了各地开展电化教育工作的实际情况。

“全国电化教育考察万里行”活动是自1978年中国电化教育工作重新起步以来，我国教育界举行的第一次驱车万里实地考察的活动。考察活动于1992年5月23日起至7月11日结束，历时50天，整个行程为12850公里。考察活动涉及的对象比较广泛，包括省、地、市、县、乡的电化教育馆（站），县（市）教育电视台，广播电视大学，大专院校，中等师范学校，幼儿师范学校，中小学，幼儿园，教育音像出版社，电化教育设备和软件生产厂家等。同时，与各地电化教育界老同志、老师、学生等进行广泛交流，总结我国电化教育事业已经取得的典型经验，探索在新形势下如何加快电化教育发展的新思路和新做法。

二、“全国电化教育考察万里行”成果

考察队同时也是宣传队。考察组由6人组成，组长由南国农先生担任，组员：杨改学（外出考察组组长，现西北师范大学）、黎加厚（现上海师范大学）、张小红（现南通大学）、冯锐（现扬州大学）和考察组汽车驾驶员邓富兴。“全国电化教育考察万里行”活动，不仅只

是考察各地电化教育工作的开展情况，同时也是一支电化教育的宣传传播队伍。每到一处都宣传电化教育和全国各地开展电化教育的先进经验。这次活动共考察了22所高等学校（包括军事院校），68个省、地、县、市级电化教育馆和教育主管部门，34所中学和42所小学。

考察活动采用座谈、访谈等形式进行。除了采访当时有影响的全国电化教育先进单位之外，还采访了电化教育界的老前辈萧树滋先生（河北大学）、孙明经先生（北京电影学院）、廖泰初先生（华侨大学）。考察队给他们录音录像，留下了宝贵的资料。被采访者的录音、录像、照片、签名、留言等资料保存至今，比较齐全。

考察活动结束后，完成了数万字的《全国电化教育考察万里行考察报告》，并将该报告及时提交给了原国家教育委员会电化教育司，该报告为筹备开展全国电化教育工作会议提供了较为丰富的第一手资料。考察活动结束后，以此为基础撰写发表考察报告、研究论文等6篇并先后在报纸杂志上发表。

用新思想和新理念指导考察工作的全过程。当时提出考察活动时，没有任何经费来源，在南国农先生创新理念的指导下，考察组成员充分发挥智慧，走校企合作之路，成都大地汽车厂捐赠了该厂生产的7座大地牌汽车1辆，并支援一名驾驶员随车完成了整个考察活动。还有相关企业给予了一定的经费支持。

三、“全国电化教育考察万里行”考察日记及影像节选

（一）河南省考察日记

1992年5月27日下午，汽车进入了河南省境内。当天晚上考察组住在了巩义市。5月28日，考察组通过电话与河南省电化教育馆取得了联系，电化教育馆负责人赵彤帆同志高兴地在河南省电化教育馆的门口迎接了考察组成员。29日上午，考察组参加了河南省电化教育馆馆长和各部门负责人座谈会，在会上同志们全面介绍了河南省电化教育开展情况。河南省电化教育馆是行政、企业、事业三合一的机构，有工作人员70人，其中，高级职称5人，研究生3人，本科生20多人，专科生10多人。全馆共设10个科室，工作分普通教育、高等教育、卫

星教育、中师中专四大块。河南省电化教育馆抓了23所试点学校（地市有164所试点学校），通过层层试点示范，推广学校电化教育。5月29日下午，考察组访问了郑州工学院电化教育中心和郑州大学电化教育中心。5月30日上午，考察组参加了河南省电化教育馆组织的电化教育设备厂家座谈会，与生产“少林牌”投影器的郑州照相机厂进行了讨论，然后去河南省电化教育馆的《教育影视》编辑部参观学习。5月30日下午，考察组到开封市马市街小学考察（见图2），这是一所村办小学，没要国家一分钱，全由村民集资办起来的，该校获得了河南省教育委员会“电化教育先进单位”的表彰。

（二）考察活动影像节选

考察组考察活动的影像见图3至图9。

图2　考察组与河南省开封市马市街小学校领导合影

图3　考察组在湖北省电化教育馆新大楼前合影

图4　考察组成员黎加厚与湖南省新邵县高桥乡农民交谈与采访

图5　考察组在广东省电化教育馆前合影

图6 采访华南师范大学电化教育系主任李运林教授

图7 国家教育委员会电化教育司司长邢纯洁在福建省电化教育馆接见了考察组全体成员并为考察组签名留念

图8 考察组在河北大学拜访电化教育界老前辈萧树滋先生(左3)

图9 考察组与内蒙古新华镇幼儿园师生合影

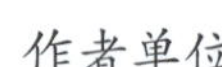

作者单位

杨改学，西北师范大学教育技术学院。

全国第一位教育技术学博士生导师及第一位毕业博士研究生

◎ 袁克定　吕巾娇

一、全国第一位教育技术学博士生导师：何克抗

1993年，经国务院学位委员会批准，北京师范大学无线电电子学系建立了全国第一个教育技术学博士点，培养目标为培养具有坚实理论基础和实践能力的高级研究型人才。1993年12月17日，经国务院学位委员会第十二次会议批准：第五批博士学位授权学科、专业点名单与国务院学位委员会学位〔1993〕39号文件一起下达到各个高校相关主管部门，由主管部门转发博士生指导教师名单及调整学科、专业的博士生指导教师名单，并自行公布。国务院学位委员会审批第五批博士点和博士生导师，这是国务院学位委员会最后一次审批博士生导师，此后都下放到各个高校自主申请和审批。上述文件的附件一中公布了何克抗教授（见图）被国务院学位委员会批准为我国第一位教育技术学博士生导师。

图　何克抗教授

何克抗，广东省大埔县人，北京师范大学教育学部教授、博士生导师，现代教育技术研究所所长，东北师范大学荣誉教授（终身教授）。何克抗教授长期从事教育

技术理论与应用研究，先后出版专著、主编教材等10多部，在国内外发表论文200多篇。1975年获北京市计划委员会颁发的“技术革新先进分子”称号；1992年获国务院颁发的“中青年突出贡献专家”称号；1995年人选英国剑桥世界名人录；1997年成为美国纽约科学院院士；作为第一完成人获教育部教育学科优秀论文一等奖一项，获国家级优秀教学成果二等奖一项，教育部和北京市科学技术进步二等奖四项，拥有发明专利一项；2006年被评为北京市高校名师；2011年被中国教育技术协会授予“中国教育技术事业杰出贡献奖”；2012年被评为“首都教育界十大有影响人物”；2015年被全球华人计算机教育应用学会授予“终身成就奖”；2018年被中国教育学会等机构推选为当代教育名家。

何克抗教授作为我国第一位教育技术学博士生导师，共培养了53名教育技术学专业的博士，至今还他坚持给学生上课。从教近60年来，何克抗教授在“教育信息化工程”“中小学的教学改革试验”和“教育创新理论”等方面始终引领国内的研究方向与发展潮流。他曾长期担任教育部高等学校教育技术学专业教学指导委员会主任，中国教育技术协会学术委员会主任，全国教师教育信息化专家委员会主任，全球华人计算机教育应用学会（GCCCE）第一副主席，国际计算机教育应用学会（ICCE）执行委员等职务。在担任全国教师教育信息化专家委员会主任期间，他负责主持制定了全国第一个教师专业能力标准——《全国中小学教师教育技术能力标准》。与此同时，何克抗教授在长期深入进行中小学教学改革试验研究的基础上，努力探索网络时代的创新教育理论，通过对国内外教育名家思想、理论的批判继承，并紧密结合中国的实际，在创造性思维理论、信息技术与课程深层次整合理论、儿童思维发展新论、语觉论（儿童语言发展新论）、建构主义的教学设计理论等方面逐步创立了自成一家的全新教育理论。

自2000年开始，何克抗教授开始“跨越式教学法”试验，探索如何在起点不一的前提下，实现结果相对公平的操作模式。历经十余年教育实践，如今，在北京的远郊区县（昌平、石景山）、深圳的南山区、广州的越秀区、新疆库尔勒、河北丰宁、河北逐鹿、宁夏海原、宁夏永宁、甘肃成县、甘肃康县、贵州福泉……由何克抗领衔的北京师范大学“基础教育跨越式发展创新试验研究”课题组，已经持续开

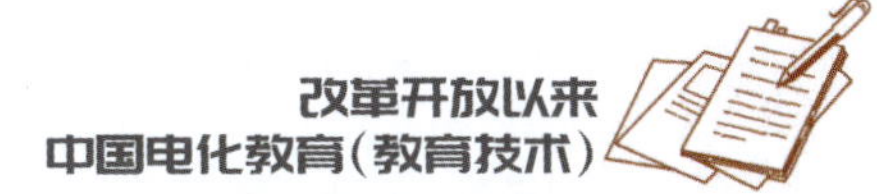

展近20年，先后在全国建立了30多个试验区，试验学校发展到600多所。指导基础教育教师近5000名，受益学生20万余人，为边远地区和农村地区提高基础教育质量，促进教育均衡发展解决了技术难题，产生了良好的社会效益。人民日报、中国教育报、中国青年报等十余家媒体对其改革成果做了相关报道。试验的成功还引来了国外教育界的关注。2010年9月，新加坡开始在全国推行以何克抗团队跨越式教学为蓝本的华语教学方法。原国务院副总理刘延东评价何克抗及其跨越式教学法："所提议运用信息化教学的教育创新理论提升农村中小学教育质量，实现义务教育均衡发展的研究成果富有创意，是推行教育公平和教育改革的新举措，具有现实意义。""何克抗教授20年深入基层、潜心钻研、锐意创新的精神可嘉！""希望扩大试点，积极推广，大力宣传。"

"顶天立地"是何克抗教授经常教育学生们的一个词。"顶天"就是要敢于向国际先进水平看齐，敢于向国际学术权威挑战，要有我们自己的学术自信。"立地"就是要深深扎根于实践的土壤，只有脚踏实地埋头苦干，才能发现实践中的"真问题"，才能运用专业知识去指导实践。他是20年教学改革的"开拓者"，实验区覆盖全国多个省市，力促教育均衡发展。虽已是耄耋之年，但他热情不减当年，怀着对教育事业的热爱，依旧辛勤耕耘。

二、全国第一位教育技术学毕业博士研究生：郑永柏

1994年，何克抗教授招收的第一个博士研究生是李少辉，但她次年出国之后没有完成学业。1995年，何克抗教授招收了第二个博士生郑永柏，他是我国教育技术学专业第一个获得博士学位研究生。

郑永柏，甘肃文县人，1998年毕业于北京师范大学无线电电子学系，获教育技术学专业博士学位，成为中国培养的第一位教育技术学博士。他的博士学位论文题目为《教学系统设计理论和方法研究——教学处方理论和ISD-EPSS的设计与开发》。该论文提出了一种新型的教学系统设计理论——"教学处方理论"，作为国内创新的教学系统设计理论之一，获得了一定的关注，之后陆续出现了一些对该理论的应用研究和进一步拓展应用。

郑永柏在获得博士学位之后，一直投身于教育信息化相关的研究和产业化工作。1998—2004年，任科利华软件集团副总裁，科利华网络股份有限公司（A股上市公司，股票代码600799）董事、副总经理。2004年至今，任华乐思公司董事长、总经理、高级工程师，兼任中国软件行业协会理事。

在教育信息化研究方面，郑博士一直没有停止脚步，主要从事现代教育技术、网络教育、教育软件设计与开发方面的研究和探索工作。参与《共和国教育50年》等重要文献的撰写工作。作为教育部面向21世纪课程教材"教育技术专业主干课程系列教材"编委会委员，与导师何克抗编著了教育技术学专业主干课程教材——《教学系统设计》《教育技术学》，发表了关于教育信息化、教育软件发展、校园网建设等方面的研究论文数十篇，承担了多项教育信息技术相关研究课题。

在产业化方面，郑博士主持开发了一系列有广泛用户和行业影响力的教育信息化产品，如面向学生家庭自主学习的"电脑家庭教师"软件，面向学校教师使用的"电子备课系统"软件、"校园网信息系统平台"等产品，这些产品均被列入"国家重点新产品"。此外，郑博士还策划、组织和实施了一系列有影响的活动，如《学习的革命》图书推广项目，该书创造了中国单册图书发行的记录，形成了巨大的社会影响。

同时，他还承担了多项北京市和国家项目，如国家"863"项目"面向21世纪的校园网研究"，国家级火炬计划项目"网上学校研究与开发、小学家庭学习信息化平台建设项目"，"十二五"国家科技支撑计划项目"数字学习内容与管理服务及应用示范"（项目编号为2013BAH18F00）等。

郑永柏博士一直践行着导师何克抗教授的"顶天立地"思想，在教育信息化的研究与产业化道路上乘风破浪、开拓创新，发扬着教育技术人的求索精神。

作者单位

裘克定，北京师范大学教育学部。

吕巾娇，北京师范大学教育学部。

“两机一幕”的浙江足迹

◎ 施建国

技术进步的步伐，记录了电化教育的发展轨迹。随着19世纪末照相、幻灯、无声电影等技术的出现和夸美纽斯等人直观教学思想的广泛传播，结合20世纪初中国新文化运动，视听教育逐渐在中国产生和实践。1923年，为普及平民识字教学，晏阳初引入欧洲幻灯技术，在浙江嘉兴试办幻灯教学，一个教员可教200个学生。这基本成为幻灯技术用于教育的最早尝试。但幻灯教学走向学校教育，则开始于20世纪70年代。

一、“两机一幕”进教室起步早、步伐实

沐浴着改革开放的春风，20世纪70年代后期，浙江省着力推进初等教育的普及，并积极响应邓小平同志提出的“要制订加速发展电视、广播等现代化教育手段的措施”的号召，较早地发动学校开展幻灯教学和电化教育，推广电视、广播等现代教育手段的运用，声像并茂、形象生动地把教育带入了一个全新的视听世界。1975年，全省启动电化教学试点工作。1978年，省教育委员会在东阳市召开全省幻灯教学大会，全面总结和推广幻灯教学经验。进入80年代后，“两机一幕”配备呈显著增长趋势。截至1985年年底，全省共有幻灯机、投影机9232台，录音机11715台，较上年增幅分别为40%和70%，为促进全省普及初等教育和普及九年义务教育创造了较好条件。

1985年，《中共中央关于教育体制改革的决定》颁布后，浙江教

育进入了全面改革开放的新时期，以不断满足人民群众对教育日益增长的需求为根本出发点，实施“科教兴省”战略，深化教育改革，关注正确处理教育发展的数量与质量、结构与效益、普及与提高以及教育与经济社会发展等诸多关系。浙江教育对内涵发展的诉求进一步加快了电化教育的发展。1985年，省教育委员会印发《浙江省全日制学校发展电化教育六年规划》，其中，在设备、器材建设上强调“中小学以幻灯、投影、录音为主”，并明确“各市、县（市、区）应从本级普教事业费中单独列出至少0.5%作为电化教育专项经费，并逐步达到1%”。1993年，随着义务教育课程教材改革，浙江省全面推广使用与文字教材配套的电子音像教材，学校电化教育实现了从试点到逐步开始普及的重大转折，全省中小学全面推行“两机一幕”进教室，以投影、录音为主要手段的电化教育在全省开始普遍运用。根据国家教育委员会电化教育办公室“八五”末期电化教育基本情况调查公布的数据，浙江省以“两机一幕”为主的常规电化教育媒体拥有率在全国居于领先地位。

二、投影片和配套音像教材等电化教育教材全面普及

电化教育教材建设是“两机一幕”工作的重要内容，是发展电化教育之本。国家教育委员会在《关于进一步加强电教教材建设的意见（试行）》中明确：“对投影、幻灯、录音教材的编制，要发挥地方和学校的积极性。”当时，浙江省的电化教育教材编制规模较大、特色明显、影响广泛，为全国发挥了一定的引领和示范作用。

（一）编制工作起步早、影响广

20世纪80年代中期以前，浙江省电化教育馆主要是按照中央电化教育馆要求，组织编制电视片、教学片和课堂实录。据资料反映，至1985年，全省已有幻灯投影片38.8万张，录音带8.23万盒，9个课题的幻灯片和教学电影片在全国评比中获奖。1997年年底，国家教育委员会电化教育办公室指定浙江省选送部分义务教育音像教材去全国中小学实践教育与应用现代教育技术现场会参展。会上，这些教材受到了国家教育委员会领导和兄弟省市同行的高度好评。

（二）投影片大规模生产

浙江作为教学投影片生产大省，一是源于产业发展。浙江省文化厅直属的浙江幻灯制片厂是国内率先配合电化教育进行投影片生产的第一批专业老厂，也是人民教育出版社、教育部基础教育司、中央电化教育馆、浙江电化教育馆、江苏省电化教育馆审定教材投影片定点生产厂家之一，承担了全国很大部分的投影片制作。二是源于政策探索。1989年，经国家教育委员会同意，浙江省先行开展义务教育课程教材改革试点。此次课程教材改革，旨在通过课程体系改革减轻学生课业负担，从应试教育走向素质教育。改革试点工作给电化教育教材编制带来了新机遇，也提出了新要求。据我的同事屠元成介绍，在一次偶然的机会中，一个外国电化教育工作者来到原浙江省电化教育馆交流工作，带来了一张投影片。这张印刷而成、色彩明亮且大面积的投影片，给了电化教育馆的同志很多的启示。此后，屠元成随同另一名同事专程赴上海，找到了一家糖果包装纸印刷厂，印了一批初中“社会”学科配套胶片。因为都是照片印刷，效果不是很理想，但由此启发了自行办投影片生产工厂的思路。于是，针对当时温州投影片行业兴盛的实际，动员有关企业开办教学投影片生产线。1993年，为满足各地对教学用投影片的较大需求，省电化教育馆投资创办了浙江电化教育发展公司幻灯制片厂，主要负责教学用幻灯投影片生产。在学科上，根据新课程改革，第一年仅覆盖初中新学科“社会”。第二年开始，逐步向科学、美术、数学、语文和英语等学科扩展。到第三年，基本覆盖义务教育阶段各学科。在数量上，当时浙江省投影片生产量占比在全国总量的50%以上。

（三）音像教材与文字教材同步配套编制

音像教材与文字教材相配套成为当时浙江省义务教育课程改革试点工作的一个重要亮点。课程改革启动后，浙江电化教育工作就主动投入改革的大潮中，启动同步编制文字教材与音像教材，做到“同步编制、同步生产、同步到校”。配套编制采用小步走的方式，从部分学科开始，逐步向全学科推广。从1993年秋开始，全省义务教育段中小学校全面推广使用与文字教材相配套的音像教材。据统计，到1993

年，随着使用新教材年级逐年增多，音像教材占有的总值达3000万元以上，使用新教材年级开展电化教学的学生覆盖率达80%以上。截至1994年，全省已基本完成初中各年级各学科、小学1—4年级各学科共260多种音像教材的编制工作。1997年，省财政厅、省教育厅将音像教材费列入中小学代管费的收取范围，覆盖率增加至23个学科，293种，并逐步走向全覆盖。电子音像教材在全省中小学校中的应用，改变了过去一支粉笔一本书的教学方法，对提高教育教学质量，促进教育思想和教育观念的更新，由“应试教育”向“素质教育”的转化起到了积极的推动作用。

三、注重教师电化教学能力提升

在“两机一幕”推进过程中，浙江省始终注重不断提高教师电化教学能力。

（一）开展电化教育全员培训

将培训活动纳入省中小学教师继续教育计划，采用省级骨干教师培训和县级本地培训相结合的方式。培训内容包含教师电化教育知识、技能、音像教材使用等。仅1993年一年，全省培训教师就达4.5万人次，约占初中、小学专职任教教师总数的20%。各地还广泛开展了各种形式的教学研究活动和备课活动。1995年3月14日，省教育委员会印发《关于对全省小学教师进行电化教育培训的通知》，计划用两年时间，对全省小学教师分批进行电化教育培训。其中规定：“凡男55周岁、女50周岁及以下的小学在职教师均须参加培训及考核。在这年龄段以上的小学在职教师也应参加培训，但可不参加考核。”在小学教师全员培训的基础上，1996年，启动初中教师的电化教育全员培训。

（二）注重日常应用管理

为了促进教师使用音像教材，要求学校除要有领导分管、配备专职或兼职电化教育人员外，还要建立使用登记制度，并设立班级小电化教育员。凡使用新教材的班级要对每位教师、每节课的音像教材使用情况进行登记，并纳入教师工作考核；凡使用新教材的班级都要设

一个小电化教育员，其职责是协助教师做好电化教育器材的准备、使用、保管等工作，同时负责登记使用情况。

20世纪90年代中后期开始，计算机和多媒体逐步进入校园，推广计算机辅助教学和管理成为现代教育技术的新任务。至21世纪初，随着以计算机和互联网为代表的现代信息技术的发展，教育资源的媒介载体逐渐转向数字化、网络化。2004年，浙江省政府启动实施第一轮“农远工程”，加大多媒体计算机的推广应用，“两机一幕”基本完成历史使命。

“两机一幕”作为早期电化教育的重要形式，对浙江省“两基”（基本普及九年义务教育和基本扫除青壮年文盲的简称）“两高”（指高水平、高质量）和“普九”（指普及九年制义务教育）的推进都做出了积极贡献。在浙江省的实践中，呈现“紧跟技术进步发展电化教育；主动投入和服务教学改革大局，深入大局，为人才培养服务；坚持从实际出发，有重点有步骤的电化教育工作推进方法”等特点。这既是当时浙江电化教育工作的思路，也是工作中形成的经验，并一直传承至后续的教育信息化和教育技术工作中。

作者单位

施建国，浙江省教育技术中心。

军队院校第一次电化教学评估

◎ 吕永忠

1994年，原总后勤部司令部组织进行了直属院校电化教学工作评估。这是全军乃至全国第一次对院校电化教学工作的一次全面评估。虽然25年过去了，每每回想起来，那次评估活动的许多人和事还历历在目，令人难以忘怀。

1978年电化教育重新起步，16年的建设，16年的发展，建设现状如何？运用效果如何？迫切需要进行一次评估，对电化教学质量水平进行总结反思。全国全军均进行了理论上的准备和学术上的探讨，在这样的大背景下，原总后勤部司令部率先组织了一次院校电化教学评估实践活动。

评估从1994年3月开始，按四个阶段组织实施。

第一阶段，制订方案。3月至5月，在北京组织专家制订评估方案和指标体系。明确了建立标准、摸清底数、评价水平的评估指导思想和探索方法、激励改革、促进发展的评估目的。提出了评估坚持方向性、科学性、客观性、系统性和目的性原则，并依此制定了评估指标体系。评估指标体系包括4项一级指标、29项二级指标。每项置设好、较好、一般、较差4个评价等级，设定权重，实行百分制。其中，“教材建设与应用”一级指标的设计思想是要体现电化教育深入教学、深入学科、深入课程，反映教学建设的现状和应用情况，激励院校开展电化教学实验。“教员队伍”一级指标的设计思想是要体现教员队伍的素质和学术水平，通过教员队伍的结构、专业培训、学术水平地位和学术活动来反映。“设施设备”一级指标的设计思想是要反映电化教育

设施设备的现状，督促院校实现总部制定的建设标准。“管理与科研”一级指标的设计思想是要促进院校关心重视电化教育教材、电化教育队伍、电化教育设施设备及思想业务建设，建立健全各项规章制度，实现日常业务工作目标化、规范化管理，以教学为中心，为教学服务。

第二阶段，组织试点。6月份，在原第一军医大学组织开展试点。按照评估方案对该校电化教学工作进行了一次全面系统的检查评估，探索了方法路子，进一步完善了评估方案，修正了评估指标体系。

第三阶段，全面展开。6月底，原总后勤部司令部下发《关于进行电化教学评估的通知》，按照以院校自评为主，机关组织抽查为辅的办法部署展开评估工作。各院校成立以主管教学副院长为组长的评估领导小组，设立评估办公室，传达评估工作精神，进行宣传动员，组织问卷调查，进行情况统计研究，形成自评报告。

第四阶段，评估总结。10月份，在自评的基础上，原总后勤部司令部组成专家组，集中审阅了各院校的自评材料，分两组对各院校的自评情况进行了检查。听取了30个情况汇报、检查学科和设施设备情况，听查了17堂课，召开了4次教员座谈会。11月份在北京，集中对各院校评估情况进行了综合评估分析。

经过上下共同努力，评估取得了圆满成功，达到了摸清情况、总结经验、发现问题、明确方向的预期目的。评估在各院校引起了很大反响，一致认为，评估抓得及时，很有必要，对于原总后勤部院校电化教学改革和发展是一次强有力的推动。

评估结果表明，原总后勤部院校电化教学自1978年起步，经过16年建设发展，较好地完成了4个总部电化教育工作规划确定的任务，电化教育队伍、教材、设施设备、工作制度建设取得了显著成绩，已经形成比较完整的、基本适应教学需要的电化教学体系，在深化教学改革，全面提高教学质量中发挥了重要作用。一是电化教学教材数量多、质量好。时有电化教学教材14947部，平均每门课程8.8部，277部获省部级以上奖励；二是电化教学应用深入普及。每百名学员拥有的投影机7.7台、电视机5.3台、录放像机2台、电化教学标准教室72座。1993—1994教学年度，电化教学教材播放14054小时，占总学时的6.9%。教学设计实验获省部级以上奖4项，大大提高了教学质量，促进了学科建设发展。三是电化教学队伍素质较高。当时158名电化教学教员中，96%为大专以上学历，87%接受了专业培训，74%为中级以上职称，42人次荣立三等功，125次获集体嘉奖和先进单位。四是教学设施设备基本配套。时有电化教学设备价值4655万元，75%的院校完成电化教学标准教室建设，92%的院校建立了闭路电视系统，覆盖了47%的教室。五是电化教学管理比较规范。原总后勤部先后制订了4个五年规划，颁发了《总后院校电化教学工作补充规定》，各院校也建立了行之有效的规章制度，电化教学工作走上有章可循，科学化规范化轨道。但是，也存在发展不够平衡、学科建设水平不够高、设施不足、设备老化等问题。

通过这次评估，我们认为：（1）建立一个科学可行的评估指标体系是搞好评估的关键。评估指标的设置是否合理，量化是否科学，评价是否简便可行直接关系评估的成败。（2）领导重视是搞好评估的保证。电化教学评估内容多、评估工作涉及院校的方方面面，需要进行大量的调查统计。加强领导，统一组织，周密安排，是顺利完成评估的保证。（3）实事求是、客观评价，总结经验以求发展是评估的目的。评估并不是要排出谁先谁后，最重要的是通过评估，肯定成绩，发现问题，总结经验，明确今后努力方向。（4）评估是推动和促进电化教学改革的动力。评估不仅具有鉴定和评价功能，还具有诊断功能。从定性分析到定量分析，不但找出了成绩和问题，而且找出了问题的症结所在，由此就有了努力的方向，就成了一种动力，评估可以起到推动和促进教学改革，加强科学管理的作用。

通过评估涌现出后勤指挥学院的那荣成教授，后勤工程学院的王永今副教授，军事经济学院的张前枝副教授，运输工程学院的李幼雄教授，农牧大学的李德昌教授，汽车管理学院的刘志伟讲师，第一军医大学的刘国章教授，第二军医大学的刘忠令教授，第三军医大学的晏才杰教授，第四军医大学的秦秉志、郭天文教授，北京医学专科学校的方茵英教授，军医进修学院的姚晨主任等一大批教员，他们积极运用电化教学手段，成为学科教员中的电化教学骨干，在电化教育“三深入”中做出了优异成绩。

这次评估，是一次电化教学评估探索，是一次电化教学工作总结，是一次电化教学队伍检阅，是一次电化教学效果检验，是一次电化教

学成就巡礼。原总后勤部院校电化教学工作取得的丰硕成果和令人瞩目的成就，离不开那些热爱事业、为之奋斗电化教学战士——电化教育中心老主任。

难忘他们的付出，难忘他们的贡献，难忘他们忙碌的身影！

后勤指挥学院的郝文明、王新志、王彦、肖卫东主任……

后勤工程学院的李关树、袁世荣、秦泽农主任……

军事经济学院的黄焕群、喻军、范笑瑞、史章君主任……

军事经济学院襄樊分院的朱梓尧、范旗主任……

运输工程学院的张爱党、陈宝树、汤向东、丁增鑫主任……

农牧大学的王国元、师守成、侯友谊、王树杰主任……

汽车管理学院的张茂典、刘维邦、刘志玮主任……

镇江船艇学院的杭泳、陈晓晶主任……

第一军医大学的任湘舟、吕誉、吕小定、章战士主任……

第二军医大学的赵治才、张政诚、烟玉明、王亚平主任……

第三军医大学的程凤翔、蒋乃辰、邹金凯、梅文主任……

第四军医大学的江宗禧、李铨印、谢百治、李冰、罗辉、陈云虹主任……

北京医学专科学校的白智鹏、彭霄、韩志强、靳启彪主任……

北京军医进修学院的郭光友、潘新华、谭珂主任……

是他们，在评估过程中给予我悉心指导；是他们，在工作中给予大力支持。他们大多早已退休，有的甚至已经作古，在我也将退出工作岗位之际，难忘那一幕幕生动场景！

王新志、李关树、吕小定、张政诚、谢百治、郭光友主任，还记得吧，你们从评估方案制定、院校巡查，到评估总结，贡献了智慧，付出了汗水！

……

也难忘马书铭、姚增义、吴国荣、宋志平、赵冠军、潘晓苏等老领导，对电化教学工作、对此次电化教学评估的重视与指导。

作者单位

吕永忠，解放军原总后勤部教育技术工作站。

山东教育电视台开播

◎ 刘中枢

1995年3月1日，山东教育电视台（中国教育电视山东台）在济南举行开播仪式。这是由国家教育委员会和地方人民政府联合开办的第一个也是唯一的一个省级卫星教育电视台。

改革开放之初，邓小平同志指出："要制订加速发展电视、广播等现代化教育手段的措施，这是多快好省发展教育事业的重要途径，必须引起充分的重视。"中国教育电视台分别于1986年、1988年开播两个卫星教育电视频道，为进一步发展我国卫星教育电视事业，在国务院和国家有关部委的支持下，1990年国家教育委员会和山东省人民政府决定联合开办第三套卫星教育电视频道，组建山东教育电视台。作为一名从山东教育电视台筹建就一直工作在教育电视战线的老员工，经历了她从拓荒创业到融合创新发展的风雨历程，回望历史，感慨万千，展望未来，激情满怀。

1990年12月24日，山东省人民政府召开第七十次省长办公会议，同意设立"中国教育电视台山东上行站"和"山东教育电视台"。山东教育电视台的筹建工作就此开始，本人也是在这一时期调至山东教育电视台筹建处工作，参与到了开荒拓路的创业中。只有一份批文，要建设一个卫星电视台，在人员少、任务重、时间紧、技术新的情况下，我们面临着很多无法预料的困难。当时省政府核定建台资金共557万元，包括征地、基建、设备采购等大量工作任务，资金缺口达1400多万元，经费严重不足成为筹建工作最大的拦路虎。为此，我们一方面向上级争取资金支持，一方面积极协调沟通各部门，只是进口设备一方面，海关总署等单位给予资金减免政策，节约经费约1000万元。1994年8月，国家教育委员会通知要求当年10月底前做好播出发射准备，当时很多工作尚未就绪，尤其是部分进口设备未能如期到位，为此我们提出“奋战八九十，确保开通试播”的口号，所有工作都进行倒计时安排，昼夜奋战、忘我工作，“艰苦奋斗、无私奉献”的创业精神在所有员工身上都得到淋漓尽致地展现。当时筹建处没有办公地点，靠四处租借房屋进行办公，而地球站、播控中心选址在千佛山南麓，上山的路尚未修通，我们就用肩扛手抬的方式将播出和发射设备运上山；鉴于机房急需工作值班电话用来与卫星公司联系，为了节约资金，我们就自己爬杆拉线，安装电话；电视播出和发射机房地势高，自来水无法接通，附近水井水量供应不足，为节约近2万元的经费，我们筹建处的职工就亲自上阵，挖井清淤；鉴于播控中心和地球站需要保卫人员，几位年轻同志就担负起了24小时安保工作任务，每天晚上住在湿度极大、蚊虫乱飞的新建机房里……创业的艰辛，现在回想起来仍让人感到热泪盈眶。为保障节目播出质量，在资金紧张的情况下，我们仍安排专业人员去国外进行了地球站发射设备采购，夯实了卫星电视播出的必要条件。同时，在国家教育委员会电化教育司的统筹和帮助下，协调了华东六省一市优质教育资源，制作成电视教材，通过卫星电视为全国基础教育服务。万事俱备，终于等来了正式开播这一天。1995年3月1日是我们永远铭记的一天，也是中国卫星教育电视史上极其重要的一天。为祝贺我台开播，原国务院副总理李岚清亲笔题词，省长李春亭、国家教育委员会副主任柳斌等领导同志参加了开播仪式，并发表了讲话。自此，山东教育电视台承担着为全国普及九年义务教育服务的神圣使命，为老少边穷地区传送优质教育教学资源，开始了“立足山东、服务全国”的征程。

开播之初，我台主要在教育部电化教育办公室和省教育委员会的直接领导下，以服务全国基础教育为重点，围绕师资培训、学科课程、活动课程等方面，推出了《九年义务教育课程》《儿童学美术》《全国中小学教改实例选播》《名家论坛》《身边的科学》等诸多教育类节目，宣传国家教育政策，传播现代教育理念，开展卫星电视开放教学，展示教育改革成果，提供师资培训支持，为全国普及九年义务教育做出了积极贡献，其中《身边的科学》系列电视节目获得国家科技进步二等奖。2002年9月，为加强信息化建设，更好地开展现代远程教育，我们建立了山东教育卫星宽带多媒体传输平台。2004年5月1日，在省委部署和领导下，山东省农村党员干部现代远程教育卫星专用频道正式开播，有效发挥了我台远程教育优势，使山东党员远程教育工作走在全国各省的前列。

2006年，对于山东教育电视台来说是至关重要甚至可以说生死攸关的一年，这一年的关键词是“保星”，即保留山东教育电视台通过卫星传输电视节目的资格。国家教育委员会因工作部署，决定不再与山东省人民政府联合办中国教育电视山东台，我台面临着从卫星频道变成地面频道的危机。但是，我台只有卫星频道而无地面频道。为此，时任台长刘锦瑜与全台干部职工共同努力，多方协调，终于获国家广播电影电视总局批准电视节目保留了卫星传输方式，也可以说保住了山东教育电视台。也是在这一年，山东教育电视台正式启用了数字硬盘播控系统，标志着我台的电视信号从制作、播出到发射全部实现数字标清化。自主独立办台之后，我台坚持与时俱进，开放办台，集成传播，在加强对外合作，引进优秀电视节目的同时，制作播出了《留洋故事》《视说新语》《问教》等品牌栏目，承担了“山东省中小学经典诵读和演讲比赛”“山东省‘鲁商杯’第三届职业院校技能大赛”“第九届全国中等职业院校‘文明风采’竞赛”等活动的颁奖典礼，由我台与国家汉办联合制作的“首届汉语桥世界中小学生汉语知识大赛”在中央4套播出。不管自身经历怎样的磨难，山东教育电视台始终以服务全国中小学教育教学为己任，坚持教育性、公益性、服务性原则，积极推进大众化传播，在打造现代教育文化公共服务平台的道路上不断前进。

面对信息化大潮涤荡冲击，电视市场持续衰退，广告政策不断收紧的外部环境，山东教育电视台全台干部职工怀揣梦想、凝心聚力、深化改革、转型发展，在教育台创业精神的鼓舞下，于2014年开启了“二次创业”转型发展的征程。在时任台长邢顺峰的带领下，对基础设施、采编设备、传播体系进行系统性建设，形成了采编存播一张网和高清化、融媒化、立体化传播，建设了一支敢打敢拼的专业队伍。近年来，我台从独特的频道定位出发，坚持教育，坚守公益，积极开拓优秀传统文化教育、道德法制教育、科学技术教育、文学艺术教育、老年教育等领域，打造了一批有思想、有温度、有品质的作品，呈现出崭新的频道风格，形成了鲜明的教育文化特色。《教育新闻》《新闻早敲门》《孔子大学堂》《教育筑梦人》《超级家访》《思政这样潮》《校园星力量》等十几档自制教育教学类栏目呈现荧屏，“中小学生艺术展演”“最美教师”“大学生校园最美歌声大赛”等品牌活动陆续开展，在全国、全省各类评奖活动中屡获佳绩，其中，《孔子大学堂》《思政这样潮》登陆了“学习强国”平台，“中小学生艺术展演”开创了卫视扎根基层、服务大众的先河，“最美教师”更获国家广播电影电视总局监管中心专题点评表扬。山东教育电视台在融合创新发展中找准了时代的脉搏，跟上了时代的脚步，在“两微一端”的传播中走在了同行业前列，获“全国广电移动传播突出贡献频道”称号，新浪微博“山东教育新闻”在全国非时政新闻排行榜稳居前三名，今日头条“新闻早敲门”号在“2018头条直播媒体号排行榜”位列第四名。2018年，山东教育电视台获批变更台标、频道标识和呼号，“山东教育卫视”这一新呼号标志着山东教育电视台正式入列卫星电视频道，是对我们近年工作的肯定，也成了我们继续前进、不懈奋斗的动力。

从四处租借办公室到1万多平方米的节目制作中心，从简陋的演播室到支持异地连线、实时采编、交互直播、跨屏互动，TV端、PC端、移动端全媒体传播的融媒体中心，从点对点的教育电视卫星收转站到有线覆盖4.5亿人口、IPTV覆盖2亿人口的融媒化、立体化、集群化传播，从为学校课堂提供教学幻灯片到服务全国“一老一少一家人”卫星电视频道及日播自制节目达4.5小时，从上星、保星到启用山东教育卫视呼号……我有幸见证了山东教育电视台从无到有、从弱到强的发展历程，大家所有的付出和汗水都化成了她的成长和壮大，这是最令人欣慰的。新时代，新思想，新气象，山东教育电视台将在习近平新时代中国特色社会主义思想指引下，用我们艰苦奋斗、奉献担当的创业精神创造新的辉煌，不负建台初心，不负教育使命！

作者单位
刘中枢，山东教育电视台。

我国第一个中小学校园网在北京景山学校诞生

◎ 北京景山学校

1995年9月22日，在北京景山学校的阶梯教室里，一场中小学电脑网络的研讨会正在隆重召开。来自全国各地的上百名中小学校的领导和老师们，见证了“北京景山学校电脑网络”的开通。

这是我国第一个中小学校园网，一个以100M光纤为骨干的校园网，也是几个月后首家接入互联网的中小学校园网，以教学管理和通讯（资源共享、信息交流）为主要功能。北京景山学校电脑网络开通仪式这一盛会（见图1），拉开了互联网在我国基础教育领域的应用发展大幕。

在20世纪末的人们看来，足不出户动动手指，就能通过网络完成绝大多数想做的事，无异于天方夜谭。当时我国刚刚实现与国际互联网的连接，带宽很窄，网速很慢。人们在网络上主要用文本交流互动，可以访问到的内容寥寥无几。互联网在教育领域能有什么作为呢？独具慧眼的北京景山学校的领导和老师们已经敏锐地捕捉到了这一变革，开始策划和酝酿，屹立互联网教育的潮头，引领教育现代化的新风尚。

图1　北京景山学校电脑网络开通仪式现场

经过全校师生的不断开拓与努力，景山人的梦想在1995年9月22日这一天实现了。

当天来到现场的领导和老师们都被北京景山学校浓厚的教学改革氛围感染，也被北京景山学校领导和老师们身上的历史使命感所感动。北京景山学校是一所专门进行教育教学改革实验的学校，早在1983年，邓小平就曾亲笔为学校题词："教育要面向现代化，面向世界，面向未来。"多年来在"三个面向"方针指导下，北京景山学校继承借鉴，开拓创新，本着"全面发展打基础，发挥特长育人才"的教育原则，形成了独到的人才培养体系和创新思维校风，力争将学校建设成为教育技术现代化的新型学校，为培养21世纪人才服务。

1990年，作为联合国教科文组织的亚洲联络中心学校，景山学校曾接受意大利政府赠送的16台M240计算机和1台M280计算机（见图2），并利用这些计算机连成了一个10M的以太网，供校内教学应用。这个小规模的校内计算机网络应用在当时为学校整体工作带来了突破性的改变，为北京景山学校后来的校园网建设埋下了种子，奠定了基础。

1993年5月，北京景山学校的崔孟明校长、史纪文老师和杨明洋老师参加了国家教育委员会举办的多媒体教育技术展示与培训活动。同年年底，崔校长又随国家教育委员会组织的全国重点中小学校长考察团赴美国考察，在美国的东部、南部、中部和西部，都看到了多媒体在学校教育、教学中的应用。这两次活动让崔校长强烈体验到了21世纪现代化教育的冲击！他深切地感受到：这就是多年来所期待的教学手段！直观生动，具有理想的模拟性、丰富的资源共享性、极好的学习交互性，这就是未来教育的发展方向。经过不断地思考，结合北京景山学校教学改革的经验，崔孟明校

图2　包括意大利政府所赠送电脑在内的计算机教室

长在全校大会上向全体教师提出了“北京景山学校现代化建设六大工程”，即现代德育工程、现代教育系统工程、现代教师队伍工程、现代校园大网络工程、现代校舍工程和现代教育产业工程。崔校长同时提出，要以计算机多媒体网络技术开始应用来启动景山学校教育、教学的现代化。

1994年初，学校领导做出决策：筹集资金，装备网络中心，全面铺开校园网系统的建设。建立多媒体校园网，需要相当数额的经费。在学校整体向现代化进军的过程中，学校号召全体教职工克服暂时的困难，齐心协力，一切为多媒体校园网开路。

1994年5月，成立校园网规划小组，并致函有关上级主管部门正式立项。校园网规划小组由崔孟明校长负责，主要成员有设备处主任秦建希、史纪文，聘请国家冶金工业部信息中心陈建阳主任为顾问。之后，杨明洋、钮海源两位老师参加校园网规划小组工作，在学校设备处下设计算机组，由杨明洋负责。

面对这样一个神秘未知的校园网，设计规划究竟应该从哪里入手呢？为使北京景山学校计算机网络具有先进性，学校派人多次到各大学和从事计算机研究的部门学习、参观、调查、了解，邀请计算机专家、学者来学校指导和考察。设备处秦建希主任带队，考察了清华大学图书馆自动化部，了解了清华大学校园网的总体结构，参观了清华大学图书馆的自动化系统和光盘多媒体阅览室，对校园网的认识一下子有了飞跃。学校同时聘请了校园网规划小组顾问、原冶金工业部信息中心的网络专家陈建阳工程师做技术上的总负责人，在校内技术人员提出的教学应用设想的基础上，1994年9月20日确定了校园网的最终设计方案，通过了专家论证。

1994年11月开始，规划小组对学校的各管理部门和教学组织部门进行了详细调查，分析了他们的业务信息流程和计算机应用需求，共计有46人参与了此项工作。当时确定的北京景山学校校园网主要任务包括：（1）对低年级小学生，利用多媒体开展计算机兴趣教学；（2）针对学校各年级、各学科的教学特点，以多媒体手段开展计算机辅助教学；（3）对初中和高中学生，进行计算机知识的普及教学，重点在于掌握计算机的使用和培养使用计算机的良好习惯；（4）实行以校长

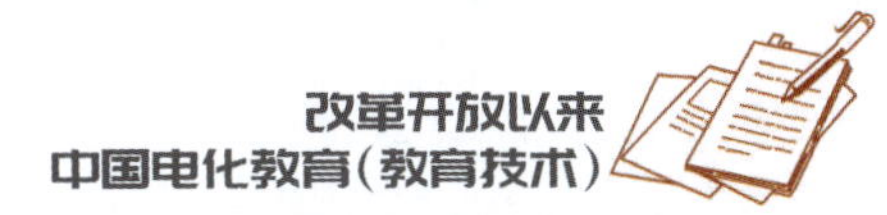

办公为核心的校务管理自动化，对全校学生和教师实现全方位的IC卡管理；(5) 实现包括图书编目、流通检索在内的图书馆管理自动化；(6) 利用网络服务器的集中存储和高效的网络通信，对教学资源进行存储、检索、编辑和演示，形成教学软件和教学演示的支持系统，辅助教师的教学科研工作，将学校的教学特色归纳整理；(7) 利用电话线和国家电信网络，实现学校与教师和学生家庭的远程联网，校际间的交换和交流，以及校园网的远地通讯和操作；(8) 校园网在一定范围内向社会开放，充分发挥社会效益。

为了使北京景山学校校园网具有更强的生命力和更大的覆盖面，学校确定在网络布线方面采用国际上最先进的、国内还很少采用的“智能大楼”的设计概念。

在网络服务器的档次方面，为适应学校确定的平均5人拥有1台电脑的标准及未来科研和发展的需要，提出了组网能力要求达到500个节点以上，能满足Client/Server体系结构的小型机档次的UNIX服务器的性能要求，满足50人规模的集中式多媒体教学、阅览需求和多媒体教学软件开发需求。

在普通教学和办公用工作站的档次方面按照从长远考虑，提出了校园网教学及办公用工作站的档次统一为486DX2-50，开发用机配置大内存、大硬盘、PCI高速总线路及全部配备光盘驱动器、声音卡、耳机等多媒体套件的工作站性能要求。

在网络设备方面，以多媒体教学为核心，兼顾学校管理和远程通信的校园网应用，提出了在校园网主干运行FDDI高速通信协议，在网段及分支上运行以太网通信协议，在远程通信方面满足通过China-PAC，ChinaDDN和PSTN（公共电话网）等国家电信网络与校园网相连的网络设备性能要求。

1994年11月，经过投标竞争，美国优利公司成为设备提供者、技术支持和集成商。1994年12月19日，北京景山学校、香港柏宁顿集团、美国优利公司正式签署了三方合作协议（见图3）。至此，系统建设正式展开，布线工程与基本设计工作同步进行。经过对学校原有校舍的改造，在很短的时间内完成了以光纤为主干，双绞线为分支的层次星形结构的网络结构化布线工程，做到了网络信息点进入学校的每

图3　北京景山学校与香港柏宁顿集团签约

一个房间，成为真正意义上的校园网。

1995年8月，校园网初具规模，第一期设备安装、调试、验收完毕。北京景山学校校园网以100M FDDI光纤为骨干，构成星型网络，10M交换到桌面，信息点近千个。以小型机，工作站为服务器，接入400多台多媒体计算机终端。采用了当时业内领先的光纤主干，技术先进的以太网交换技术。

1995年9月22日，校园网正式开通运行，为学校教育教学提供服务（见图4）。学校成立信息中心，由秦建希负责。信息中心下设培训组（组长杨明洋，组员李明彦、孙晓健）、开发组（组长史纪文，组员蔡小俊）、管理组（组长喻京远，组员钮海源、郑成文、郭美云），共同负责全校的培训、应用指导和技术支持。

1996年初，北京景山学校校园网开始与北京瀛海威科技有限公司合作，利用拨号网络开展远程教育实践。并于1996年4月通过64K DDN专线接入中国教育科研网CERNET，成为首家接入互联网的中小学校。

图4　教导处的老师使用校园网进行学籍管理

1996年11月，建设北京景山学校COL网上学校。

自此，北京景山学校通过互联网走向了全国，走向了世界，也开启了中小学校园网发展的新时代。

“三面向教育科技园”的创建

◎ 李运林　周君达　郭德成

一、背景

1978年，我国拉开了改革开放的序幕，电化教育重新起步，电化教育事业、学科以及专业都获得迅速发展。20世纪末，以计算机技术为主的现代信息技术飞速发展。因此，在教育中运用现代信息技术的电化教育，又遇到了新的发展机遇。国家教育委员会酝酿在基础教育领域建立1000所现代教育技术实验学校，推动实现教育现代化建设进程。

1983年，华南师范大学教学、科研、生产三结合创办了新中国第一个电化教育本科专业，成功培养了理论与实践相结合的现代教育技术人才。但至1996年，13年间仅培养毕业生800余人，远远不能满足教育发展的需求。因此，建立一个研发现代教育技术产品与培养现代教育技术人才的产学研结合的机构，成为社会的迫切需求。

二、筹备建设与思路

（一）三面向教育科技园的设想

聚集国内外现代教育技术专家于一堂，研究现代教育技术的理论与产品开发，建立教育产品市场与示范学校，通过培训推广现代教育媒体在教育中应用，促进我国教育信息化与现代化建设。

（二）选择地址

1995年年底已开始在珠江三角洲，以广州为中心1小时车程范围的地区选址，开始选定的是中山市三角镇，镇政府已划出100多亩作为建设用地。1996年初，我们考察了东莞市樟木头镇，这里是广州与香港铁路交通车的中间地点，不到半小时车程。我们若在这里建园，镇政府对我们特别优惠，在建园初期用房全免租金，因此我们选定了樟木头镇作为建设“三面向教育科技园”的地址。

（三）研讨建设思路

建设地址决定后，我们多次邀请现代教育技术专家、国家教育委员会电化教育局专家和广东省教育、科技部门的各级领导到樟木头镇参观，研讨建设的思路。

各级领导非常重视科技园的建设。在研讨过程中，广东省主管教育的副省长王屏山，高等教育局局长林川亲自到现场指导建设工作，广东省科技厅厅长方旋在研讨中表示要将科技园建设作为《中国二十一世纪议程》广东实施方案的一部分，国家教育委员会电化教育办公室主任宋成栋在考察期间提出要将科技园培训中心作为国家教育委员会电化教育办公室樟木头培训中心，国家教育委员会条件装备司提出将1996年全国教学仪器展览放在科技园的广东教育科技园用品市场中举办。

经过研讨，一个由专家汇聚一堂进行电化教育理论研究、产品开发、建立市场、示范培训组成的科技园框架基本形成。

（四）教育科技园功能

教育科技园的功能如下。

功能一：集研究、培训、示范、生产、销售于一体，统筹安排，形成气候，建立名副其实的现代教育科技中心基地。

功能二：集国内外专家于一堂，研究教育发展与教育现代化的理论与技术，赶超世界先进水平。

功能三：集国内外先进器材、设备、教材、软件于一处，既便于教育部门选购，也便于厂商推销。

功能四：示范、培训，推广先进教育成果；立足广东，面向全国，促进我国教育现代化建设进程。

三、建设成果

（一）集国内外现代教育技术专家于一堂

通过科技园各部门的研究、开发、培训等工作，将国内外现代教育技术专家集中在一起。

1.常驻科技园专家

（1）李运林（园长，原华南师范大学电化教育系主任）

（2）周君达（副园长，原中央电化教育馆主持工作的副馆长）

（3）南国农（老一辈电化教育专家、西北师范大学电化教育系荣誉系主任）

（4）臧胜兰（原北京电化教育馆副研究员）

（5）郭德成（原安徽师范大学电化教育系主任）

（6）杨光明（原湖南省湘西电化教育馆馆长）

2.经常参与研究与教学工作专家

（1）李克东（华南师范大学教育技术研究所所长）

（2）谢幼如（华南师范大学教育信息技术学院教授）

（3）桑新民（原华南师范大学教育信息技术学院教授）

3.参与指导与讲课的领导与专家

（1）王屏山（原广东省副省长）

（2）林川（原广东省高等教育局局长）

（3）宋成栋（原国家教育委员会电化教育办公室主任）

（4）顾明远（著名教育家）

（5）余也鲁（香港著名传播学专家）

（6）颜泽贤（华南师范大学原校长）

（7）何克抗（北京师范大学教授）

（二）现代教育技术理论与技术研究开发工作

教育科技园研究部门承担了“九五”期间国家课题的研究工作，其中有全国教育科学“九五”规划国家教育委员会重点课题“社会主义市场协同与教育技术开发研究——创建教育科技园的研究与实践”（见图1），一般研究课题“香港教育电视研究”。

图1 “创建教育科技园的研究与实践”开题会

根据全国现代教育技术实验学校培训的要求，编著《学校教育现代化建设》教材，由中央广播电视大学出版社出版。

开发了一批现代教育技术产品，如多媒体综合讲台、学校计算机网络教学系统等，由科技园教育科技公司推广应用。

（三）建立教育科技产品市场

教育科技园内设立了广东教育科技用品市场，于1996年7月18日挂牌，并在当天国家教育委员会条件装备司举办了1996年全国教学仪器设备展览。以后还有多家电化教育产品公司进入市场，并提供设备给培训学员参观选购。

（四）建立了一批现代教育技术示范学校

教育科技园按现代教育技术建设标准分别在东莞、广州、深圳、珠海建立了一批示范学校，如东莞群英学校、中山师范学校，这些学校为培训学员提供场地，以便参观学习。

（五）教育科技园的核心是成功建立国家教育委员会电化教育办公室樟木头培训中心

该培训中心于1996年7月18日正式挂牌开始举行培训（见图2）。至2002年10月共举办培训班89期，培训人员4422人。他们来自全国31个省、市、自治区和香港、澳门特别行政区。

图2 国家教育委员会电化教育办公室樟木头培训中心揭牌仪式

1.培训人员基本分为三大类

（1）各省市的电化教

育馆馆长、教育厅（局）长、重点中小学校长。(2) 全国1000所现代教育技术实验学校教师。(3) 香港、澳门特别行政区的教育资讯科技人员。

2. 教学内容与教学方式

每期用4天讲授现代教育技术的理论与实践，2天到市场与示范学校参观，1天结合实际进行研讨。

3. 教师

讲课教师均是全国一流的现代教育技术专家，如南国农、李运林、李克东、桑新民、周君达、谢幼如等，特别是80多岁的南国农先生在89期的培训中讲课80期以上（见图3），顾明远（见图4）、宋成栋、余也鲁、何克抗等专家领导也应邀来讲学。

图3　南国农先生讲课

图4　著名教育家顾明远讲课

4. 影响

香港、澳门特别行政区对大陆教育信息化发展很感兴趣，香港组织了几期参观交流活动，澳门中小学幼儿园均派人来参加培训，还请专家到澳门指导。

5. 效果

科技园创新开拓了产学研结合的教育新模式，为全国现代教育技术学校建设提供了指导，为促进我国教育信息化、现代化建设做出了重大贡献。

四、《人民日报》《光明日报》报道与评价

1996年12月3日《人民日报》第五版以“研究开发生产培训市场

有机结合，东莞‘三面向教育科技园’悄然兴起”为题，1997年3月23日《光明日报》第四版以“现代视听设备，令人耳目一新”为题，1998年7月27日《人民日报》以“贯彻‘三个面向’推广现代教育，樟木头培训中心发挥示范作用”为题，报道了“三面向教育科技园”。这三篇报道高度评价了“三面向教育科技园”的实践，认为“三面向教育科技园”在现代教育技术研究、示范、开发、生产等方面发挥了带头作用。

五、领导与专家的评价

国家教育委员会副主任韦钰的评价：教育科技园的设计思想很好，搞好了是一件很有意义的事情，全国有各类商品的集市，但专营教育科技用品的不多，特别是集研究、培训、示范、生产、销售为一体的恐怕还是第一家。教育科技用品市场开始可以电化教育为主，逐渐办成学校所需要的各种仪器设备、文化用品都能买到的市场，将来有条件还可以发展成连锁式的为教育服务的网络，希望你们努力做好开创性的工作，祝你们事业成功。

中国教育学会名誉会长顾明远教授的评价：把教育技术的科学研究、实验示范、学术培训、市场开发融合一体是教育改革和发展的创举。

六、结束语

产、学、研结合是一种成功的方式，我们从教学、科研、生产三结合创办新中国第一个电化教育本科专业，到研究、生产、市场、培训、示范、推广应用融为一体的教育科技园的建立，在教育创新培养人才方面发挥重要作用。我们应该进一步加强这方面的研究与实践，促进我国教育信息化和现代化的建设与发展。

作者单位

李运林，华南师范大学教育信息技术学院。

周君达，中央电化教育馆。

郭德成，安徽师范大学教育科学学院。

全国中小学现代教育技术实验学校的设立与实验研究

◎ 李凤兰

1997年12月底，由时任国家教育委员会副主任柳斌签发的国家教育委员会办公厅《关于设立“全国中小学现代教育技术实验学校”的通知》(教电厅〔1997〕年4号)，下发至各省、自治区、直辖市和新疆建设兵团的教育部门，首批经全国中小学现代教育技术实验学校(以下简称“实验学校”)领导小组研究、审核和批准的北京景山学校等433所遍布全国东中西部的中小学开始了以运用计算机网络为基础的现代教育技术促进教育教学改革和素质教育的新历程。今天，我国教育信息化已经取得了巨大的成绩，宽带网络已经覆盖了97%以上的中小学校，90%以上的教室已经成为多媒体教室，大多数教师已经习惯在这样的技术环境下教学……想起来只有22年多的时间。当年最初的全国中小学现代教育技术实验学校的实践在今天看来可能太初级了，但却是弥足珍贵的。

一、形成合力

1996年，时任国家教育委员会电化教育办公室主任宋成栋率团访问美国和加拿大，所到中小学，他们看到以计算机和互联网为核心的教育教学环境正在这些发达国家的教育中发挥着重要作用，一场以信息技术带动的教育革命正在兴起。震撼之余，他们热烈地讨论起：中国应该怎么办？同行的华南师范大学李克东教授、国家教育委员会电化教育办公室教材处费玉珍处长等首先提出了在全国遴选一批有条件的学校开展先期试点的建议。回国后他们立即行动，抓紧时间拟定实验学校实施方案。那个时候，我国教育信息化刚刚起步，从电化教育向教育技术转变在理论和实践层面都面临许多困难。电化教育办公室领导意识到，这是一件大事，一定要克服困难，为中国教育信息化的发展准备好先头部队。

修改和定稿实验学校实施方案的过程也是大家统一认识，凝聚众志的过程。费玉珍处长多次召集高校专家、教育战略研究人员、部分省电化教育馆领导和一线优秀中小学校长进行讨论，从实验目标、实验任务、实验学校评价的指标体系，到实验学校的组织管理，提出了实验学校实施方案的初稿。我记得华南师范大学的李克东教授、李运林教授，北京师范大学的桑新民教授，东北师范大学的刘茂森教授，北京市教育委员会文喆副主任，国家教育发展研究中心战略室杨念鲁主任，上海市教育科学研究院智力所蒋鸣和所长等一批专家和北京、上海、天津、江苏等省电化教育馆馆长，北京景山学校校长，江苏省南京市北京路小学校长，他们都在讨论中贡献了许多好的意见和建议，因此也成为后来成立的实验学校的专家组成员，一直在为实验学校的推动乃至后来的教育信息化发展发挥着指导作用。1996年8月在广东东莞樟木头召开的全国电化教育馆长会议上，与会代表就《全国中小学电化教育实验学校实施方案（征求意见稿）》进行了认真而热烈的讨论，电化教育办公室主任宋成栋、副主任于云秀均出席了这次会议，亲自听取了各方面的意见和建议。会后，根据大家的意见将修改后的《全国中小学电化教育实验学校实施方案》提交电化教育办公室主任办公会讨论通过。

为了更好地做好这项工作，电化教育办公室领导主动与当时正在推动全国中小学计算机教育的国家教育委员会基础教育司联系，谋求共同推动事业发展基础教育司领导给予这项工作大力的支持。1996年6月4日，时任基础教育司司长李连宁率有关领导到电化教育办公室，讨论实验学校建设等工作。大家一致同意将基础教育司组织的“全国中小学计算机研究与实验学校”和电化教育办公室组织的“全国中小学电化教育实验学校”两个项目合并，更名为“全国中小学现代教育技术实验学校”，以国家教育委员会名义进行确认。于是，全国中小学现代教育技术实验学校领导小组和专家指导委员会正式成立，加强了对全国中小学现代教育技术实验学校的领导与指导。领导小组组长是电化教育办公室主任宋成栋，副组长由基础教育司副司长金学方和电化教育办公室副主任李鹏担任，朱慕菊、郑增仪、费玉珍和我是成员。专家指导委员会主任为李克东、副主任为文喆和王本中，成员有20多名各方面的专家，特别是充实了计算机教育和基础教育方面的专家。他们中的一些人至今还活跃在各地，积极地贡献于我国教育信息化事业，如何克抗、李克东、李运林、王吉庆、王本中、桑新民、蒋鸣和等教授，以及现在湖北教育厅科学技术处处长王强同志等。1997年8月在天津，召开了实验学校领导小组和专家组的第一次会议，批准了433所实验学校，研究确定了下一阶段的工作安排。1998年3月，领导小组办公室（设在电化教育办公室，费玉珍是主任，我是副主任）印发了《全国中小学现代教育技术实验学校工作实施意见》，实验学校实施方案以面向世界、面向未来、面向现代化为方针，提出在全国遴选1000所现代教育技术实验学校，使这些学校教育技术的发展水平逐步接近发达国家，带动全国教育技术工作的全面发展。方案还提出了制定发展规划，建设现代化教学环境，积极推广、应用、开发各种类型教与学的资源，开展教学改革实验，培训教师，开展专题研究以及发挥辐射作用等任务。这些任务既有可操作性又有前瞻性，今天看来还是很有价值的。

至此，由教育行政部门、专业机构、专家队伍和一线中小学校组成的，推动全国实验学校的合力和管理机制正式形成。

二、研究引领

世纪之交，随着电化教育机构改革，全国中小学现代教育技术实验学校领导小组办公室的工作由中央电化教育馆研究室承担，我也随之转入研究室工作。期间，又审批了一批实验学校，全国实验学校总数达到了961所。在中央电化教育馆领导的大力支持和指导下，陈庆贵主任带领的研究室与全国各方面力量积极努力，那一时期全国中小学教育技术实验学校搞得红红火火，一批学校在实验中越办越好，大家都以成为实验学校为荣。很长一段时间，各地在总结教育信息化工作时都把本地拥有多少实验学校作为一个标志。

在全国实验学校的推动中，有三个方面的工作抓手发挥了重要的作用。一是培训，广东的樟木头培训基地把所有的实验学校和省级电化教育馆领导培训了一遍；二是研究，实验学校通过参加全国的科研课题，实践了理论与实际相结合的探索过程，增长了才干和见识；三是评价，通过开发统一的评价指标体系，自查和抽查相结合，推进实验学校工作。评价的主要指标是工作落实情况、课题研究情况、信息化环境建设和教学资源开发使用情况、组织培训情况和实验工作效果，倡导实验学校在本地区发挥辐射带动作用。而这些工作中我印象最深且个人也颇有收获的是课题研究，它是贯穿实验学校工作的重要抓手。

1998年9月，由宋成栋主任主持的全国教育科学规划“九五”教育部重点课题“中国基础教育现代化工程实施策略研究”组织全体实验学校参加。所有学校根据自身发展的需求，自愿选择加入到6个由专家领衔的专项课题或21个省级课题中，一批学校还拟定了本校的研究方案，开始了认真的行动研究。2001年根据实验学校发展状况和国内外教育信息化的发展趋势，中央电化教育馆在4月召开的全国教育技术研究工作会议上提出，在课题结题的基础上，“十五”期间组织开展全国教育科学“十五”规划教育部重点课题“基于现代信息技术环境下学与教的理论与实践研究”。

2005年，这一课题通过全国教育规划办组织的结题验收，2006年其成果《信息技术环境下的学与教的理论与实践》（王珠珠主编）一书由中央广播电视大学出版社出版，总结和提炼了近千所实验学校在专家指导下，以课题研究引领和带动实践的策略，在全国范围内开展实验的理论和实践成果。梳理了总课题组和8个子课题组对信息技术环境下的学与教的理论与实践的认识和策略方法方面的贡献。由北京教育科学研究院文喆研究员、北京电化教育馆研究室主任赵保和主持的子课题“运用现代信息技术，培养学生创新精神的实验研究”认为，信息技术环境下学与教面临两大基本挑战，一是现实世界与虚拟世界的挑战，必须正确把握数字空间使之成为学生学习的更广阔空间，而不能把一些人引入歧途；二是学校教育的相对封闭性和网络世界的开放性的挑战，必须学会处理引入网络的丰富性、开放性资源后对教学计划和节奏的把控。这是较早地将网络对教与学影响的深刻而概括性表述，对指导教育信息化发展具有重要理论与实践价值。由华南师范大学李克东教授、谢幼如教授主持的“基于网络环境下的教学模式的理论与实践研究”，分析了信息技术发展使人类学习环境和学习方式的变化，将主要特征概括为学习环境网络化、学习资源数字化、学习方式多样化，并在研究实践中推动了基于资源利用的学习、基于自主发现的学习和基于知识建构的学习等新型教学模式。由东北师范大学钟绍春教授、刘茂森教授主持的子课题“信息技术与课程整合的理论与实践研究”，归纳了信息技术与课程整合的两个基本途径，一是从学科出发，找到传统教学存在的困难和信息技术的优势，采用相应的方法和策略；二是从信息技术出发，系统构思不同信息化环境下的可能的学与教模式。他们的成果在钟绍春教授团队这些年的坚持和创新中仍在发挥作用。由华南师范大学徐晓东教授主持的“基于网络的校际协作学习研究”、由时任中央电化教育馆研究部陈庆贵主任和四川电化教育馆王及文馆长主持的“专题学习网站的建设与应用研究”、由中央电化教育馆费龙处长主持的“优秀教育资源支持西部教育的开发与应用研究”、由北京电化教育馆潘克明和福建电化教育馆张大展两位馆长主持的“基于信息技术环境下的学习评价研究”等4个子课题研究均是当时在这个领域、如此大规模的理论与实践研究的首创，从他们的专题中，一批学校了解和初步掌握了一些新型教与学的方法，取得了明显实效。而由中央电化教育馆郑大伟和上海教育科学研究院蒋鸣和两位研究员主持的子课题“中小学信息技术教育发展比较研究”，不仅梳理和总结了那一时期发达国家教育信息化的战略、进展和基本经验，而且采用多种方式与其他专题研究和实验学校分享了国外的创新案例。这些研究和实验推动了我国教育信息化起步阶段的发展，为我国教育信息化做了人力资源准备，值得我们认真总结。

作者单位

李凤兰，中央电化教育馆。

第一届全球华人计算机教育应用大会在华南师范大学召开

◎ 李克东

1997年5月21—24日，第一届全球华人计算机教育应用大会（Global Chinese Conference on Computer in Education，简称GCCCE）在华南师范大学召开。这是一个来自世界各地华人计算机教育专家研讨计算机技术如何变革教育的盛会。

本届大会是由国际计算机教育促进协会亚太分会（AACE/APC）主办，全国计算机辅助教育学会和全国中小学计算机教育研究中心协办，由华南师范大学承办的大型国际学术会议。GCCCE延续至2019年已经召开了23届。我本人是这个会议的创办人之一，也是第一届会议的实际组织者，有些事情很值得回顾。

20世纪90年代末，多媒体技术、人工智能技术和互联网络技术迅速发展，标志着信息技术新的飞跃。信息技术的飞速发展给人类带来深刻的影响，同时也对教育思想、教育观念、教育体制、教育内容，特别是教育方式和教育手段都产生极大的影响。促进计算机在教育领域中广泛、有效的应用，培养更多创新人才，开展计算机教育应用理论、技术、实践与道德规范问题的研究是世界各国政治家、科学家和教育家共同关注的重大议题。华人是全球人口最多的族群，分布在世界许多国家和地区。信息时代的来临，也有许多从事计算机科学研究的华人精英，他们为推动社会进步，做出了不懈的努力。

图1　GCCCE的创立者：李克东、林建祥、陈德怀、何克抗

就是在这样的背景下，我们四个人：林建祥教授（北京大学）、陈德怀教授（台湾中央大学）、何克抗教授（北京师范大学）、李克东教授（华南师范大学）在1996年共同发起并创立GCCCE（见图1）。

最初是林建祥教授在新加坡ICCE 1995会议上向陈德怀教授提出，能否举办一个让海峡两岸的计算机教育学者们聚在一起开展研讨的会议。1996年，我们四人都到香港浸会大学参加一个学术会议，林建祥教授再次提出这个愿望。当时，陈德怀教授是AACE/APC的主席，他提出能否扩大到面向全球华人，这种想法得到我和何克抗教授的赞同，我们一致认为要努力建立一个面向全球华人的计算机教育应用研究平台。通过这个平台，展示华人在计算机教育应用领域的成果，让一大批华人青年学者、研究生进行交流讨论。大家的意见是先在大陆，组织一次全球华人计算机教育应用学术交流活动，邀请我国台湾、香港、澳门等地区以及新加坡等其他国家的华人学者参加，以实现许多华人学者的心愿，然后逐步扩大。但第一次会议使用什么名称，以什么为主题，由谁来操办，经我们认真的讨论，建议起名为“全球华人计算机教育应用大会”，简称GCCCE，大家一致倡议委托我在广州华南师范大学组织首届会议。我回到广州后立刻把上述意图向华南师范大学校长颜泽贤教授汇报，得到了颜校长的大力支持，他迅速召开有关科研、后勤、外事部门商量具体工作程序，使筹备工作得到顺利进行。

在第一届GCCCE的实际筹备过程中，当时我的硕士研究生赵纳新（后移民到国外）协助我做了大量的工作，但在我们编印论文集时，遇到许多意想不到的困难，我记得其中比较棘手的事包括：（1）论文格式，有简体字，有繁体字，有英文怎么办？当时计算机简体字／繁体字转换工具不像现在这样方便，给论文编辑排版带来困难。(2)海峡两岸及香港、澳门关于计算机教育的学术用词有很大差异，如何处理？(3)最头痛的是来自台湾的论文，要避免出现“两个中国”和“一中一台”的表述。但来稿中确实出现有敏感的词汇和单位名称，如何处理？(4)如何邀请境外专家做主题报告，如何联系来自世界各地的参会者，等等。这些困难经大家讨论商量，多方支持，所有问题都得到顺利解决。当时学校各部处也十分支持，主会场和分会场都设在华南师范大学办公大楼的七楼，那里有大小会议室五个，在同一楼层内，大会和分组讨论都在同一层楼里，使得交流讨论十分方便。

1997年5月21日，第一届GCCCE大会在华南师范大学召开，标志着GCCCE的诞生。

GCCCE会议的目的是为了给全球从事教育科学、认知科学、计算机科学及其计算机在教育中应用的华人科学家们提供一个相互交流经验、共同探讨并研究问题的机会。大会将致力于广泛探讨与计算机教育应用研究有关的理论、技术与实践问题。

第一届大会的主题很突出，是“多媒体、智能教学系统和基于网络的学习在教育革新中的作用”。

多媒体技术教学应用是当时教育技术普遍关心的一个热点问题。如何设计、开发、有效应用多媒体技术革新教学环境、教学模式、教学方法，革新教材的观念和形式，革新教学理论，这是计算机教育工作者共同关心的问题。

如何在教育技术学领域中引入人工智能技术，建造优秀的智能教学系统（包括研究有效的知识表示，建立学生模型，对学生错误进行自动诊断和提供良好的自然语言接口等），特别是如何把多媒体技术和人工智能技术结合起来，以建造智能多媒体教学系统等课题，也成为当时国内外计算机教育工作者关注的问题。

当时计算机网络化的热潮正席卷全球。其来势迅猛，不可阻挡，影响深远，它将改变全人类的学习方式、工作方式乃至整个生活方式。如何利用这种开放的网络化的教学环境探索并建立一种新的教育体制与教学模式，这是计算机教育工作者面临的新任务和新课题。

自会议征文通知发出以后，得到世界各地华人的广泛响应，通过邮寄或E-mail投送了100多篇论文，论文作者包括海峡两岸及香港、澳门，新加坡、美国等地的华人学者。论文反映了当时各地华人从事计算机教育应用研究的现状、发展趋势以及当前存在的问题。论文就多媒体、智能教学系统和基于网络的学习以及教育革新等热点问题发表了见解并进行广泛的讨论，其中还特别关注在中国传统文化与伦理之下，计算机及网络技术给中国文化和中国教育所带来的影响，这些论文为以后中国计算机教育应用的研究与实践提供借鉴。大会程序委员会从大量的应征论文中，经认真评审、筛选部分论文，由我和何克抗主编，出版了论文集《计算机教育应用与教育革新》。

大会开幕式上陈德怀教授致开幕词，华南师范大学主管副校长郭宝江教授、教育部电化教育办公室主任宋成栋同志、全国计算机辅助教育学会理事长万嘉若教授都做了讲话。大会邀请了中国科学院张景中院士、我国台湾中央大学邱贵发教授、新加坡的吕赐杰教授、美国的杨伟琦教授、美国的Jan Hawkins等做大会主旨报告，由于当时论文涉及的领域十分广泛，我们就以计算机教育应用的理论和方法、多媒体计算机教育应用、人工智能和智能教学系统、网络及其在教育革新中的作用、计算机在学科教学中的应用为主题分5个分论坛进行讨论。另外还就终身教育、远距离教育、信息技术用于中文和有关软件开发的教育理论问题进行了专题的讨论。

图2　第一届GCCCE 1997年大会上部分学者合影

因第一次举办来自不同区域华人的聚会，是一种尝试，因此规模不大，到会代表共100人左右（见图2、图3），但互动十分热烈，效果极好。当时香港、澳门尚未回归祖国，但他们也组团来了。这是一次来自世界各地从事计算机教育应用的华人教育家、计算机专家的一次聚会，是一次交流学术观点、互相学习、共同探讨的好机会。会后，大家都期待将来能有更多的机会相聚，为共同发展计算机教育应用，革新教育这一伟大事业做出贡献。直到2019年，GCCCE已经连续召开23届大会，已经成为华人世界有影响的学术会议。其中华南师范大学先后承担了1997年，2007年和2018年三届大会的承办。

图3　第一届GCCCE全体代表合影

作者单位

李克东，华南师范大学教育信息技术学院。

中国第一个教育城域网——北京教育信息网建成

◎ 北京教育信息中心(北京电化教育馆)

1998年，一个拥有自主知识产权、联通北京各个区县两千多所学校和教育单位的专用教育网络——北京教育信息网正式建成启用。这是中国第一个教育城域网，它的诞生在教育信息化发展史上具有里程碑意义。

当时的中国互联网正处于破土而出之后的快速生长期，从56K调制解调器拨号上网，到128K ISDN，再演进到ADSL，人们沉浸在网络这个新兴事物带来的冲击和喜悦中。但网络的应用还很落后，仅限于一些简单网站信息浏览和聊天室，与学校教育教学工作几乎没有任何关系。北京作为中国的首都，教育教学也仍然停留在传统的黑板粉笔方式中。

图　北京教育信息网规划与实施方案评审会

就是在这样的一个背景下，北京教育信息网开始进行规划、设计和建设（见图）。经过长时间的奋战，1998年12月7日，北京教育信息网终于在万众期待中正式开通使用。

最初的北京教育信

息网，我们可以称之为“北京教育信息网V1.0”，中心机房到各个区县的网络带宽为64Kbps，骨干网络结构是单点的星形结构，带宽为100Mbps，其上运行了较为简单的静态路由协议。北京教育信息网V1.0只是简单地将各个区县进行连接，区县一级尚未进行网络建设。就是这样一个在我们今天看来如此简单的教育网络，在当时却是一项开拓之举，它将各个区县的信息中心连接，改变了传统的电话或邮寄信息方式，实现了文本信息的实时快速交换。

北京教育信息网的开通，成功搭建了首都现代远程教育平台，全面推进了城乡优质教育资源的共享，为教育的均衡发展做出了重要贡献。1999年，基于北京教育信息网我们率先在中小学开通远程教学试点，使北京最偏远的山区学校喇叭沟门乡满族中学学生在网上能看到北京最好的特级教师的课。2000年，通过努力，我们在市区和10个远郊区县开通远程教育教学站点；2001年，建立特级教师工作室；2002年，开通网上教研，组织优秀教师对农村教师进行备课辅导……自此，首都教育迈开步伐走向跨时空的网络化现代化新时代。

2002年，北京教育信息网进行了第一次重大升级改造，将原有的星形网络改造成为具有四大节点的环形网络，我们可以称之为“北京教育信息网V2.0”。这次改造中增设的四大节点不仅能够更加方便地连接所有区县网络，还第一次将北京教育信息网从网络结构上划分成了骨干、汇聚、接入三级网络。与此同时，环形骨干网的建成大大提高了骨干网络的健壮性，通过OSPF动态路由协议，骨干网光缆的中断将不再影响网络可用性。骨干网升级为千兆，骨干节点区县网络则由64Kbps带宽升级为100Mbps，速度提高了1500余倍。北京教育信息网V2.0的主体结构和四大节点至今仍然在使用中。

随着各个区县网络的逐步建设，网络访问需求爆发式的增长。2006年，为保证重要应用的顺畅访问，北京教育信息网在出口网络部署流控设备。这是北京教育信息网首次对流量进行监控，看似简单的技术升级，实则向我们传递了一个重要信息：网络建设初期的“铺路工程”已经达到了预期成效，工作重点开始逐渐向“促应用、强保障”的方向转移。

2008年，随着北京奥运会成功举办，作为“数字北京”工程的重

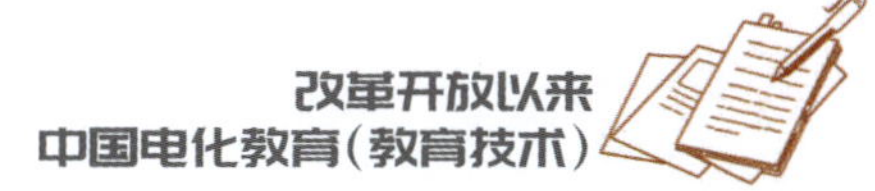

要组成部分，北京教育信息网为保障全市学生一卡通、社会大课堂各项对内对外等教育相关应用，再次提升网络保障能力。到2007年年底，北京教育信息网骨干网由千兆升级至万兆，已经形成具有万兆骨干光纤环网，骨干至区县网络也由百兆升级为千兆。当时万兆骨干网络几乎可以满足任何应用运行的需求，千兆至区县网络的带宽也能够满足区县间大量教学数据的交换以及视频会议的开展。18个区县全部建有区域网络中心，将北京教育信息网延伸到区县辖区内学校，中小学校全部建成校园网，网络节点进入每一间教室，网内IP地址24个B，与中国网通、中国电信、中国教育科研网和首信万兆BGP4互联。庞大、先进的数字化教育网络，满足了广大师生的教学应用需要。北京教育信息网已经逐步演进成为一张科技领先、以人为本、安全绿色的北京教育城域专网。

在随后的两年中，通过自建光缆的方式，将北京市属市管高校以及各个教育单位逐步接入北京教育信息网，形成了一网多类教育用户的接入，将学校、区县、市属高校、教育单位全部联通，为未来应用的发展铺好了高速通路。

在北京教育信息网的有力支持下，北京市教育信息化发展一直走在全国前列。2013年，北京市教育网络调查数据显示，北京市全部学校接入网络并建设了校园网，其中，千兆及千兆以上接入学校数为424所，约占全部学校总数的23%；百兆至千兆接入学校数（含百兆）为1011所，约占全部学校总数的55%；十兆至百兆接入学校数（含十兆）为324所，约占全部学校总数的18%；十兆以下学校数为64所，约占全部学校总数的4%；另有23所学校通过第三方接入。95%的学校采用光纤接入的方式，各校教室、办公室、多媒体教室、计算机教室接入校园网比例接近100%。根据2013年9月的统计，北京市17个区县，共计1475所学校（其中乡镇和乡镇以上学校总数为1355，乡镇以下学校总数为112所，占全部学校的8%；普通小学947所，九年一贯制学校83所，普通初中266所，完全中学171所），全部接入网络，北京市提前实现“宽带网络校校通”和“优质资源班班通”。北京教育信息网服务对象中教师总数为100289人，在校学生总数为964985人。

2015年，骨干网络由传统的裸光纤网络升级为40Gbps波分网络，波分技术的选用，在光缆建设成本以及建设限制的环境下，极大地扩充了网络带宽的容量以及运行业务的多样性。同年，北京教育信息网数据中心的网络结构也进行了梳理和优化，将核心设备改造为双冗余结构，并针对不同的安全等级保护要求实行分区域管理，专门设立了三级等保区，建立有针对性的安全保护措施，提高北京教育信息网的整体安全保障水平。

随着应用的不断升级、完善，目前北京教育信息网已经进入了“北京教育信息网V3.0”时代，光缆总长度已达到5125芯公里，满足全市1900余所学校近110万学生及教师用户的使用，日均在线用户数维持在70万左右，日均峰值流量达到60Gbps。它连接了北京市所有中小学、区县教育网络、市属高校以及各个教育教学单位。其上运行了诸多教学、考试等相关重要应用，为北京市教育事业不断推进提供了稳定、可靠的技术支撑和条件保障。

当前，人工智能、大数据、云计算、物联网等新技术的快速发展为教育带来了深刻的变革，北京教育信息网依托成熟完善的网络支撑体系，不断提升业务承载能力和服务水平，面向北京市教育系统和广大市民，为全市教育改革与发展提供安全、稳定、优质的网络支持与服务。

举办全国多媒体教育软件大奖赛

◎ 刘学达　施　枫

20世纪90年代，多媒体技术的迅猛发展开始对各行各业产生深刻的影响，一些学校和教师将多媒体技术应用于课堂的教学实际中，取得了教师教育教学方式、学生认知方式变革方面的成果，全国多媒体教育软件大奖赛（简称“大奖赛”）就是在这样的大背景下应运而生。1994年，国家教育委员会成立电化教育委员会，下设电化教育办公室，要求所属的中央广播电视大学、中央电化教育馆、中国教育电视台创新性开展工作。时任电化教育办公室开发部主任刘学达根据多媒体事业发展的需要和创新工作思路的要求，在总结连续成功举办三届博览会经验的基础上，策划将体育竞赛精神引入到教育技术行业中来，举办软件竞赛活动。开发部于1998年初向电化教育办公室递交了申办“全国多媒体教育软件大奖赛”活动的报告，得到了电化教育办公室、中央电化教育馆领导的大力支持。很快，以电化教育办公室名义举办全国多媒体教育软件大奖赛的通知下发到了各省、自治区、直辖市电化教育办公室（馆）、广播电视大学、部属高等院校电化教育中心和有关教育企业。

1998年大奖赛举办了两届。首届名为“VCD3.0全国多媒体教育软件大奖赛”，第二届为“CD-ROM全国多媒体教育软件大奖赛”，由中央电化教育馆（电化教育办公室）主办，是当时国内唯一由教育部有关单位组织的全国性教育软件评比活动，之后每年一届，规模逐年扩大，至今已经成功举办了22届，成为了推动计算机技术在教学中应用，促进素质教育全面实施，一线教师展示风采、交流多媒体环境下新型教学模式的一项盛会，受到了广大教师的欢迎。

随着技术的发展，大奖赛的赛项由单机版到网络版，从多媒体课件到网络课程，前六届大奖赛后增加了线上平台和软件、机器人、虚拟仿真项目等，内容逐步充实，参赛作品质量迅速提高，已经成为面向各级各类学校及有关部委、行业所属教育机构教师、教育技术工作者的一项有计划、有组织地推进教师开展信息化教育教学的全国性交流活动。在各地教育部门、解放军和武警部队有关部门、高等院校等的大力支持和共同努力下，大奖赛已成为各级各类学校、教育机构以及教师广泛参与的一项组织性强、认可度高、引领性好的全国性品牌活动。在提高教师信息素养、教育技术应用能力和软件制作水平，促进信息技术与学科教学融合，推动优质教育资源共建共享以及信息技术在教育教学中的广泛应用中发挥了重要作用。

首届大奖赛经过认真的初赛、复赛，于1998年10月21—22日进行了决赛，10月25日在北京中国革命军事博物馆举行了颁奖仪式。时任国家总督学、大奖赛竞赛委员会顾问柳斌同志出席并为获奖教师颁奖。首届大奖赛的成功举办为这一活动奠定了重要的组织和竞赛程序基础。而在这一工作中，专家们和当时开发部的同志们付出了很大的努力，下面是刘学达主任的工作日记，记述了这一段的紧张工作。

1998年3月26日下发教电办函〔1998〕6号，征集VCD作品。1998年7月10日，应教师要求增加了CD-ROM教育软件参赛，并下发教电办函〔1998〕9号文，定为第二届“大奖赛”。7月15日成立“大奖赛”组委会，并成立“大奖赛”评审专家组。

7月24日和8月3日，分别召开评审专家和有关单位研讨会，对VCD3.0软件作品制作标准和评审标准和CD-ROM软件作品制作标准和评审标准进行了认真讨论。8月6日VCD3.0软件制作及初赛评比文件定稿下发，8月7日CD-ROM定稿下发。

8月10日—9月15日了解各省（市）参赛单位对软件作

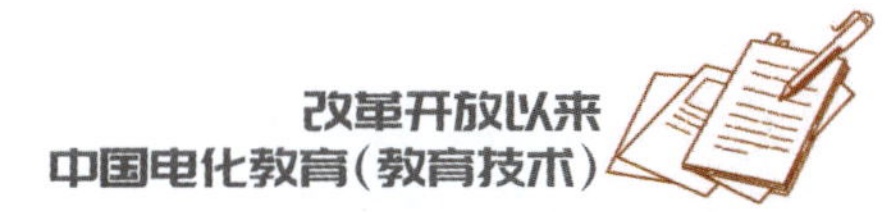

品的制作情况，调查2～3个单位的软件制作进展，并发现了问题且进行了及时指导。

9—10月举办了两期CD-ROM软件培训班，一期VCD3.0软件培训班。9月上旬培训参加两个软件作品大奖赛的负责人，培训初赛组织工作。

9月10—20日从大专院校和中学专业教师中挑选复赛的预审人员，经过评委和专家确认后组织对他们进行软件作品预审评比工作的培训。

9月15日听取秘书组对前一阶段工作进展情况的汇报，研究讨论下一阶段的工作。

9月22日—10月4日组织预审：统计上报的软件作品，并分专业分学科进行编号登记，根据“大奖赛”主要评比条件进行筛选，推荐复赛的软件作品。10月15—19日复赛：先对示范软件作品进行专家集中评审，然后分专业分学科进行评审。10月21—22日决赛：听取秘书组和复赛专家组组长对复赛评审工作情况汇报，分专业分学科进行决赛评审，确定决赛名次。

10月25日举行VCD3.0软件颁奖仪式，10月26日举行CD-ROM光盘软件作品颁奖仪式。10月27日总结VCD3.0软件、CD-ROM软件“大奖赛”工作的成绩和问题，写出总结报告附照片，并研究下一届大赛应注意的事项并进行下届的预备工作。

首届大奖赛的成功举办，让此项活动形成了由技术预审、复赛和决赛组成的大赛程序，建立了专家制定、主办单位发布评审标准，实施了“公开、公平、公正”评审的办法。形成了大奖赛的基本分组：基础教育组（中学、小学、幼儿园）、职业教育和高等教育组（大专院校、职业技术教育、成人教育）。另外，在1—7届还设立了专业组，对多媒体教育软件开发公司、各级各类电子音像出版单位和网上学校的作品进行评比。大奖赛坚持报名者必须由所在单位授权选派，所有参赛者必须是参赛软件的合法拥有者，并承担相应的法律责任。所有中小学参赛作品由各省电化教育馆组织上报，教育部直属大专院校、多媒体教育软件开发公司、各级各类电子出版单位和网上学校均可直接报送大奖赛组委会会务组，中国人民解放军总参军训部和武警总部训练部所属院校通过其有关上级单位报送“大奖赛”组委会会务组。首届大奖赛在全国开创了软件评比先河，而之后的持续发展，对教育软件的发展起了引导作用，提供了教育技术行业互相交流学习的机会，推动信息技术与学科课程的融合，促进教育观念的转变。同时也发现了来自全国各地教育软件和网络平台及互联网创新开发的人才。

22届大奖赛累计约7万人次（限额）参赛教师直接参与创作并提交了作品。历届大奖赛的成功举办得到了教育部领导和有关司局的关怀，得到了各地教育部门和广大教师的认可。时任电化教育办公室主任宋成栋、副主任李旺荣，中央电化教育馆馆长陈志龙、王珠珠，副馆长王晓芜等领导在大奖赛实施中先后给予了精心的指导和热情的帮助，保证了活动在正确的方向上不断发展壮大。22届大奖赛历经20多年的时间，也经历了多次主办单位的机构改革，但从刘学达开始，此后董爱平、陈莉、李凤兰等处长领导及具体承担处室工作的同志，都秉承了科学严谨的工作态度和作风，为这一活动持续有序开展提供了保障。

大奖赛的顺利推进，离不开专家们的辛勤工作。天津师范大学游泽清教授、清华大学计算机科学与技术系林福宗教授等一批专家，积极参加并主持了相关专业性评审标准制定。此后，上海教育科学研究院的蒋鸣和教授、清华大学程建钢教授、北京电化教育馆潘克明特级教师、高等教育出版社杨再石编审、解放军北京军医进修学院郭光友教授等一批专家为大奖赛的科学评审和事业推进付出了极大的心智，他们中很多人对获奖作品的点评对大奖赛的发展发挥了重要的专业引领作用。在每年的现场交流中，我们总能看到很多感人的画面，教师对教学的执着和追求，对将技术应用于教育教学的美好愿望和努力也感染了我们每一位活动组织者，鼓舞着我们将这项活动坚持下去。2017年11月初，一位安徽参加复赛的女教师，身孕已有8个月，还是亲自来到北京参加复赛。她希望能够亲自聆听专家的教诲，进一步提高自己运用信息技术的水平。

大奖赛的成功举办，得到了相关企业的支持与帮助。如第一届、第二届活动分别得到了美国ESS技术公司、中国实达集团公司，美国英特尔公司、中国北大方正的经费支持，此后高等教育出版社、中国移动等单位也都给予过支持和捐助，他们的义举为活动的开拓和持续发展做出了积极的贡献。

大奖赛还产生了丰硕的学术成果。2005年4月，大奖赛专家组编写了《信息化教学环境的建设与应用》一书，由人民教育出版社出版。全书由刘学达组织策划，大奖赛专家组组长游泽清领衔，梁祥丰等专家团队撰写，两院院士罗沛霖、国家教育委员会原副主任柳斌担任编委会顾问。游泽清教授，在多次主持“大奖赛”的评审工作及相关研究的基础上，首次提出了“多媒体画面语言”的概念，创建了“多媒体画面艺术理论”，开创了一门新的学科——多媒体画面语言学。他先后出版了《多媒体画面艺术基础》《多媒体画面艺术设计》《多媒体画面艺术应用》《多媒体画面艺术论文集》共四本专集。他所讲授的课程被列为国家精品课程。林福宗教授与大奖赛结缘后，一直从事多媒体技术基础的教学与应用研究，出版了《多媒体技术基础》。2018年这本书第4版再版，林教授又在书中增加了很多新技术内容，该书获得了中华人民共和国教育部科学技术进步奖、普通高等学校优秀教材全国特等奖、全国优秀畅销书金奖等30多项部级以上奖励，被千所高校选作教材。

作者单位

刘学达，中央电化教育馆。

施　枫，中央电化教育馆。

现代教育技术信息资源库建设与应用正式立项研究

——记我国第一个中小学网络远程教育中央资源库应用系统的开发

◎ 黄旭光　许　林

1999年1月30日，在北京市第五中学召开了一场特殊的会议。来自全国23个省（市）电化教育馆馆长以及部分省（市）教育行政部门负责人，国家教育部基础教育司、科学技术司、电化教育办公室以及北京大学、北京理工大学、中央广播电视大学、中央教育科学研究所等单位的领导，北京市各级电化教育馆馆长以及重点中小学校长，人民日报、光明日报、中国教育报以及北京电视台、中国教育电视台、中央人民广播电台等近40家新闻媒体的记者共200余人出席了会议。时任全国政协副主席朱光亚院士专程赶来出席现场会并发表了热情洋溢的讲话。这究竟是一场什么会议，为什么吸引了众多重量级教育部门和新闻媒体？对我国教育的发展有着怎样的意义？

当朱光亚院士按动中央资源库开通上网的启动键，大屏幕上立刻展现出"现代教育技术信息资源库"全屏网页时，全场响起了经久不息的掌声，原来这是"现代教育技术信息资源库开通上网应用现场会"，就此，我国第一个服务于中小学校网络远程教育的中央资源库应用系统正式开通上网。该系统的上网应用奏响了国内基于互联网的教育资源共享新篇章。这样一个系统在那时是如何开发建设的？

自1978年以来，我国中小学校电化教育硬件装备初具规模，然而配套软件资源普遍存在数量不足、质量不高等问题，迫切需要建设一系列高质量的电化教育教材和教学软件资源。中央电化教育馆从1995年便开始考虑建设一个仓储式教育资源库。由于技术和资金问题，建设资源库的规划一直处于酝酿之中。1996年下半年，原国家计划委员会委托原国家教育委员会组织专家对国家“九五”科学技术攻关96-750项目（“计算机辅助教学软件研制开发与应用”项目）进行立项论证。抓住这个有利时机，中央电化教育馆抛出“学校CAI软件资源库建设与应用”作为“计算机辅助教学的技术支撑环境及应用环境”专题项目中的一个主攻方向进行立项申请。1997年4月，“学校CAI软件资源库建设与应用”项目获国家教育委员会批准立项，后经国家教育委员会科学技术司批准拓展为“现代教育技术信息资源库建设与应用”（96-750-03-05-02）项目组织实施。原中央电化教育馆副馆长刘晖为项目组长，原中央电化教育馆计算机辅助教学研究中心主任费龙等人为项目骨干。项目攻关的核心是要建设一个能够为全国中小学校提供电化教育教材和教学软件信息资源共享服务的中央资源库，这完全符合当时我国学校电化教育发展的实际情况，也符合我国教育现代化和信息化建设的实际需要，具有重要的现实意义。

项目正式立项后，教育部给予了充分的政策支持和项目支持。项目组先后召开了多次工作（扩大）会议，项目组成员单位从最开始立项时的5个发展至20余个，分别是20余个省（市）电化教育馆。借助国家科学技术攻关项目这条纽带，全国各级电化教育馆凝聚了起来，电化教育战线团结一心，结成建设中央资源库的中坚力量。在项目组内部，无论中央电化教育馆还是地方电化教育馆，无论省级电化教育馆还是地市级电化教育馆，大家一律平等。中央资源库系统的建设方案，包括系统目标的确定、模块结构的设计、系统功能的定位以及通信系统方案的选择等重大问题，无一不是在项目组工作（扩大）会议上研究解决的，特别是中央资源库通信系统方案的形成几乎是在经过好几次工作（扩大）会议充分讨论、反复论证的基础上才最后确定的。正是在这样的精诚合作下，中央资源库在短短一年多的时间里初步建成。

项目建成的中央资源库，在内容上包括电化教育教材（含幻灯、投影片、录音、录像带）以及计算机教学软件，覆盖幼儿、小学、初中、高中和职业技术学校所需的进行课堂教学、素质和文化教育等方面的教材软件信息资源；在功能上可以实现信息资源基于互联网的检索查询、在线演示预览、在线订购以及通过卫星实时下载，能满足各类用户在多个场景下选择和使用适切的电化教育教材和软件信息资源的需求。中央资源库后台系统包括信息管理系统、用户管理系统、文件管理系统和订购管理系统，为前台资源的呈现、查阅、订购和管理提供了稳定有效的后台支撑。

总的来说，中央资源库的建设攻克了几个方面的难题，从技术上，一是在有限的带宽条件下，实现信息资源流畅地在线演示预览；二是针对各类中小学校的硬件和网络环境，实现软件和信息资源的高效通信和快速下载。从内容上，其一是收集大量资源，同时确保资源质量，其二是在充分保障资源著作权的前提下促进资源得到充分有效的利用。尽管20年后的今天看来，这些问题不算是难题，但在过去的20年前，解决这些问题确实是资源建设的创新。

针对第一个技术难题，项目组成员采用了最新的压缩解压技术，通过多次实验，破解了各类软件和信息资源的在线实时传输和演示。针对第二个技术难题，项目组对现有的计算机网络通信方案，包括利用互联网拨号上网、利用互联网专线上网、利用专线连接直接上网、双向卫星组网互联以及单向卫星传输专用网等方案进行了实事求是的分析和比较，最后选定利用互联网拨号上网加单向卫星传输专用网相结合的方式，解决用户上网不易，下载教学软件慢、成本高的老大难问题。针对内容上的难题，一方面组织了优秀CAI软件和音像教材精选片段的征集活动，并对征集的软件和资源进行了科学严格的专家审查，确保筛选出优质的资源；另一方面根据资源收集、推荐和应用的周期制定了一套方案，明确了资源的著作权、署名权的归属，并通过科学有效的有偿服务和无偿服务的机制促进资源的有效应用和良性再生。

1999年初项目组完成了“现代教育技术信息资源库建设与应用”项目成果的研究报告、技术报告、查新报告和用户使用报告。教育部科学技术发展中心委托清华大学、中央广播电视大学和中国教育电视台的三位教授（总工程师）专门对项目成果进行了现场测试。1999年1月24日，教育部组织召开了项目成果鉴定会。鉴定专家一致通过了项目的鉴定，并对项目取得的成果给予了高度评价。专家们认为：“该

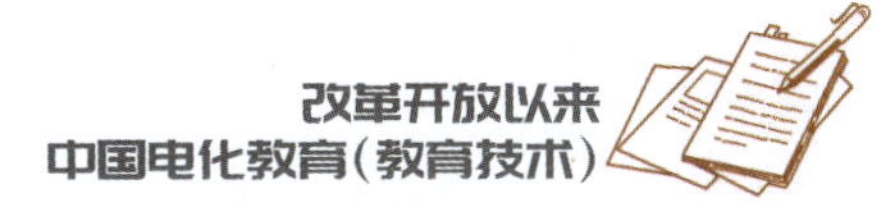

项目是我国第一个服务于中小学校的网络远程教育的中央资源库应用系统，该系统从国内通信的实际情况出发，采用公众通信网双向通信及卫星信道高速下载相结合的传送方式，利于普及与推广应用。系统建设适应现代教育技术发展和教育信息化建设的大趋势，总体设计合理，基础研究扎实。在模块设计、功能设计、视频流播放和教学演示软件技术的应用等方面具有创新性，中央资源库建设实际上是对学习资源的再开发和再利用，学习过程的再设计和再优化，其应用环境具有经济、实用、高效和共享的特点，该成果属国内首创，达到国际先进水平。”在此基础上，专家们也提出了增加资源库信息资源数量，提升资源质量，完善管理系统以及积极推广应用等建议。

鉴定会后，教育部科学技术发展中心与中央电化教育馆联合在北京召开了“现代教育技术信息资源库开通上网应用现场会”，于是出现了我们故事的第一幕。

项目圆满结束后，根据鉴定专家的建议，项目组成员一边丰富中央资源库的内容，一边开始组织各地开展推广应用。随着实践的深入，在攻关技术真正转化为生产力，真正走上产业化道路的时候，项目组成员也发现了一些新的问题和新的需求，在此基础上再次组织力量对原有系统进行了技术改造，目的是使之易于实现天网（卫星通信网）与地网（国际互联网）以及天网、地网与有线电视网的结合，最终形成相对完备的我国学校远程教育体系，以更加经济、便捷的方式适合我国各类学校复杂的信息化环境需求。

现代教育技术信息资源库项目为建设一个有我国基础教育和职业教育特色，提供多媒体网络教育服务的教育资源库进行了有益而成功的探索和尝试。该项目为我国后续中小学现代远程教育诸多项目的组织和开展也奠定了坚实的理论和实践的基础，创建了良好的硬件和软件环境。当前我们虽然处于更加先进的信息化环境中，但是这个项目实施过程中的方法、策略以及很多努力和尝试，到现在来看都很值得学习和思考。

作者单位

黄旭光，中央电化教育馆。

许　林，中央电化教育馆。

英特尔未来教育的故事

◎ 黎加厚

现在很多大家耳熟能详的东西，但在世纪之初，却是震撼人心的一场观念革命。英特尔未来教育，就是当时中国百万教师心中革命的故事。

一、世纪之初，遇到英特尔未来教育

20世纪90年代，信息技术在全世界迅速普及。1998年，英特尔公司联合惠普公司、微软公司，在美国的部分州开展教师信息技术培训，目的是帮助教师在教学中运用计算机技术改进教学，取名为“ACE”项目（Applying Computers in Education，在教育中应用计算机）。该项目第一年在美国西部6个州培训1200余名中小学教师，9个月后对教师的回访调查显示，84%的教师表示他们使用计算机提高了自己的教学，80%的教师表示学生的学习得到增强。1999年项目范围扩大至9个州，2400多名教师得到培训，项目的参与者制作出了超过2300个单元教学计划，这些教案都很好地将技术整合到现有的课程教学中。前两年的项目评估数据令人印象深刻，97%的参与者表示他们形成了将计算机技术整合入课程的技能，94%的参与者认为自己在培训中的所学将使他们的学生在下一学年受益，英特尔公司ACE项目取得了非常大的成功。

在全球化的时代背景下，英特尔公司决定在全球推广ACE教师培训项目，并在公司组建了负责教育项目的部门。2000年，英特尔公司

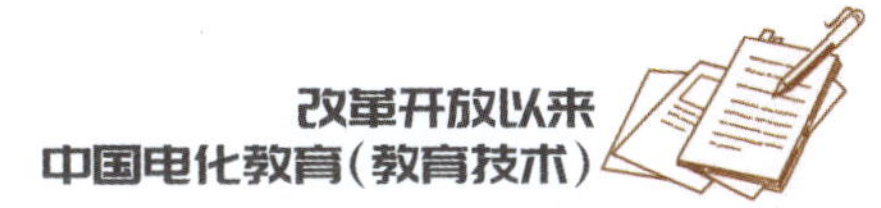

重新设计ACE课程，并更名为“英特尔®未来教育”（Intel® Teach to the Future，ITF）。时任英特尔公司首席执行官克瑞格·贝瑞特（Craig R. Barrett）博士说：“‘英特尔®未来教育’项目实施范围的扩大代表了整个业界的一种共识。如果教师不了解如何更加有效地运用技术，所有与教育有关的技术都将没有任何实际意义。计算机并不是什么神奇的魔法，教师才是真正的魔术师。”

那时，刚刚开始改革开放的中国，人们还对教师培训的国际化项目抱有种种不理解。1999年，当时英特尔（中国）公司负责在中国开展ACE项目的李宁女士到北京市教育委员会联系组织学校教师参加信息技术培训被婉拒。同样的情况也发生在广州。当时人们普遍怀疑，一个计算机公司为什么要跑到学校搞教师培训？这可能是“帝国主义的文化侵略和渗透”，或者是“跨国公司商品推销的变相商业运作”。这种认识和情绪一直延续到一些省市和地县教育局领导，所以，早期“英特尔®未来教育”项目在国内各地推广并不顺利。

这种情况的变化最初是在上海开始。

1999年11月的一天，我接到上海市教育委员会的通知，到汾阳路上海市中小学教育信息中心开会。这是市教育委员会关于教育信息化的工作会议，出席会议的有上海市教育委员会张民生副主任及来自各区县教育局的教育信息化方面的老师，还有华东师范大学的专家。

会上，上海市中小学教育信息中心主任陈家虎向大家介绍了美国英特尔公司的“英特尔®未来教育”项目（当时叫ACE项目），请英特尔全球教育项目专家Paige Kuni，介绍美国在K12中小学教师中开展“ACE”培训项目的情况。

当会议进行到区县负责信息技术的老师汇报学校教师如何设计课件的时候，Paige Kuni微笑着打开了她带来的笔记本电脑，展示了美国小学教师参加培训设计的单元教学计划（Unit Plan）。这是美国俄勒冈州的一位小学教师设计的小学科学课程教案《影子》，讲的是小学三年级学生在老师的组织下，自己动手测量太阳影子的变化，教师设计学生范例，利用计算机软件Excel绘制出太阳影子的长度在一天中变化，做出统计直方图表和学生研究结论的PowerPoint演示文稿。

看到眼前的《影子》PPT演示，让在场的老师们感到一种震动！

当时，我们正热心于基层教师培训如何设计多媒体“课件”，我们的信息技术课程教学改革刚刚起步，大多数学校在计算机课程的课堂上主要是教学生掌握学习Office办公软件。

会后，大家经过热烈的讨论，一致认为英特尔公司的ACE项目与上海二期课程改革正在探索的研究性学习是一致的，值得我们借鉴。基于对该项目实际价值的理智判断，上海市教育委员会决定引进“英特尔®未来教育”项目。上海市教育委员会对该项目的实施十分重视，市教育委员会张民生副主任直接指导项目的组织实施工作，并决定由上海市师资培训中心作为项目执行单位，中小学教育信息中心作技术支持，分配华东师范大学祝智庭和上海师范大学黎加厚组织研究生团队翻译英特尔公司的文字教材和配套光盘，从部分区县组织了11名骨干教师组成市级项目核心小组，全市共设置培训点70个，其中市级培训点4个，承担主讲教师的培训任务；区县级培训点66个，承担学科教师的培训任务。

2000年5月，上海市教育委员会部署“英特尔®未来教育”在上海7个区县组织210名骨干教师（含北京委托代培的10名教师）的试验培训。7月上旬，组织了全市参加“英特尔®未来教育”实验的教师举行培训总结会议。几乎每一位参加培训的教师都感到接受了一次教育新理念的洗礼，学习到许多新的教育理念和信息化教学设计的方法。

2000年7月28日，教育部与英特尔公司在北京饭店贵宾楼举行“英特尔®未来教育”项目启动会，正式宣布在中国启动“英特尔®未来教育”项目，旨在帮助更多的中小学教师充分利用计算机和网络技术进行教学活动，教育部副部长王湛出席项目启动仪式并讲话。决定首先在上海和北京两地进行试点，培训教师8000多名，计划到2002年年底在中国培训10万名中小学教师。

2000年12月9日，教育部在上海召开了“全国中小学教育信息化研讨会暨英特尔未来教育现场会”。教育部师范教育司马立司长亲自参加了会议的全部活动。会上，马立司长参加了“舟山中学”小组活动，和几位小组成员老师一起动手完成信息化教案设计，在现场感受到教师们畅谈自己参加项目培训在思想深处受到的震撼，以及在学校课堂教学中运用“英特尔®未来教育”理念的收获体会，当时的会场气氛极为热烈。马立司长回京后，向教育部副部长王湛同志汇报。教育部高度重视此培训项目，决定由全国继续教育工程办公室（北京教育学院）作为全国执行机构，成立全国项目专家组，在全国开展“英特尔®未来教育”教师培训项目。

至2005年，“英特尔®未来教育”项目扩大至31个省市，培训超过22万名教师。2006年是“英特尔®未来教育”项目在中国发展的关键一年，英特尔公司将原有的“英特尔®未来教育”课程更名为“英特尔®未来教育核心课程”，并在此基础上开发了面向乡村基层教师的“英特尔®未来教育基础课程”等系列课程。2006年6月，教育部颁发了《关于英特尔未来教育项目与中小学教师教育技术能力建设计划相衔接的通知》，标志着“英特尔®未来教育”核心课程正式纳入教育部“全国中小学教师教育技术能力建设计划”，项目培训正式纳入教师继续教育学分管理。同年11月，英特尔公司与中国教育部启动了“共创未来教育计划”。在新的5年（2006—2010年），与教育部展开更深入的全面合作，对100万中小学教师展开“英特尔®未来教育”项目培训，他们将学习如何运用信息技术手段来改善课堂教学的效果。

二、让人眼睛一亮的英特尔未来教育

“培训教材写得非常好，我拿到后非常震惊。”华东师范大学祝智庭教授对《人民教育》杂志采访记者说，“英特尔的培训教材不讲一个理论，它的理念都体现在培训过程当中，所以要想转变观念，这是一个很好的途径，教师经过一周的培训，观念一下就转变过来了。”祝智庭教授的第一感觉与我和所有接触这个项目教材的老师完全相同。

接到“英特尔®未来教育”新教材，我们两个学校的老师和研究生团队就投入了紧张的翻译整理工作。第一版的英特尔培训教材分为10个模块（40小时集中培训+20小时回家作业）：

第一模块：课程概述，准备单元计划

第二模块：为你的单元计划查找资源

第三模块：创建学生多媒体演示文稿范例

第四模块：创建学生出版物范例

第五模块：准备教师的支持材料

第六模块：创建学生网站范例

第七模块：准备单元计划的支持材料

第八模块：整合你的单元计划

第九模块：评价单元计划

第十模块：创建一个实施单元计划的方案

每个模块都有明确的教学目标；结对共享，教法研讨；任务驱动，在做中学；还提供配套光盘和网络学习资源；结构化的评价标准；多样化的回家作业等。

培训教材模块贯穿着三条主线。一是信息技术的使用，主要是利用微软的 Office 套件（Word、IE、PowerPoint、Publisher），这些都是常用的软件工具，并不涉及复杂的技术。二是单元教学计划（教案）设计，教材提供了一个教案模板，包括主题、所属学科、学生年级、教学目标、对应的课程标准、所需资源、学习过程、对特殊学生的教学调整、评价标准等。参训教师从这个模板出发，首先选定一个专题，随着教学进展逐步完善教案。三是评价工具的使用，课程采用"量规"（Rubric）作为结构化定量评价工具，对教学计划、学习资源、学员电子作品进行经常性的评价。整套教材的模块化设计主线体现了"英特尔®未来教育"项目的基本理念，即中小学教师掌握最常见、最简单易学的技术工具，深入挖掘其能用于教学的功能，不引导教师对复杂工具软件的追求，而是引导教师追求对如何指导学生学习的思考，在教学设计方面下功夫。

当时，我们在翻译原版教材中多次出现的关键词"Rubric"时绞尽脑汁，祝智庭教授创造出"量规"的中文对应翻译，很快获得大家的赞同。这是把教学活动类的比较模糊的定性评价，采用语言描述方式变成教师便于操作的规范化的评价指标体系，体现了国外教师组织学生活动类项目的评价策略和技巧，让我们脑洞大开。

"英特尔®未来教育"项目还提供了配套教材光盘、网站等数字化学习资源。特别让人印象深刻的是英特尔教育网站，体现了英特尔公司"要做世界上最好的教育网站"的理念，为教师提供教案范例、学习工具等丰富多彩的资源，并持续动态更新至今。

当时，第一次看到过去我们从来没有见过的这种教师培训教材设计，大家都很兴奋。我注意到，这是加利福尼亚计算机技术研究所（Institute of Computer Technology，ICT）设计的课程教材，心中就一直萦绕着一个疑问，为什么是这家公司？

英特尔公司每年都要举行项目的全球圆桌会议，汇聚来自世界各地参加“英特尔®未来教育”项目的专家和主管部门交流总结培训经验。2001年5月，我和祝智庭教授第二次赴美参加“英特尔®未来教育”国际圆桌会议，有机会面对面向英特尔公司负责教育项目的总监提出我的疑问：“为什么你们没有请哈佛大学、哥伦比亚大学教育学院的资深专家设计教材，而是请一家公司来设计呢？”总监笑了笑说：“在美国也有人问这个问题。”她很认真地对我说，这些大学教授的理论很高，不适合K12教师，还笑着往上做了一个理论很高的手势。她接着说：“我们公司在开展教师的计算机教学能力培训之前，在全美几个主要州的学校对教师进行了调查，ICT设计的培训课程很受教师们欢迎。”

我一下明白了，为什么“英特尔®未来教育”的教材和培训活动模块，都没有专门给参训教师讲述教育理论，而是在做中学的过程中让大家领会。参加这次国际会议，还看到其他国家的培训情况，对后来我们在国内开展培训活动很受启示。

英特尔教育专家团队一直不断修改完善培训课程教材，教材的每一次更新，都让参训教师获益匪浅。例如，更新的6.0版、7.2版、10.0版教材引入的UbD（Understanding by Design ）的课程框架问题设计，布鲁姆教育目标分类学指导下的学生高级思维培养（Higher Order Thinking Skills，HOTS），马扎诺新教育目标分类学，校长领导力等内容。

2002年11月，“英特尔®未来教育”职前教师培训项目正式启动，全国14所师范院校的师范生参加了培训。

2006年后，“英特尔®未来教育”项目根据时代的发展，进一步对项目和课程门类进行了重新布局和设计，将项目体系调整为“英特尔®教育”（Intel® Education），将原来的“英特尔®未来教育”更名为

"英特尔®未来教育核心课程"（Intel® Teach Essentials Course），新增加了"英特尔®未来教育基础课程"（Intel® Teach Getting Started Course）、"英特尔®未来教育成功技能课程"（Intel® Teach Skills for Success）、"英特尔®未来教育思维技能课程"（Intel® Teach Thinking with Technology Course）、英特尔®未来教育领导力论坛"（Intel® Teach Leadership Forum）等课程。2007年启动了"英特尔®未来教育网络核心课程"（Intel® Teach Essentials Online Course），2010年，启动了"英特尔®未来教育模块课程"（Intel® Teach Element Course），这是一个数字化学习课程系列，课程通过免费在线和CD光盘两种方式分发，可以作为独立的课程使用，也可以作为其他课程的补充，该课程包括基于项目的方法（Project-Based Approaches）、数字化教室中的合作（Collaboration in the Digital Classroom）、21世纪课堂中的评价（Assessment in 21st Century Classrooms）、基于数据的批判性思维（Thinking Critically with Data）、21世纪的教育领导力（Educational Leadership in the 21st Century）等模块。"英特尔®未来教育"已由单一的培训课程发展为成熟的多元化课程体系群，见下表。

表　"英特尔®未来教育项目"课程体系

课程名称	课程对象	启动时间	简介	实施方式
英特尔®未来教育核心课程	在职教师 职前教师	2000年	培训教师如何将技术整合课堂教学以促进学生中心的学习	面对面(F2F)
英特尔®未来教育网络核心课程	在职教师 职前教师	2007年	培训教师如何将技术整合课堂教学以促进学生中心的学习	混合学习(F2F+ Online)
英特尔®未来教育基础课程	K12教师 学生	2006年	介绍课堂中常用的效能工具及以学生为中心的教学法	面对面(F2F)
英特尔®未来教育成功技能课程	ICT教师	2006年	培训学生的数字素养、问题解决、批判性思维、合作技能	面对面(F2F)

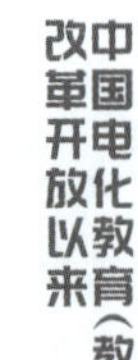

续表

课程名称	课程对象	启动时间	简介	实施方式
英特尔®未来教育思维技能课程	K12教师	2009年	培训教师有效技术整合技能及利用在线思维工具促进学生高阶思维技能	面对面（F2F）
英特尔®未来教育领导力论坛	教育管理者	2007年	促进、支持、执行技术有效整合（如学校）	面对面（F2F）
英特尔®未来教育模块课程	K12教师 教育管理者	2010年	基于项目的方法、数字化教室中的合作、21世纪课堂中的评价、基于数据的批判性思维、21世纪的教育领导力等（5个模块）	交互光盘、在线课程（On-line）

三、走向中国教育改革实践的英特尔未来教育

当初我们团队接受翻译教材任务时，发现这套教材不仅涉及教材的文字翻译，而且它是基于美国各州的课程标准设计，包括课程体系、编写风格、教案范例等，都是美国教师根据他们的教育和文化环境而设计的，我们的教师很难理解，也很难运用到自己的课堂教学中去。

1999年11月，上海市教育委员会张民生副主任在“英特尔®未来教育”项目专家组会议上的讲话第一次明确提出：“在中国开展‘英特尔®未来教育’项目，必须从原汁原味、本土化、与素质教育改革相结合这三个原则出发，把国外的先进教育理念与中国的教育改革实践相结合，推进素质教育改革的发展。”

教材翻译专家团队按照保持原汁原味，又要进行本土化改编的思路，从文字翻译、国内教案选择、国内的典型故事与新课改相结合等几方面进行教材和配套光盘的翻译工作，并按照三个原则开展培训活动。

2002年末，我和祝智庭教授到北京参加“英特尔®未来教育”会

议，当时住在沙滩后街人民教育出版社旁边的宾馆。晚饭后，我和祝老师一起到附近的景山公园散步。我们从景山公园东门进入，一路沿着公园的石梯登上山顶，一边聊着各地开展“英特尔®未来教育”的火热形势。当我们停步在景山最高的万春亭边时，晚霞映红了故宫中轴线两侧的红墙黄瓦，金碧辉煌。我们找了一块石头坐下休息，话题就到了当下各地开展“英特尔®未来教育”，如何把项目的教育理念更容易让我们的一线教师理解和掌握。当时还有很多没有分配到“英特尔®未来教育”培训项目名额的地区，如何也让老师们能够学习？

我们想了一会儿，注意到，“英特尔®未来教育”是英特尔公司为支持信息技术在课堂上的有效利用而设计的一个全球性的培训项目，其目标是帮助广大学科教师能够把信息技术与课堂教学进行整合，最终提高学生的学习成效。其实质就是在信息化环境下，教师如何备课、如何教学的行为方式的变化。如果使用中国老师们熟悉的本土语言，如信息化、电化教育、现代化等，把“英特尔®未来教育”的核心部分，培训教师掌握信息化环境下的教学设计，简称为“信息化教学设计”，这样，在今后任何培训活动中，大家对“英特尔®未来教育”也更容易理解了。想到这里，我和祝老师都很兴奋，并约定，在后面的各种培训活动中，我们都使用“信息化教学设计”的本土化语言。还在讲座的PPT和编写的各类教材中，把“英特尔®未来教育”的10个培训模块活动，归纳为信息化环境下的教学设计，简称“信息化教学设计”，是以学生为中心，充分利用现代信息技术和资源，科学地安排教学过程的各个环节和要素，以实现教学过程的优化。“信息化教学设计”的说法很快得到各地教师们的认同，并逐步出现在政府工作文件和各类会议上，让我们更体会到把国外的先进教育理念与中国的教育改革实践相结合，本土化语言的传播魅力。

今天来回头看，“英特尔®未来教育”的本土化实施得以成功，关键是中国特色的国家治理体系、各级执行机构和专家团队的努力及项目文化建设的成功。

首先是项目得到中国政府、教育部以及各省市教育部门的高度重视和领导，这是一个国际化教师培训项目在中国成功的根本保证。下图是“英特尔®未来教育”项目的管理体系，可以看到从中央到地方

到一线教师的高效率扩散新理念新技术的特点。

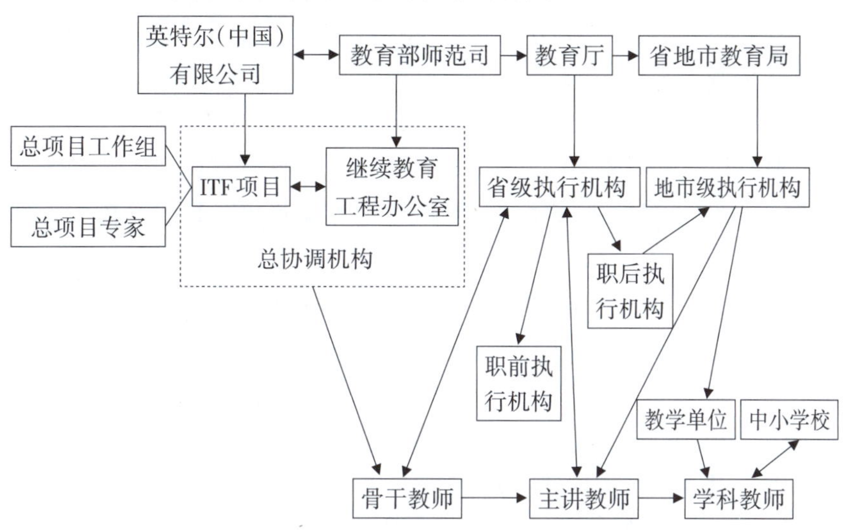

图　“英特尔®未来教育”项目的管理体系

其次，在具体实施过程中，将跨国大公司项目管理制度与中国的教育行政管理制度结合，强调项目管理和责任制，强调对培训结果负责，保证了从全国专家组到各省市、地县、学校的各层次的具体执行，瀑布式培训方案得到落实，尤其是得到各级学校的大力支持，其中最重要的是校长的支持。

再次，该项目还有一个与众不同的特色，即从教育部领导、专家团队到学校一线教师，通过“英特尔®未来教育”的长达数年的丰富活动，逐步形成了用感情和文化凝聚的项目文化。我们看到，“英特尔®未来教育”中国项目的成功实施，很大程度上更是得益于项目实施过程中所形成的、在项目成员中所共享的价值观、行为规范及亲密情感，也就是说，“英特尔®未来教育”项目在实施过程中所形成的项目文化，是促进其成功的关键因素之一。

据祝智庭教授分析总结，“英特尔®未来教育”的独特项目文化形成基本上可归结为四种力量的协同作用：吸引力、领导力、感召力和执行力。

吸引力，“英特尔®未来教育”培训课程设计颇具特色，将理念巧妙地融合于行动过程，没有理论说教，强调培训后学员能够自己领悟出深刻的道理；学员能够体验多样性的创新学习活动，易于内化和迁移，学以致用，用之有效。这样的培训特别贴近教师内需，对他们具有强大的吸引力。

领导力，项目一开始就得到教育部的支持，在实施过程中又得到各省市教育行政部门的支持，有的领导甚至作为普通学员的角色亲自参加培训，使自身获得比较深刻的理解，因此支持更为得力，措施更加务实。

感召力，项目聚集了一群优秀专家，他们承担了教材翻译和本地化改造、骨干教师和主讲教师培训、项目评估指导、发展性研究等任务；他们勤勤恳恳工作，不计名利报酬，既有责任心，又充满激情，形成了一个亲密和谐的专家团队。他们的这种行为模式首先影响到主讲教师，并进一步传播到广大教师。

执行力，虽然各省地市县的项目执行机构各不相同，有教育学院、师资中心、电化教育中心、广播电视大学、师范院校等，但由于项目制定了严格的、易于操作的管理规范，并且配合一定的管理人员培训，再加上网络通信平台辅助，基本上做到规范管理、信息畅通、操作有序，形成了较强的执行力。

“英特尔®未来教育”在中国开展18年，在中国政府的支持下，经过本土化移植和发展，这个原本具有外来文化性质的项目，已逐步演变为具有中国文化内涵的教师培训项目，并且形成了独具风格的“英特尔®未来教育”项目文化。这种新型培训模式和教师培训文化，必将对我国未来的教师培训产生重要影响。

当年许多参加该项目培训的青年教师，现在已经成长为各地的教学骨干、今天中国教育改革的栋梁。教育部领导评价英特尔未来教育的时候，给予这个项目高度评价，正如时任教育部副部长陈小娅指出：“英特尔公司将一流的教育理念、培训模式和管理方法引入了我国的教学体系。‘英特尔®未来教育’项目是教育部与英特尔公司在共同推动中国教育信息化发展中的重要合作项目之一，也是近年来开展的规模最大的中小学教师信息技术培训合作项目。通过我们的共同努力，该项目极大地促进了我国中小学教师信息技术能力的提高，以研究为主导的教育理念也使我们的学生受益匪浅。英特尔对中国教育的投入，极大地支持了我国建设成为‘创新型国家’的目标。”

随着各地基层教师对“英特尔®未来教育”项目的强烈反响，人们逐步认同和接受了以“英特尔®未来教育”为代表的国际化教师培训项目，各地教育主管部门对后来的其他国际性教师培训项目，如教育部与微软合作的“携手助学”项目、教育部与IBM公司合作的“基础教育创新教学”项目、教育部与美国世界网络组织合作的World Links项目、教育部与丹麦乐高基金会合作的“技术教育创新人才培养计划”、中国和加拿大政府合作的“加强中国西部基础教育能力（CIDA）项目”、中国政府与欧盟欧洲委员会合作的“欧盟甘肃基础教育项目（EU-CHINA）”、中国政府与英国政府合作的“中/英甘肃基础教育项目”、教育部与联合国开发计划署合作的“应用远程教育和ICT技术提高中国西部贫困地区教师质量”（又称“UNDP403项目”）、中国和联合国儿童基金会合作开展的远程教育项目等，都持欢迎和支持的态度，并努力提供条件，促进了这些国际性教师培训项目在当地的开展，这是中国教育改革开放40年的一个缩影。

作者单位

黎加厚，上海师范大学教育学院。

首届“全国中小学电脑制作活动”在北京举办

◎ 陈　莉

2000年前后，教育部提出了“以信息化带动教育现代化，实现基础教育跨越式发展”的战略举措，明确要求在我国中小学“大力普及信息技术教育，大力推进信息技术建设”。为此，各级教育部门为推进中小学信息技术应用与发展采取了一系列措施，取得了可喜的成绩，为我国基础教育领域的信息技术教育和教育软件建设奠定了良好的基础。

在这样的时代背景下，2000年教育部决定有组织地开展一次“全国中小学电脑制作与设计作品制作活动”（第三届起更名为“全国中小学电脑制作活动”，以下简称“电脑制作活动”），全面推动中小学信息技术教育，鼓励广大中小学教师利用计算机开展教学活动以加快教育手段现代化发展进程，引导社会各界特别是信息技术行业关注基础教育领域计算机应用和教育软件开发。2000年10月25日，教育部召开的“全国中小学信息技术教育工作会议”开幕当天在北京举办了“首届全国中小学电脑制作与设计优秀作品暨教育软件展示会”（以下简称“首届活动优秀作品暨教育软件展示会”），同期举办了“‘物理大视野’科学教育巡回展”，全面检阅和展示我国中小学生信息技术学习实践成果，以此大力推动全国中小学信息技术教育的普及，纪念邓小平同志“计算机普及要从娃娃做起”的重要指示发表16周年。时任教育部常务副部长吕福源、共青团中央书记处书记胡春华和北京市教育委员会主任徐锡安等领导同志出席了“首届活动优秀作品暨教育软

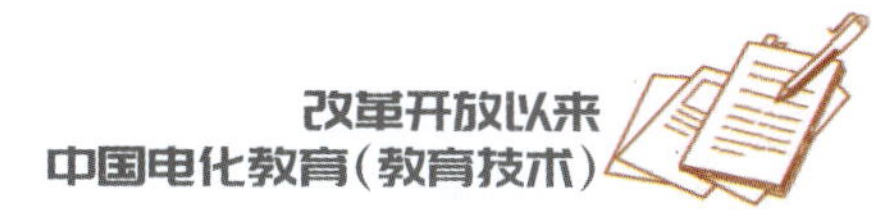

件展示会”颁奖仪式，并为获奖代表颁奖。

2000年，首届电脑制作活动以“探索与创新”为主题，按照高中生、初中生、小学生和教师四个类别，分别设置了绘画、动画、校报校刊、网页及应用性软件、教学课件（教学素材）和数字化产品（作品）等项目，要求参赛作品必须是使用计算机设备开发、创作、设计、制作的数字化产品（作品）。

电脑制作活动通知发布后，全国各级教育行政部门按照活动指导思想“丰富中小学生学习生活；重在过程，重在参与；激发创新精神，培养实践能力，全面推进素质教育”的要求，积极组织本省广大中小学学生和教师参赛。各级中小学校以校为单位，结合信息技术课程教学活动和课余活动的安排，组织广大师生创作作品；参赛学生则结合信息技术课程的学习与实践活动及生活实际，积极探索、勇于创新，运用信息技术手段设计、创作作品参赛，在创作过程中逐步培养自己“发现问题、分析问题和解决问题”的能力。

首届电脑制作活动由教育部基础教育司主办，教育部基础教育课程教材发展中心承办，人民教育出版社、清华大学出版社和上海科技教育出版社赞助并分别冠名为“人教杯”（小学组）、“清华出版杯”（初中组）和“上海科教杯”（高中组）。各省级教育行政部门负责部署、安排本地的活动，遴选并限额推荐20件优秀作品参加全国评比。

全国28个省份、3500所学校、15万名中小学生参加了首届电脑制作活动，各省级推荐了606件参评作品，主办单位（活动组委会）通过组织“作品技术测试、网上公示、专家评选和作者面试（包括现场技术测试及学生答辩）”等步骤产生并确定了107件获奖作品。

首届电脑制作活动获奖作品充分反映出中小学信息技术教育教学坚持育人为本，以德育为核心，培养学生创新精神和实践能力的成果，体现出广大中小学生和教师在计算机应用方面的创新精神、实践能力和应用水平。作品内容体现了素质教育的要求，作品技术应用设计思路先进，创意较好，技术水准较高（见图1）。

首届电脑制作活动中丰富多彩的评比类项目，极大地吸引了全国各地的中小学生，使之迅速成为一项深受广大中小学生喜爱并踊跃参与的、具有品牌效应的创新实践活动。通过获奖作品，我深深地感受到参赛学生将自己的精神风貌和聪明才智以及研究性学习成果、社会实践记录、参加电脑制作活动的体验和成功的喜悦均以作品形式尽情释放；以“给我一个支点，可以撬动地球”的大无畏精神去追逐梦想，体现个性。真可谓，“一件小作品，反映大社会”。这些都使得电脑制作活动延续至今并连续举办了二十届，在不知不觉中陪伴广大中小学生走过了20年的成长历程。

图1　首届电脑制作活动高中网页获奖作品《化学在线》

电脑制作活动的起步、成长和健康发展，始终得到教育部领导和主管司局的肯定和相关政策支持。2002年3月，教育部《关于2002年普通高等学校招收保送生工作的通知》（教学〔2002〕6号）规定：“高中阶段获得‘全国中小学电脑制作活动’一、二等奖的应届高中毕业生，经所在学校推荐，招生学校审核同意，可免于参加全国普通高等学校招生统一考试，进入高校学习。”2006年2月，教育部《关于做好2006年普通高等学校招生工作的通知》（教学〔2002〕2号）规定：“高中阶段获得‘全国中小学电脑制作活动’一、二等奖的应届高中毕业生，由省级招生委员会决定，可在考生统考成绩总分的基础上适当增加分数投档，由学校审查决定是否录取。最高增加分值为20分。”其中，高中阶段参加首届电脑制作活动并获得一、二等奖的16名高中生中有6名学生享受国家政策被保送进入复旦大学、上海交通大学、华中科技大学、上海大学和东华大学等高校学习。

电脑制作活动的连续举办，也一直得到各级教育部门、国内外著名企业和社会机构的大力扶持。全国32个省级教育行政部门热情参与并积极组织各地中小学生踊跃参与活动，其中凝聚了广大中小学教师的才智和心血。电脑制作活动的成功举办，极大地促进了中小学信息

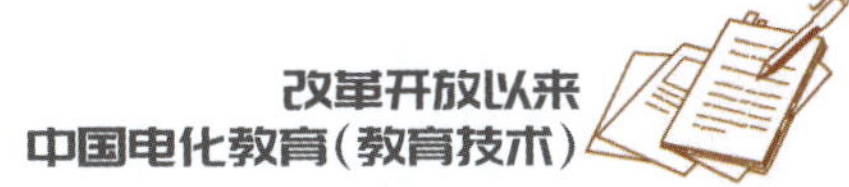

技术教育的普及，培养了学生的创新思维和动手能力，促进了信息技术应用，提升了新时代青少年的信息素养，积极推动和见证了我国基础教育信息化的跨越式发展。

电脑制作活动经过多年的探索与创新，逐渐彰显出强大的生命力，逐渐成为学校推进素质教育的重要抓手。从2003年第四届活动起，根据中小学信息技术教育课程设置需要，活动内容增设了深受中小学生喜爱的“机器人竞赛”项目，竞赛现场水准不断提高，竞争愈发激烈。2014年第十五届活动起，为了更好地培养具有团队意识、实践能力和丰富想象力的综合人才，增加了采用现场制作方式的“创客竞赛”项目，活动开展越来越成熟、规范。2015年第十六届活动起，参赛人员中增加了中职组。目前，电脑制作活动面向全国小学、初中、高中和中等职业学校的在校学生，设置了“数字创作评比”“创客竞赛”“机器人竞赛”三大类，共17个项目。

自首届电脑制作活动开始，中央电视台、中国教育电视台、光明日报和中国教育报等媒体都及时报道过活动有关情况，其中，中央电视台在第三届活动颁奖仪式的当天，还曾将该活动作为当天的重要社会新闻在《新闻联播》中予以报道；国内一些出版社也根据电脑制作活动的内容、形式编辑出版了许多相关内容的书籍、光盘和优秀作品资源库等出版物。

二十届电脑制作活动逐步树立了活动品牌，主要包括：2004年第五届电脑制作活动设计了“活动标识”（见图2）和“活动吉祥物”，开通了活动网站（www.huodong2000.com.cn）；2005年第六届电脑制作活动创作了活动主题歌“活力绽放”；2006年第七届电脑制作活动制作了“活动队旗”等，有力助推电脑制作活动的持续发展，提升了社会认知度。

图2　活动标识

作为电脑制作活动组委会工作人员，我参加了第一届至第十二届电脑制作活动。参与十二届活动组织工作的经历让我深刻地感受到：中小学生积极参与电脑制作活动，可以不断丰富自己的学习生活，提高信息素养；全程体验活动既能激发学生的创新精神，又能培养实践能力；展示参赛作品既可以张扬学生独特的个性，又能突显当代中小学生的“崇尚科学、关注社会、勤于实践、勇于创新”精神风貌。因此，衷心地祝愿电脑制作活动越办越好；衷心地希望越来越多的中小学生接过探索与创新的活动队旗，在电脑制作活动的舞台上施展才华、放飞梦想！就像活动主题歌《活力绽放》的主旋律一样：“活力绽放，天空才变得这样晴朗；活力绽放，大海才变得这样宽广；活动绽放，让智慧的雪橇滑向浪漫远方；活力绽放，让创新的步履抵达迷人的殿堂。”

作者单位

陈 莉，中央电化教育馆。

用大数据创新课堂教学研究

◎ 王 陆 赵 炜

一、缘起

2000年，我第一次出国去新加坡，在新加坡国立大学期间接触到定量教育研究方法。当时在中国教育技术领域对课堂教学采用定量研究还是比较少见的，这种视角带给我很多启发和思考。同年，我所任教的首都师范大学正在计划成立教育技术学专业，学校领导多次找我谈话，希望我能在教育技术学领域带动学校新专业的发展。当时被学校领导的信任感动，也被自己的研究热情驱动，从此作为一名计算机科学专业的教授，我坚定地踏入了新的研究领域，与大数据共舞了20年。我认为在教育大环境中做定量研究是带动首都师范大学教育技术学专业发展有价值的研究路径，也是我们能够做出有别于传统教育学科研究成果的新契机。肩负着使命和挑战，我和我的团队开始了定量教育研究的第一步，开创了基于大数据的课堂教学研究新领域，并且用项目驱动的方式启动了“教师在线实践社区——The Teacher's Online Communities of Practice”(以下简称：靠谱COP项目)。

二、发展历程——从北京模式到教师专业发展大风暴

这条路走到今天已经是第20个年头了，研究过程经历了萌芽时期、创立时期、发展时期、理论建构时期和深入反思性实践，共5个发展阶段。

2000—2002年，是基于大数据的课堂教学研究的萌芽时期和创立时期。在定量教育研究方法的探索中，通过广泛学习有关文献和相关理论，我们发现华中师范大学傅德荣教授在《教育信息处理》一书中介绍的日本学者提出的S-T分析方法，以及英文文献中介绍的美国学者弗兰德斯提出的弗兰德斯课堂研究分析方法等两种分析方法是可以通过计算机软件实现部分自动化和可视化分析的。于是就产生了开发这两种分析工具并计划将之运用到对课堂教学的定量教育研究中。

期间，2000年9月北京市教育委员会希望首都师范大学的教育技术学专业要服务于首都的教育现代化发展，实现以信息化带动教育现代化的发展目标。这一要求给我们团队带来了一个新的发展契机，指明了研究思路和方向，我们开始走进中小学的课堂。但是，当我们真正走进课堂时，发现面临的困难很多。一是当时还不能做到及时对数据采样和分析，需要扛着摄像机采集课堂实录，这对教师的课堂教学是有较大干扰的；二是采样后的数据分析不能及时完成，当我们一至两周后带着分析数据再次回到学校召开课后反思会时，任课教师已经对于采样课印象不深了，反思的深度受到极大的影响。带着问题，我们一次次地改进技术环境，一次次地去给老师们呈现课堂教学行为的曲线。在这个阶段中，有老师提出："如果隔一段时间我就能知道我教学中的变化情况，那我就知道应该怎样去改进我的课堂教学了。"来自一线教师的想法启发了我们，我们应该去发展一种更好地支持教师改变课堂的项目，特别是改变课堂教学行为的项目。"靠谱COP项目"就是在这样一种研究、探索和实践中逐步创立起来的。

2003年是基于大数据的课堂教学研究进入发展时期标志性的一年。期间，我们第一次尝试大规模地推进用定量研究方法支持教师改进课堂教学。我们利用申请到的北京市教育委员会的专款项目，在北京市选择了三个地区，即教育强区东城区、教育中等发达地区石景山区和大兴区，在三个区域中共选择了25所中小学校，每所学校通过教师自主申报各选择了12名教师加入项目团队。当时我们每个月对每所学校至少进行一次课堂观察，在这个过程中，我们发现无论是从教育理论的学习和应用，还是从自身教育经验的积累和信念的修正等方面，对我们的定量教育研究都起到了非常大的促进作用。可以说，通过在

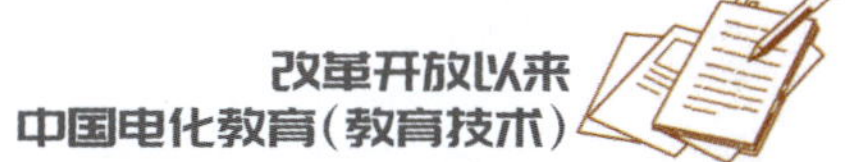

25所项目学校开展3年项目积累的经验和做法，通过实施“靠谱COP项目”在北京市乃至于国内外都产生了一些积极的影响，如25所项目学校的研修老师普遍认为这种定量研修方法及大数据诊断分析能够帮助他们实现大尺度的课堂教学行为改进，而这种改进与当时全国的课程改革要求非常契合。由此这种大学支持下校本研修的“北京模式”开始被一些专家所称道，得到了“靠谱COP项目”地区的认可和称颂。

2004—2009年，是基于大数据的课堂教学研究的理论建构时期。期间，经过理论梳理和模式构建，我们在《中国电化教育》杂志发表了介绍大学支持下的4种校本研修模式。在理论与实践的互动过程中，我们也逐渐形成了“助学者”这个概念并且发展了编码体系和记号体系等多种课堂观察方法，开始大规模积累课堂教学行为大数据的常模数据。我也在经过反思之前多年的研究后，编写出版了《信息化教育科研方法》等专著，把多年所有定量的课堂研究方法做了一个总结，内容包括线上和线下。同时也找出了我和团队在定量教育研究过程中的问题，基本形成了基于大数据创新课堂教学研究的理论模型。

基于初创团队的核心成员都是计算机专业背景且具有一定的技术优势，所以基于大数据的课堂教学研究理论建构是以技术作为切入点的。在萌芽时期和创立时期，我们做了很多人和技术之间关系的研究。继而，发现在教学场域中人的学习过程是非常复杂的，远远比技术更复杂。意识到这一点，我们就从技术过渡到人机互动的研究上，继而又聚焦到教育教学经验的研究层面。在针对教育教学经验进行研究的时候，我们开始系统地学习教育教学理论和教育技术基本原理等；在理论与实践的循环互动中，逐渐面对瞬时多变的、多元化的、即时性的和复杂的课堂教学现象，压力越来越大，困难也越来越多。可以说，20年的发展历程，理论建构就是在这样不断发现困难和克服困难的过程中一步步走过来的。

2009—2020年，基于大数据的课堂教学研究进入了深入反思性实践阶段。2009年，我们带着以上4个阶段的研究成果、反思成果和满满的信心重新投入到“靠谱COP项目”的应用与实践之中。当时，教育信息化虽然已有了长足的发展，研究成果遍地开花，但是用定量的方法开展课堂教学研究，从社会层面到学校层面还很缺乏，还得不到理解和认同。在拿不到纵向和横向课题的情况下，缺乏科研经费，研究难以持续下去是横亘在我们面前的两大难题。幸而得到了深圳巨龙科教股份有限公司的大力支持，深圳巨龙科教股份有限公司主动捐助给我们团队一笔非常可观的横向课题经费。我们开发了靠谱COP网络支撑平台，支持我们继续在全国范围内做免费的线下服务，使研究得以继续。2009年9月，我们从山东省淄博市起步到深圳市宝安区和福田区，再到北京东城区等，从一所一所的项目学校、一个一个的项目地区开始加入到一轮又一轮的以深入反思性实践为目标的“靠谱COP项目”中来。在此过程中，“靠谱COP项目”助学服务团队（助学者）和越来越多的研修教师一起不断进行反思性实践，使项目逐渐深入，发展至2020年已经遍及全国21个省、自治区、直辖市的近400多所中小学校，累计让20000余名中小学教师直接受益，掀起了一场基于课堂教学行为大数据的教师专业学习大风暴。

三、成功案例——一所学校和一位校长

在众多的“靠谱COP项目”学校中，有一所学校和一位校长始终伴随着“靠谱COP项目”成长，也可以说是基于大数据的课堂教学研究的一个缩影。

一所学校是深圳市宝安区海滨中学。2009—2012年，海滨中学参加了“靠谱COP项目”并重点培养了12名研修老师，再通过校本研修方式将项目研修学习覆盖到全校70多名老师，促进了全体教师的专业成长。项目结束6年后的2018年，海滨中学的许厚笕副校长又提出：“项目当年培养的12名种子教师非常靠谱！他们其中有些教师得到了晋升，有些教师评上了特级教师，有些教师成了省市学科带头人，也有部分教师升任到教育领导岗位。我们在项目结束后的6年中也没有放松过研究，而且每一年新教师入职时，学校都要用‘靠谱COP项目’的大数据诊断方法做测评，据此提出新教师的专业发展方向。因此，我们想重购‘靠谱COP项目’服务，让学校有机会再次回到曾经一起战斗过、努力过、反思过的地方。”当时隔6年，海滨中学再次加入“靠谱COP项目”，项目助学服务团队再次与海滨中学研修教师见

面时，大家激动万分，更让我们激动的是居然有当年12名研修教师中的6人重新报名加入“靠谱COP项目”团队。我问这6名教师：“你们都跟我们学了三年，怎么又来学习？你们不觉得那三年是最苦的日子吗？”老师们回答说：“那时的研修学习我们确实特痛苦，也特别辛苦，但是那三年也是我们成长最快的三年，是我们获得了深层快乐的三年。”

一位校长是深圳市宝安区宝安中学附属小学李桃辉副校长（现为深圳市宝安区滨海小学校长），是“靠谱COP项目”负责人。2010年，国务院参事室的曲维枝参事带领国务院参事室的7位领导到深圳市做教育信息化发展调研，我们希望李桃辉副校长能够代表“靠谱COP项目”研修教师进行汇报，李桃辉表示第一次接触这么大的领导很紧张，不敢去做汇报。我就鼓励李桃辉，只要把参加“靠谱COP项目”的真实感受和研修教师的真实变化谈出来就行。当时，我记得李桃辉真的很紧张。结果汇报时，李桃辉副校长结合自身感受和体会讲解自如、思路清晰、内容生动，得到了与会领导的高度评价和赞扬！曲维枝参事指出：“基于大数据的课堂教学研究‘靠谱COP项目’是未来信息化在教育领域当中发展的一个大方向，是一种可能的突破口。”通过这次汇报，李桃辉副校长也得到了很好地磨炼、成长，进步很快，现在她是深圳市督学、深圳市知名校长。“靠谱COP项目”在长达20年的发展历程中，培养了一批这样的学校和校长，发生了很多令人难忘和感动的故事。

四、成果、价值和影响

在基于大数据的课堂教学研究20年的发展历程中，首先从我们首创的视频、音频格式为主的非结构化数据和文本型的半结构化数据，即典型的大数据入手，积累了全国24个省中小学全学科、全学段和全课型的课堂教学行为大数据的常模数据；但仅有课堂教学行为大数据是不够的，我们还必须获得教师实践性知识的大数据，要在实践性知识大数据与课堂教学行为大数据具有耦合性的大数据中进行数据挖掘，实现知识发现。为此，在理论建构时期，我们在复杂行动研究的视角下、在复杂的课堂教学情境下及在复杂的数据结构上继续开展了系统而深入的研究，逐渐获得了一些有价值的研究成果。在广泛吸纳了国内外同行的研究成果以及我们自己的深入实践后，“靠谱COP项目”团队先后出版了《基于课堂教学行为大数据的课堂观察方法与技术》《基于课堂教学行为大数据的教学反思方法与技术》《教师网络研修活动设计方法与技术》《基于教育大数据的知识发现方法与技术》等系列研究方法专著，进一步丰富了基于大数据的课堂教学研究的研究类型，扩充了研究方法，开拓了研究视角；对研究教育技术学的教师和学习教育技术学的学生来讲，我们的研究开拓了一个研究的新领域，我觉得这是基于大数据的课堂教学研究的一个重大贡献。

其次，基于大数据的课堂教学研究依托“靠谱COP项目”对所辐射到的区域和项目学校产生了较为深远的影响。在不增加中小学生和教师负担的情况下，因为依靠大数据提高课堂教学的有效性，不仅可以有效提升项目学校的学习绩效，还对研修教师的深层价值观产生了较为深刻的影响。无论是研修教师，还是“靠谱COP项目”助学服务团队（助学者），都主张寻找数据证据链，从多角度去看待课堂教学中的问题，再去改进课堂教学。作为教师专业发展来说，通过“靠谱COP项目”培育了一批带有批判性思维，能够从多角度思考、多角度质疑、运用多种方法改进教学的研修教师队伍，也建立了一套反思性实践的机制。

我的导师南国农先生生前经常教育我们“做人、做事、做学问”，这是南老师对我们一辈子的教导，也是靠谱COP助学者永久的座右铭：做靠谱COP之人，行靠谱COP之事，成靠谱COP之学问。我希望能通过更深层的反思，带领“靠谱COP项目”助学服务团队继续前行，我希望通过“靠谱COP项目”的应用和实践，借助人工智能的发展实现大数据分析自动化和智能化，为中国教师的专业发展和课堂教学行为研究做出更多、更大地贡献。

（本文由王陆口述，赵炜整理）

作者单位

王　陆，首都师范大学教育学院。

赵　炜，靠谱COP联盟。

“中小学信息技术教育西部行”第一站在广西南宁开幕

◎ 李克东

2001年年初，我到北京中央电化教育馆汇报工作，考虑到当时西部教育特别是信息技术教育比较薄弱，东西部教育存在数字鸿沟。我当时向中央电化教育馆领导提出了自己的一个构想，希望国家能够启动一项活动能让西部的教师来东部学习，将先进的教育理念和教学方法带回去。中央电化教育馆领导听取我的想法后，进行了相关的调查，提出了两个问题：一是很多西部的学校教师表示希望东部的教师和专家最好能到西部进行培训；二是实施这样一个项目的经费来源，由于人数多，费用开销很大，如果能有企业赞助的方式会比较合适。于是形成在企业支持下，安排东部教师和专家去西部的初步构想，这就是“西部行”的雏形。

当时中央电化教育馆很重视这样一项有意义的活动，很快就同意启动这个项目。

2001年5月，确定由中央电化教育馆和华南师范大学作为主办方，由中央电化教育馆的副馆长王珠珠与我共同主持起草具体实施方案。如何设计实施方案，首先遇到几个具体问题：哪个公司可以提供赞助？培训什么内容？到西部那些地方进行培训？受培训对象如何选取？请哪个公司提供赞助？由于当时我本人和浙江海纳智囊软件公司有比较密切的合作关系，当我把这一想法向浙江海纳智囊软件公司高层提出时，他们当即表示可以作为赞助方，协助完成西部行，提供经费和教学软件等。专家讲学、上课教师的费用，当地场地费用和学员的一切学习和住宿费用，均由浙江海纳智囊软件公司全部赞助。但参加培训的人员不能数目太大，否则经费开销太大，无法支持。因此确定每期50名教师接受培训。

在什么地方进行培训？经过认真讨论，我们确定将广西、甘肃、贵州、四川、内蒙古5个省区作为西部行的行站。分别将南宁、兰州、贵阳、成都、呼和浩特5个城市作为培训站点，辐射周边地区，要求每站50名教师参加。教师来自西部12个省区，西部12省区教育厅和电化教育馆作为地区承办方共同完成“全国中小学信息技术教育西部行”活动。每期培训2个星期，先后分5期培训。

培训什么内容和怎样进行培训？我当时提出，培训要以“信息技术与课程整合”为主题。经专家们深入讨论，再把这一思路深化，认为本次培训必须以紧密结合学科教学改革，围绕中小学语文、数学、英语等课程的教学改革实践，培养学科教师掌握信息技术应用技能，促进信息技术与课程整合。内容包括：（1）掌握信息技术与课程基本理念和方法；（2）掌握信息技术与课程整合实施策略和方法；（3）掌握信息技术与课程整合进行教学改革研究的方法；（4）掌握资源开发基本技能。培训的内容应是从“理论—应用—实践—研究”的一个逐步深入的系统体系。对于这些不同层次的内容，可采取不同的培训方式，但我们坚持以“任务驱动”方法贯穿培训全过程。我们要求参加培训的学科教师根据学科特点，选择教学中的重点、难点以及教学过程中遇到的问题作为主题任务，通过专家讲座、案例分析、课例观摩、技能训练、实践应用、学科研讨、课题研究等方式强化一个中心主题，即让教师掌握信息技术教育的实质和方法。在培训中，让教师在实践中学会解决问题的方法，顺利完成预定的任务。在培训活动安排教学技能型问题解决和教学实践案例分析型问题解决两种方法。任务驱动的方法改变了以前“明为培训，实为旅游和休息”的局面。

培训的对象如何确定？当时我提出，此次活动以推动西部信息技术教育的发展为目的，因此培训必须要有一个核心主题，围绕这个主题来展开培训。经大家讨论明确了主题就是“信息技术与课程整合”。所以培训的对象确定为不仅仅是信息技术教师而且应该是面向各个学

科骨干教师，且应该大部分是学科骨干教师，通过他们来带动教学改革，还有部分中小学校长和中层领导，另外在选派教师时要尽量向贫困地区倾斜。所以“西部行”有一个重要特点就是培训对象的多元化，包括学科骨干教师、信息技术课教师、中小学校长，他们除了学习相同的内容外，对他们也应该有不同的辅导重点。对于学科教师，由于信息技术教育的目标就是要培养学生的信息素养，培养学生利用信息和信息技术解决问题的能力，我们强调信息素养的培养、信息技术的应用和问题的解决方法，而不是简单的技能操作的训练和计算机基础知识的学习。对于信息技术课教师，我们强调信息技术教育与学科整合的思想，让信息技术教师和学科教师结合起来进行教学改革。对于中小学校长和中层领导，我们把思想和观念的转变作为培训重点，强调信息化环境建设和资源建设、信息技术教育的重要性、信息技术与学科整合的思想。

为了加强对“西部行”的指导，当时设立了3个组织机构。(1)领导小组，组长是王珠珠（中央电化教育馆副馆长）、颜泽贤（华南师范大学校长），副组长是王国健教授（华南师范大学副校长）。(2)专家指导组，组长是李克东教授（华南师范大学），副组长是徐福荫教授（华南师范大学），成员有南国农教授（西北师范大学）、何克抗教授（北京师范大学）、祝智庭教授（华东师范大学）。(3)办公室主任是陈庆贵（中央电化教育馆研究室主任），副主任是邓文新（华南师范大学）、杨一兵（浙江海纳智囊软件公司总经理）。

除专家组成员外，到过培训一线进行教学的还有周君达研究员（中央电化教育馆）、徐晓东教授（华南师范大学）、赵建华博士（华南师范大学）、柯清超博士（华南师范大学）、邓文新博士（华南师范大学）、黄娟硕士（华南师范大学）等。他们克服许多困难，为西部行活动的成功做了巨大的贡献，让我们记住他们的名字。尤其是邓文新老师，在这过程中邓文新老师所做工作最多，时间最长，是项目计划实施的直接执行者。西部行的第一站于2001年10月在广西电化教育馆举行。西部行启动仪式由广西电化教育馆承办，中央电化教育馆副馆长王珠珠、广西教育厅副厅长、广西电化教育馆馆长何佳、广东省教育厅副厅长张泰岭、广东省人民政府副秘书长黄业斌、华南师范大学副校长王国健等出席了启动仪式并做了讲话（见图1）。开幕式非常隆重，场面很热烈很感人。在仅能容纳350人的广西电化教育馆礼堂挤满了人，足足有五六百人参加了开幕式。在此次培训中采用了新型的教学方法，即综合学科、任务驱动、案例教学、实践操作，取得了巨大的成功，使得原来没有一点基础的教师都能做出优秀的学习作品来，最后在告别会上学员代表用“艰苦卓绝”四个字来形容整个培训，足以表明培训的艰苦与成功。西部行活动历时两年多，先后到广西南宁、甘肃兰州、贵州贵阳、四川成都四个地方进行培训。

图1　西部行第一站在广西南宁举行(2001年10月)

西部行的第二站于2001年11月在甘肃兰州西北师范大学进行(见图2)。这次活动的特点是更新了第一站的教学方式。以小组协作学习为主，并且要求学员进行角色扮演，选举小组主席、委员，活动形式活泼。在兰州，分别有甘肃20人、新疆20人、青海10人来参加培训。除了专家讲座外，在这一站还特地请来了东风东路小学的优秀教师（语文、英语）为培训老师做实际案例。在这一站，我们遇到了前所未有的困难，来自新疆维吾尔自治区的六七位老师与我们交流有障碍，他们听不懂汉语也不会说汉语。于是，我们采用了一对一的教学方式，让能够使用双语的新疆的教师帮助他们，从而完成整个培训。

图2　西部行第二站在甘肃兰州举行（2001年11月）

西部行的第三站于2002年4月在贵州贵阳市贵州大学进行（见图3）。这次较前两次的培训，老师有了好的经验，培训很成功。仍然采用小组协作学习，贵州、云南各25人，培训过程中他们非常活跃，说课、评课都很有收获。学员没有想到自己能够对具体学科的教学方法、教学设计提出这么多自己的看法。此次培训后，很多老师都参加了以后华南师范大学的课题研究，取得很好的成绩，有的老师的课程还获得了省级优秀奖。西部行的第四站于2002年11月在四川成都市西化中学进行（见图4）。在这一站我们缩短了培训时间，仅用了11天就完成了全部的培训计划。来自四川25人、重庆15人、西藏10人在培训的过程中互帮互学，达到了真正意义上的一对一教学，并且是最愉快的一次培训。他们非常活跃，学习同时不忘娱乐，学员还自发地用了剩余的时间，举办了一次晚会。

西部行的第五站，原定2003年5月在内蒙古呼和浩特市进行，但由于当年全国出现非典疫情，内蒙古的活动被迫取消。

图3　西部行第三站在贵州贵阳举行(2002年4月)

图4　西部行第四站在四川成都举行(2002年11月)

作者单位

李克东，华南师范大学教育信息技术学院。

第一届教育技术国际论坛在华南师范大学举办

◎ 李克东

教育技术国际论坛是教育部高等学校教育技术学专业教学指导委员会第一次主办的国际会议。早在1991年，在当时国家教育委员会电化教育司领导下成立了“高等师范院校电化教育教材委员会”，由北京师范大学顾明远教授担任主任委员。到1994年“高等师范院校电化教育教材委员会”经国家教育委员会批准更名为“高等师范院校教育技术学教学指导委员会”，仍归属电化教育司领导，但由于当年年初电化教育司被撤销，“高等师范院校教育技术学教学指导委员会”被划归师范教育司领导。到1996年，“高等师范院校教育技术学教学指导委员会”第一届任期届满，在师范司领导下换届，更名为“高等学校教育技术教学指导委员会”，仍由北京师范大学顾明远教授担任主任委员，划归电化教育办公室领导。2001年，随着我国教育信息化的快速发展，对教育技术学专业人才有强劲的社会需求，各类高等院校都在增设教育技术学专业。为适应这一发展趋势，教育部领导决定将原来的“高等学校教育技术学教学指导委员会”更名为“教育部高等学校教育技术学专业教学指导委员会”（简称“教指委”），并和其他学科教学指导委员会一样，统一划归高等教育司领导，何克抗教授（北京师范大学）任主任委员，李克东教授（华南师范大学）和熊澄宇教授（清华大学）任副主任委员（见图1）。

2001年9月16日，教指委在北京师范大学召开第一次工作会议（见图2）。高等教育司葛道凯司长首先传达了教育部有关文件的精神，

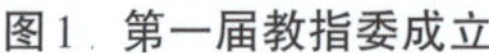

图1 第一届教指委成立

图2 第一届教指委第一次工作会议

指出教学指导委员会是在教育部领导下对高等学校本科教学工作进行研究、咨询、指导和服务的专家组织。本届教指委的主要任务是在五年内发布本专业人才培养的战略研究报告，提出本专业今后若干年的发展方向，健全教学质量的监控体系，建立分类指导体系，提出相应的人才培养建议；开展教学研究，加强教学成果的推广、交流。为了更有效地开展工作，这次会议决定将教指委分为三个小组。教学组（何克抗教授负责）：主要负责本专业教学大纲的制定，确定本专业培养目标和培养方案。交流组（李克东教授负责）：主要负责本专业教学经验交流及教学成果推广，国内外学术交流以及教师培训。研究组（熊澄宇教授负责）：主要负责调研及教学质量评估，制订本届教指委近中期研究工作计划和工作思路，发布本专业战略研究报告。根据分工，李克东教授负责筹备第一届教育技术国际论坛。就在第一次工作会议之后，我们就开始筹备“教育技术国际论坛”，当时参与筹备工作的有赵建华博士和一位硕士研究生。

2001年12月14日第一届教育技术国际论坛在华南师范大学举行（见图3）。这是由教指委主办，华南师范大学承办的国际学术会议。2001年12月14日，会议邀请了日本专家坂元昂教授（东京工业大学名誉教授）、赤崛侃司教授（东京工业大学教授）、永野和男教授（圣心大学教授）（见图4），美国的托马

图3 教指委主任何克抗教授在第一届教育技术国际论坛上做主旨报告

图4　日本著名教育技术专家坂元昂教授等和研究生们在一起

斯·斯万（Thomas Schewell）博士（印第安纳大学教授）（见图5）、英国的大卫·康纳尔（David McConnell）博士（英国谢菲尔德大学教授）（见图6）在大会上做主题报告。会议期间，同时在广州华南师范大学召开了教指委第二次工作会议。

教育技术国际论坛旨在提升教育技术学专业的学术水平，培养年轻学者。在第一届论坛召开后，以后每年均在不同高校里召开。它对专业和学科建设起到推动作用，对培养新生研究力量具有促进作用，所以已日益扩大其影响力，目前，“教育技术国际论坛”在国内教育技术界已有其不可替代性，并形成了一定的传统和品牌。通过近20年的实践，该论坛已形成三大特色。一是中外结合，每次论坛均邀请国内外专家做大会主题报告，传达国际教育技术研究新进展；二是师生结合，每次论坛专门为硕士和博士研究生开设专题论坛，为研究生的学术发展搭建平台；三是学术性强，在论坛上，邀请国内本专业著名专家做主旨报告，具有较高的理论水平和论文水平。我期待本论坛能不断健康发展。

图5　美国托马斯·斯万博士和参会教师在一起

图6　英国大卫·康纳尔博士与李克东、赵建华在一起

作者单位
李克东，华南师范大学教育信息技术学院。

华南师范大学教育技术学国家重点学科的申报与建设

◎ 李克东

2001年2月，教育部决定在高校中评选一批高等学校重点学科，并发出《教育部关于开展高等学校重点学科评选工作的通知》（以下简称《通知》）。《通知》指出，评选重点学科的主要目的：（1）促进我国高等学校的学科建设，进一步提高我国高等学校教学科研的能力，形成一批立足国内培养高层次专门人才，解决经济建设和社会发展重大问题的基地。（2）根据目前我国经济建设、社会发展、科技进步和国防建设的需要，对高等学校的学科建设方向进行引导和示范，使高等学校学科建设进一步适应现代化建设的需要。（3）优化高等教育资源配置，集中国家和地方有限财力，通过重点建设，逐步在全国范围内形成布局合理、各具特色和优势的重点学科体系，巩固和扩大高等学校在人才培养、科学研究方面的综合优势。《通知》还指出，此次高等学校重点学科评选工作以“调整结构、合理布局、择优确定、公平竞争”为指导思想。重点学科作为高等学校高层次人才培养以及科学研究的基地，其总体水平应居于国内同学科前列，并有一定国际影响。根据中共中央关于“十五”计划的建议，为体现发展高新技术产业，并通过高新技术改造传统产业的精神，本次高等学校重点学科评选中除保证国家在人文、社会、自然科学以及工程技术等基础或传统学科的发展需要外，将突出考虑与信息、生命、材料和能源等高新技术紧密相关的学科发展，并重视对行业或区域经济发展起重要作用的学科，

以形成一个结构和布局更加合理的高等学校重点学科体系。高等学校重点学科是根据国民经济建设和社会发展对培养高级专门人才的需求、科技发展趋势和国家财力的可能，在高等学校择优确定并安排重点建设的学科。为突出重点学科的代表性、示范性和带动性的作用，保证对重点学科的投入，此次高等学校重点学科评选总数在600个左右。评选工作采取学校申报，同行专家评议和行政审核批准的方式进行。在专家评审基础上，确定重点学科名单并向社会公布评选结果，接受社会舆论监督。教育部确定重点学科评选工作分为两个阶段，2001年申报，2002年批准。第一阶段为2002—2006年，2006年评估；评估后进入第二阶段，即2007—2010年。

华南师范大学对教育部的通知高度重视，尤其关注《通知》中所提到的“将突出考虑与信息、生命、材料和能源等高新技术紧密相关的学科发展，并重视对行业或区域经济发展起重要作用的学科”。校领导认为，教育技术学学科就是一个信息技术与教育学科结合的综合性学科，是一个与高新技术相关的学科，是一个对区域社会发展有影响的学科，应努力创造条件申报国家重点学科。因此，学校领导指示，由我牵头，与徐福荫教授、桑新民教授、丁新教授及其他几位教师一同组织一个申报班子，认真讨论，填写申报书，并指定由我和丁新教授赴北京答辩。

2001年12月10—12日，由王国健副校长领队，带领我校3个学科的代表一行到北京友谊宾馆参加国家重点学科的评审答辩。刘颂豪教授代表光学，莫雷教授代表发展与教育心理学，我和丁新教授代表教育技术学。当时规定学科答辩时不准使用电脑，只能用投影胶片进行讲解，答辩汇报限时15分钟，不能超时。我和丁新教授充分发挥教育技术的专业特长和重点学科建设优势，将答辩材料做成带有彩色图片和规范文本的电子幻灯片（PPT），把彩色电子幻灯片用激光彩色打印机一张张地打印在投影胶片上。然后我们互相配合，我按照准备好的讲稿进行口述，丁新教授按照顺序把投影胶片送到投影机上播放，反复操练，保证在15分钟内讲完。

2001年12月11日下午1时许，答辩开始，我们按平常操练的顺序进行讲解，15分钟刚到，陈述完毕。我等待着提问，这时我们只听到顾明远教授说："刚好十五分钟，一分钟没多，一分钟没少。"其中一个委员问："你的投影片这样漂亮，是怎样做出来的?"另一位委员说："他们电化教育就是干这一行当的，当然会做得好。"大家都报以微笑。我们就把制作过程和方法做了简要介绍。出乎意料的是答辩委员会没有提出什么质询性的问题，只是在最后，顾明远教授说："我们比较北京师范大学和华南师范大学两所学校，各有所长，北京师范大学理论研究比较深入，华南师范大学实践研究比较扎实。"就这样，两所学校的教育技术学学科都获批为国家重点学科。

在答辩时，我们陈述本学科申报国家重点学科的理由如下：

第一，申报国家重点学科是国家教育信息化和教育整体改革的需要。全国教育发展"十五"计划指出："要把教育信息化工程列入国家重点建设工程，以信息化带动教育现代化。"教育部长陈至立指出："教育技术是教育改革的制高点和突破口。"教育技术学是当代教育科学与信息技术科学相结合的新兴交叉学科，是支持教育信息化的基础理论与应用学科。将教育技术学学科纳入国家重点学科建设，是国家教育信息化和教育整体改革的需要，也是培养我国教育信息化高层次专门人才的需要。

第二，介绍本学科的发展历程。本学科点创建于1983年，是我国第一个教育技术学本科专业，1986年批准的首批教育技术学硕士点，1998年批准的全国第二个教育技术学博士点。自1986年以来一直是广东省重点学科，1997年被列为国家"211工程"重点学科建设项目。1996年经原国家教育委员会批准建立我国高校第一个全国多媒体教学软件制作与培训基地和第一个全国现代教育技术培训中心，建立了研究、实验、培训、开发一体化的产学研基地。我强调由于本学科是新兴学科，我校教育技术学博士点1998年才设立，学科队伍中博士人数有待补充，在追踪当代信息技术前沿方面还需更多吸收、借鉴国内外一流大学的成果和经验。

第三，介绍本学科三个研究方向及其特点。方向一，教育技术学基础理论研究方向。该方向的研究特色：(1)注重本学科系统化的理论体系建设，注重学科基础理论研究的创新，研究成果基本覆盖了目前本学科学术发展的主要生长点；(2)注重教育信息技术同教育基础理论的内在结合，注重本学科的方法论研究；（3）创造了教育技术学理论与教育实践紧密结合的体制和机制，拥有国内同行中数量最多的实验学校和层次最高、人数最多的现代教育技术培训与学术交流基地，对全国教育信息化建设产生了较大影响，并辐射到港澳台和东南亚地区。方向二，信息技术与教育研究方向。该方向的研究特色：（1）跟踪信息技术的前沿，加速各种先进技术的教学应用引进，注重信息技术在教育中的应用研究与实践效果；（2）强调研究方法的科学化和研究手段的信息化；（3）注重产学研相结合，加速研究成果的推广应用。方向三，现代远程教育研究方向。该方向的研究特色：（1）紧密联系和跟踪全国现代远程教育工程试点，远程教育的理论研究、实践探索、政策、技术咨询三者有机结合，研究成果较多为远程教育和电视广播大学规划与决策采用；（2）与港澳教育电视界和国际远程教育界同行有着广泛而密切的联系，熟悉国际远程教育的基础理论和发展趋势，注意国际普遍规律与中国具体国情的差异及结合，重视各地（特别是西部）教育信息化发展不平衡对远程教育的影响，对国际和我国的远程教育理论建设和实践指导均有所贡献。

2002年，教育部批准，华南师范大学教育技术学学科成为国家重点学科，由我担任学科带头人。随着人才的引进和中青年教师的成长，后来本重点学科又增加了两个方向：教育电视与传播研究方向及网络与服务网格研究方向。

本重点学科经历第一阶段（2002—2006年）的建设，各方向都取得了重要的研究成果。

教育技术学基本理论研究方向，承担了全国教育科学“十五”规划教育部重点与规划课题3项、广东省“十五”重点与规划课题3项。在教育技术学基础理论研究、体系创新、学科发展前沿以及珠江三角洲地区教育信息化的理论与实践探索方面发表和出版了系列论文和著作，对创建中国教育技术学基本理论新体系做出了重要贡献。其中“多媒体与网络环境下大学生学习能力培养的理论与实践”于2001年获第四届国家级优秀教学成果一等奖。“步入信息时代的学习理论与实践”课程首批入选国家精品课程，其配套教材《学习科学与技术》及网络课程由高等教育出版社出版发行。

信息技术教育应用研究方向，承担了全国教育科学“十五”规划教育部重点课题3项，在全国200多所现代教育技术实验学校开展网络环境的教学系统、教学信息资源开发和应用模式研究。主持完成广东高校现代教育技术“151”工程，其成果“高校网络资源共建共享与课程教改的研究与实践”于2005年获第五届国家优秀教学成果二等奖。已建立CSCL协作学习实验室，购置了国际上先进的Power Lab多道生理指标数据采集与处理系统，自主研制了学习反应的心理生理测试分析系统。

现代远程教育研究方向，承担了全国教育科学“十五”规划教育部重点课题1项、青年专项课题1项。在远程教育发展战略、基础理论研究、体系创新、人才培养模式和实践探索等方面取得了一批有理论价值和实践指导意义的成果，其中“构建‘四个相结合’现代远程教育专门人才培养模式的研究与实践”于2005年获第五届国家级优秀教学成果二等奖。

教育电视与传播研究方向，“十五”期间完成广东省自然科学基金项目1项，在研教育部人文社会科学项目1项。已建成全国高校领先的数字化、虚拟化、网络化、非线性的网络电视制作系统实验室，2005年该实验室被批准为“广东省高等学校信息传播实验教学示范中心”。

网络与服务网格研究方向，主要从事计算机与网络前沿技术及其教育应用研究，在网格计算与e-Learning Grid、计算机辅助测评、技能测评自动化、智能导师系统、以网络为基础的科学活动环境等前沿领域做了开拓性工作，研究成果在国内处于领先地位或填补国内空白，部分成果跻身国际同类研究先进水平。出版学术专著3本，均为国内该研究领域（方向）公开出版的第一本专著。目前承担国家自然科学基金和省部级广东省科技攻关计划项目多项。

2006年，教育部对重点学科进行评估验收，经评估华南师范大学教育技术学重点学科通过验收，政府继续支持。2006年我因年龄原因，正式辞去学科带头人的职责，改由徐福荫教授担任，徐福荫教授主持编写了一份《教育技术学国家重点学科建设与发展规划（2007—2010年）》，这个规划分析了当前学科领域的发展趋势，分析了本学科与世界同类一流学科的差距，分析了本学科的国家（含部门、地区）

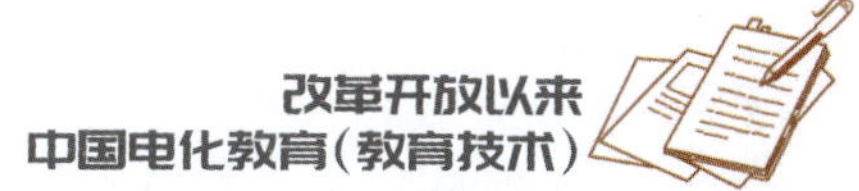

的需求，从而提出“十一五”期间国家重点学科的建设任务、建设目标及发展思路以及对国内同类学科和校内相关学科的带动作用。这份规划是对“十五”期间国家重点学科建设很好的总结，为“十一五”期间和今后重点学科建设提供了很好的思路，让我们对教育技术学科的内涵有更深的理解，对重点学科的建设和发展意义有更深刻的认识。“211”工程建设和国家重点学科的建设经历，让我们自警、自省、自励、自觉，有助于教育技术实践工作者向理论方面提升；有助于教育技术理论研究工作者向实际方面提升，能与实际相结合，解决面向实际的问题。

作者单位

李克东，华南师范大学教育信息技术学院。

北京师范大学教育技术学国家重点学科的建立

◎ 袁克定　吕巾娇

北京师范大学教育技术学学科起源于1979年由教育部批准我们学校成立的全国第一批现代化教育技术研究所。在建所初期，前辈们就注意到了学科建设的重要性，因为如果不进行学科建设，教育技术容易被误解为电化教育、教育设备、教育服务等事物。

北京师范大学教育技术学学科一直走在全国前列，对其他学校的教育技术学学科建设起到了示范带头作用。1984年正式建立教育技术学本科专业，1986年建立教育技术学硕士点，1993年建立了我国第一个教育技术学博士点，2002年又入选国家高等学校重点学科，同年还有华南师范大学教育技术学学科入选国家重点学科。北京师范大学教育技术学学科得到了“211工程”和“985工程”的支持。2008年，在全国重点学科考核评估中北京师范大学教育技术学学科再次被评为国家重点学科，在2005、2006和2007年有关机构对中国大学本科专业的排名中，北京师范大学教育技术学被列为“A++”等级的二级学科第一名。

40多年来，北京师范大学教育技术学学科在全国同类学科中居领先地位。北京师范大学教育技术学学科在老一辈学者奠定的良好基础上，形成了以下三个特色。

一个定位。将发展目标定位在建设“国内一流、国际知名”的教育技术学学科上，并为实现这一目标在以下五个方面做出了努力：(1) 学术队伍建设。根据交叉学科的特点，合理组建学术队伍，从教育学、

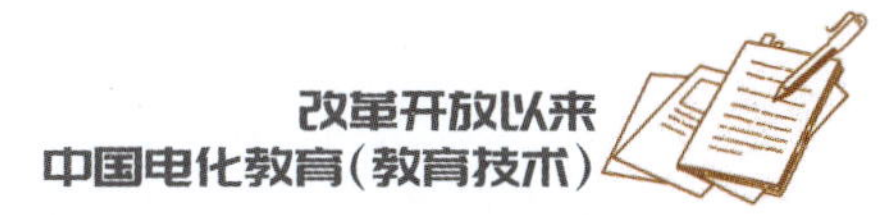

心理学和计算机科学等方面引进专门人才，发挥队伍综合优势。在经费上大力支持教师参加国内外学术会议和短期访学。(2) 人才培养体系建设。现已形成了由专科、本科、硕士、博士和博士后组成的完整的人才培养体系，扩大了研究生层次和招生规模，为国家教育信息化建设输送了大量的高级专业人才。(3) 拓展发展方向。在原有研究方向的基础上，随时代发展不断开发新的研究方向，建立了全国第一个远程教育专业，建立了硕士点、博士点。(4) 加强学术交流。争取到了一批国际性、跨区域的合作项目。通过走出去、请进来等多种形式，开拓了学科研究团队成员的国际化视野。(5) 服务社会实践。牢固树立“以服务求生存，以贡献求发展”的理念，加强与政府、企业和各类学校的合作，为社会发展服务。

两个坚持。(1) 为了突出学科特色，加强学科竞争力和适应力，坚持应用型交叉性学科的发展方向，在教育科学这个大背景下寻找研究领域和突破口，在交叉地带确定生长点，在实践领域寻找研究问题，解决现实问题和困难。(2) 坚持培养信息时代所需要的复合型人才。教育技术学科培养的人才应该是其他学科所不可替代的，反之本学科则无立锥之地，这是本学科生死攸关的大问题。学科的交叉性主要体现于课程的交叉性，教师队伍的交叉性，基础学科的交叉性等方面。这种交叉性不是外在简单的罗列或堆砌，而是具有鲜明的、独特的内在逻辑和特色的交叉性。

三个结合。为了践行“一切为了教学”的教育理念和“教师是主导，学生是主体”的教学思想，我们将人才培养、科学研究和服务社会等三项工作整合起来，形成了“三位一体”的立体态势，充分发挥学科的整体功能，为教学而科研，为教学而服务。坚决反对“为科研而科研”的倾向，力图培养学生的社会性和适应社会的生存发展能力，将培养人才作为学科的中心任务。

作者单位

袁克定，北京师范大学教育学部。

吕巾娇，北京师范大学教育学部。

评价农远工程成败只有应用效益这一个指标

◎ 王珠珠　丁　新　杨晓健

2005年7月，教育部在甘肃省张掖市召开了中西部农村中小学现代远程教育教学应用现场交流会，教育部、国家发展和改革委员会、财政部和甘肃省领导悉数参加，时任国务委员陈至立同志出席会议并做重要讲话。这是教育部、国家发展和改革委员会、财政部2003年联合实施中西部农村中小学远程教育工程（简称“农远工程”）以来，教育部在甘肃天水召开现场会后，再次召开的更最高规格的现场会。国务院办公厅、教育部、国家发展和改革委员会、财政部等有关部委的领导，甘肃省委书记、省长都出席会议。会议明确提出，评价农远工程成败只有应用效益这一个指标，充分体现了中央政府对农远工程效益的深切关注。来自全国中西部23个省、自治区、直辖市和新疆建设兵团的领导深受鼓舞，纷纷表示要深刻领会会议精神，积极学习其他地区先进经验，持续推进以农远工程促进农村中小学提高教育质量，改善开不齐开不出国家规定课程的状况。这是一次我国教育信息化历史上具有里程碑意义的会议，对持续推动信息化应用产生了重要影响。

时任国务委员陈至立在现场会上讲话，特别强调：“农村中小学现代远程教育工程的核心是应用，不仅要高质量地建设好，而且要高效益地应用好，真正在提高农村教育质量与效益上见到实效。我们要高度重视工程的应用，千方百计把远程教育设施普遍地用起来，持续地在用上下大力气抓出实效。”她说：“要把应用效益作为衡量农村中小学现代远程教育工程成效的重要标准。评价工程的成败与否，最重要的指标只有一个，就是它的应用效益。在初步搭建了硬件环境以后，

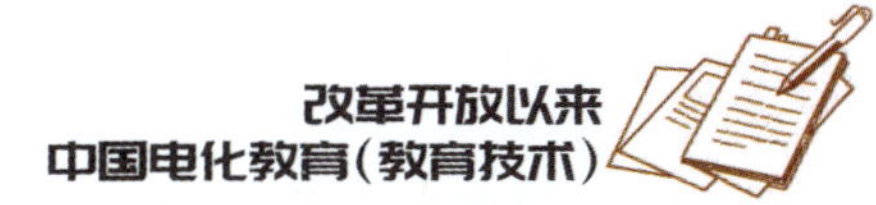

如何使工程充分发挥应有的效益，能在多大程度上利用现代远程教育的手段，提高农村中小学的教育质量，促进农村经济和社会的全面发展，是最终检验工程成败的标准。建成一个应用一个，建成一片应用一片，不仅是工程实施的基本要求，也是工程实施的目的。”

这次会议是在农远工程建设的任务即将过半，覆盖到全国3/5的农村地区，且大面积应用后应用效益问题越来越突出的背景下召开的。农远工程国家预计的投入为50亿，地方累积配套资金也将超过50亿，如果用不起来就等于没有建，如果国家投入巨额资金、历尽艰辛建设起来的设备设施被束之高阁，甚至成为摆设，将是最大的浪费。因此，必须及时推广农远工程应用的先进经验，防止在工程建设的时候，热闹一阵子，而最后因为没有抓好应用，造成教师不会用、不愿意用，设备不能用、不好用，学校不舍得用、用不起的局面。

为了筹备开好这次现场会，在陈小娅副部长的亲自指导下，丁新同志与时任基础教育司信息化与装备处处长蔡耘同志、人民教育出版社康合太同志、甘肃省教育厅科技处李晶处长、电化教育中心主任杨晓健等同志一起，提前深入甘肃省张掖市农村中小学，在三种模式应用的先进典型学校里，听课、评课，选择参观路线。而与此同时，时任基础教育司分管副司长李天顺同志和中央电化教育馆馆长陈志龙同志在北京组织完成了从24个中西部地区收集一线素材编制会议现场播放专题片——《腾飞》的任务。中西部农村中小学现代远程教育教学应用现场交流会安排的农村学校课堂现场参观、听课和会上播放专题片，对烘托会议推动应用的主题氛围产生了很好的效果。

会议期间，时任国务委员陈至立视察了当地学校情况。党寨中学校长彭肃汇报道：“自2003年远程教育工程实施以来，学校充分利用多媒体和网络教育资源，让农村学生感受了色彩绚丽的大千世界。在新的模式下，学校和教师的观念发生了质的变化，以学生为主体的教学意识明显增强，教师教得轻松，学生学得愉快。”当陈至立走进课堂，看到学生们在电视机前兴致盎然地跟着老师上课，听到学生们自如地用普通话交流时，她深有感触地说：“在这样偏僻的少数民族地区，教师们能有这样的素质，说明当地的师资培训水平高，另一方面说明远程教育在这里应用得很好。”在肃南县马蹄寺学校，陈至立高兴地同上音乐课的学生们一起手拉手跳起舞来。

在我们亲身经历中，从2000年的“明天女教师计划”到2001—2003年的教育部、香港李嘉诚基金会西部农村中小学现代远程教育工程，到2003年教育部、国家发展和改革委员会、财政部共同实施中西部中小学远程教育试点工程、中西部中小学远程教育试点示范工程，到2005年正式全面实施中西部农村中小学远程教育工程，虽然项目的规模不同，经济社会教育发展水平不同，技术条件不同，但都有一条线是贯穿始终的，那就是面向教育发展最迫切需要解决的问题，把提高教育质量和水平作为信息技术应用的出发点和落脚点。

1999年，韦钰副部长在建议启动“明天女教师计划”时想到的是农村女孩子们。随着农村义务教育的普及，韦部长看到，过去不上学、上不起学的农村女孩子成了文化人，她们不可能再像没有知识的上一辈那样，懵懵懂懂地嫁人生子。那么她们应该有什么样的人生呢？作为壮族科学家的韦部长决定要让她们了解世界，让她们有能力选择自己完满的人生。于是，她亲自动员香港成功人士周凯旋女士资助1000名西部农村小学女教师学习计算机，帮助她们学会用获赠的一台计算机以及通过中国教育卫星电视网接收的IP教育资源上课，让她们和学生们一起“踏上信息技术这只船，而不至于被信息技术浪潮冲走”。

2002年8月，为了检查“教育部、香港李嘉诚基金会西部农村中小学现代远程教育工程”项目一期的实施效果，在酷暑季节，韦钰副部长亲自带领专家组一行19人，深入内蒙古自治区鄂尔多斯杭锦旗、包头市固阳县农村学校，对学校校长和教师的计算机和IP资源应用情况进行逐个检查。当她看到每个人都初步掌握了基本应用时，脸上终于绽放了笑容，当即表示：“更大规模的工程项目可以启动了。”

陈至立任教育部长时，明确指出教育信息化工程要聚焦基础教育，聚焦农村中小学。当以三种模式（模式一为教学光盘播放点，模式二为卫星教学收视点，模式三为计算机教室）建设和推进农村远程教育工程的项目可行性报告报送到时任分管信息化的教育部副部长赵沁平手中时，他说：“这次差不多了。”

为推进国家发展和改革委员会、财政部与教育部联合实施中西部农村远程教育工程，教育部领导及相关司局负责同志多次与国家发展和改革委员会、财政部的领导和相关部门同志进行协商，其中讨论的一

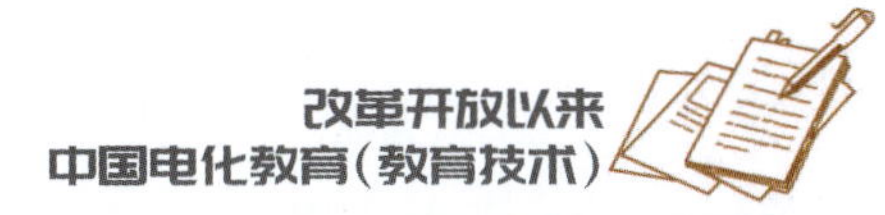

个焦点是在还有相当数量的中小学危房的情况下，实施“农远工程”是“锦上添花”还是“雪中送炭”。已经担任国务委员的陈至立，仍然挂记着“农远工程”的落实。在她的指导下，教育部委托中央电化教育馆组织了“三种模式”展示，她带领国家发展和改革委员会、财政部、教育部的领导们，亲临展示现场，听取汇报，研究方案落实。起初，各方认识并不一致。大家认为光盘对农村学校还是合适的，但对模式二和模式三中配置计算机和多媒体教室，不少领导及负责具体工作的同志存有不少疑虑。陈至立国务委员指导教育部坚持高度重视信息技术对教育变革的影响，最终促成了以三种模式实施农村中小学远程教育工程，广大农村学校师生得以与城里的师生一样享受了多媒体环境下的教学。

在“农远工程”实施中，时任教育部长周济，先后分管基础教育的副部长王湛、陈小娅付出了极大的心血。在召开国务院基础教育工作会议期间，王湛、陈小娅副部长亲自策划了把“三种模式”展示搬到会场旁边，让出席会议的温家宝总理在那里听取汇报。温总理听完“全面实施农村中小学现代远程教育工程将使我国约11万个教学点、38.4万所农村小学、3.7万所农村初中共享优质资源”的汇报后，富有激情地说道：“好！那我们就下决心实现它。”

农远工程实施后，教育部领导到地方考察时总会安排去农村学校看一看。周济部长曾经对我们说：“我在贵州听的那节语文课最好。”因为那节课是中央电化教育馆一位处长指导的，所以，时任贵州教育厅的金厅长讲，我们就是需要这样的专家，希望真正的专家多来指导我们农村学校的教学应用。

2008年，一本由人民教育出版社出版，中央电化教育馆组织编写的新书《架起通向未来的桥梁——中国农村中小学现代远程教育工程》出版了。中国的“农远工程”为创造在短时间内普及九年义务教育的世界奇迹做出了积极的贡献，而强调应用是这一工程能够发挥效力的重要原因。

作者单位

王珠珠，中央电化教育馆。

丁　新，中央电化教育馆。

杨晓健，兰州交通大学。

学习科学与技术

——教育技术学专业第一门“国家精品课程”

◎ 贾义敏　焦建利　张学波

在20世纪90年代末，以多媒体和互联网为代表的当代信息技术，以惊人的速度改变着人们的生存方式和学习方式。这对广大教育工作者来说既是严峻挑战，又是千载难逢的发展机遇！

一、“学习论”课程的创建与早期探索

随着我国大学和部分中小学校园网的普遍建立，如何使师生尽快适应这种日新月异的数字化生存新环境？这是我国课程与教学改革必须着重研究和思考的重大课题。

作为教育信息化先头部队的教育技术学专业，则必须率先从理论和实践两方面对本专业自身的课程和教学模式进行信息化改造。“学习论”课程（2004年更名为“学习科学与技术”）就是华南师范大学电化教育系在此背景下诞生的一门集课程内容更新、教学方法改革于一体的教育技术学专业课程。

在我国教育技术学专业的课程体系中，多一半属于技术类课程，少一半属于教育类课程。如何使这两类课程融合为内在统一的有机整体？这始终是教育技术学专业课程建设中的关键与难题。1998年，在当时电化教育系领导的支持下，以桑新民教授为首的课程团队选择“学与教的理论”课程作为教育技术学专业课程体系改革的突破口，并将课程名称确定为“学习论——步入信息时代的学习理论与实践”（简

称“学习论”）。

“学习论”课程目标主要是：让学生系统了解信息时代的学习理论及其在教育学科体系中的地位，了解和研究当前国内外学习理论与方法的新进展及其理论基础的深化，了解信息时代的学习理论与方法同教育技术学的内在联系，促进学习观、教育观、教学观、评价观的更新。基于此认识，课程团队不仅在课程内容上将原课程内容进行删减和重构，更重要的是在教与学的模式方面进行创新探索，着重探索在多媒体和网络环境中新的学习与教学模式。

经过3年的探索与实践，“学习论”课程教学改革成果“多媒体和网络环境下大学生学习能力培养的理论与实践”于2001年被评为国家级教学成果奖一等奖（见图1）。

此阶段主要的课程与教学改革创新和研究成果有：

创建了新的课程内容框架。首次创建了“信息时代学习理论”课程内容，2000年由中央广播电视大学出版社出版了第一本教材《步入信息时代的学习理论与实践》。

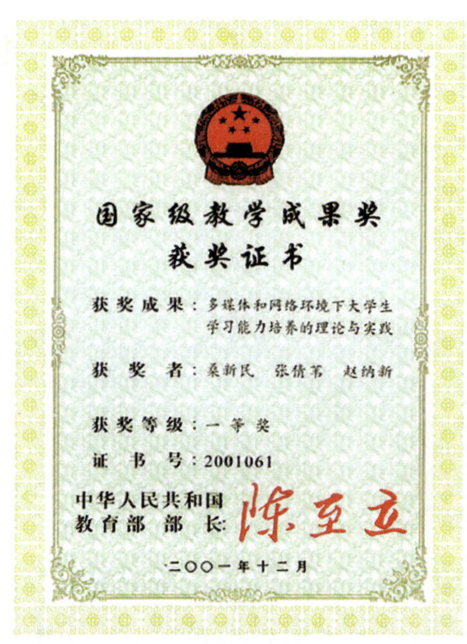
国家级教学成果奖
获奖证书
获奖成果：多媒体和网络环境下大学生学习能力培养的理论与实践
获 奖 者：桑新民 张倩苇 赵纳新
获奖等级：一等奖
证 书 号：2001061
中华人民共和国教育部部长：陈至立
二〇〇一年十二月

图1　2001年国家级教学成果奖获奖证书

在理论与实践的结合上创造了网络学习环境下可视化的教学目标模式。

在网络化教学环境中，用资源库代替教材、教学参考书，并且由师生共同编写和创建了本门课程的教材和资源库，形成基于网络资源库的课程与教材新观念与新课程模式。

初步形成一整套培养提高学生自主学习与协作学习能力的教学新模式，提高了教学质量和效益。

借助电子档案袋、评价量规等学习评价技术，创造了网络环境下过程评价与成就评价的新模式。

二、“学习科学与技术”课程的发展与推广

作为教育技术学专业的专业课程，“学习论”课程在创建之初，就注重信息技术在课程中的应用。在网络化教学环境中，课程团队用资源库代替教材、教学参考书，由师生共同编写和创建了本门课程的教材和资源库。并在教学过程中，不断地对课程内容结构和电子资源进行迭代更新。

课程团队当时运用网络技术，开发网络课程。不仅建成了课程的网络资源库，更是在网络化教学方面进行了有益探索，开发了一批网络学习与教学工具，逐步完善了线上与线下相结合混合学习模式。

2003年，在教育部“高等学校教学质量与教学改革工程”启动的国家精品课程评审项目中，“学习论——步入信息时代的学习理论与实践”课程被评为首批全国高等学校“国家精品课程”。此次获批的国家精品课程共151门，“学习论”课程成为教育技术学专业第一门国家精品课程。

在国家精品课程内容要面向全国高等学校免费开放的理念下，为了让更多学校的师生能够了解和应用本课程资源，本课程团队开始在课程内容和校际协作教学方面进行了大胆探索。

首先，课程团队对课程内容和教学模式进行了总结和归纳，结合国际学习科学研究的兴起，对课程内容进行了更新和改编，使之更突出学习理论和学习技术的研究，尤其是对信息技术环境下的学习规律和学习特点进行了更加全面的总结。配合首批国家精品课程建设，2004年，“学习论”课程团队编写了第二本《学习论》教材。与国际学习科学研究接轨，课程教材改名为《学习科学与技术——信息时代大学生学习能力培养》，由高等教育出版社出版。同时，更新配套网络课程。

其次，课程团队还致力于课程的共享和推广工作。2004年，“学习科学与技术”课程开始在南京大学、中国海洋大学、山东师范大学、河南大学等院校的教育技术学专业本科生和研究生中开设，并通过网络课程的形式开展了跨校团队教学探索。借助国家精品课程网络资源，

不同高校的“学习科学与技术”课程教师成立“学习科学与技术课程联盟”。大家一起开展线上或线下的教学研讨，共享教学资源和教学智慧。并且，学生也借助网络形成了跨校的远程协作学习小组，开展跨校的课题研究，交流学习收获，分享学习成果。

此外，“学习科学与技术”课程还作为大学生公共选修课，在许多高校开设和推广。作为公共课的“学习科学与技术”课程在课程目标上更偏重提升学生的数字化学习能力。课程不仅要求学生了解和掌握学习的相关理论、方法、技术，更主要的是通过在全新学习环境中自主学习、团队学习的切身体验，使每个同学真正理解信息时代学习所发生的深刻变革，更新学习观念，学会运用科学的学习观念指导自身的学习与发展，成为具有创新意识的高效学习者。

三、“学习科学与技术”课程改革探索一直在路上

时间如白驹过隙，转眼间从“学习论”课程的创建到现在已经20多年了。目前，“学习科学与技术”课程已成为教育部高等学校教育技术学专业教学指导委员会指定的教育技术学专业核心课程之一。

课程团队一直将科研与教学融为一体，对教材内容进行多次更新，力求通过纸质教材与网络课程资源库的相互补充，创建经典与前沿相结合、国际化与本土化相融合的课程内容体系。1998年创建课程时，没有现成的教材，教师团队通过对相关学习理论研究著作、期刊文献进行整理、编撰，以文印稿的形式发给学生学习。2000年《信息时代的学习理论与实践》的出版，标志着“学习论”课程独创的课程内容框架构建完成。2004年，首批国家精品课程“学习科学与技术”教材的出版，体现了教育技术学专业学习科学研究与国际学习科学研究的接轨。2017年《学习科学与技术》（第二版）教材的出版，反映出课程团队对学习科学研究的深入，以及学习科学研究国际化与本土化的融合（见图2）。

目前，课程团队正在开发面向教育技术学师范类通识课、大学公共课等不同层次、不同类别的《学习科学与技术》教材，力求在课程内容方面更加精细化、模块化、多样化。

图2 “学习科学与技术”课程教材的3个版本

在课程资源建设与课程教学改革方面，课程团队一直坚持网络资源定期更新，体现学习科学研究前沿；探索线上和线下相结合的有效混合课程教学模式。“学习科学与技术”课程也在2013年成功实现转型升级，被评为“国家级精品资源共享课”，同年在爱课程网站上线。

20年来，华南师范大学“学习科学与技术”课程教师团队成员对“学习科学与技术”课程的热爱，对课程教学改革的投入从来没有降低过，一直倾心维护着课程的建设和推广。团队成员也希望与教育技术学界同仁共同努力，使“学习科学与技术”课程成为推动信息时代学校课程与教学改革的舞台和实验研究基地，成为让师生了解和体验信息文化环境下新型学习模式的窗口，成为培养教育创新团队的舞台。

作者单位

贾义敏，华南师范大学教育信息技术学院。

焦建利，华南师范大学教育信息技术学院。

张学波，华南师范大学教育信息技术学院。

教育技术学领域第一位国家级教学名师

◎ 贾义敏

“国家级教学名师奖”是中华人民共和国教育部颁发的教学类奖项，旨在表彰既具有较高的学术造诣，又能长期从事基础课教学工作，注重教学改革与实践，教学水平高，教学效果好的教授。“国家级教学名师”对高校教师来说，不仅是一个国家级的奖项和称号，更是对教师倾心本科教学工作，扎根教学第一线工作的肯定和鼓励！

2003
★★★★★
国家级教学名师奖
证书
桑新民同志：
为了表彰您在高等学校人才培养工作中做出的突出贡献，特颁发国家级教学名师奖，以资鼓励。
中华人民共和国
教育部部长 周济

图　桑新民教授获得国家级教学名师奖

2003年，教育部组织第一届高等学校教学名师奖评选表彰工作。首届评选出100名国家级教学名师（当时全国有70万名高校教师、5万名正教授）。其中，教育学一级学科中仅有一名教师当选，就是华南师范大学教育技术学专业的博士生导师桑新民教授（见图）。

桑新民教授，1993年在北京师范大学哲学系评为教授，同年调到教育科学研究所任主管科研与教学的副所长，创建未来教育研究中心，并成为北京大学高等教育研究所兼职教授，1996年评为教育学原理专业博士生导师。北京师范大学教育学专业名师荟萃，在本科生到博士生的培养中积累了丰富的经验和资源，对跨专业的中青年博士生导师更给予独特关怀与期望，这给了桑老师极大的滋养。他当时所研究和关注的重点，是教育学专业如何面对信息技术的时代挑战，由此跨入教育技术学的陌生领域，并结识了何克抗教授等该领域的一批学科带头人。此后又受李克东、李运林、南国农先生的邀请，于1997年9月调入华南师范大学。该校教育技术学（电化教育）专业1998年年底获得了全国第二个教育技术学博士学位点授予权。桑新民教授被评为教育技术学专业博士生导师。

初入教育技术学专业领域，让桑老师思考最多、压力最大的就是教育技术学专业基础理论、课程体系建设和人才培养。考虑到自己跨专业的学术背景和优势，他选择了一个重要的切入点和生长点：开展“五个十”的研究（本专业十位大师级人物、十本经典著作、十个权威专业或权威科研机构、十篇有影响的学术论文、十个专业网站），并在此基础上创建教育技术学专业的基础课程“学习论”。当年开设这门课程有不少阻力，在当时教育部高等学校教育技术学专业教学指导委员会规定的本专业课程体系中，只有一门相应的课程“学与教的理论”，内容是介绍心理学的几大学习流派和教学论中几大教学流派。经过广泛调研和深入思考，桑新民教授认为这只能是教育技术学专业的理论基础，而不是基础理论。作为教育技术学专业的核心课程，必须创建自己的基础理论，并体现专业特点与时代特色。所以他主张独立开设学习科学和相应的学习技术，而且不能只讲理论知识，更要有实践活动设计和技能修炼，尤其要创新学与教的环境、资源，培养新一代学习者与师生关系，改变评价考试模式，注重培养信息时代的学习能力与生存能力。但是，专业课程建设是一件非常严肃的事情，课程名称是不能随意改动的。当时的电化教育系领导提出在教学计划中必须用原来的课程名称，但允许和支持课程内容和形式创新。在华南师范大学电化教育系领导、教师、学生的支持和参与下，该课程建设获得了快速发展，并得到了本专业和教育学一级学科专家、同仁的肯定和认可。此后该课程和同类课程，在教育技术学专业课程体系和人才培养模式中，逐步确

立其核心课程的地位，尤其在世界范围学习科学、学习技术迅速发展的时代潮流引领下，影响越来越大。2001年基于此课程的教学改革获第四届全国高等教育国家级教学成果一等奖；2003年，此课程被评选为首批国家精品课程（是评选出的151门课程中唯一的教育学一级学科精品课程）；同年，桑新民教授评选为首届“国家级教学名师”。

桑新民教授本人有幸先后获得全国高等教育国家级教学成果一等奖、首届国家级教学名师和首批国家精品课程建设项目这三大奖项。这些奖项是高等教育课程教学建设的最高奖，同时获得这三大奖项，说明该项课程教学成果，不仅在教育技术学界，而且在教育学一级学科乃至高校课程教学评价体系中都得到充分肯定和较高评价。

2004年，桑新民教授从华南师范大学调到南京大学，在当年孙明经先生创建中国电化教育专业的金陵大学校园，开始了教育技术学专业建设和人才培养继往开来的探索之旅。

作为一门多学科交叉、理论与实践融合的独特专业和领域，我国电化教育（教育技术）专业基础理论、课程体系、人才培养模式，尤其是核心课程的建设，经历了漫长而艰难的探索，凝聚了一代又一代学者和创业者的智慧和心血。桑新民教授认为，当代信息技术的飞速发展，对教育技术学专业的基础理论、课程体系、人才培养模式建设，既是严峻的时代挑战，更是创新发展的重大机遇。他在当时加盟教育技术学专业，参与本学科最早的两个博士点（北京师范大学和华南师范大学）之一——华南师范大学教育技术学的学科建设，承担起教育技术学专业从本科到博士课程体系和人才培养模式创建的重任，深深受益于本专业各位专家学者和周围众多师生、领导的理解支持。他所做的探索和取得的成绩，是建立在研究和继承一代又一代国内外同行专家学者辛勤耕耘之成果基础上的，每当谈及此事，桑教授最深切的感受是学者的使命、担当与一位普通教师在信息时代学习研究与实践领域的内在追求与教书育人之乐趣。在现实与网络课程的导论与导学中，他给每届学生留下最深刻印象的是这样一段话：

学习是科学，要成为科学的学习者，就必须求真——探索并遵循学习的客观规律；学习是技术，要掌握高超的学习技能，就必须向善——在刻苦的修炼中提高学习效率；学习是艺术，要想在艰苦的学习中获得乐趣，就必须审美——体验出神入化的学习意境；学习更是哲学——领悟真善美统一的学习智慧，创造学习型社会，享受学习化人生！

作者单位

贾义敏，华南师范大学教育信息技术学院。

第一个中小学教师专业能力标准的颁布及全国中小学教师教育技术能力培训教材的首次编写

◎ 刘雍潜　张进宝　柯清超　韩　骏　杜光胜

2004年12月15日，教育部正式颁布《中小学教师教育技术能力标准（试行）》，这是我国中小学教师的第一个专业能力标准，随后全国中小学教师教育技术培训试用教材相继出版，教育技术能力测评启动，一个全国性"以培促用"的教师教育技术能力建设计划随之展开。这是21世纪初教师教育及教育技术领域具有里程碑性质的大事。

1998年，时任教育部部长陈至立就曾指出："要深刻认识现代教育技术在教育教学中的重要地位及其应用的必要性和紧迫性；充分认识应用现代教育技术是现代科学技术和社会发展对教育的要求，是教育改革和发展的需要。"将现代教育技术当作整个教育改革的"制高点"和"突破口"，号召"各级各类学校的教师要紧跟科学技术发展的步伐，努力掌握和应用现代教育技术，以提高自身素质，适应现代教育的要求"。2001年，教育部师范司（现教师工作司）发布了《中小学教师信息技术培训指导意见（试行）》。在教育部倡导下，世纪之交教育技术的研究和应用工作在全国中小学校如火如荼地开展了起来。

全国教师教育信息化专家委员会2002年4月向教育部师范司提出应尽快制定我国的《中小学教师教育技术能力标准》的建议。师范司领导极为重视，时任司长管培俊多次召开会议，亲自听取专家意见。在充分调研与论证的基础上，2003年4月"《中小学教师教育技术能力标准》研制”被列为教育部重大研究课题正式启动。全国教师教育信息化专家委员会受教育部师范司委托组织实施。于是以北京师范大学、华南师范大学、西南大学、华东师范大学和中央电化教育馆等单位有关专家为核心的标准研制组很快成立，北京师范大学何克抗教授任组长，华南师范大学李克东教授、西南大学张为群教授任副组长。

时隔十多年，我们几人作为这项工作的主要参与者，回忆起那时与全国20个单位、各地教育部门和考试机构一起研究标准、开发课程和推广培训工作，仍然深感这是教育部认真听取专家意见，积极推进信息化应用，上下配合，多方协同最好的一次项目实践，为中国教育信息化从起步走向应用奠定了重要的基础。

标准研制过程前后共经历了体系框架及内容设计、广泛征求意见、初稿研讨与修订、标准实验与完善四个阶段，前后历时近两年。为提高标准的科学性与适用性，专家们深入地研究和借鉴了西方发达国家的教育技术与ICT标准，以及国内的相关研究成果，主要有美国面向教师、学生、学校管理人员的三个教育技术标准，英国教师ICT培训标准等。国内的相关研究成果则主要涉及中小学教师教育技术能力素质调查分析、绩效标准研究、课程框架设计、社会需求分析等多种文献。

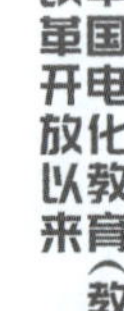

据柯清超回忆，李克东教授带领华南师范大学团队首先提出了标准基本框架（针对教学人员、管理人员和技术人员三位一体提出相应标准，每个角色标准框架都包括“意识与态度”“知识与技能”“应用与创新”三部分）。这一框架在北京召开的专家讨论会上被普遍接受，讨论中大家各抒己见，非常认真。专家们有的意见被采纳，有的没有被直接采纳，但大家都心悦诚服，齐心合力，积极献计献策。记得有专家提出的增加“社会责任”部分被接纳，有的专家提出的全国各地发展不均衡，希望针对西部地区再搞一个水平低一些的版本没有被采纳。何克抗教授作为组长，根据多数专家的意见，坚持了全国一个标准。各参与单位的专家对任务不分大小都主动承担，小到专业术语的词条解释都字斟句酌。当时还在北京师范大学攻读硕士学位的张进宝以该标准研制作为研究生毕业论文的内容，由于此时该标准尚未颁布，北京师范大学还将他的毕业论文定为“保密”级别，其重视程度可见一斑。

2004年6月,《中小学教师教育技术能力标准》(包括教师、管理人员、技术人员三个类别)的初稿基本形成。标准研制组随即在全国7个实验区、100余所中小学,通过座谈、问卷调研等方式广泛征求意见,并在其中选择部分学校进行标准使用的试验。2004年下半年,标准研制组在调研实验的基础上,多次召开专家会,讨论、修改,几易其稿,终于在2004年11月完成最终文本。最终形成具有我国特色的"4(14)N"教育技术能力标准体系结构:4个能力素质维度;14个一级指标;N个概要绩效指标(绩效指标从略)(见图1、图2)。

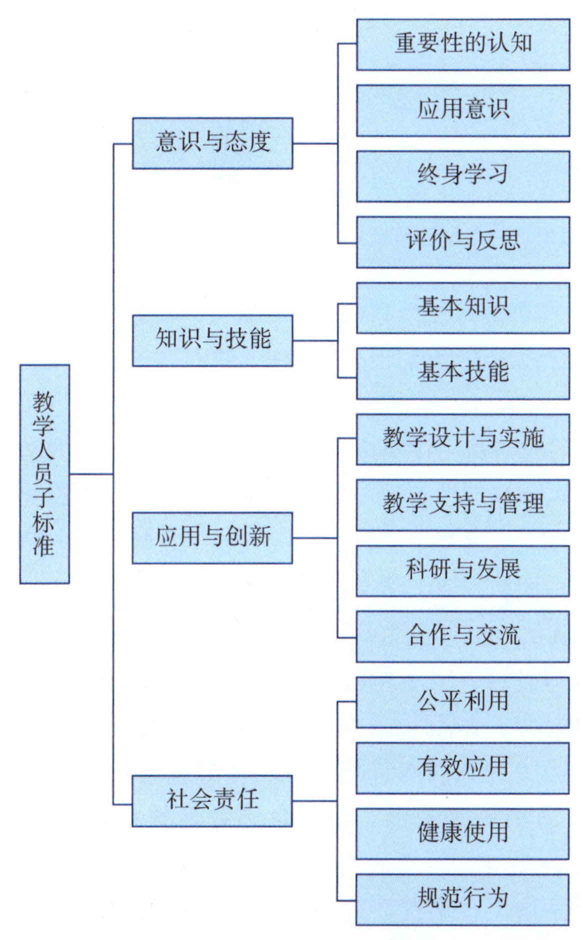

图1 《中小学教师教育技术能力标准(试行)》教学人员子标准的体系结构

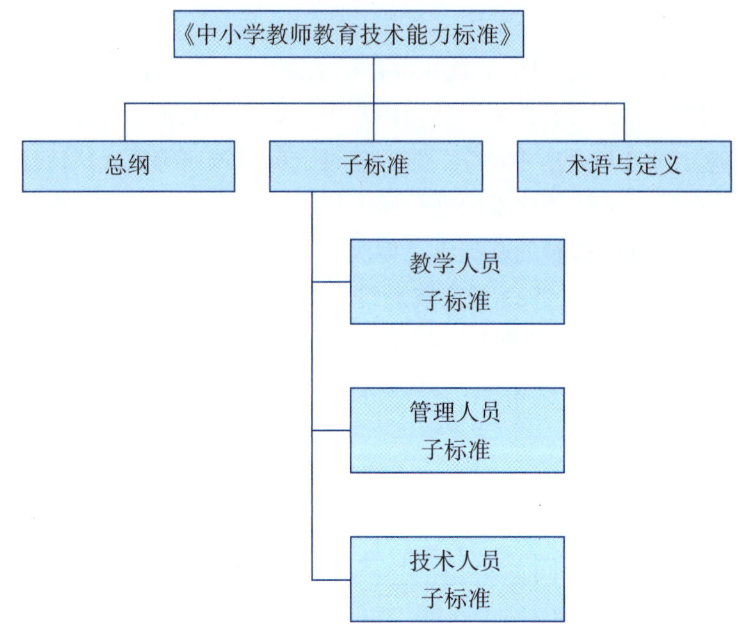

图2 《中小学教师教育技术能力标准(试行)》的总体框架

《中小学教师教育技术能力标准（试行）》颁布后，首次“全国中小学教师教育技术能力培训试用教材”的编写工作迅即展开。在各单位积极申报的基础上，教育部最终选定中央电化教育馆和华东师范大学各自编写一套教材。中央电化教育馆聘请北京师范大学何克抗教授为主编，华东师范大学聘请祝智庭教授为主编。两个编写团队充分发挥优势，各自先后编写了“教师初级”和“教师中级”两个版本。随后，两个编写团队在2012年还合作编写了“技术人员初级”版教材。最终两个团队从2005年到2012年一共编写了5个版本的教材。

首次编写教材，为了检验“教师初级”版教材的应用效果，听取基层教师意见，师范司还委派时任副处长的鹿旭忠同志带领两个团队于2005年9月在河南省鹤壁市和江苏省扬州市举办教育部教师教育技术能力培训实验班，邀请全国各地教师作为学员参加教学实验。

刘雍潜亲历了在鹤壁市的培训。在当地教育局支持下，团队专家认真负责，与学员朝夕相处，教学、研讨活动经常进行到深夜。

至今他还记得，授课教师与参加晚自习的学员一起打着手电筒，说说笑笑地从教室返回驻地。学员普遍认为，这次学习的教材与过去的教材完全不同，两套教材都超脱了传统教材模式，突出了学习小组活动，强调了自主学习，强化了学习平台的作用与网上资源的利用，调动了每个人的学习积极性。两个团队之间互相学习，取长补短。这次教学实验取得良好成果，教材得到了修改、补充、订正和完善。

2005年4月4日，教育部发布《关于启动实施全国中小学教师教育技术能力建设计划的通知》。通知要求，全国每个教师都要接受不低于50学时的培训。为保证计划的顺利实施，教育部成立由主管部领导陈小娅担任组长，由师范教育司、中央电化教育馆、教育部考试中心、全国教师教育网络联盟秘书处等共同组成的全国中小学教师教育技术能力建设计划项目实施工作领导小组，项目办公室设在中央电化教育馆，王珠珠副馆长任主任。

2005年4月6日，教育部在北京召开全国中小学教师教育技术能力建设计划启动实施工作会议。时任中央电化教育馆馆长陈志龙代表计划实施组织单位在大会上做了关于“全国中小学教师教育技术能力建设计划”的说明。经过2005—2006年试点，培训工作于2007年在全国各地广泛展开。其中，国家级重点骨干教师培训由两个教材主编团队进行。省级培训由各省教育厅组织，各地电化教育馆在其中发挥了主要作用。北京大学还开设了网上课程。一些大型教育信息化企业也以该标准和教材为依据，积极开展多种形式的培训。教育部考试中心还在全国开展了教师教育技术能力考试，提供了教师的能力分析图示，并为考试合格者颁发证书，作为教师任职资格的依据。

至此，中小学教师教育技术培训在中国风起云涌地开展了起来。据当时在中央电化教育馆培训部工作的韩骏、杜光胜同志根据当时上报的统计数字介绍：截至2010年12月累计统计情况，全国参加教育技术初级培训的教师有339万，中级培训的教师有13万人；参加与教育技术能力培训相关联培训的“英特尔®未来教育”项目培训的人员136.4万；微软携手助学教师项目培训的人员2.2万人。在该项目名义下培训教师总数达490多万。广大教师对信息技术的认识空前提高，教育技术知识得到空前普及，能力得到空前提升，应用技术开展课堂教学成为时尚，中小学课堂教学方式开始有了改观。

《中小学教师教育技术能力标准》的研制，全国性教育技术能力培训教材的编写使用，数以百万计的人持续六年之久的遍及城乡中小学校的培训活动，三件大事紧密相连，一气呵成，为教育信息化的全面推进和教育教学改革的广泛开展奠定了坚实基础。

作者单位

刘雍潜，中央电化教育馆。

张进宝，北京师范大学教育学部。

柯清超，华南师范大学教育信息技术学院。

韩　骏，中央电化教育馆。

杜光胜，中央电化教育馆。

深圳教育城域网IPv6试点应用

◎ 张惠敏　彭　岩　黄伟龙　苏子正

一、缘起

2002年9月，清华大学吴建平教授亲自指导和参与规划建设的深圳教育城域网正式开通，成为全国最早的基础教育IP宽带城域网，2.5G的主干带宽在当时全国教育系统首屈一指，深圳基础教育信息化建设从此进入大发展阶段，一系列教育信息化应用百花齐放，有效推动了深圳教育教学资源和手段的发展与整合。例如，同期建设的教育资源库、远程教育平台、中小学数字图书馆、视频点播系统、视频会议系统、电子邮件系统和VoIP电话系统等一系列基于IP宽带网络的教育辅助平台，为全市教育系统提供服务。2003年开始，深圳市小学三年级以上普及了信息技术教育，率先做到中小学学生9岁以上能使用计算机，12岁以上会使用互联网。深圳教育城域网采用了国际一流、国内领先的技术解决方案，并产生了较好社会效益，深圳市教育局因此获得了深圳市人民政府颁发的2004年度科学技术进步二等奖荣誉。

随着教育信息化应用的发展和深入，随之而来的问题也不断出现，例如网络出口带宽资费昂贵造成的出口狭窄问题，不断涌现的网络安全问题，教学视频传输数据量过大造成网络拥塞问题……为了应对和解决面临的各种问题，同时考虑到未来几年内可获分配的IPv4真实IP地址日趋枯竭可能带来的不利影响，作为改革开放窗口城市的教育信息化业务主管部门，深圳市电化教育馆（深圳市教育信息技术中心前身）按照前瞻发展的思路，在应用最新技术产品的同时，把眼光瞄向了下一代互联网技术。在深圳教育城域网设计和建设过程中，已充分考虑了对下一代互联网的兼容及过渡问题，选型和试用的网络设备在很大程度上能满足IPv6的升级需求。

二、历程

（一）准备阶段

2004年6月，经申请，CERNET分配深圳教育城域网一个/48的IPv6地址块，深圳教育城域网获得280个IPv6地址，其网络名称SZ-ERNET6-CERNET成为全国基础教育领域第一个IPv6网络名称。

2004年7月，深圳教育城域网采用IPv4/IPv6双栈过渡方案，通过Tunnel技术，接入CERNET的IPv6 Test Bed（IPv6试验床），全国范围内率先实现了基础教育城域网与IPv6试验网的对接。

2005年10月，CERNET2深圳驻地节点在深圳大学城落地，与CERNET2的互联带宽达到2.5G，深圳教育城域网随即正式接入CERNET2。

（二）实施阶段

2006年12月，“深圳市基础教育IPv6应用示范网建设”研究课题被中央电化教育馆立项为“十一五”全国教育技术研究重点课题（立项通知书编号为：教电馆研063611723号）。

1.试点目标

建立一个包含多项基础教育应用的IPv6试验网络，重点开展基于IPv6的视频点播系统、远程教育系统和数字图书馆等应用的建设与研究，同时利用IPv6的新特性来提升网络安全管理和服务水平。

2.主要内容

在深圳教育城域网的基础上，开展IPv6应用试验，重点进行基于IPv6网络环境的视频点播和现代化远程教育试点应用，包括网上实时视频、音频的交互和非实时视频、音频点播等需要较好的带宽、组播与QoS支持的应用，同时进行基于IPv6的数字图书馆、Web应用、Email应用，以及IPv6地址规划、管理和IP地址应用安全性能测试等实验工作，以点带面，助力推进深圳市中小学数字化校园建设和应用。

3. 主要成效

针对深圳教育城域网的规模及复杂度，试验并论证城域网IPv4/IPv6双栈路由功能的可靠性，探索深圳市中小学校园网升级改造解决方案。考虑到IPv4技术应用的巨大市场惯性，我们认识到IPv4和IPv6将在相当长的一个时期内共存，再逐渐过渡到纯IPv6网络时代。因此，我们开展了深圳教育城域网IPv4/IPv6双栈试验，并与各中小学为数众多的终端和网络设备进行通信测试，例如，实时传输、可靠组播、网络新协议、流媒体服务、网络服务质量保证、网络可管理性和网络性能测量等方面的试验，积累了较为丰富的实践经验。

试验IPv6技术在教育城域网中的网络管理及安全优势。针对IPv6协议在拓展地址空间，优化地址规划，实现IP地址海量管理，以及在优化报头、报文分片来提高数据包转发效率，还有在IPseu加密、源地址认证等方面优化其特性，通过对数据包跟踪、检测、统计分析和用户反馈等手段，体验了IPv6技术所具备的高安全性、高效率、可信任的网络特性。

试验IPv6环境下基于组播的视频应用的服务质量及安全性，并开展了基于IPv6技术的教育教学资源共享服务。IPv6协议组播功能的加强和扩展，使用了更多的组播地址，对组播域进行了划分，取消了IPv4广播，可以更加有效地利用网络带宽，基于组播实现大规模视频会议和高清晰度电视广播应用。IPv6协议使用的IPseu协议提供更高的安全性，使用流标签为不同类型的数据包提供个性化的网络服务，有效保障了相关业务的服务质量，为用户提供了更佳的安全性保障，并根据视频应用中各种媒体信息的紧急性和服务类别确定数据包的优先级，协调视频应用中语音、视频、数据流的优先顺序，提供更佳的信息传输质量。我们在深圳教育城域网环境下开展的IPv6视频组播试验，将市内优质教学资源通过该平台实现共享，为促进基础教育均衡发展做出了应有贡献。

4. 成果交流

2010年11月，“2010全球IPv6高峰会议”在台北台湾大学医院国际会议中心胜利召开，包括海峡两岸在内的APNIC成员国家和地区的有关专家学者与官员共200多人出席会议。应大会主办单位的邀请，“深圳教育城域网IPv6应用试验与研究”课题组部分成员出席了会议，参与学习和交流IPv6技术的研究发展动向和成果经验。会上，我们在深圳教育城域网开展的IPv6试点应用成效得到与会专家的赞赏。

三、后记

2018年8月，教育部办公厅印发《关于贯彻落实〈推进互联网协议第六版（IPv6）规模部署行动计划〉的通知》（教技厅〔2018〕3号），鼓励职业学校、中小学积极推进校园IPv6改造，加快应用系统和服务升级。从2006年我们开始开展IPv6试点以来，至此已过去了14年，全国教育系统终于正式全面启动IPv6的建设与应用。

站在今天来看，深圳教育城域网的建设、应用和在此基础上开展的IPv6相关探索，在全国基础教育领域可以说是具有试验田的历史地位和风向标意义。

作者单位

张惠敏，深圳市教育信息技术中心。

彭　岩，深圳市教育信息技术中心。

黄伟龙，深圳市教育信息技术中心。

苏子正，深圳市教育信息技术中心。

第一个远程教育二级学科及硕士点和博士点的创建

◎ 衷克定　吕巾娇

北京师范大学教育技术学院在我国率先建立了远程教育二级学科硕士点和博士点，为我国远程教育的发展做出了贡献，但建立过程并非一帆风顺，新事物的接受经历了时间的考验。

2000年，北京师范大学远程教育研究的先驱高福文教授和李薇薇教授主持远程教育本科专业申办及本科生人才培养，并为远程教育增设二级学科以及建立相应的硕士点和博士点做了大量的基础性工作。在2000年7月8日呈交北京师范大学校方的申请报告中提出：建议2000年在信息科学学院的电子系或教育技术系设立远程教育本科专业，申请远程教育硕士学位、博士学位授予权（当时是含在教育技术学博士点中），在此期间加强本学科的课程及队伍建设。

2004年7月，在陈丽教授、衷克定教授和张伟远教授（时为香港公开大学教授和北京师范大学特聘教授）等主导再次向学校学术委员会和学科发展与建设处提出申办远程教育二级学科的申请，并就远程教育专业课程设置提出了明确的方案，包括课程类型及其来源、课程设置、课程要求、课程概要、学位基础课、学位专业课、专业选修课、专业研究和实践环节等具体构想。由于条件尚未成熟，未获批准。2005年6月，陈丽教授、衷克定教授和余胜泉教授再次向学校学术委员会和学科发展与建设处提出申办远程教育二级学科的申请。此时，北京师范大学在教育学一级学科方面已经具有自主审批权了。同年12

月1日，北京师范大学学位评定委员会正式批准在教育学一级学科下增设“远程教育”二级学科硕士学位授权点（学科代码：040122）。

第一批远程教育专业硕士研究生于2007年9月正式入校学习，专业课程已经全部建设完成，并于2007—2008学年第一学期投入使用。新设立的远程教育硕士学位授权点的主要研究方向包括远程教育基本理论、在线学习与发展、学习环境与学习资源、远程教育经济与管理。近年来，远程教育学科（专业）承担了国家、省部级一系列重要研究课题，基本集中于上述4个科研方向。

作为国内设立的第一个远程教育专业硕士学位授权点，在专业课程建设和人才培养上直指高层次、应用型创新人才的培养。远程教育硕士学位授权点的培养对象为具备学士学位或同等学历的相关在职人员和相关专业的毕业生。远程教育硕士研究生培养目标：培养适合我国远程教育发展需要，德智体全面发展，树立科学发展观，具有创新精神和实践能力的，了解国内外远程教育的发展脉络，系统掌握远程教育的基础理论知识，能熟练运用远程教育领域的知识、方法和相关技能研究和解决我国远程教育实践问题的高级专门人才。毕业生将能够在教育机构、企事业单位中承担远程教育领域的项目管理、教学管理、课程设计与开发、学生支持服务和科学研究等工作。2012年5月，学校开展自主设置目录外二级学科论证。“远程教育”学科通过论证，并在“教育学”一级学科下成功增设“远程教育”二级学科博士学位授权点（学科代码改为：0401Z2）。

作者单位

袁克定，北京师范大学教育学部。

吕巾娇，北京师范大学教育学部。

第一届中日教育技术学研究与发展论坛在华南师范大学举办

◎ 李克东

2005年8月，在东北师范大学举办的一个学术会议上，我见到时任日本教育工学会会长赤崛侃司教授和副会长近藤勋教授，他们向我转达坂元昂教授有一个愿望，为了加强中日教育技术学领域的学术交流，提议中日定期共同主办一个关于教育技术的论坛，并建议第一届论坛由广州华南师范大学教育技术研究所筹办，希望我能促成这一愿望的实现。在这以后，日本教育工学会又多次写信给徐晓东教授，希望华南师范大学能承办这个论坛。我当时作为教育技术学重点学科带头人、教育技术研究所所长，表示支持这个提议并积极进行论坛筹备。通过双方的沟通，确定第一届论坛在2005年11月举行。

确定论坛日期后，筹备时间很短，我和徐晓东教授分工合作。他是留学日本的博士，精通日语，负责联系日方，邀请日方主题演讲者。我负责联系中方，邀请主题演讲者，邀请分组论坛主持人，编印会议手册及其他会务准备工作等。

2005年11月20—22日，第一届中日教育技术学研究与发展论坛在中国广州华南师范大学举行了。当时日方有坂元昂教授领队共18位专家和博士生参加论坛活动。中方有100多位专家、博士、硕士研究生参加。在论坛上，两国的著名学者分别做了10个大会主题演讲，其中重要的有日方专家坂元昂教授的《重构网络社会的德教育工学理论》、西之园晴夫教授的《学习环境设计与协调自律学习及远程学习》、赤崛侃司教授的《学科学习中教育媒体的应用》，中方专家南国农教授的《教育技术学科建设：中国道路》、何克抗教授的《教育技术的学科定位和理论体系》、王珠珠馆长的《中国农村中小学现代远程教育工程的进展与思考》等。还举办多场专题讨论会，与会代表十分活跃。

论坛期间，我们邀请中日专家共进晚餐，餐席间中日专家又进行了热烈的讨论，气氛良好。餐后，坂元昂对我说："这个论坛确实很好，希望以后我们能继续定期举行，希望你在中国发挥作用，确保这个论坛能够得到延续。"我们还约定，以后每隔两年，轮流在中国和日本两国定期举行，如果论坛在日本举行，中国选派代表参加，如果论坛在中国举行，日本选派代表参加。我坚守诺言，直到2012年，我和日本教育工学会密切合作，先后在广州、大阪、长春、奈良举办了四届论坛。

第二届教育技术学研究与发展论坛于2007年6月在日本大阪关西大学举行。中方选派15位代表出席，包括1位中国教育技术协会代表、12位大学教授、两位中学老师。论坛分两段进行，第一阶段在大阪关西大学进行，重点内容是关于中日两国教育信息化发展策略的介绍和研讨；第二阶段在东京工业大学进行，重点是高校教育技术研究成果的介绍和研讨。在大阪市期间，参观了日本教育软件New Education Expo展览会和研讨会，参加中国、日本、韩国三国教育信息化发展、实践和问题的专题研讨会。这次活动内容丰富，收效显著。

回国后，我写了题为《日本IT新改革策略的启示——第二届中日教育技术研究与发展论坛的关注点》的论文，发表在《中国电化教育》2007年11期。论文中我介绍了日本IT新改革策略的目标和日本IT新改革策略的实施。

第三届中日教育技术学研究与发展论坛于2009年8月在中国长春东北师范大学举行。这次论坛是与中国教育技术协会信息技术教育专业委员会第五届学术年会同时召开的。会议主题为"信息技术教育与学校文化变革"。日方著名教育技术专家坂元昂、近藤勋、南部昌敏、山西润一、大久保昇、小柳和喜雄、远藤康俊和影户诚等8位代表参加了论坛活动并做了发言。论坛还设有专题研讨，研讨专题包括教育

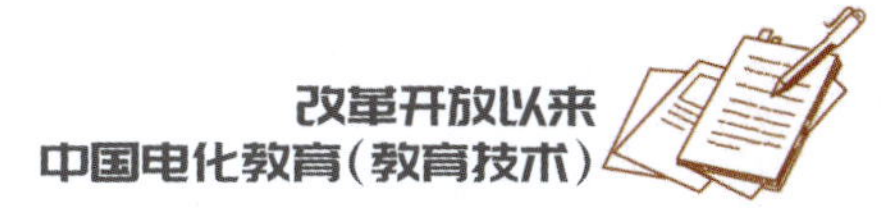

游戏研究进展、信息技术教师专业发展、信息技术课程国际比较、信息技术课程实施实地研究等。

原定第四届论坛本应该在2011年举行，但由于当年3月11日日本发生大地震，我受中国教育技术协会委托，代表中国教育技术协会会长和以第四届中日教育技术学研究与发展论坛中方团长的名义于3月15日向日本教育工学会发去了慰问信。事后，日本工学会会长永野和男教授写了回信给中国教育技术协会领导和第四届中日教育技术学研究与发展论坛中方团长，表示对中方发出慰问信的感谢，同时也表达想把第四届论坛推迟一年的意愿。回信全文（译文）如下：

中国教育技术协会　会长　常务副会长　秘书长

第四届中日教育技术学研究与发展论坛中方团长

各位大家好！

在新春来临之际，谨此高兴地祝愿贵协会取得更大的发展。

本会于3月15日接到贵协会发来的对3月11日发生在日本关东大地震的慰问信，我代表日本教育工学会，对此表示衷心的感谢。

正如您通过国内外新闻媒体所看到的那样，日本关东的岩手、宫城、福岛、茨城四县遭受了有史以来最大的地震和海啸灾害，现在日本举国上下正在投入紧张的救援和重建工作。目前事态已经发展到有将近50万人正奔赴日本各地进行避难。

另外，在大中小学，现在教职员工正忙于确认学生的受灾情况，并已经投入到灾区支援和繁忙的重建工作当中。特别是，在发生了核电站事故后，由于供电不足等所招致的混乱，致使大学公务不能正常运转，并大幅缩减了正常活动，到恢复正常可能需要数月。

鉴于以上情况，是否能够如期举办定于今年6月份召开的中日第四届教育技术学研究与发展论坛，我会也进行了审慎的研究，最终做出了推迟一年举办的决定。

对此，我们要对正在进行准备中的各位表示歉意，期望能够得到各方的理解和支持，我们坚信，明年将会在一个安心、快适的环境里召开两国的研究交流大会。

此致敬礼，并致以诚挚的谢意！

日本教育工学会　会　长　永野和男

副会长　山西润一

本会国际交流委员会委员长 赤崛侃司

接到回信后，我们决定把第四届论坛推迟到2012年举行。

第四届中日教育技术学研究与发展论坛于2012年6月在日本奈良县奈良教育大学举行。

中国选派了15位学者参加，包括中国教育技术协会秘书长刘雍潜教授，全国高校网络培训中心两位专家和12位来自高校的专家学者。在本次大会上，日本教育工学会会长永野和男致辞，回顾了教育技术学研究与发展论坛的发展历程，我把部分内容摘录如下。

> 日中教育技术学研究与发展论坛会起初是由已故的坂元昂老师在2005年6月根据其他成员的志愿，以研究交流为目的的计划，同年11月，中国华南师范大学作为会场进行举办实施。能实现此论坛会的召开，是与已故坂元昂老师的长年知己，中国华南师范大学李克东教授的全力协助分不开的。第一届论坛，坂元昂老师作为团长与18位成员一起参加了。之后，本学会与中国教育技术协会，每隔两年轮回在日本与中国定期召开。第二届是2007年6月在关西大学举行。第三届是在中国东北师范大学举行。第四届，本计划2011年6月在日本奈良教育大学举行，由于发生了3月11日的东日本大地震，延期了一年。中国方面不仅对日本国情表示理解，同时，以中国教育技术协会会长的名义给本学会会长发来了震灾慰问信。今年，6月9日、10日我们在奈良教育大学迎来了中国15位参加者，并在6月11日考察大阪府下的“未来学校”研究指定的学校，充实了本次研究交流。

本次论坛除了论坛研讨外，还到大阪参观两所日本“未来学校”和到东京参观日本大型教育技术企业内田洋行，了解“未来教室”的设计和功能。

通过论坛，中日双方代表就教育信息化建设与研究问题相互介绍

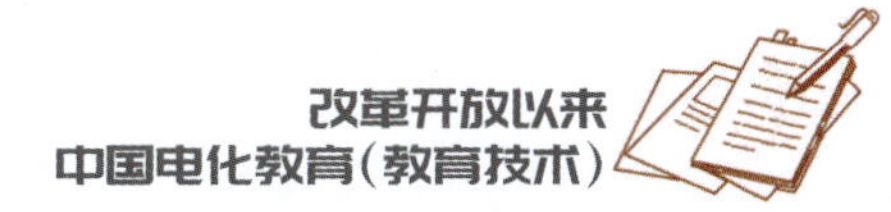

了情况，加深了中日两国教育技术学专业人员的互相了解。日方向中国代表介绍了有关日本教育信息化的现状与今后的发展、日本教育信息化发展政策、日本中小学教育信息化现状与探究课题、日本教育工学的现状与展望、远程教育系统的构建及其应用、教师使用ICT指导学习能力标准、日本未来学校计划与数字化教材的开发。日本信息教育课程的目标及其评价方法，有效应用e-Learning培养教师的ICT教学能力，重构网络社会的教育工学理论，学习环境设计与协调自律学习，学科学习中教育媒体的应用，支持高阶思维能力发展的数字化学习环境的构建等。

我们也向日方介绍了有关中国教育技术学组织管理和推进机制、中国教育信息化十年发展规划、中国教育技术学的学科定位和理论体系和教育技术学学科建设、中国农村中小学现代远程教育工程的进展、中国中小学现代教育技术实验学校项目的实施、中国中小学教师教育技术能力建设计划及成效、中国教育技术促进少数民族基础教育变革与发展、信息化环境下中国高校教师培训机制与模式、推动高校混合学习改革课程教学模式、高中信息技术新课程实施的问题与对策等专题。

我是全部参与了四次论坛的活动，这四次论坛十分成功，每次论坛都主题鲜明，内容丰富。通过论坛，中日双方代表就教育信息化建设与研究问题相互介绍了情况，加深了中日两国教育技术学专业人员的互相了解，找到了很多共同研究的课题，比如教育信息化相关标准的制定、教师教育信息技术应用能力培训、学校的信息化环境的建设等问题，互相学习有关教育技术的研究方法。每次论坛的交流讨论都十分活跃，活跃的互动为后来中日之间建立起一个公共交流平台打下坚实的基础。通过论坛，重逢了旧朋友，认识了新朋友，友谊更加深了。中日教育技术学研究与发展论坛不仅是一个教育技术学术交流平台，也是一个人文文化交流的平台，更是发展中日人民友谊的一个很好的平台。它使我们了解了很多日本的人文生活习惯，日本朋友也了解到许多中国的历史文化。

作者单位

李克东，华南师范大学教育信息技术学院。

第一个中国视障教育网开通

◎ 路荣喜

一、构建视障者网络学习环境

日新月异的网络传媒正强烈冲击着人们的观念和生活。这种从视听到心灵的“非常的”“超级的”“全方位”的冲击，丰富了校园生活，也改变着校园生活。随着网络的普及，内容的丰富，与现代媒体对话的人越来越多。人们给它的时间越来越长，对它的依赖性越来越大。如果特殊教育中心忽略了这个大背景，就忽略了一代视障学生的发展。有了它，厚厚的盲文书本就不再沉重；有了它，视障学生就可以飞越时空，不再被人遗忘……

淄博特殊教育中心深谙此道，适时提出了“缩小数字鸿沟，创建数字校园，实现盲健融合”的目标，确立了“个性化设计、人性化配置、发展性应用”的原则，多方筹措资金，对学校环境进行彻底改造，对网络环境进行前瞻性建设。

1998年9月，淄博特殊教育中心与原上海铁道大学合作开发盲人网络软件“福星盲文系统”，并于次年初建起了盲人电脑教室。

1999年9月，淄博特殊教育中心在清华大学茅以杭教授的帮助下，盲人电脑教室更新了“启明盲人电脑系统”。

2000年7月，淄博特殊教育中心建成校园网，并成立网络管理中心，设置8台服务器、33台交换机，建立星型高速以太网，百兆传送到桌面。

2001年10月，淄博特殊教育中心对校园网进行升级改造，实现了“班班通，室室通，户户通，人人通”，实现了资源共建共享。

此后，淄博特殊教育中心每年都对校园网进行升级改造，以应用引领发展，大大满足了教育教学和学校管理的需要。

从2002年到2008年，按照“先实验引路，再普及提高”的思路，淄博特殊教育中心先后开办了小学二年级到初中三年级的“学生人手一机”网络实验班。

随着对信息技术的深入学习，视障学生运用语音导航软件已经能享受到网上冲浪所带来的方便和乐趣。丰富的电子图书，摆脱了厚重的盲文书的困扰；快捷的文字录入，清除了盲人与健全人文字上的交流障碍；丰富的新闻、多彩的帖子让他们随时把握时代发展的脉搏。他们自己对网络也具有选择的能力，每日新闻、社会广角、书社、动画片、电视剧、娱乐生活等，总是那么赏心悦目、精彩纷呈。他们有了喜欢的栏目，有了追慕的偶像，有了辨别是非的思考。视障学生游走在网络与学习生活之间，于是，他们的视野不再狭小，他们的世界不再暗淡，他们的生活不再苍白，他们的内涵逐步丰富。

二、满足每一个视障学生信息化学习的需要

（一）开拓视障学生的阅读视野

长期以来，视障学生与健全学生在学习上的不同点在于：健全学生用明眼文字（方块形声字），并且用眼睛看到就可以读出来；而视障学生因为视力残疾无法通过视觉来认识明眼文字，只能使用凸形盲文点字拼读文字。但是，由于盲文书籍资料有翻译、印刷、出版、使用人数少，费用高等诸多困难，可供视障学生阅读的读物偏少。为此，淄博特殊教育中心于2000年建成“有声阅览室”，并于2003年将其改建成“电子阅览室”，十几万册的电子图书一下子变薄了。视障学生用读屏软件阅读，低视学生用学校开发的电子助视器阅览。他们随意坐在电脑前就可以兴奋地欣赏《米老鼠和唐老鸭》，感受《三国演义》的智慧……网络阅读能激起回忆，憧憬幸福，丰富感情，产生共鸣，引领视障学生间接认知社会。这种网上阅览开阔了眼界，丰富了知识，

实现了自主学习。

（二）开发音视频点播系统

视障学生网络环境下的休闲娱乐是课题研究的内容之一。2002年，淄博特殊教育中心与某软件公司联合开发了音视频点播系统，分为《启明音乐厅》《启明影视厅》《学校主题活动》等栏目。几千首中外名曲任其欣赏，近千部中外影视剧任其视听，学校重大活动做成音视频可供师生任意观看。同学们把喜欢的歌曲搜集起来，建立了自己的“歌曲库”，互相传播。他们习惯从网络流行歌曲的歌词中汲取语言的养料，用到生活和学习的交流中。《启明影视厅》和《启明音乐厅》简直成了同学们双休日的乐园。

（三）学生自主制作学习主题网站

各班学生根据自己的喜好制作自己的学习主题网站。学校已经有3名学生在淄博市教育系统学生网站现场制作比赛中获得一、二等奖。学生还注册自己的电子邮箱，收发电子邮件，实现了与远方健全人的无障碍交流。实验班有名同学病了一年，但家中有电脑，可以接受老师的网上教学指导、作业辅导和思想交流。一年后，这名学生回到学校，学习成绩依然优秀。现代信息技术的运用让视障学生在接受知识的同时，培养信息处理、社会交往等各方面的能力，有利于增强他们适应社会的综合素质。

淄博特殊教育中心网络环境下的教育教学以其较强的针对性，丰富实用的内容，生动活泼的版面受到学生的热爱，成了学生真正的挚友。树林里不会有完全相同的两片树叶，学生当然有其个性的差异。为了对学生实施有针对性的指导，老师们在网络教研中认真钻研、深入评析，形成最佳的教育方案；在与学生的博客交流中及时反馈、及时辅导，不断提高自己以及学生的信息技术应用水平。在校园网上倾听学生的心声，帮他们化解学习上、生活上、心灵上的苦闷，给他们一份战胜挫折，走向成功的自信。可以说，网络环境下“让每一个视障学生抬起头来走路”在淄博特殊教育中心已经变成现实。走进淄博特殊教育中心，你一定会感到：一点一滴高标准，一事一物总关情。

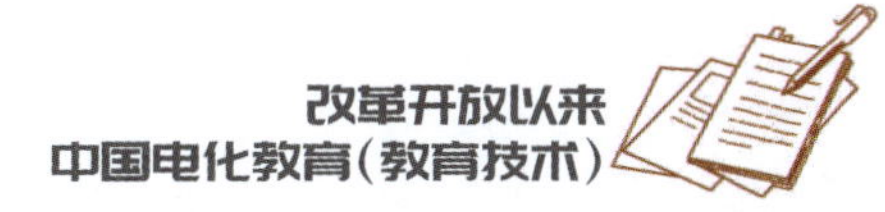

三、开通“中国视障教育网”

淄博特殊教育中心不仅初步实现了数字化学习平台，还构建了数字化的管理平台，创新了管理机制，实现了学校管理的人本化，全面提高了管理的效率。

2004—2008年，受教育部基础教育司委托，淄博特殊教育中心与深圳特殊教育学校、长春特殊教育学校共同承担了研制“特殊教育教学资源库”这一重大项目，为全国31个省、市、自治区免费发放超过500G的特殊教育教学资源。

2005年12月，受中国特殊教育分会盲教育专业委员会的委托，淄博特殊教育中心制作并开通了“中国视障教育网”。“中国视障教育网”定位为全国盲教育的信息中心、教育教学资源中心、网络联盟平台和盲教育网络教研平台，实现全国盲校的经验交流和资源共享。

作者单位

路荣喜，淄博市特殊教育中心。

建立产学研融合的
教育部数字化学习支撑技术工程研究中心

◎ 钟绍春　解月光　唐烨伟　钟　卓

为了能够培养适应21世纪时代发展需要的中小学教师，东北师范大学将信息技术与各学科教学的整合作为突破口，在教师教育相关专业的师范生培养上，明确提出了将信息技术与教育教学的整合作为重要能力目标。为了落实这一战略部署，东北师范大学逐步通过多种渠道引进技术方面的优质团队，全面推进信息化教学创新方面的研究和应用工作。1998年3月，东北师范大学与青岛海信集团首先建立了教育信息化合作，并做了初步探索，取得了一些进展。2001—2005年，先后成立了东北师范大学软件学院、理想信息技术研究院，发起成立了东北师范大学理想软件股份有限公司，申请设立了吉林省教育软件重点实验室等，形成了产学研融合的协同创新发展体系。在这些工作的基础上，2005年向教育部申请设立数字化学习支撑技术工程研究中心，并于2006年获得教育部的批准设立，是教育部首批教育信息化方面的两个工程研究中心之一。

一、发展定位

数字化学习支撑技术工程研究中心，专门从事人工智能、“互联网+”、大数据、虚拟仿真和5G等技术条件下教育创新的理论与方法，教育云平台、智慧校园与智慧教室、智慧教学与学习、网络研培等系统的关键技术研发与成果转化，教育信息化规划与顶层设计咨询，教育信息化系统建设指导与技术支持，教育信息化应用推动，教育信息化培训等的研究与应用工作。覆盖基础教育、职业教育、高等师范教育和学前教育等领域。

数字化学习支撑技术工程研究中心按照学校重点建设教师教育相关学科，促进人工智能与教育交叉的智能科学技术学科发展的战略部署，聚焦教育信息化国家重大战略需求，为学校教师教育相关学科培养卓越教师及教育信息化专业人才，特别是为教育技术学专业提供跨学科科学探究、综合实践、创新创业等人才培养支撑平台。从云备课与教学活动实施、大数据与教学评价、人工智能与个性化学习、课程图谱与学习路径、智能教学环境、教学资源设计与开发等相关研究成果转化成专业课程，为学生开设前沿科学研究课程，支撑学校打造U-G-S2.0模式，推动教师教育创新发展。

二、开放研究团队

数字化学习支撑技术工程研究中心以教育创新研究为统领，吸引凝聚了一批高校和企业技术团队参与到教育创新、关键技术攻关的研究和开发工作中，并将研究成果转化为智慧教育新体系支撑系统中。汇聚了东北师范大学信息科学（教育技术学、智能科学与技术、计算机科学与技术）、基础教育和学前教育理论（教育学部）、学科教学论（化学、物理、地理、外语、历史等学院）、心理学等方面的专家学者50多人，国内外高校学者30多人，各地教育科学研究院、教学研究室和电化教育馆等的教学、信息化方面的研究人员370多人，共同开展教育创新的理论与方法、技术支持途径及智慧环境设计与建设等的研究与实证工作。建立了教育大数据、人工智能、“互联网+”和虚拟仿真等技术研发的团队。

三、主要研究方向及成果转化

数字化学习支撑技术工程研究中心，一直致力于通过信息化推动教育现代化的研究与实践工作。成立以来，聚焦大规模教育背景下的个性化学习、区域高位均衡、精准管理等实现教育现代化的瓶颈问题，探索并研究出了基于大数据、“互联网+”、虚拟仿真和人工智能等技术，构建立德树人，让学生主动、个性化、轻松愉快学习，提升智慧水平的智慧教育新体系，以及有效支撑智慧教育新体系实施的智慧教育系统。主要研究方向包括智慧教育、智能学习环境、大数据与自适应学习、虚拟现实与仿真实训等。

数字化学习支撑技术工程研究中心还完成了人工智能、大数据和“互联网+”条件下的“人网融合”智慧教学与学习新模型构建，“人网融合”智慧教学与学习系统、学科工具和虚拟仿真系统研发等关键技术成果的转化工作。成果转化出了智慧教育云平台、中小学智慧校园、职业院校智慧校园、幼儿园智慧平台、高等师范院校综合实训、新高考一体化支撑、中小学教师网络研培等系列产品和运营业务，已推广到全国31个省、市、自治区的43700多所中小学校、职业院校和高等师范院校。

四、教育信息化方向引领与应用推动服务

通过多年的研究和实践，数字化学习支撑技术工程研究中心与全国多个省、市、县区建立了教育信息化合作关系，以所开展的研究和实践为基础，有效引领我国基础教育、职业教育、高等师范教育和学前教育的信息化发展方向。

（一）教育信息化规划与方案设计咨询

数字化学习支撑技术工程研究中心面向全国各地，系统开展了教育信息化战略合作工作。包括信息技术支持教育创新的路径和方法引领，教育信息化统筹规划与顶层设计咨询，教育信息化示范区（校）培育，教育软件产品研发与推广，教师信息技术应用能力培训，教育信息化交流平台搭建。与四川、辽宁、山东、河北、河南、贵州等9个省级教育信息化管理部门，济南、唐山、西宁、遵义、晋中、东营等50多个地市教育管理部门签订教育信息化全面战略合作协议。为全国10多个省、市、自治区教育管理部门编制了教育信息化顶层设计方案。

（二）教育信息化方向引领

数字化学习支撑技术工程研究中心与全国27个省、市、自治区的300多个地市州、县市区建立了教育信息化实验区合作关系，累计参加实验的学校达4200多所，其中700多所为研究与应用示范基地学校，现有课题研究学校1200多所。

面向全国，围绕信息技术条件下教育教学创新、新课程实施、教育评价、教育管理、教育资源建设与应用、智慧教育云平台与智慧校园建设及应用等，开展了多层次、多类别的系列培训活动。为四川、山东、河北、内蒙古、吉林、黑龙江、海南、广东、辽宁、广西等31个省（市、自治区）的多个市州、县区做教育管理者信息化领导力专题培训1100余场，中小学骨干教师深度融合能力培训5300余场，培训人数126万余人次，并为上百个市、县（区）教育局建设了中小学教师远程培训系统。

（三）智慧教育示范区和示范校培育

多年来，数字化学习支撑技术工程研究中心面向全国培育出了一批教育信息化示范区，如唐山市开平区、天津市北辰区、厦门市海沧区、内蒙古鄂托克前旗、长春市宽城区等；培育了一批教育信息化示范校，如哈尔滨香滨小学、榆树武龙中学、北京教育科学研究院旧宫实验小学、长春市103中学、七台河第九中学、东北师范大学附属小学等。累计培育示范校400多所，这些学校都成了全国信息技术与教学深度融合、智慧校园建设、信息技术支撑教育创新的样板学校。

（四）教育信息化交流平台搭建

数字化学习支撑技术工程研究中心发起成立全国智慧教育微课联盟，连续7年举办全国智慧教育交流展示活动，连续17年举办全国中小学信息技术与教学融合创新展示与培训活动，连续5年举办全国信息技术与职业教育融合创新展示与培训活动，连续4年举办全国信息技术与幼儿教育融合创新展示与培训活动。为全国教师提供一个学习、交流、展示的平台，有效引领了我国教育信息化的方向。

乘风破浪潮头立，扬帆起航正当时。数字化学习支撑技术工程研究中心始终坚持为教育服务的宗旨，以引领中国教育信息化方向为己任，以应用信息技术构建智慧课堂，培养智慧型学生为目标。数字化学习支撑技术工程研究中心愿与全国各界同仁携手并进，共同打造引领智能时代教育创新研究基地，教育科研成果转化基地，教师信息化教学创新能力培训基地，教育信息化应用示范基地。打造国内教育信息化领域理论研究、技术研发、应用推动的教育航母。共同开启学生智慧人生，成就中国引领世界发展潮流与方向的伟大中国梦。

作者单位

钟绍春，东北师范大学教育部数字化学习支撑技术工程研究中心。

解月光，东北师范大学信息科学与技术学院。

唐烨伟，东北师范大学信息科学与技术学院。

钟　卓，东北师范大学信息科学与技术学院。

电视片《身边的科学》荣获国家科学技术进步二等奖

◎ 陈　旭　徐春玲

21世纪80、90年代，电视教育进入了一个快速发展时期。在国家要求“积极发展广播电视教育和学校电化教育，推广运用现代化教学手段，至2000年基本建成全国电教网络”的背景下，一批以电视大学和电化教育馆为基础的教育电视台相继成立。一群既有制作技能又满怀教育情怀的电化教育人聚在一起，琢磨着怎么把“开发优秀学习资源，营造未成年人健康成长的媒介环境”的目标落实好。那个年代由于种种原因国产的科学教育节目很少，面向青少年的就更少，加上各种思潮迭起，无神论受到冲击，迷信活动有上升势头。为了避免广大青少年受迷信毒害，同时为了更好地配合中小学课堂教学，山东教育电视台决定拍摄一部科学教育电视系列片，选择从学生身边最熟悉的事物为切入点，本着“一片一题，一题一理”的原则，争取用最精练的语言，最经典的画面，深入浅出地去揭示一个个深奥的科学道理，争取让学生们看完有“哦，原来如此！”的恍然大悟之感，从而培养他们从小爱科学、学科学、用科学的良好行为习惯。

经过前期积淀准备，2000年，中国教育电视协会柴永广秘书长主持在威海召开了部分由教育电视台、电化教育馆、大学电化教育系参加的专题会议，专门研究如何拍摄一部面向广大青少年的科学教育电视系列片。会上讨论异常热烈，参会人员发言非常踊跃，其中，上海教育电视台台长张德明建议，大家应该联合起来集中力量拍摄一部高质量的电视系列片——《身边的科学》。建议一经提出就得到了大家的一致赞同。会议决定由中国教育电视协会牵头，由协会秘书长柴永广担任总策划，山东教育电视台出资，由山东教育电视台台长刘振海担任总制片，聘请吉林教育电视台副台长陈旭为总导演，组成领导小组立即开展工作，尽快动员全国所有对此事感兴趣，又有一定制作能力的单位参加，联合起来，分工协作，统一行动，统一步伐，统一要求，争取用最快的速度打造一部全新的、受广大青少年欢迎的科学教育电视系列片。

为了加快整体进度，总导演要尽快写出高质量的总导演阐述，并把总导演阐述分发给各制作单位，要求各制作单位的制作人员充分理解吃透总导演阐述的精神和要求。同时为了抓住几个重点单位先行起步，尽快做出样片，柴永广和陈旭两位同志连续两周马不停蹄地走访了大连教育电视台、吉林教育电视台、江苏教育电视台、上海教育电视台、山东教育电视台、天津市电化教育馆等单位，终于使这项工作按着预想开始起步，着手开始制作样片。

在几个样片中，吉林教育电视台做出的样片——《竖鸡蛋》，得到了大家的一致认可和好评。该样片比较充分地体现了总导演阐述的要求，即选题发生在身边，一片一题，一题一理，深入浅出，简洁明快，步步设疑，解惑释疑，生动活泼，引人入胜等。样片一开始就来个竖鸡蛋比赛，看谁能在桌面上把鸡蛋竖起来。有人能竖起来，有人就竖不起来，一开始就引起了观众的极大兴趣，都跃跃欲试。然后就提出问题：为什么有人能竖起来，而有人就竖不起来？从而引入物体稳定的概念、物体稳定的条件。每个人都想把鸡蛋竖起来，当然他就有兴趣去研究这个条件。俗话说，兴趣是最好的老师，把学生的兴趣调动起来以后，就适时的，用生动的画面逐一剖析物体稳定的条件，使观众在一个愉悦的环境中理解了一个深奥的道理。相信这个印象是深刻的，是一辈子都不会忘记的。

样片拍成并围绕样片深入讨论取得共识后，领导小组就把样片连同总导演阐述和制片要求一起发给制作单位，要求各制作单位按着上面的统一要求，认真负责地进入制片过程。在制片过程中，总导演严格审查脚本，脚本审查通过后，在拍摄阶段总导演还要不断地与每部

电视片的导演取得联系，加强沟通，以确保每部电视片的质量。很快各参与单位制作的电视片就陆续交了上来。严格出佳品，每部电视片基本都符合制片要求。如《笔中的科学》，那个年代每个人基本都离不开笔，可是谁又想过笔中还有那么多的科学奥秘？比如自来水钢笔为什么能自来水，为什么水流会不断还很均匀。电视片就用非常精练的语言，非常经典的画面，阐释了其中的科学奥秘。原来是人们非常聪明地采取了各种措施，利用压强和虹吸现象，解决了这些难题。又如《蛋壳里的秘密》，谁都知道小鸡是由鸡蛋孵化出来的，可是又有谁看见过鸡蛋孵化过程中，鸡蛋里面每天发生的神秘变化。这部电视片就是带领观众亲眼看到鸡蛋在21天的孵化过程中，蛋壳里每天发生的惊人的变化。把一个完全不可知的世界，非常清晰地展现在学生眼前，学生感到非常满意，有极大的满足感。

这套节目就是这样，用学生非常熟悉的、发生在他们身边的、司空见惯的现象，深入浅出地揭示一个个深奥的科学道理。这套电视片不是单一的教学片，不是简单的知识填鸭灌输，而更关注探索过程和方法，团队希望每一部电视片都成为点燃学生科学热情的火种。这套电视片播出后得到了广泛的认可和极大的好评，收到了很多观众来信。《人民日报》发表了观众来信，呼吁多一些《身边的科学》。就这样，团队历时三年，完成了百部电视片的制作。

2006年，时任中央电化教育馆副馆长王珠珠打来电话，带来非常重要的信息。她说："我看过你们拍的《身边的科学》，确实很好，今年国务院首次将科普音像制品纳入到了国家科学技术进步奖的奖励范围，你们那套电视片完全符合参评条件，也有获奖的可能性，应该参评。"王珠珠副馆长还寄来了评奖通知。制片领导小组协商后决定上报，由陈旭同志按照通知有关要求，认真填写申报表之后，连同一套电视片寄给了中国科学技术协会的中国科教电影电视协会上报参评。其实在此之前，这套电视片已经参加过由教育部组织的全国教育电视节目评比，获得了特等奖，后来又参加了由国家新闻出版署组织的每两年一次的全国音像制品评比，其中包括电影、电视、录音等节目，参评条件是必须获得过部委级别或相当于部委级别一等奖的作品。这个评奖不设级别，不分种类，在所有参赛节目中评出20部最优秀的节目授奖，《身边的科学》这套电视片在获奖的20部节目中排在第一位。整个制作团队为此非常高兴，非常满足，受到了很大的鼓舞。当时制作团队认为这套电视片已经获得了由国家影视管理部门授予的影视节目中的最高奖，没想到山外有山，天外有天，除制作团队认为的最高奖项之外还有更高的评奖级别。但制作团队也深知，国家科学技术进步奖是由国务院组织的评奖，级别太高，参赛单位很多，而且所有参赛单位上至中央电视台，下至各省市电视台，以及各大制作公司，都是国内实力最强的，无论人力、物力、财力、设备档次，都要比我们制作团队高很多，大家根本不在同一档次上，所以当时对评上奖项没抱任何希望，只是想有机会能参与国家评奖已经不错了，只是想享受一下参与的过程。可是出乎预料，这套电视片居然通过了几轮筛选，过关斩将，淘汰了大多数参赛节目，进入了最后的决赛圈。

所剩的几个节目经过报刊公示进入最后的答辩阶段。组织方通知，答辩时长为15分钟，要做好答辩准备。制片领导小组经过研究，认为总导演陈旭对此电视片最了解，去做答辩最为合适。为更直观展示系列电视片特点，陈旭同志又找到吉林省电化教育馆的徐春玲，制作好与主讲内容配套的图文、PPT等，一起配合参加现场答辩。答辩室里，20多位资深专家坐在椭圆形桌子的两侧，每个人前面放着一个笔记本电脑和一个话筒，显得威仪俨然。答辩人员和主持会议的同志坐在桌子的一端，旁边放着一台定时表。主持人提示汇报时间和专家提问时间都是15分钟，不许超时。并询问准备好了吗，得到“好了”的回答后，主持人说：“开始汇报。”定时表开始计时，陈旭同志开讲。当讲完最后一句话时，定时表的铃声也开始响起，时间掌握得很好。在整个汇报的过程中，徐春玲的PPT演示操作也配合得很好。之后的专家提问环节，有五位专家提出问题，问题很到位，也很具有挑战性，但因为对所有节目都非常熟悉，准备也比较充分，更没有什么心理压力，所以陈旭同志现场回答很流利，很顺畅，也很到位。会后回想，觉得此生能有机会参加国家科学技术进步奖的答辩会，面对资深权威专家进行答辩，深感荣幸。不久评选

国家科学技术进步奖
证书
为表彰国家科学技术进步奖获得者，特颁发此证书。
项目名称：身边的科学
奖励等级：二等
获 奖 者：陈 旭(吉林教育电视台)
中华人民共和国国务院
证书号：2006-J-204-2-03-R04

图 《身边的科学》获得国家科学技术进步二等奖

结果公布，万万没想到，《身边的科学》竟然打败了来自全国的众多强劲竞争对手笑到了最后，荣获了含金量非常高的国家科学技术进步二等奖(见图)！这是全国电化教育系统中第一个也是目前为止唯一一个获得此奖的项目。2007年2月27日，刘振海同志代表整个团队在人民大会堂，接受了胡锦涛等党和国家领导人颁发的奖励证书。获得国家科学技术进步奖不仅为团队争得了荣誉，同时也为电化教育系统，甚至可以说为整个教育部门争得了荣誉。

这部系列电视片之所以能获奖，回想起来有以下几方面的原因：一是，迎合了时代的需要和国家的需要，填补了我国此类电视节目的一项空白。二是，立意好，选题好，接地气。用广大观众非常熟悉的身边发生的现象，揭示一个个深奥的科学道理，深入浅出，一目了然。三是，紧密结合了中小学生课堂教学中应知应会的知识点，把课堂中由于条件所限，老师很难讲明白，学生又很难听懂的知识，在这里进行了清晰透彻的讲解，是课堂的有力补充。四是，整个制作团队的高度负责精神保证了这部电视片的成功。

这部系列电视片的成功获奖，使我们更充分地认识到了“功夫不负有心人”“只要功夫深，铁杵也能磨成针”以及“机会总是留给那些有准备的人”话的真谛。能为让广大青少年从小养成爱科学、学科学、用科学的良好行为习惯做出点贡献，我们感到莫大的宽慰。

作者单位
陈 旭，吉林省教育电视台。
徐春玲，吉林省电化教育馆。

田家炳教育技术西部行在兰州启动

◎ 杨改学

一、启动仪式

为纪念中国电化教育诞生70周年，探索通过信息化促进教育均衡发展的途径与模式，缩小东西部的数字鸿沟，提高农村现代远程教育工程的教学应用水平，西北师范大学原教育技术与传播学院（现教育技术学院）发起并筹划了“田家炳教育技术西部行”活动。本次活动是一次以“关注西部教育，走进西部教育，服务西部教育”为宗旨的教育信息化考察和志愿服务活动。本次活动由中央电化教育馆和西北师范大学主办，西北师范大学教育技术与传播学院、《中国电化教育》杂志社共同承办，于2007年6月1日在西北师范大学正式启动。2007年6月1—17日，来自香港中文大学，台湾彰化师范大学、台南大学、高雄师范大学和大陆的西北师范大学、北京师范大学、华南师范大学、华东师范大学、东北师范大学、华中师范大学等高校教育技术学专业博士研究生及指导教师等共34人，深入中国西部的9个省区，通过课堂观察、系列访谈、实地考察、学术交流、教师培训等形式考察了西部地区教育信息化的现状及发展；深入农村中小学现代远程教育工程项目学校，了解项目在建设、应用、效益等方面取得的成绩和经验，共同分析探讨存在的问题及可持续发展的思路；举办有关教育信息化的讲座和开展培训活动，并为部分农村中小学赠送了由新世界（中国）远程教育公司、北京星火燎原技术有限公司、敏特昭阳科技发展有限公司、西

图1 田家炳教育技术西部行启动仪式

北师范大学教育技术与传播学院等单位提供的多媒体教育教学软件资源。

田家炳教育技术西部行启动仪式于2007年6月1日在西北师范大学举行（见图1）。中央电化教育馆、甘肃省教育厅、甘肃省电化教育中心、西北师范大学等单位的负责同志与参与本次活动的24名博士研究生和博士研究生指导教师出席了启动仪式。在启动仪式上，中央电化教育馆王晓芜副馆长，西北师范大学副校长邓华陵教授、陈晓龙教授，西北师范大学南国农教授、杨改学教授，香港中文大学李芳乐教授，台湾彰化大学陈清槟教授分别讲话或致辞。随后举行了大会学术报告和三个论坛的学术交流活动。

本次田家炳教育技术西部行共有三个活动小组。在启动仪式上，王晓芜副馆长、邓华陵副校长、南国农教授为三个活动小组（云贵川小组、陕宁蒙小组、甘青新小组）授旗（见图2）。西北师范大学副校长邓华陵教授、陈晓龙教授，《中国电化教育》杂志社张敬涛社长向三个活动小组分发赞助单位赠送的教育软件（见图3）。来自大

图2 王晓芜副馆长(右3)、邓华陵副校长(右4)、南国农教授(右2)为三个活动小组授旗

图3 西北师大副校长邓华陵教授、陈晓龙教授和《中国电化教育》杂志社张敬涛社长向三个活动小组分发赞助单位赠送的教育软件

陆、香港和台湾的博士研究生与西北师范大学相关单位负责人出席了启动仪式（见图4）。

中国教育电视台、甘肃电视台、云南电视台、新疆教育电视台、四川电视台、宁夏教育电视台、兰州电视台、昆明电视台、大理电视台、《兰州晨报》《电化教育研究》《西北师大报》等对本次活动进行了报道。中央电化教育馆十分重视本次活动，专门向九省区电化教育馆致函。香港田家炳基金会给本次活动也发来贺电并为本次活动提供了全部的活动经费。

前排：陈晓龙副校长（右6）、南国农先生（右7）、王晓芜副馆长（右8）、邓华陵副校长（左6）、张敬涛社长（左5）

图4　田家炳教育技术西部行启动仪式合影

二、云贵川之行

云贵川考察小组一行10人于6月2日从西北师范大学出发，6月15日结束，历时14天，累计行程6400余公里，辗转四川、贵州、云南3省。活动小组成员深入到农村远程教育项目学校听课，和学校负责人、骨干教师、学生座谈，针对教育信息化建设过程中发现的问题进行了深入探讨。调研的项目学校有12个，深入课堂听课12节，听课科目有语文、数学、英语、生物等。收集交流材料39份，教学光盘（课堂实录）52张。

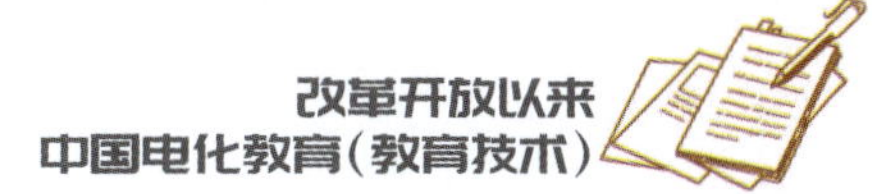

考察小组与云南、贵州、四川3省电化教育馆、相关学校老师召开座谈会15场，向项目学校负责人、技术人员、骨干教师等介绍了教育信息化领域的新思想、新理论、新技术、新方法，同时听取来自各方的意见，对教学实践中发现的问题进行了认真总结。向学校赠送了资源，与任课教师进行课后交流6场。与云贵川3省的师范大学积极交流，为教育技术学专业的师生共做了5场学术报告。召开了3场交流会，大家就本专业的现状与发展、学生能力培养与就业等问题进行了讨论。

三、陕宁蒙之行

陕宁蒙考察小组考察调研了宁夏、内蒙古和陕西3省的农村中小学现代远程教育工程项目及教学应用情况，了解了西部教育信息化的发展状况，并根据项目学校的需求，完成教师培训等服务工作，行程达4100公里。深入宁夏回族自治区平罗高仁小学、渠口中学、唐徕回民中学，内蒙古自治区呼和浩特玉泉区五里营小学、赛罕区民族中学，陕西省三原县高渠乡中学、鲁桥小学和关东小学等9所学校，听课18节，访谈了36名校长与教师，召开了18次学生座谈会，做了12场学术报告，走访了3所高校，并与当地专家进行了3次座谈，还代表赞助企业赠送了中小学英语教学网络课程和中小学信息技术网络课堂各10套，Science Word 5.0 30套，敏特昭阳学习卡100张，小学语文古诗词卡拉OK教学光盘50套。

四、甘青新之行

甘青新考察小组共11人（大陆6人、台湾3人、香港2人），走进甘肃省、青海省和新疆维吾尔自治区，历时15天（6月2—17日），行程约3200公里。小组在各地进行了共计19场次学术演讲：青海电化教育馆（5场）、青海民族学院（4场）、甘肃电化教育中心（2场）、酒泉电化教育中心（2场）、新疆电化教育馆（1场）、新疆师范大学（3场）、奇台县教育局（2场）。

甘青新小组成员与各地电化教育机构及学校人员充分交流，其中包括大学2所（青海民族学院、新疆师范大学），中小学9所（青海省互助县3所、甘肃省酒泉市3所、新疆维吾尔自治区奇台县3所），电化教育馆（中心）4家（青海电化教育馆、甘肃电化教育中心、酒泉电化教育中心、新疆电化教育馆）。

本次共计培训教师400人，包括甘肃省酒泉市200人和新疆维吾尔自治区奇台县200人。收集到教学案例20多部、光盘资料4部、教育信息化交流资料8份；拍摄照片约300幅，电视片约600分钟，课例5部。

考察小组为相关学校赠送了价值30余万元的教学软件资料，包括赠送中小学信息技术教育网络课程及中小学英语教学网络课程12套，小学语文古诗词卡拉OK教学光盘60余套，敏特系列教学软件80套，Science Word 5.0及Novoasoft Page Plays2.0 60余套。

田家炳教育技术西部行考察活动，使得海峡两岸及香港参与考察的教育技术学博士研究生在实践学习过程中得到了锻炼，做到了理论与实践相结合的一次深入的探讨，学到了在学校里学不到的知识，增强了海峡两岸及香港学校、学生及老师们的友谊。本次活动收获巨大。

作者单位

杨改学，西北师范大学教育技术学院。

华南师范大学获批全国高校第一个教育技术学本科特色专业

◎ 徐福荫　胡小勇

2007年初，教育部与财政部颁发了《关于实施高等学校本科教学质量与教学改革工程的意见》（教高〔2007〕1号），计划“十一五”期间在全国择优重点建设3000个左右特色专业建设点。2007年8月29日，教育部高等教育司发布了《关于启动“第二类特色专业建设点”申报工作的通知》（教高司函〔2007〕134号），并将其作为第一批高等学校特色专业建设点。教育部要求在马克思主义理论类、软件工程和师范教育类等专业领域中遴选若干优秀的专业点进行重点建设，从而推进高校专业建设与人才培养，紧密结合国家经济社会发展需要，为同类型高校相关专业建设和改革起到示范和带动作用。

华南师范大学顺应时代需求，把握历史机遇，在第五届、第六届国务院学位委员会教育学科评议组成员、2006—2010年教育部高等学校教育技术学专业教学指导委员会主任委员、学科带头人徐福荫教授的带领下，组织学院教育技术学学科和专业的骨干力量，根据申报要求进行了特色专业申报。根据教育部公示，“第二类特色专业建设点”申报工作共收到455所学校申报的1809个项目，并最终批准北京大学经济学专业等420个专业点为2007年度第一批高等学校特色专业建设点。经过不懈努力，华南师范大学教育技术学专业获批为2007年度第一批高等学校特色专业建设点，也是全国教育技术学专业中唯一获批的第一批高等学校特色专业建设点。

华南师范大学教育技术学专业在获批教育部第一批高等学校特色

专业建设点后，开展了各项建设工作。

1.明确特色专业建设目标

为了适应我国基础教育新课程改革和普通高中新课程改革及普通高中信息技术课程标准的需要，我国从小学到高中都要开设信息技术学科教学，急需要大量教育技术学专业信息技术教育人才。作为在职教师后备军，职前教师（师范生）急需要解决职前培养与在职培训的衔接问题。为了适应全国中小学教师教育技术能力培训的需要，为了适应信息化进程中教育技术学专业建设的需要，华南师范大学将特色专业的建设目标确立为对教育技术学专业的人才培养方案和课程体系、课程教学内容和教材建设、教师培训和使用机制、实践教学等进行改革和创新，为我国同类型高校教育技术学专业建设和改革起到示范和带动作用，使教育技术学专业成为国内领先、国际有影响的教育技术学研究基地和人才培养基地。

2.开展各项专业建设内容

改革专业人才培养方案，培养优秀的中小学信息技术教师。具体包括：(1) 通过对信息技术领域发展趋势和中小学校相关人才做需求调研，明确人才的知识、能力和素质结构，确定培养规格。(2) 结合教育部高等学校教育技术学专业教学指导委员会、中国教育技术协会、中央电化教育馆、基础教育部门和中小学校、电视台、IT企业等部门共同研究制订培养方案与课程计划。(3) 形成有效机制，建立培养方案执行的管理体系与监督体系。

更新课程教学内容，强化课程资源建设。具体包括：(1) 遵照高等教育司理工处高等学校理工科本科指导性专业规范研制要求，根据信息技术教育发展需求，建构专业三级知识体系（知识领域、知识模块、知识单元）和三级课程体系（基础课程、主干课程、高级课程）。(2) 综合教育领域和信息技术领域的新理论、新技术，并综合国内外教育技术学学术前沿成果，更新课程教学内容与实验教学内容。(3) 建设一批专业双语课程，鼓励双语教学，根据需求引入和采用国外外文教材。(4) 选拔建设专业精品课程，完善课程资源体系。

改革教师培养和使用机制，建设高水平专兼结合的教师队伍。具体包括：(1) 调整和优化师资队伍结构，改善教师队伍的学历、学缘、

年龄、专业以及职称等方面的结构。(2) 加大引进杰出人才工作的力度，制定和完善基础教育部门、中小学校、电化教育馆、电视台、IT企业等部门人员到学校兼职授课的制度和机制。(3) 建立教师培训、交流和深造的常规机制，加大对现有优秀人才的培养力度，培养和稳定各类人才，鼓励校内专任教师到基础教育部门、中小学校、电化教育馆、电视台、IT企业等一线学习交流。(4) 强化教学团队建设，整合校内外力量，建设高水平专兼结合的教学队伍，提升教师教学整体水平的研究与实践。

创建“三位一体”实践教学体系。创建了包括课程实验教学体系、校内实践创新体系、校外平台扩展体系在内的“三位一体”实践教学体系。从课堂内的实验扩展到课堂外的校内基地实训，再到校外基地实习。统筹协调理论教学与实践教学，完善课程实验教学体系，注重学生创新实践活动，为学生搭建进一步施展才能的扩展平台，提升学生的综合培养质量，满足广东省急需大批高素质的教育技术学专业实践创新人才的需求。

改革实验教学模式。创建了基本型、综合设计型、研究创新型“三类型、五层次”的实验教学模式。由原来单一的基础型实验扩展成为“基础—综合—研究”小循环的基本型实验，力求在基本型实验阶段就有意识地进行学生实践能力和创新精神的培养；由原来单一课堂内的综合型实验扩展为课堂外的专业综合设计型实验和跨专业综合实践；由原来单一的校外基地进行创新实践，扩展为校内外双基地进行创新实践。同时，学生可以通过预约系统自由选择实验项目，安排实验时间，满足学生自主、创新的需要。

增加新的实验教学内容，改革实验教学方法。紧跟信息技术发展需要，增加新的实验教学内容。如增加非线性编辑、数码影像处理、高清电视节目制作、数字音响制作等。同时积极将本专业教师的研究成果、发明专利转化为实验项目。坚持“以生为本，知行并举”的教学理念，注重实验过程与方法，建构开放式、探究式、任务驱动型的实验教学方法，鼓励学生开展自主、协作、探究学习方式。

建构“校内外双基地”专业实践创新模式。建立指导学生实践的导师制，为学生自主开展的创新实践研究项目和毕业设计提供支持和指导。借助本专业的资源优势，建构“校内外双基地”专业实践创新模式，建立学生到基础教育部门、中小学校、电化教育馆、电视台、IT企业等实践教学基地开展实践实习的有效机制。

创建本专业高素质复合型师范生培养协同创新平台。以协同创新理念为指导，突破本专业师范生培养机制壁垒，有机融合校内资源和校外创新力量，积极推进教育技术学国家级特色专业与国内高校、研究机构、政府教育信息化部门、地方中小学校、IT企业、国外高校合作，创建本专业高素质复合型师范生培养协同创新平台。从而，相互拉动，整体加强，共同发展。

创建“五个三结合”协同创新教育技术学国家级特色专业人才培养模式。知识传授、能力培养、素质提高三结合，更新课程内容结构；课程实验、校内实践、校外平台三结合，搭建实践教学体系；创新实验、课外科研、专业竞赛三结合，强化创新技能训练；科学编队、顶岗实习、专项训练三结合，优化教育实习环节；专业导师、实习导师、论文导师三结合，创新本科生导师结构。

3. 特色专业建设成果，荣获国家级教学成果奖

2009年，华南师范大学特色专业的建设成果“创建‘三位一体’实践教学体系，促进教育技术学专业实践创新人才培养”荣获国家级教学成果二等奖（见图1），在国内首创了课程实验教学体系、校内实践创新体系、校外平台扩展体系的“三位一体”实践教学体系，以及创建了“三类型、五层次”实验教学模式。2014年建设成果“协同理念引领下创建教育技术学国家级特色专业‘五个三结合’培养人才模式”荣获国家级教学成果二等奖（见图2），在国内同类专业首创了教育技

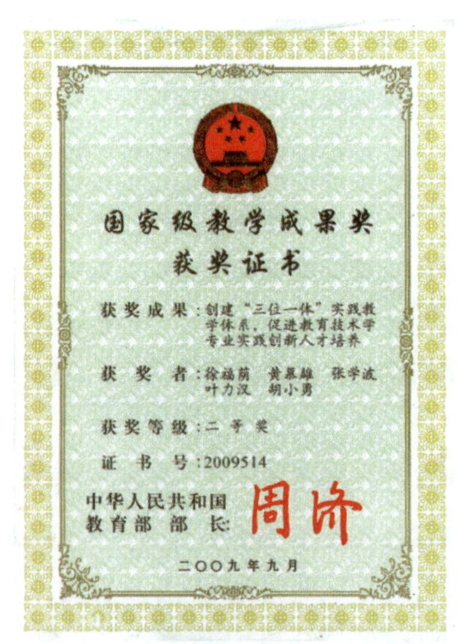
国家级教学成果奖
获奖证书
获奖成果：创建“三位一体”实践教学体系，促进教育技术学专业实践创新人才培养
获 奖 者：徐福荫 黄慕雄 张学波 叶力汉 胡小勇
获奖等级：二等奖
证 书 号：2009514
中华人民共和国教育部部长：周济
二〇〇九年九月

图1 “创建‘三位一体’实践教学体系，促进教育技术学专业实践创新人才培养”荣获国家级教学成果二等奖

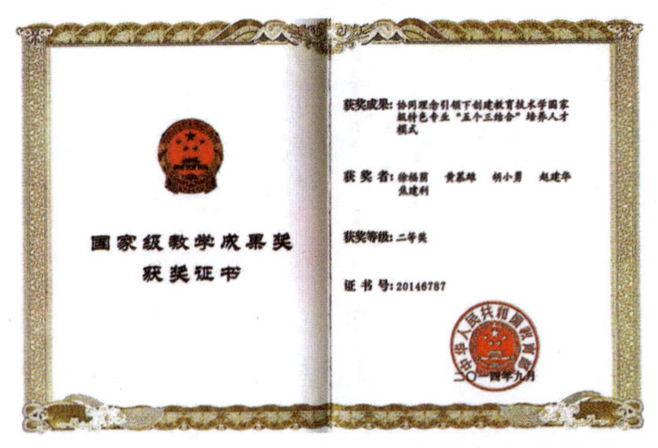

国家级教学成果奖
获奖证书

获奖成果：协同理念引领下创建教育技术学国家级特色专业“五个三结合”培养人才模式

获 奖 者：徐福荫　黄慕雄　胡小勇　赵建华
焦建利

获奖等级：二等奖

证 书 号：20146787

中华人民共和国教育部
二〇一四年九月

图2 “协同理念引领下创建教育技术学国家级特色专业‘五个三结合’培养人才模式”荣获国家级教学成果二等奖

术学国家级特色专业人才培养协同创新平台，以及“五个三结合”的教育技术学国家级特色专业人才培养模式。

4. 培养大批高质量专业人才，促进信息技术教育

培养了一批适应我国教育信息化发展、基础教育新课程改革和满足中小学教师教育技术能力培训需求的高素质复合型师范生。珠三角地区的教育技术学专业师范生就业率高，他们满足当地中小学校需求，受到用人单位好评，促进了信息技术教育和教育信息化建设。

“创建‘三位一体’实践教学体系，促进教育技术学专业实践创新人才培养”教学成果，从2002年起，面向校内18个专业，校外5所高校，省内外、国内外培训和函授生等开设20门专业实验课程和4门公共选修实验课程，促进大批高素质实践创新人才的培养；为广东省机关企事业单位培训了2千多名影视制作的宣传骨干，为全国各地培训了2万多名多媒体制作人才，制作了大量广播电视节目和多媒体软件。如《农民为他戴奖章——中共党员、中国工程院院士余松烈同志纪事》，2003年获中国新闻出版总署第八届全国优秀科技音像制品二等奖。参与制作《身边的科学》系列片，制作完成《身边的科学——蚕宝宝》和《身边的科学——智能化灯光控制网络》。该系列片2006年获国家科学技术进步二等奖。为香港教育署制作《赴港儿童使用的多媒体软件包——基础英语自学套》。与广东电视台、南方电视台、广州电视台、香港华娱卫视等影视媒体合作，开办了《岭南校园》《TV闪播客》《虾仔morning call》《星华娱制造》等栏目，社会反响好。

“协同理念引领下创建教育技术学国家级特色专业‘五个三结合’培养人才模式”教学成果，自2007年起近五年来，学生获得113项省级以上奖项，其中，2项国际奖，79项国家级奖。例如，2007年，荣

获了第三届“科讯杯”全国师范院校学生高清暨DV作品大赛最佳导演奖，第十一届全国多媒体教育软件大奖赛一等奖，第六届“挑战杯”中国大学生创业计划竞赛银奖，第四届全国ITAT教育工程就业技能大赛三等奖4项、优秀奖6项，第五届“科讯杯”全国大学生高清暨DV作品大赛最佳导演奖；2008年，获得第十二届全国多媒体教育软件大奖赛二等奖，第四届全国ITAT教育工程就业技能大赛三等奖1项、优秀奖5项；2009年，获国际大学生程序设计竞赛亚洲区比赛铜奖，全国普通高校信息技术创新与实践活动二等奖2项；2010年，获得全国“NOC”动漫比赛二等奖，第十四届全国多媒体教育软件大奖赛6个一等奖、6个二等奖、3个优秀奖，全国普通高校信息技术创新与实践活动一等奖；2011年，获得Imagine Cup 2011微软“创新杯”全球学生大赛嵌入式开发中国区总决赛二等奖，第十五届全国多媒体教育软件大赛特等奖、一等奖、二等奖，第十二届“挑战杯”全国大学生课外学术科技作品竞赛“西安世园会”专项竞赛三等奖等；2012年，获得第十二届“挑战杯”广东大学生课外学术科技作品竞赛银奖，中国教育技术协会举办的第四届中国教育技术发展论坛论文一等奖等。

5.成果辐射广泛，社会反响好

特色专业建设成果先后在华南师范大学校内、全球传播研究协会、日本ICT协会、中国教育技术协会信息技术教育专业委员会、国家级实验教学示范中心联席会议、东南地区教育技术系主任协作会议、教育部第一批特色专业经验交流会、教育技术国际论坛暨院长系主任联席会议、中国教育技术协会信息技术教育专业委员会学术年会、高等学校教育技术学专业教学指导委员会和高等教育出版社联合主办的全国教育技术学专业课程与教材建设研讨会、东西部教育技术系主任协作会议等学术会议上进行了经验介绍和成果推广，国内外同行对本成果的理论创新和实践效果给予了高度评价，一批国内同类专业参照了华南师范大学特色专业人才培养模式进行教育技术学专业建设，取得了良好效果。

作者单位

徐福荫，华南师范大学教育信息技术学院。

胡小勇，华南师范大学教育信息技术学院。

我国首创的“多媒体画面语言学”的孕育和成长

◎ 王志军

我国首创的本土理论“多媒体画面语言学”是天津师范大学游泽清教授创建的，笔者作为游教授的学生、研究团队的成员，有幸经历了“多媒体画面语言学”的孕育和成长的过程。

一、研究缘起

（一）电化教育技术的日益普及

1978年，天津市政府拨款成立了“天津市大学分校电化教育中心”，成为国内较早成立的省市级电化教育馆之一，游泽清先生担任了该中心的主任。

为了解决各省市电化教育系统及电化教育设备使用和维护的问题，中央电化教育馆第一任馆长程光同志于1982年派人找游先生商量办培训班事宜，经过协商确定举办“摄像机、录像机维修技术培训班”，培训工作由游先生主持，地点设在天津师范学院（现天津师范大学）。

到1986年为止，培训班一共办了4期，每年1期，每期大约20天，共培训了300余人。经过培训的学员回去后，再举办地区性培训班，使电化教育技术迅速在全国普及开来。

（二）由重“硬”向重“软”的转变

在电化教育技术如火如荼发展的同时，游先生意识到学习和普及多媒体教学软件，也是这一时期教育信息化急需解决的问题。

1996年，鉴于全国各地的多媒体技术培训班如雨后春笋般涌现，书店里各种工具软件书籍琳琅满目，当时电化教育办公室主任宋成栋批准成立了“电化教育技术开发专家组”，任命游先生为组长。专家组提出了在培训的基础上，开展课件制作竞赛的活动。因此，在电化教育办公室的支持下和社会各界的鼎力相助下，从1998—2006年连续九年举办了十届（2001年举办了两届）“全国多媒体教育软件大奖赛”，形成了教育界的一大品牌。

（三）由重“技”“艺”向重“教”的转变

游先生从一开始就主持大奖赛的评审工作，他的认识也经历了由浅层到深层的转变。

1998—1999年，第一届、第二届大奖赛中曾涌现出许多“精品”之作。然而，后来游先生在视察时发现，有些获得一等奖的作品是专为参加大奖赛制作的，在日常教学中并没有使用。游先生经过反思，弄明白一个道理：大奖赛评选的应当是“教材”，而不是“工艺品”。

在1999年博览会的学术论坛上，游先生以学术报告形式讲出了上述想法，事后中国教育报记者将这篇“报告”整理出来发表了，题目叫作《从精品的误区中走出来》。

游先生一直在思考这样一个问题：同样的工具软件，都学习过多媒体技术，为什么制作出来的作品差距那么大！可见开发好多媒体教学软件，除了掌握多媒体技术外，还需要遵循艺术规律。那么，规范多媒体教学软件的艺术规律包含哪些内容呢？带着这个问题，游先生开启了十余年关于“多媒体画面语言学”的探讨。

二、研究历程

（一）思考酝酿

1.“多媒体画面语言”概念的提出

2001—2004年，游先生借鉴了传统艺术中画面语言的概念，揭示或深入认识了“多媒体画面语言”的内涵，一方面，提出了“运

动画面”的概念，强调运动画面是基于屏幕呈现的画面，包括电视画面、电脑画面和多媒体画面三种类型；另一方面，明确了组成多媒体画面语言的基本元素，指出多媒体画面是通过四类媒体（图、文、声、像）传递知识信息的，多媒体教材是通过编辑、交互功能将这些画面组接起来的。在这期间，游先生发表了诸如《声音媒体在多媒体教材中的运用》等一系列文章，分别对这些基本元素进行了专题讨论。

当时由游先生主编的《多媒体画面艺术基础》将这段时间的研究成果系统地表述了出来，可以认为该书出版的意义是首次提出了“多媒体画面语言”的概念。

游先生的研究工作很快得到了教育部和社会的认可。2003年，立项全国教育科学“十五”规划教育部重点课题“多媒体教学资源中画面语言研究”；2004年，“多媒体画面艺术基础”课程被教育部评为“国家精品课程”；2004年，中国教育电视台《大学书苑》栏目报道了《多媒体画面艺术基础》一书，许多学校采用了该书作教材或教学参考书。

游先生认为，弄明白“多媒体画面语言”，只能算开了个好头，离最终目标还差距甚远。一方面，虽然认识到了“视觉要素”，但是还没有看到它在产生画面艺术美感内在机理中的重要地位；另一方面，虽然意识到了“以形表义”是画面语言有别于文字语言的重要特征，但对画面语言是如何通过“形”来表现教学内容还缺乏认识，更谈不上规律性认识。特别是在规范画面语言的规则上，由于缺乏语言学的基础知识，以为只要搞清楚画面语言的语法就可以了。当时有一位语言学家（也是当时国家语言文字工作委员会的领导）曾提醒游先生说：“光语法不够，应该把画面语言学搞出来。”游先生随后立项组织了一个课题组，希望通过会战弄明白画面语言学。

2.“多媒体画面艺术理论”的创建

2004—2008年，游先生选取“画面语言认知规律研究”作为画面语言研究的切入点，一方面组织课题组会战，并且通过年会提交研究成果；另一方面专为学习认知心理学而开设了一门新课“脑认知原理”，试图通过讲授来加深对认知规律的理解。正是由于在讲授知觉的过程中认识了“新质或格式塔质”，并且将这个心理学概念与艺术领域中的视听觉要素联系起来。游先生提出了以下论断：艺术规则通过规范基本元素在画面上的衍变（即规范视听觉要素），在知觉中产生了和谐、有序的“新质”，从而使画面出现了亮点。随后，游先生提出了“对内要统一、对外要兼容”的指导思想，首先，对基本元素的界定进行了深入的研究，包括元素的形态、属性、空间、运动和字义；其次，对视（听）觉要素的界定进行了深入的研究，不仅看基本元素在画面上的衍变形式，而且看衍变在主观上能否产生“新质”；最后，对艺术规则的界定进行了深入的研究，提炼出涉及媒体呈现艺术和画面组接艺术两大类艺术的8个方面共34条多媒体画面艺术规则。

到2007年盘点时，研究团队发现将这段时间研究工作的成果整理出来，足以形成一套新理论。经过一年的努力，终于将这套理论整理出来了，游先生将名称定为“多媒体画面艺术理论”。

2008年，游先生正式对外发布了新艺术理论建成的消息，并于次年出版了第二本著作《多媒体画面艺术设计》，系统地介绍了该理论的内容，其中包括这期间的研究成果，并将8个方面的“多媒体画面艺术规则”安排在该书的附录中。

通过这段时间的研究，团队借鉴语言学的理念，也尝试将画面语言学划分为画面语构学、画面语义学和画面语用学三部分。但实际上，基本搞清楚的只有画面语构学，团队一度以为有了语法规则就可以设计、评价多媒体教材了，仍然没有理解那位语言学家讲的话：“光语法不够，应该把画面语言学搞出来。”

（二）初步形成

《多媒体画面艺术设计》一书出版后，清华大学出版社建议再写一本《多媒体画面艺术应用》。为此，游先生在杂志上看了许多教师在课堂教学中如何运用多媒体教材的文章，突然意识到：这个课堂教学环境不就是运用多媒体教材的语境吗？语用学强调语境的目的是为了效果，对多媒体教材来说，强调的不正好就是课堂教学效果吗？

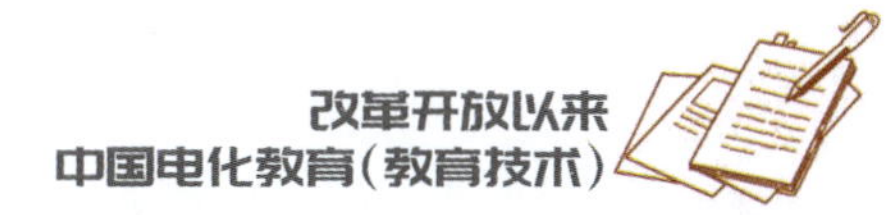

游先生恍然大悟：原来将画面语言学用于家电产品界面设计和用于教育技术领域的画面设计，是两码事！因此，游先生决定将创建“多媒体画面语言学”的研究工作，以写书的形式进行下去。

按照这一思路，游先生编写了第三本著作《多媒体画面艺术应用》，共包括画面语构学、画面语义学和画面语用学三个篇章。

在写第一篇（画面语构学）时，基本按照“多媒体画面艺术理论”的思路进行。游先生将“多媒体画面艺术理论”和“画面语言学”二者视为“土壤”和“树”的关系。画面语构学是埋在土壤里面的“根”，画面语义学和画面语用学则是长出地面的两棵树。这就可以解释，为什么在“画面语言学”之前，必须先将“多媒体画面艺术理论”创建出来。有了“土壤”，并培养出“根”，然后才长得出“树”来。

在写第二篇（画面语义学）时，游先生通过“文字语言的语法是融入语句中进行交流的”事实，开始领悟到“光语法不够，应该把画面语言学搞出来”的深刻含义。在赏析多媒体课件时，语法是赏析的基础，但重点应该放在对“题材”的讨论上。用画面语言表现教学内容也是有固定格式的，就像在文字语言中，不同题材的内容要有不同的写法一样。与教学内容题材匹配的多媒体教材格式，是规范化的格式，称为“设计格式”，是画面语义学的研究对象。

在写第三篇（画面语用学）时，游先生提出了“复合系统”的概念，将“多媒体教材”视为“课堂教学系统”中的一个子系统。对于一堂课，以前大家只知道“教学设计”，其实这是站在“多媒体教材”子系统的角度，而不是“课堂教学系统”全局考虑的，这时课堂教学环境（学科内容、学生水平、教学模式等）只能视为画面语言的语境，他们讨论的实际是画面语用学的内容。此时，游先生已认识到，按照课堂教学环境的需求设计多媒体教材也是有固定格式的，与教学策略匹配的多媒体教材格式，是规范化的格式，称为“教学格式”，是画面语用学的研究对象。

《多媒体画面艺术应用》一书得到了许多教师的支持，他们提供了自己获奖的课件作为赏析的案例。游先生在写这本书时，将语法（即“多媒体画面艺术规则”）融入画面语言的运用中，尝试从大量的多媒体课件中提炼、整理“设计格式”和“教学格式”。

（三）快速发展

非常不幸的是游先生过早去世，成为多媒体画面语言学研究发展中的最大遗憾。但是，他的奋斗精神也激励了我们研究团队继续深入研究的斗志，他的智慧也启迪了我们研究团队的创新性思维。

新团队是由几位教师和多位博士研究生组成。通过总结和归纳游先生的研究成果，研究团队经过创新性思维与实证性研究，构建出完整的“多媒体画面语言学”科学体系，即多媒体画面语言学理论框架和科学研究方法。

1.“多媒体画面语言学”理论体系的构建

首先，在游先生研究的基础上，团队明确了新形态信息技术条件下“多媒体画面”和“多媒体画面语言”的新内涵，并将其作为构建“多媒体画面语言学”科学体系的逻辑起点。

然后，参考符号学的观点，结合游先生对画面语言学的思考，构建出包含画面语构学、画面语义学和画面语用学在内的多媒体画面语言学理论框架。这三个组成部分不是相互独立的，它们之间也存在相互影响和相互作用。画面语构学是基础性的，研究媒体与媒体之间的关系，构成媒体资源的视听觉的传达；画面语义学研究媒体与教学内容之间的关系，决定媒体资源的信息架构；画面语用学研究媒体与教学环境之间的关系，研究媒体资源对学习过程的支持，构成媒体资源的功能架构。

2.“多媒体画面语言学”科学研究方法的形成

团队通过学习和反思，确立了“三结合”的科学研究方法，即定性研究与定量研究相结合、传统认知行为实验手段与现代生物科学测量技术相结合、实验室研究与自然情境下的教学实验相结合。近年来，在大数据背景下，多媒体画面语言学的研究范式发生了进一步转变：多媒体画面语言学是以近似全样本、自然情境下的大数据（多媒体画面数据、学习行为数据）为基础，在未知世界里探索多媒体画面语言规律的研究。

三、未来发展

回顾过去，可以更好地审视现在、展望未来。近年，研究团队已获得1项国家社会科学基金项目、2项国家自然科学基金项目、10项省部级项目，“多媒体画面语言学”研究在稳步发展。欣慰的是，自我校招收教育技术学博士研究生以来，“多媒体画面语言学”的研究团队迅速壮大，几个博士研究生各自开垦了一片荒地并努力耕耘着。

王雪，主要承担“多媒体画面语言学”的基础性研究；刘哲雨，主要承担“多媒体画面语言学”促进深度学习的研究；温小勇，主要承担多媒体画面图文融合设计的研究；冯小燕，主要承担移动学习资源画面设计促进学习投入的研究；吴向文，主要承担多媒体画面中交互设计的研究；曹晓静，主要承担多媒体画面中色彩设计的研究；刘潇，主要承担增强现实学习资源画面设计的研究。

未来的研究，我们将不再局限于对视觉画面的探讨，而是着力思考视觉画面背后的认知过程，努力使多媒体画面语言学更加科学，更加具有实践意义和推广价值。

最后，再次感谢游泽清先生为“多媒体画面语言学”所做出的卓越贡献!

作者单位

王志军，天津师范大学教育学部。

难忘那万人听课、百人晒课的观摩活动周

◎ 罗锦锋　于丽华

信息技术在教育领域的广泛应用，是经过许多群体的共同努力，特别是经过广大教育工作者、教育技术工作者不断探索、艰苦奋斗得来的。今天，当我们看到老师们娴熟地使用信息技术，不禁想起推动信息技术进课堂，全国规模最大、影响也最广的“广西信息技术与学科教学整合观摩展示活动周”的那些事儿。

一、敢为人先的“第一搬”

记得那是1998年12月，我们破天荒地将计算机教室搬出学校，摆上了那时柳州铁路局的礼堂舞台。说实话把桌椅弄出教室是件容易的事，可是要在礼堂搭建有40台计算机的教室还真有点难度。在礼堂舞台上开展信息技术环境下的现场课，困难可想而知。当时我们担心上课时设备和系统软件突然故障，老师处理不了；担心观摩老师和学生人身安全；担心没电时活动会受阻，等等。在教育厅领导的精心指导下，我们按下了“活动周”启动键。当时是冬天，我们还准备了值夜班被褥等，做好了突发事件的各种应对预案。同时，我们紧张地进行着选课、排课及联系相关学校的工作，并对老师和学生进行活动前技术培训和教学设计指导。首届“全区信息技术与学科教学深度融合优秀课例展示评选观摩活动”如期开幕。这是20世纪90年代末期的事了，计算机大规模应用于教学还是新鲜事儿。为了适应CAI，让教师们树立计算机辅助教学新理念，掌握计算机应用技能，我们电化教育

馆举办了一期期培训班。尽管如此效果还是不理想，老师们感到不论是技术操作还是课堂教学都很困难，他们要求学习示范课。百闻不如一见，到区外学习，学校经费困难，如何让更多的老师看到计算机辅助教学示范课？于是，我们把“计算机教室”搬上了舞台，这是自治区信息技术应用实践的需要啊！

活动后好评如潮，老师们表示期盼着来年参加“活动周”，也要在礼堂里晒课。这对我们是最大的鼓舞。此后，除非典和禽流感影响活动停办外，我们一直把活动办了下来。“第一搬”为全国电化教育教师培训展示课提供了经验，也成了广西推动技术为教学改革服务永不褪色的“名片”（见图1）。

图1　第三届全区中小学信息技术与课程整合观摩展示周

创新才能活力无限。随着信息技术教育的发展，自治区教育厅一再强调：“示范、引领、创新！”不能只满足展示和观摩，要真正引领广大教师把计算机用起来，提升他们教学能力和信息素养，看到信息技术给广西教育教学带来的变革。创新！创新！创新！与时代同行，我们努力打造信息技术教育发展趋势的“导航台”，教学改革实践的“应用范”，教育新技术的“风向标”。

从“活动周”名称能看到信息技术教育新发展的阶段烙印：“全区中小学计算机辅助教学观摩展示活动”“全区中小学计算机与学科教学整合观摩活动周”“全区中小学信息技术与学科教学融合观摩活动周”“全区中小学信息技术与学科教学整合优秀视频课例电视展播评选活动”和“全区信息技术与学科教学深度融合优秀课例展示评选观摩活动”。从“活动周”内容能了然前进中的创新足迹。初始只有广西壮族自治区内示范课，后来引进了江苏、广东等发达地区的优秀教师的优质课，再后来请进了全国电化教育专家、中央电化教育馆领导做专题讲座和评课，融入了课题研讨和现代教育技术实验校经验交流等。

"活动周"在全国电化教育界树立起了老少边穷地区，积极推动信息技术应用于课程改革和推进农村中小学信息化教育的执着形象。在广西壮族自治区内它不仅是教育技术研究和应用成果展示的盛会，也成为推动教育和谐，兼顾城乡教育公平，促进全区中小学教育信息化建设与发展的大平台。

许多老师在活动中获得成长。农村教学点的老师在活动现场激动地说："这是我第一次看到这样的课，我们也有了展示的机会。"现在桂林市电化教育仪器站任教研员的李樱老师，从一名普通教师成长为教研员，"活动周"是她成长中的重要一步。她说："我连续三年参加'活动周'晒课，从说课到现场课展示，从多媒体课到网络课型的尝试，学科也从英语转到了我的专业——信息技术。可以说，每一次晒课的打磨和历练使我在短时间内迅速成长起来，并逐步形成了自己的教学风格。"像这样的案例俯拾即是。

二、空前"爆棚"的晒课现场

2007年10月，在玉林市举办的"活动周"现场观摩老师达2万多人次，可谓全国电化教育各类活动所罕见。"第九届'英特尔杯'全区中小学信息技术与学科教学整合观摩展示活动周"，每间上课教室和直播教室座无虚席，教学楼过道人头攒动、摩肩接踵（见图2）。农村教学点的老师首次在自治区区级电化教育活动中晒课。玉林市教育局利用"活动周"首次通过网络向全市直播观摩展示现场，突破了场地局限。玉林北流市新松小学梁爱坤老师首次晒出利用网络与名山镇石棠小学（教学点）共上英语课的现场课，使来观摩的农村中小学教师大开眼界（见图3）。"活

图2　参加活动的教师挤在教学楼过道观摩课程

图3　梁爱坤老师首次晒出利用网络与名山镇石棠小学共上英语课的现场课

动周”规模从几百人到上万人，广西电化教育馆领导曾在全国电化教育工作会上介绍了活动情况和效果，引起了全国电化教育界同行对活动的密切关注。甘肃省电化教育中心专门组团到活动现场观摩。教育部、中央电化教育馆的领导，各省、自治区、直辖市电化教育馆的领导也曾亲临指导。

记得那次活动，我们尽了全力提供场地，但仍有不少老师吐槽：“场地怎么满足不了大家的需要，看不到课我们感到很遗憾。”老师们的怨声促使我们深刻反思。到场老师多说明活动受欢迎，但安全和效果令人担忧。怎样解决人多、课多、场地小的问题？怎样能让老师观课同时参与研课、评课互动，由单向听课变为双向教研，我们萌发了电视展播的念头。

三、史无前例的直播晒课

2011年11月，我们举办了“全区中小学信息技术与学科教学整合优秀视频课例电视展播评选活动”。这届活动我认为有四项创新：一是，凡有网络的学校都能观课，充分发挥了校园网的作用；二是，凡听课的老师都可当评委，在专家评课引领下，通过短信投票选出心仪课，促成了全区老师线上线下互动教研；三是，满足了万人听课、百人晒课的“大容量”，保障了安全和效果；四是，利用广西广电网络“数字电视导航频道”，按学科分类联播，教师可按需听课。

记得那时，广西电化教育馆领导刚提出本届活动采用广电网络直播时，很快得到了自治区教育厅的大力支持，但因与往年活动的技术支持形式不一样，所以开会研究布置任务时，大家提出了许多问题。诸如，这么多课怎么保证录制质量？是不是缺少现场感？怎么保证学校能看到网上和电视上的课？这么大的活动怎么组织管理？如何保证效果？一次次研究实施方案，一次次与广西广电网协商，并在开辟的网页专区试播。还在当年的全区电化教育站长工作会上，阐述了活动的目的和意义，抛出实施方案，通过多次研究和讨论，终于达成了共识。

活动开始前，各市积极组织人力，充分利用本地资源，保证了录课的质量。活动开始时，各市在教育局大力支持下，电化教育站与教研室密切合作，每所学校都成了观摩、研讨和评课分会场。从始至终广电部门为学校提供了资源接收盒，并将录好的课采集好，保证了电视频道和网络的正常运行。活动后老师们称赞：这样有的放矢开展校本教研，提高了我们研究能力和教学水平。这次活动不仅利用技术拓展了教育技术应用活动面，巩固了全区电化教育管理和教研共同体，还扩大了信息技术应用以及教育教学改革成果的宣传与影响，提高了社会对教育工作的关心和支持度。

30年走来，“活动周”晒出区内外好课累计上千节，晒出国内电化教育专家专题讲座30多个，全区几万名教师有“获得感”，呈现出“互联网+教育”应用与研究不断创新的新形态，也成了全国生命力最强、规模最大、延续时间最长的电化教育活动。

我深刻地体会到：以教师为本，充分调动全体教师积极参与，才会活力四射；坚持创新，根据教师需求，因地制宜才会经久不衰；充分利用各类资源，将各级教育部门教研人员、有志于教育的企业和IT行业公司等形成合力才有实力支撑；活动管理模块化和实施过程程序化才能使活动精准运行；提高教师信息素养和信息技术与学科融合的应用效果才是活动初心。

“大鹏一日同风起，扶摇直上九万里”，为实现“中国教育梦”，我们想，“活动周”仍需不忘初心：示范、引领、创新，以新的姿态与时俱进，砥砺前行。

作者单位

罗锦锋，广西壮族自治区电化教育馆。

于丽华，广西壮族自治区电化教育馆。

从个体优秀走向群体智慧

——浙江省名师网络工作室发展纪事

◎ 施建国

教育大计，教师为本。教师是教育质量提升的关键。促进教师专业发展，提高教学和教研能力，是教育信息化工作的重要内容和使命。浙江省自2008年以来，持续坚持名师网络工作室建设和应用探索，着力以信息化创新教师专业发展方式，探索信息化环境下的教师资源优化配置和教师能力提升的路径。

一、起步

浙江地处中国东南沿海，为经济强省，教育信息化工作起步早，发展快。特别是经过2004—2007年第一轮农村中小学现代远程教育工程的实施，全省中小学信息化基础设施得到基本保障。据统计，截至2007年底，全省中小学生机比8.5∶1，拥有多媒体投影教室且建有校园网的中小学占全省中小学的55%；全省农村小学及教学点每校配备1套光盘放像设备，农村初中和乡（镇）中心小学每校配备1套多媒体教学设备和1个计算机教室。相对于此，数字教育资源的建设显得明显不足，离浙江省教育强省的建设目标和城乡教育均衡发展的需求存在较大差距，主要表现为：资源形态和互联网的快速发展和应用还不相适应，急需从光盘等数字化载体向网络化转向；特色资源有待加强，静态资源相对多，动态、特色化资源相对少。

针对这一实际，本人于2008年3月兼任浙江省电化教育馆馆长后，确立了数字资源建设的中心地位，将资源建设列入年度重点工作，并组织专门力量对全省基础教育资源建设进行现状调研和规划编制，制定了《浙江省基础教育资源建设规划（2008—2010年）》，提出了“引入国家资源、共享合作资源、采购急需资源、开发特色资源”的基础教育数字化教育资源建设思路，并启动建设浙江教育资源网。

在开发特色资源的项目设计上，为突破静态资源的局限性，根据当时浙江省教育厅要求每个特级教师开设工作室的做法和互联网发展趋势，我们提出了建设特级教师网络工作室。2018年11月，浙江教育资源网上线运行，开设教育资源中心、教学研究中心和教师培训中心。其中，教学研究中心结合学段和学科，首批推出杭州市拱宸桥小学校长、语文特级教师王崧舟，杭州市上城区教育学院教研员朱乐平和杭州市第十三中学校长、科学特级教师汪建红3个特级教师网络工作室。

首批特级教师网络工作室的建设，主要着力于通过名师教学资源分享，在线教研互动等，推进基于网络的教研团队建设，共享名师优质教学资源。工作室的推出，受到了广大教师的好评和喜爱，访问量居浙江教育资源网各模块前列。这既验证了我们的发展思路，也坚定了我们深化工作室建设的信心。

二、探索

在首批特级教师网络工作室成功应用的基础上，扩大工作室建设的数量和覆盖面，成为教师的迫切需求和我们下一步工作的重点。同时，如何加强对工作室的管理和指导，也成为摆在我们面前的课题。

带着探索的初步经验和更大的需求与期盼，2009—2014年，结合第二轮“农远工程”，浙江省启动第二批特级教师网络工作室建设，累计30个。相比较于首批工作室建设，第二批特级教师网络工作室的建设和应用主要从以下三个方面推进：一是数量的增加，从3个增加至30个；二是覆盖面的扩大，从基础教育扩大至基础教育和中等职业教育；三是强化对工作室建设的指导和管理，引入高校力量提供专业指导和服务。由杭州师范大学负责特级教师网络工作室建设日常管理，并明确对各工作室的年度发展目标、任务和考核要求，工作室建设成效显著。

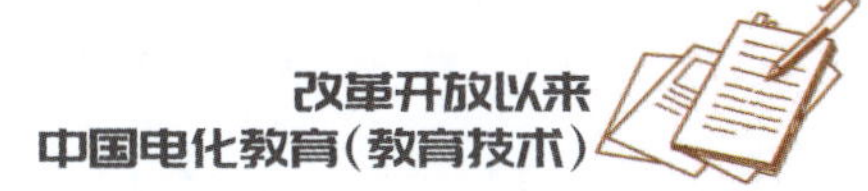

30个特级教师网络工作室的开设，极大地吸引了广大教师的参与，工作室访问量大幅增加。据统计，2011年1—12月，工作室访问量逐月大幅提升，全年访问量达3873613人次，同比增幅212%。特级教师网络工作室和农村青年教师工作室、学科协作组模块的访问量成为浙江教育资源网的主要访问量来源，占网站总访问量的60.9%。2012年，在全国教育信息化工作电视电话会议上，时任中央政治局委员、国务院副总理刘延东点名肯定了浙江省特级教师网络工作室的建设工作。

三、深化

随着以互联网为代表的信息技术的不断深入发展，2014年，国家启动教育资源公共服务体系建设，并委托浙江省开展国家教育资源公共服务平台试点。以此为契机，我们进一步优化平台功能和网络工作室工作机制，着力推进“1个名师+ 10个学科骨干+N个网络学员”和“线上+线下”的网络研修新方式，工作室从特级教师网络工作室走向名师网络工作室。至2016年年底，全省共建成150个名师网络工作室，其中工作室领衔人150人，培养学科带头人2222人，网络学员合计6万人，覆盖学前教育、基础教育、中职教育和特殊教育。该阶段名师网络工作室以领衔名师为引领，广泛开展话题研讨、资源共享、课堂磨课、课题研究、教学改革探索等教学和教研交流活动。同时，为扩大名师对乡村教师的指导和帮助，我们对名师网络工作室的学科带头人和网络学员提出了面向乡村教师招收的比例要求。

2017年以来，顺应“互联网+”发展趋势，浙江教育资源公共服务平台进一步优化定位，更名为之江汇教育广场，以更加开放、互联和跨界的姿态，探索“互联网+教育”。期间，名师网络工作室逐步形成省、市、县三级名师网络工作室，深入开展主题研修、名师面对面和名师带你学等研修活动，从教学、教研经验的分享更多地走向基于视频直播和点播的在线互动教研和教学，并探索“按用付费”的激励机制。

在深化发展阶段，我们的思路和特点主要体现为五个方面：一是顺应互联网时代知识产生从个体为主向群体智慧的转变，构建网络研修共同体，以名师为核心，以社群形式形成梯队发展。二是研修方式从教学、教研经验的线上线下信息交流和共享走向更突出名师课堂等直播活动，互动性、实时性更加突显。三是实现类别和学科基本覆盖，在覆盖学前教育、基础教育、特殊教育、职业教育和高等教育各级各类教育和学前到高中段所有学科，并创建了一批心理学、班主任、综合实践专题类工作室。四是注重对农村和薄弱地区的帮扶，在学员招收、送教帮扶等方面向农村和薄弱地区适度倾斜，充分发挥信息化对资源配置的优势。五是更加注重以互联网思维建立健全发展机制，探索和实践“按用付费”机制，促进知识共建共享。

四、成效

回顾浙江省名师网络工作室的发展历程，应该说，作为教育信息化工作的一项工作推进和教师专业发展的路径创新，取得了较好的成效，也形成了一定的经验。

（一）初步形成全国最大、最活跃的网络研修共同体，创新了教师专业发展方式

截至2019年6月底，全省共建成省级名师网络工作室266个，市级名师工作室435个，县级名师工作室117个，总成员数32.2万人，其中培养学科带头人5071人，覆盖全国29个省、市、自治区。每个工作室平均拥有网络学员388人，单个工作室网络学员最高达12388人，平均每隔6.7分钟新增一位网络学员；访问总次数为1.71亿次，高峰时一天访问次数超过88万次，平均每隔0.7秒有1次用户访问；工作室独立访客人数591万人，平均日访客人数为0.4万人，最高达4.05万人，平均每隔21秒新增1个独立访客。名师网络工作室的探索，打破了教师专业发展的师带徒和外出培训等传统方式，构建基于互联网的跨时空教研，为信息时代教师成长探索出了合适的路径。

（二）有效提升了教师的信息素养，助推新时代高素质教师的培养

信息素养是信息时代教师的核心素养。顺应“互联网+”的发展趋势，教师不仅要能够利用信息技术开展教学，而且还要能够应用信

息技术创新教学。这是时代给教师队伍建设提出的新要求和赋予的新使命。名师网络工作室通过网络教研，有助于提高教师的信息技术应用能力，培养用互联网开展教研和教学的思维。基于网络的教学研究，正逐渐成为浙江中小学教师的常态，这种信息意识和能力，将有效促进教师信息素养的提升，适应信息和智能时代对教师提出的要求。据统计，截至2019年6月底，工作室共开展主题研修活动11353次，从活动类型来看，课例研究2406次，课题研究361次，专题研讨6997次，支教送教活动541次，专题讲座513次，阅读反思及其他535次。从活动方式来看，线上活动6589次，线下活动2260次，线上与线下混合活动2504次；开展名师面对面活动486次，名师带你学活动236次。

（三）切实促进了从个体优秀走向群体智慧，优化教师知识管理

从个体优秀走向群体智慧，以信息技术提升教师队伍整体水平，是浙江省名师网络工作室设计的初衷。研修共同体的构建，无边界的社群关系，让教师在充分的联结中深入地共享显性知识并挖掘个体的隐性知识，从而实现新的知识的创生，实现群体智慧。新的知识、新的关系共同作用，能让人更明显获得成长，激活能量。据统计，2015—2019年6月，从浙江省名师网络工作室成长出来的省正高级教师150名，占2016、2017和2018年三年新晋省正高级教师总数的37%；荣获省特级教师129名，占第十二批省特级教师总数的52%；荣获浙江省教坛新秀和地市级教坛新秀150名；工作室成员教师公开发表论文4180篇，出版各类著作576本，获奖国家级优课125项、各类教育科学研究成果3975项。如来自浙江省泰顺中学的庄平悌，身处大山，一直缺乏持续的、深度的名师引领和指导，少有的几次外出培训也是隔靴搔痒，语文教学的很多困惑得不到及时解决，三次落选特级教师评审。庄平悌参加金华市朱昌元名师网络工作室后，依托名师引领和团队共享，课堂教学能力、教研能力有了明显的提升，并顺利晋升为特级教师。

（四）变革了资源配置方式，促进教育均衡

教师队伍的结构性短缺和不均衡，是教师队伍建设中一直存在的

难点。浙江省名师网络工作室要求50%的学科带头人来自农村、海岛等薄弱地区，同时，积极开展线下送教活动。截至2019年6月底，名师网络工作室共开展线下送教活动500多次，送教区域遍及浙江省农村、山区和海岛地区。同时还辐射新疆、贵州等偏远省区。如高中语文郭吉成名师网络工作室和高中化学江旭峰名师网络工作室开展送教贵州省三穗县活动，在三穗县民族高级中学开展高一年级语文、英语、化学学科同课异构观摩活动和教学讲座，并设立工作室三穗分站，承担对当地教师的培训指导工作。在第三轮建设中，携手乡村的名师组团式帮扶活动成为我们的重点工作之一，组织名师跨学科（专业）组团式开展乡村送教帮扶活动，通过网络空间促进名师资源辐射到山区、海岛等相对薄弱地区。名师网络工作室依托互联网技术，变革了教育资源的传统配置方式，促进教育供给侧改革，有力地推动教育公平和均衡。

技术是推动社会进步的重要动力，但真正推动产业进步的不是单一的技术发明，而是其催生的二次发明，以及后续建立起来的生态系统。互联网技术带给教育的变革，也不仅仅因互联网的出现而发生，必须基于我们对技术与教育教学的融合。名师网络工作室，就是我们的一个积极探索。希望在未来教师培养、智慧教育的构建上，它能笃行致远。

作者单位

施建国，浙江省教育技术中心。

我国第一个教育信息化领域的国家工程技术研究中心的创建与发展

◎ 罗丽华　汪　兵　敖俊杰　熊慧敏

一、国家数字化学习工程技术研究中心的创建

1999年，中共中央、国务院发布《关于深化教育改革，全面推进素质教育的决定》，明确提出“要大力提高教育技术手段的现代化水平和教育信息化程度”，教育信息化被视为参与教育现代化建设的重要力量。华中师范大学国家数字化学习工程技术研究中心就是随着这一历史进程逐步发展起来的。

2004年2月，杨宗凯教授调任华中师范大学副校长。他认为，华中师范大学作为中部地区重要的师范类高等学府，要面向国家教育战略需求和现代教育发展方向，大力开展教育信息化研究，服务教育现代化建设。在他的推动下，同年经湖北省发展和改革委员会批准，依托华中师范大学教育信息技术系，成立了湖北省教育数字化工程研究中心，主要研究方向是教育信息技术和数字媒体技术，杨宗凯教授担任中心主任，中国科学院张景中院士担任学术委员会主任。

为了整合资源，加快提升湖北省教育数字化工程研究中心整体科学研究水平，我们积极争取国家和地方的支持，2005年2月，以湖北省教育数字化工程研究中心为技术条件依托，整合华中师范大学汉语言文字学、计算机科学等学科力量，向教育部申报的“国家语言资源

监测与研究中心网络媒体语言分中心”建设项目获得批准。2006年6月，我们以湖北省教育数字化工程研究中心为平台，组织申报的“教育部教育信息技术工程研究中心”正式列入教育部工程研究中心建设计划，这也是华中师范大学第一个教育部工程研究中心。

2009年10月30日，国家科技部正式批复（国科发计〔2009〕605号），将华中师范大学国家数字化学习工程技术研究中心列入2009年国家工程技术研究中心组建项目计划，组建期为三年。同年12月24日，时任国家科技部发展计划司平台基地处处长曹煜中、教育部科技司副司长武贵龙应邀来武汉参加了华中师范大学国家数字化学习工程技术研究中心（简称“工程中心”）的揭牌仪式。

2014年2月14日，科技部正式发文（国科发计〔2014〕3号），同意华中师范大学国家数字化学习工程技术研究中心等36个国家工程技术研究中心通过验收并予以正式命名，由此，华中师范大学国家数字化学习工程技术研究中心成为我国第一个教育信息化领域的国家工程技术研究中心。

二、国家数字化学习工程技术研究中心的主要研究方向及成果

（一）技术积累和产品研发

工程中心的主要任务是研究信息科学在教育领域应用的关键技术，持续不断地为社会提供工程化技术成果，为国家教育信息化和教育现代化建设提供强有力的技术支撑。随着现代信息技术快速更新迭代，工程中心的主要研究方向也从早期的数字媒体技术，一步步发展到如今的教育大数据、教育人工智能。

1. 云端一体化关键技术与产品

课堂教学是教育的主战场。针对多媒体教室在交互性、网络化、虚拟化、智能化等方面存在的巨大缺陷，我们提出并攻克了基于双重编码理论的课堂教学资源双轨展示、基于活动理论的课堂教学过程组织策略、跨平台的教学云端一体化、跨空间形式的教学信息实时通达和一致等一系列关键技术，专注于满足现在和未来教育创新需求的课

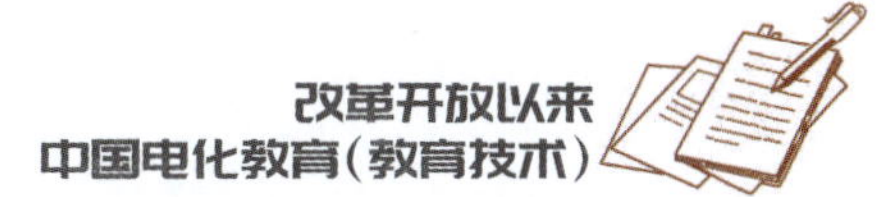

堂教学平台的研发，成功研制了云端一体化课堂教学平台——starC（师大云课堂），该产品为当前教师教学营造云端一体化环境，提供跨平台的终端支持和丰富的教学交互支撑，具备课堂教学全过程数据的采集能力，同时为不同的学科提供专门软件工具，为各类课堂教学场景提供适切服务。starC产品首创的电子双板/双屏云端课堂教学技术，居于国际领先水平。starC系列产品目前已在全国32省市范围内得到广泛应用。

2.教育云关键技术与平台

教育云是以信息化带动教育现代化的关键支撑。我们高度重视教育云关键技术的研发，取得了一系列成果。首先，突破了云教育共建共享技术、云教育环境下交互智能教育等关键技术，提出多层异构混合云集成标准规范，解决了异构资源交换接口和异构系统服务调用等问题；其次，攻克了数字教育资源绿色安全技术，通过整合网络数据获取、识别与内容分析三个层次的关键技术与成果，形成了网络低俗内容检测系统、互联网舆情服务系统以及校园网络内容管理系统等产品；再次，突破了教育云架构、服务模式与资源聚合关键技术，设计并实现了多层次、多粒度、可重用、可聚合的教育数字内容构件库，利用云计算和虚拟化技术实现对计算、存储、网络设备的透明管理，满足了海量优质教育资源的存储、访问以及分析处理的需求。

我们作为技术负责单位，联合武汉天喻信息产业股份有限公司、中央电化教育馆共同建设了国家教育云平台。截至2019年，国家教育云平台已在全国120个教育教学创新示范区，1468所示范校开展了大规模应用示范，为全国6.7万个教学点提供了有效支撑服务，汇聚2000余万条教育数字资源，开通了6300余万个空间，支持了大量的网络教研与在线学习服务。

3.自适应学习关键技术与产品

实现学习的个性化是教育改革创新的重要目标。我们长期关注个性化学习方面的理论研究和技术研发，重点围绕自适应学习关键技术开展一系列的研究。一是初步解决了个性化学习推荐技术，利用学习者的行为特征、学习者与学习对象之间的相关性来挖掘并推荐学习者潜在感兴趣的学习对象；二是突破了预测分析技术和学习干预技术，追踪学习者的学习轨迹并开展建模与分析，对学习者的学业表现进行预测，对学习状态不佳的学习者进行提醒以督促学习者学习；三是攻克了学习状态可视化技术，以学习者的学习行为数据为基础，对数据进行可视化建模，多层次、多维度展示学习者学习表现，帮助教师发现学习者的学习模式，预测学习者的表现和风险，发现促进学习者进步的因素。

基于以上关键技术，我们已成功研制了面向基础教育多学科的自适应学习系统——学习分析诊断系统，该系统在数据驱动下，记录学习者的历史学习轨迹，进行数据挖掘和深入分析，绘制出学习者的学习曲线，从而对学生的知识结构进行详细诊断，寻找学习的盲点，设计出更加针对学生薄弱知识的个性化学习方案，开展精准定位，向学习者提供个性化的学习诊断、学习建议，进行差异化指导。

目前，该产品以30万余条数学、物理、化学3科资源为基础，在苏州示范区的7所学校开展学、练、测闭环应用验证。与此同时，该产品全面服务于华中师范大学第一附属中学的教学创新与学生关键能力培养等方面的实践，在助力该学校落实因材施教、个性化发展的育人目标过程中发挥了重要作用，目前该校在相关排名中名列前茅。

（二）教育信息化战略规划研究

教育信息化战略规划对教育信息化发展起着至关重要的作用，随着教育信息化发展的深层次推进，教育信息化战略规划日益受到重视。工程中心组建后，积极从事教育信息化行业咨询、标准制定与相关服务，主持起草了国家、教育部、地方政府等一系列重大战略决策与咨询报告，促进教育信息化规范、有序和快速地增长。

2006年9月16—22日，我们与华中科技大学共同承办了第十四届“信息化学习、教育和培训”国际会议暨ISO/IEC SC36开放式论坛，这是该系列会议第一次在中国举行。此次会议共就78个议项达成共识，并确定了未来五届SC36国际会议的举行时间及地点。

2007年，作为主要承担单位，我们参与了“2008—2012年教育振兴行动计划”教育信息化专题研究工作，编制了调研报告和项目申请书。

受教育部委托，我们作为组织单位主持了“2020年中国教育发展纲要”第6专题“教育信息化建设战略研究报告”的撰写工作，湖北省教育数字化工程研究中心主任杨宗凯教授任专家组组长。该战略研究报告通过了教育部党组会议，并向国务委员陈至立同志做了专题汇报，得到了陈至立同志的充分肯定。

（三）产业化应用推广

工程中心坚持产学研结合和与社会相结合的原则，大力促进科研成果的转化和产业化发展，并通过机制创新、健全机构、建章立制，与数字化学习产业链所有相关方形成了完善的“政、产、学、研、用”产业协同机制，以战略规划与标准指引行业发展方向，以技术创新和应用创新带动行业技术进步，以重大项目为抓手提升行业技术与服务水平，以协同整合推动产业链发展，极大地提升了行业技术水平，促进了数字化学习相关产业和服务的发展。

2006年2月，在湖北省政府和武汉市政府的大力支持下，依托工程中心的技术储备和研发力量，由武汉东湖高新技术开发区和华中师范大学产业集团各出资1000万元，正式组建了武汉数字媒体工程技术有限公司。作为工程中心重要的技术辐射和产业化基地，武汉数字媒体工程技术有限公司的成立将有力地促进教育信息技术产品工程化过程中共性技术和关键技术的攻克，促进教育信息技术产品的推广和应用，进而带动教育信息技术本身的发展。

2014年，成立武汉华大国家数字化学习工程技术有限公司，致力于为客户提供教育信息化领域软硬件产品、数字化学习平台运营、教育信息化工程设计与实施、信息化能力提升培训、规划咨询等产品和服务。公司通过了ISO90001：2008认证，是湖北省认定的软件企业和高新技术企业，武汉市“千企万人”支持计划入选企业，武汉市科技创新平台，东湖新技术开发区“瞪羚企业”。2017年，“武汉华大国家数字化学习工程技术有限公司研究开发中心”被武汉市科学技术局认定为武汉市科技创新平台。

公司拥有starC教育云平台、starC云课堂、starC云端课堂、starC学习分析系统、学科资源、学科工具以及未来教室、智慧校园、区域教育云等一系列具有自主知识产权的软硬件产品和解决方案，具有雄厚的技术研发、工程实施实力和完善的售后服务及技术支持能力。以上产品及解决方案已经在全国20多个省、市、自治区的5000余所学校得到广泛应用，取得了良好的经济效益和社会效益，稳步推进了重要应用示范基地建设。

（四）学科建设

2007年，根据华中师范大学“十一五”发展规划和学科建设规划，工程中心制定了本单位“十一五”及中长期教育信息技术学科发展规划。

除教育技术学、计算机应用技术、管理科学与工程、通信与信息4个硕士学位点和教育技术学、教育信息科学与技术2个博士学位点外，2007年，我们牵头建设“教育数字媒体与知识可视化”学科，通过国家级、省部级重大、重点项目整合校内相关学科力量开展交叉项目研究，大力推动新兴交叉学科建设。

针对以教育信息化带动教育现代化是我国教育事业改革与发展的战略抓手和社会各界急需大量信息科学、教育学、心理学等多学科交叉的复合型人才的情况，2012年，工程中心整合教育学、管理科学、计算机科学、艺术学多学科优势，牵头申报并获批在华中师范大学建立教育信息技术二级交叉学科，丰富了教育学学科内涵，完善了教育学学科体系，有效支撑了华中师范大学教育学一流学科建设目标，对于培养具有多学科视野、知识和能力全面的复合型人才具有重要意义。

自2016年以来，结合新一代信息技术，特别是大数据、人工智能技术的发展，国际国内专业型人才缺口大，面向教育领域培养该方向的专门人才迫在眉睫。根据这一新的动态，2017年，依托教育大数据应用技术国家工程实验室，成功申请并获批设立数据科学与大数据技术本科专业，并于2018年完成首届本科生招生。该专业的设立进一步突出了华中师范大学的特色与优势，完善了教育学学科体系，拓展了教育科学与信息技术交叉学科发展的深度和广度。

（五）国际合作与交流

工程中心本着紧密结合科研项目与学科发展的需求，在保证引进人才质量的基础上，每年定向引进一定数量的海外专家来华交流。同时，工程中心与国际知名的IT企业和行业组织、高校研究机构就技术融入教育展开了全面的多层次合作，充分发挥了工程中心作为本领域高端产学研平台的开放、聚合以及引领、创新作用，提高工程中心的国际影响力。

为了扩大国际交流合作，延揽海外优秀人才，2006年11月我们成功申报了“教育数字媒体与可视化创新引智基地”，这是教育部、国家外国专家局联合组织于2007年立项建设的51个学科创新引智基地之一。2012年基地顺利通过评估，进入新一轮的资助、发展阶段。作为教育部和国家外国专家局联合重点支持、打造的前沿引智基地，本基地以教育信息化发展趋势和华中师范大学发展战略为指引，本着“面向教育、学科交叉、支撑创新、引领未来”的发展方针，汇聚教育数字媒体等优势交叉学科，为世界一流专家来华中师范大学开展合作研究，进行学术交流提供了平台。

近年来，基地共引进国外专家开展合作研究30余次，开展合作研究项目14项；通过“海外高层次人才引进计划”成功引进了专家胡小华、胡祥恩、黄湘冀，“高端外国文教专家”Joe Chicharo等人才；出国访问、合作研究和学术交流近50次；通过引智项目与澳大利亚伍伦贡大学合作，成功获批成立华中师范大学伍伦贡联合研究院，目前已开设计算机技术（科学）、电子与通信工程2个硕士研究生专业。

工程中心积极开展国际合作，通过推动人员互访和全方位交流，提升了自身学术地位和国际影响力。工程中心先后与微软亚洲研究院、英国圣安德鲁大学、伍伦贡大学、日本大阪大学建立了合作关系；与我国台湾中正大学合作，成立了数字化学习联合实验室；与Sakai研究基金会共同举办了Sakai中国日讨论会，这是该国际合作研究组织第一次在中国举办学术研讨会；举办了“东湖论道——教育信息化规划学科应用创新高峰论坛”“第十二届教育技术国际论坛”“第13届IEEE高级学习技术国际会议和微软全球教师教育行动（TEI）”“第八届环太平洋图像和视频技术研讨会（PSIVT2017）”“第十七届中国教育信息化创新与发展论坛”等有影响力的国际性学术会议；积极参加了“2017年全国教育信息化创新应用成果展览会”“第73届中国教育装备展示会”等大型技术交流会和展销会议，促进了教育信息化知识的普及和教育信息化行业内部交流和合作，让社会和大众了解到教育信息化在提高教学效果、促进教育公平以及教育融合中发挥的巨大作用。

作者单位

罗丽华，华中师范大学国家数字化学习工程技术研究中心。

汪　兵，华中师范大学国家数字化学习工程技术研究中心。

敖俊杰，华中师范大学国家数字化学习工程技术研究中心。

熊慧敏，华中师范大学国家数字化学习工程技术研究中心。

在全球创新应用比赛中获奖

◎ 郑大伟　陈伟玲

2009年11月1日，北京迎来当年第一场雪。在教育部国际司许明参赞的带领下，我们几位出访“微软第五届全球创新教师大赛”的同志都感到异常兴奋。坐在首都机场转往国际航站楼的小火车里，我们为两位参赛老师——来自深圳的唐晓勇老师和来自南宁的庞彩霞老师鼓劲说：“瑞雪兆丰年，北京的雪难得下这么早、这么大，绝对是个好兆头！”虽然这场雪导致航班延误，以致我们一行人用60个小时来了个“全球机场游”才到达会议所在地——巴西萨尔瓦多，但它确实是个“好兆头”！在此次大赛中，唐晓勇老师的作品《蚂蚁行为探究》获得“最佳合作奖”第三名（见图1）。

图1　唐晓勇老师的作品《蚂蚁行为探究》获得“最佳合作奖”第三名

一、“携手助学”项目在中国

2003年11月，微软（中国）有限公司与中国教育部签署了“支持中国基础教育信息化合作框架”合作备忘录。微软公司在教育部的支持和指导下，启动了“携手助学”项目。“携手助学”项目百间教室子项目是一个具有中国特色的子项目，项目学校均为农村学校，主要对象为日常教学中很少有机会接触和使用信息设备的农村教师，主要目标是培养和提高这些教师的信息技术能力。项目先后做了两期，每期5年。项目配合农村中小学现代远程教育工程，在全国31个省份的农村初中建立了100间计算机教室。百间教室建成以后，教育部基础教育司把应用推动工作交给了中央电化教育馆。

项目伊始，推进工作是艰难的。百间教室分散在31个省份相对边远贫困的农村地区，中央电化教育馆每次发通知只能通过逐个打电话，有的接听者以为是骚扰电话就直接挂掉了，有的接听者地方口音很重，交流基本靠猜。通过电话与100所项目学校一一取得联系后，中央电化教育馆组织专家对来自这些学校的骨干教师进行相关培训。这些农村教师大多数从未接触过电脑，他们参与项目后，参加由微软公司提供的电脑操作的基础培训，培训参照联合国教科文组织《教师ICT能力标准》，从技术扫盲到信息与传播技术能力提高，逐步增加培训难度，当教师的信息技术素养提高到可以熟练应用于教学时，适时开展知识深化与知识创造等主题活动（见表）。通过QQ群，项目组织人员、培训专家和骨干教师等建立起一个项目团队。“星星之火，可以燎原”，这些学校就像播撒下的种子，慢慢生根、开花、结果。当年青涩的电化教育老师们，现在已一个个成长为所在学校甚至当地信息化的骨干。

表　教师培训内容

	技术扫盲	知识深化	知识创造
第一届	信息技术技能培训	活动计划书编写	
第二届	Logo设计、PPT设计	计划书编写、概念图工具	项目学习与网页设计
第三届	PPT设计比赛	计划书编写、概念图工具	项目学习与网页设计、VCT设计与制作

二、微软全球创新教师大赛

综合考虑到项目学校的实际情况，经与微软（中国）有限公司协商，中央电化教育馆在“携手助学”大项目下，单设了VCT应用项目，选择对有兴趣参与的地区开展项目学习。我们和专家们一起研究了大赛评比的标准、案例，调整了活动的指导方向。通过培训会、实地指导、现场交流等活动，专家们手把手地指导学校开展东西部“手拉手”远程合作学习项目，并针对作品提交模板工具VCT（虚拟教室漫游，Virtual Classroom Tour）的使用进行了专门的培训。

在此基础上，中央电化教育馆从2007年开始选派教师参加“微软全球创新教师大赛”。“微软全球创新教师大赛”是基于微软全球“携手助学”项目的重要内容，参与面和影响力很大，堪称全世界教育工作者的一大盛会。由于从未参与过这样的活动，我们只能根据英文的要求，在专家指导下设计了一张中规中矩的海报（Poster）进行比赛宣传。

经过专家评比，中央电化教育馆最终确定《蚂蚁行为探究》和《鸡宝宝孵出来啦》两个作品参加2009年“微软全球创新教师大赛”。

2009年，“微软第五届全球创新教师大赛”吸引了69个国家300多名教育工作者参会，其中，110名教师带着自己的教育教学创新案例参与评比，分享经验。大会内容设计精心，包括专家讲座、分组研讨、创新教学设计培训等，核心是项目学习作品大赛。

大会为每位参加评比的老师提供一个1米长的案例展板，展板前的台子用以摆放笔记本等相关材料。主办方只规定摆放位置的大小，对于具体摆放内容的设计未做统一规定，这就需要教师本人发挥创意和想象力。参赛教师需向评委和其他教育工作者介绍自己案例的设计理念与思路，并进行现场答辩（见图2）。由世界各国专家组成的评审委员会依据评分标准，为每个参赛作品打分。评分标准包括课程目标和效果、学习任务和学习活动、教学策略、信息技术工具的相关性、信息技术工具的创新使用以及教师/学习者的革新能力等6大类。如果在创新性、团队协作、学生参与、信息技术使用等方面有突出表现，参赛者还可得到奖励分。评比设立了4类奖项，分别是“内容创新奖”

(Content)、“合作创新奖”(Collaboration)、“社区创新奖”(Community)和“最受教育者欢迎奖”(Educator's choice)，在每类奖项中评出前3名。

图2　参赛教师介绍自己案例的设计理念与思路

参加2009年“微软全球创新教师大赛”的《蚂蚁行为探究》由深圳南山实验学校和甘肃崆峒解放路小学、甘肃红旗街小学联合开展，通过“发现问题—解决问题—发现新的问题”的循环策略进行实践探究活动。双方教师经过商议，以预设的问题“蚂蚁喜欢吃什么”为切入点组织学生开展一系列实验探究活动。在探究蚂蚁喜欢吃什么的过程中，学生发现了许多有趣的新问题，经过大家共同商讨，把两边孩子们共同感兴趣的问题——蚂蚁为什么打架、蚂蚁触角有什么作用，作为新问题开展探究活动。在此过程中，网络成了两地学生协作沟通的桥梁。通过学生的动手操作，引导学生们进行观察和探究，培养学生发现问题和解决问题的能力。

该作品经过几轮展示和答辩闯入决赛，并经过激烈的角逐最终获得“最佳合作奖”第三名。这是我国参加全球创新教师大赛以来首次在专业领域获奖，而且评委都是外方代表。

初次参赛，感受到的震撼还是很大的。除了语言障碍，最大的震撼来自于课程体系和教学方式的差异。强调学生创造力、动手能力和团队协作的项目式学习当时在西方国家已被普遍采用，美国、加拿大、澳大利亚等国家的教师用学生大量的过程性作品，把展台布置得生动有趣，宛若科学课、生物课的“大搬家”。面对参观者和评委，这些西方国家的教师侃侃而谈，从教育学理论背景、教学目

标背景的设计到学生的能力培养，展示出丰富的知识和较强的研究能力，洋溢着自信与激情。在教学方法上，西方国家的教师在教学大纲的框架内，对教学内容的处理具有很强的自主性，着力于培养学生的思维、探究与实践能力。而我们派出的老师一方面处于信息技术应用的起步阶段，另一方面囿于教研能力和教学习惯，在案例展示过程中更多聚焦于教材知识点的传授，忽略了对学生能力的关注和培养。

参赛过程对我们来说是一个难得的学习过程，它开拓了我们的眼界，使我们直观了解发达国家教育技术最新应用情况，看到了我们的差距与今后努力的方向。

三、项目学习的深入推进

此次在“微软第五届全球创新教师大赛”中获奖，证明我们基本掌握了当时国际上对于基于信息技术的项目学习的组织方式和评分规则，为项目后期工作以及其他项目的推进起到了很好的促进作用。在2011年甲骨文教育基金会赞助的Think Quest国际竞赛中，广西柳州的孩子们表现出色，取得了小学组第二名的好成绩（见图3）。

唐老师的获奖也带来了学校教师参与项目学习实践的热情。在包括中国教育发展基金会——戴尔“互联创未来”项目、中国和联合国儿童基金会远程协作学习项目和技术启迪智慧等后续项目中，项目学习始终是推动项目的主线，受训教师对于项目学习的组织流程和方法也越来越驾轻就熟。项目学习的意义在于促进教学向以学生为中心的方向的转变，在提高教师的信息素养与教育技术能力的同时，发展学生的21世纪必备技能，为他们未来生活与工作

图3　广西柳州的小学生取得小学组第二名的好成绩

打好基础。

唐晓勇老师获奖归来后，荣获深圳市“十佳青年教师”称号，并成为《特区教育》封面人物。当然，他本人一直是技术支持的学习变革实践与研究的“发烧友”，十多年来一直致力于推动统整课程在小学的开展，目前已是深圳南方科技大学第二实验学校校长。据唐老师介绍，参加项目班级的38位学生有26位进入全球前80的学校。在问起孩子们小学教育给他们留下的是什么的时候？有好几位孩子不约而同地谈到了项目学习。

当年信息技术与课程的整合是基础教育课程改革的一项重要内容。通过参与与项目学习有关的国际大赛，广大教师逐步从偏重技术使用，过渡到多种形式并用的协作学习，进而发展成为以科学探究为主基调，开展基于互联网的城乡或东西部师生互动的远程协作学习。微软“携手助学”项目提供的有关VCT培训和工具，以及参加国际大赛的经验，起到了“脚手架”的作用，为老师们理解和应用项目学习帮助极大，可谓信息技术应用于教学进程中的一座里程碑。

白驹过隙，转眼10年过去了，随着信息技术在中国基础教育领域愈来愈广泛的应用，我们的基层老师已有更多的机会，以更大的自信、更强的能力与来自世界各国的同行们同台竞技，切磋交流，互相学习，共同进步。

作者单位

郑大伟，中央电化教育馆。

陈伟玲，中央电化教育馆。

创建我国第一个协同教育研究院

◎ 李运林　张　瑜　刘繁华　李　伟

“十一五”期间，我们利用现代信息技术进行协同教育研究，认识了协同教育的重要性。因此，我们创建了我国第一个协同教育研究院。协同教育研究院建立之后，在“十二五”期间，我们进一步承担了重大研究课题，对协同教育进行深入研究，其研究成果对指导教育发展进入新时代，具有重大引领作用。

一、承担国家协同教育研究课题——建立协同教育研究院的缘起

过去，学校教育与家庭教育的联系，主要依靠学校召开家长会和教师的家访。进入信息时代，如何利用现代信息技术加强学校与家庭的联系，已成为迫切需要研究的课题。2005年年底，中央电化教育馆研究部主任陈庆贵与深圳梦网科技公司余文胜总经理，找到电化教育的老专家李运林先生，共同商议要利用产业与研究部门联合的优势去开展这方面的课题研究。

他们组织了“产—学—研”结合的课题研究组，最初提出的课题是利用现代信息技术加强学校与家庭的联系。经讨论认为没有学术高度，学校与家庭联系只是一种表面现象，应提高到学术高度。从系统理论去分析，学校与家庭是学校教育系统或家庭教育系统中加入了一种新的要素，而产生了新功能的协同教育。因此，课题变为“利用现代信息技术加强学校、家庭协同教育研究”。后来有人提出不能忽视社会教育的影响。因此，最后确定的研究课题为“利用现代信息技术，

加强学校、家庭和社会协同教育研究”。

该课题于2006年3月被立项为全国教育信息技术“十一五”重点研究课题。该课题经历了5年研究，在100多个子课题结题的基础上，于2010年年底，进行了总课题的结题。研究工作取得了丰硕的成果。

在理论方面。运用系统理论的协同论，建立了“家—校—社”协同教育的基本概念和结构（见图1）。协同教育能将三大教育系统的教育者与教育资源通过交叉协同作用于一个受教育者身上，有利于素质教育，实现德智体美劳全面发展的教育方针；有利于教育资源共建共享，实现教育公平；有利于建设学习型社会，实现全民教育、终身教育。

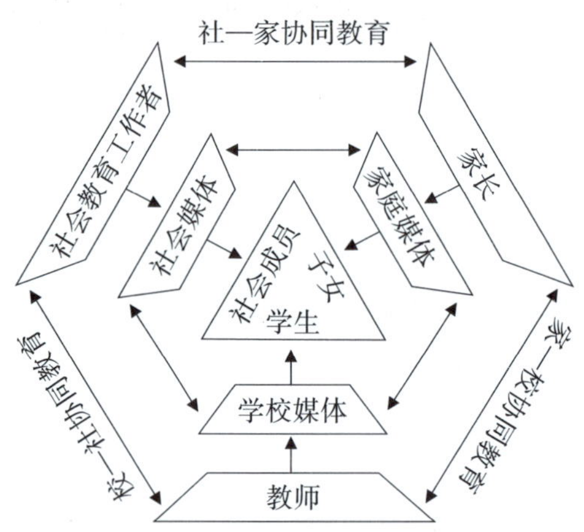

图1 “家—校—社”协同教育结构图

在实践方面。在100多个子课题实验学校的带动下，全国很多学校运用协同教育平台开展了德育、智育、特殊教育、素质教育的试验，建立了协同教育的教育模式。在湖南怀化建立了协同教育试验区，在广东三水建立协同教育示范区，带动了协同教育在全国范围推广应用。

二、创建我国第一个协同教育研究院

经过“十一五”期间的协同教育研究，充分显示了协同对教育的重要性。大家认为应该成立一个协同教育研究机构去进一步加强协同教育的研究与推广应用。

经过半年多的筹备，2010年5月，广州协同教育科学技术研究院（简称“协同教育研究院”）正式挂牌成立。教育部基础教育司副司长

李天顺、中央电化教育馆副馆长王晓芜、广东省教育厅副厅长朱超华等领导出席了挂牌仪式（见图2），我国电化教育的老专家南国农教授为协同教育研究院成立题了贺词并书写院名。

图2　广州协同教育科学技术研究院揭牌仪式

协同教育研究院经历了十多年的发展，但是它的宗旨与任务始终不变。

协同教育研究院是由华南师范大学为主的一批全国范围的教育信息化专家和以创显科教股份有限公司为主的国内一批教育信息化产业部门共同组成的一所“产—学—研”结合的研究机构（见图3），它是一所非盈利的民营组织，主要研究协同教育，特别是教育信息化的理论与实践。

十多年来，发挥了“产—学—研”结合的优势，在协同教育理论与实践，特别是教育信息化的理论与实践方面取得重大研究成果，促进了教育信息化与现代化发展。

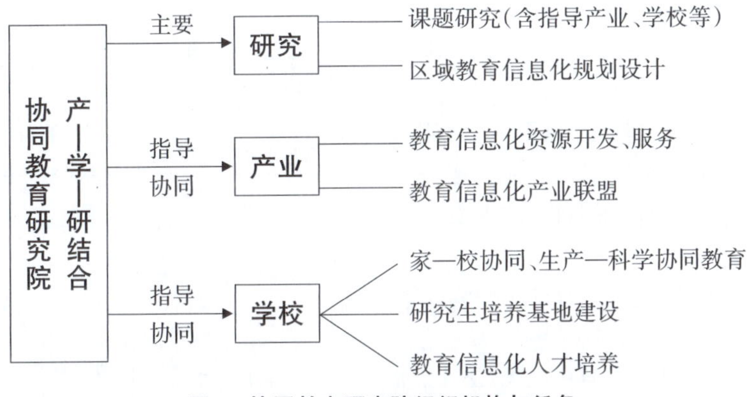

图3　协同教育研究院组织机构与任务

三、协同教育研究院成立后的主要研究工作

协同教育研究院成立后，为了深入开展协同教育的理论与实践研究，申报了多项国家级研究课题，其中，代表性的有“十二五”全国教育信息技术研究的重大研究课题“信息技术环境下的协同教育研究”（课题首席专家为李运林，立项号为116210003）；国家社会科学基金“十二五”规划一般课题“信息化教育的新理论、新媒体与新模式研究”（课题负责人为李运林，课题批准号为BCA11023）。这两个课题有各自的研究目标，但也有许多相互联系的共同点。因此，在研究中后期，我们集中研究了两个课题共同的相互联系的重要问题。一是“产—学—研”相结合协同促进教育信息化发展的问题；二是科学、技术与教育融合的协同教育。

（一）“产—学—研”结合的协同教育

我们设计了一个“产—学—研”结合促进教育信息化的九大行动计划，见表1。

表1　九大行动计划

序号	项目	主要负责单位	协同单位
1	教育信息化发展策略调查研究	中央电化教育馆 教信学院	协同教育研究院创显公司
2	教育信息化理论研究	协同教育研究院 教信学院	创显公司
3	教育信息化产品开发与服务	创显公司	协同教育研究院教信学院
4	组建教育信息化产业创新联盟	创显公司 协同教育研究院	教信学院
5	教育信息化系列丛书出版	教信学院 协同教育研究院	创显公司
6	建立信息化教育研究生培养示范基地	协同教育研究院 创显公司	教信学院
7	教育信息化多层次人才培养	教信学院	创显公司协同教育研究院

续表

序号	项目	主要负责单位	协同单位
8	创建协同创新科技园	创显公司 协同教育研究院	教信学院
9	信息化教育高峰论坛暨华南师范大学创办电化教育专业30周年纪念活动	教信学院	协同教育研究院创显公司

该行动计划既研究了“产—学—研”结合的协同教育问题，同时也研究了教育信息化的理论与实践问题。该计划的“产”方代表是广州创显科教股份有限公司（简称“创显公司”），“学”方代表是华南师范大学教育信息技术学院（简称“教信学院”），“研”方代表是广州市协同教育科学技术研究院（简称“协同教育研究院”）。

该计划至2016年年底课题结题时，除协同创新科技园还在筹建中，其他8项均已完成。在协同教育和教育信息化两方面都取得了重要的成果。

1.“产—学—研”结合协同教育理论建设成果

通过行动研究总结和验证了协同的6大功能原理：整体性、相关性、结构性、互补性、创新性、目的性。

通过行动计划第9项的研究，总结了教学、科研、生产三结合协同教育理论建设经验，创办了电化教育专业30周年纪念活动，《协同创新30年——纪念华南师范大学创办新中国第一个电化教育专业30周年》（发表于《电化教育研究》2013年第11期）概括了“产—学—研”结合协同教育的含义、协同教育的方式和协同教育取得的创新效果。

2.“产—学—研”结合促进教育信息化理论与实践的成果

理论方面：由中央电化教育馆为主负责的教育信息化发展策略调查报告对我国教育信息化建设有重要指导意义；在教育信息化理论研究中，创建了信息化教育理论、协同教育理论和中国特色的电化教育学科理论体系。

实践方面：“产—学—研”结合对教育信息化产品开发与服务方面有很大发展，创显公司年产值超过5亿元；“产—学—研”结合创建了中国教育信息化产业联盟；“产—学—研”结合创建了多层次的研究生培养基地；“产—学—研”结合促进了生产、科研协同教育信息化学科专业建设；“产—学—研”结合促进开展区域性教育信息化规划设计，如江西定南县和广西玉林市教育信息化规划设计很有效果。

（二）科学技术与教育融合的协同教育

1.科学协同教育

在“信息化教育新理论、新媒体与新模式”课题的研究中，我们用了信息科学与教育融合的方法去研究信息化教育的基本理论（见图4）。

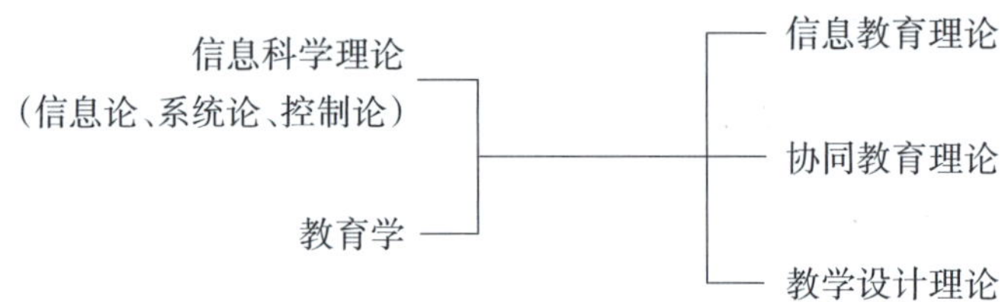

图4　信息化教育基本理论

信息教育理论阐明了教育的本质是一种培养人的信息活动，教育是一种人类获取信息、加工信息，使之成为知识与能力的过程，教育塑造了人类信息体。

协同教育理论是用系统理论的协同论阐述教育系统问题，要素进入教育系统产生协同教育，形成“家—校—社”协同教育、“产—学—研”协同教育和科学技术与教育融合的协同教育。协同教育的功能促进教育的创新与发展。

我们从国外引进了教学设计理论，是与控制理论有关。

上面信息教育理论、协同教育理论、教学设计理论是信息化教育的基本理论。

我们在课题研究中，论述了用信息科学和脑神经科学与教育科学融合，形成现代的信息认知科学（见图5）。

图5　信息认知科学

信息认知科学会使教育科学的建设走向科学化、现代化。东南大学、北京大学正在致力于研究脑神经科学，将来会建立信息认知科学。

2.技术协同教育

用技术变革教育，最有效的技术就是现代信息技术。现代信息技术在教育各个领域的应用就是当前的教育信息化，它将引起教育的根本变革。教育将从单纯的学校班级教育进入学习型社会的全民教育、终身教育。

现代信息技术在教育各个领域运用将会产生很多信息化教育的应用理论（见图6）。

图6　信息化教育应用理论

3.创建信息化教育学科理论体系

这一理论体系有下列三个层次理论构成（见图7）。

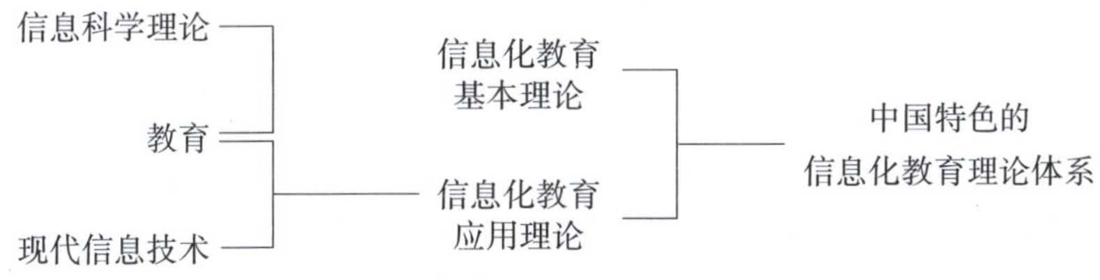

图7　信息化教育学科理论体系

理论基础：学习理论、教学理论、传播理论、信息科学理论。

基本理论：信息教育理论、协同教育理论、教学设计理论。

应用理论：现代信息技术在教育各个领域运用的理论与实践。

这一学科体系正在建设、发展中，是一门先进的、现代化的、科学化的教育学科，它将建成教育学中的一级学科。

四、协同教育研究院的理论成果与教育发展同行，引领教育发展进入新时代

根据“十一五”和“十二五”几个课题的研究成果，我们可以总结出表2所列的协同教育的三大类型及其相应的教育功能。

表2　协同教育的类型与功能

<table>
<tr><th colspan="3">类型
在教育系统加入不同新的要素</th><th>功能
引领教育发展进入新时代</th></tr>
<tr><td>教育系统内协同</td><td>“家—校—社”协同教育</td><td>学校—学校协同教育
学校—家庭协同教育
家庭—社会协同教育
社会—学校协同教育</td><td>教育资源共建共享，实现教育公平、教育均衡发展
智育、德育、素质教育
贯彻德智体美全面发展教育方针
全民教育、终身教育</td></tr>
<tr><td rowspan="4">教育系统外协同</td><td rowspan="2">“产—学—研”结合</td><td>生产协同教育</td><td>德育、素质教育、创业教育
职业技术教育
校企合作、产教融合</td></tr>
<tr><td>科研协同教育</td><td>素质教育、创新教育
建设一流学科、建设一流大学</td></tr>
<tr><td rowspan="2">科学技术协同</td><td>技术协同教育——现代信息技术在教育中应用</td><td>教育信息化建设学习型社会实现全民教育、终身教育</td></tr>
<tr><td>科学协同教育——信息科学、脑神经科学与教育融合</td><td>教育的本质是一种培养人的信息活动。教育是人类获取信息加工信息成为知识与能力的过程。教育塑造了人类信息体。建立信息认知科学，实现教育科学现代化。</td></tr>
</table>

习近平总书记在十九大报告中关于教育的论述代表了教育发展进入新时代。协同教育三大类型的功能与十九大报告中的内涵完全吻合。协同教育研究能按十九大的要求引领教育发展走进新时代。

五、启示与引领

从创建我国第一个协同教育研究院以来取得的研究成果，得到以下启示，这些启示再次告诉我们，协同教育会引领教育发展进入新时代。

教育不能只管学校教育。随着现代信息技术的发展，教育要更多关注家庭教育与社会教育，才能培养德智体美劳全面发展的人才，才能进入学习型社会，实现全民教育和终身教育。

教育要与生产劳动相结合。校企合作、产教融合，才能发展职业教育，教育要与科学研究结合才能创建一流学科和一流大学。

教育要与科学技术融合，才能实现教育信息化和教育科学现代化。

信息化教育科学是教育发展的前沿科学，正如物理学中的力学、光学一样，它必然会发展为与教育科学并列的一级学科。

从上可见，协同教育研究的重要性。我们要重视、要坚持继续办好协同教育研究院，引领教育发展进入新时代。

作者单位

李运林，华南师范大学教育信息技术学院。

张　瑜，广州创显科教股份有限公司。

刘繁华，华南师范大学教育信息技术学院。

李　伟，广州创显科教股份有限公司。

网络学习空间的兴起与经验推广

◎ 刘 峰

一、最初尝试

2010年，为推进职业教育信息化发展，促进职业教育教学改革，在时任湖南省教育厅副厅长王键同志的带领下推出了“职教新干线”，给参加试点学校的每位管理者、教师和学生配发一个实名制网络学习空间。使用者在应用网络学习空间中经历了兴奋、不适应、尝试、自觉、常态化的过程，并逐渐依托网络学习空间拉近了师生之间的关系，结构化组织了课程资源，增加了基于数据的教师教学及指导工作的考核，丰富了实习实训方式，促进了教学方式与学习方式的变革等。到2012年，湖南开通师生个人网络学习空间50余万个，通过网络学习空间发布教学视频78万个，发表文章1269万篇，视频浏览973万次，文章点击率1.9亿次，网络学习空间建设与应用成效显著。这成为我国“三通两平台”工作中“网络学习空间人人通”建设与应用的雏形。

二、成为目标

湖南的网络学习空间实践所取得的效果迅速得到了教育部的高度重视，时任主管教育信息化工作的杜占元副部长，深入学校调查研究，并在基层实践首创的基础上，对“十二五”期间教育信息化的核心目标进行了反复地研究与提炼，提出了包括“网络学校空间人人通”在内的“三通两平台”发展目标。

2012年4月26日，国务委员刘延东同志专门听取了教育部的专题汇报，概括提出网络学习空间的三大任务和两个平台建设是教育信息化“十二五”核心目标。三大任务包括：一是要基本解决各级各类学校宽带网接入与网络学习环境的问题；二是加强优质资源的建设与共享，每个班级都要用上优质资源，资源应用是我们的关键；三是建设实名制的网络学习空间环境，努力推动个人自主学习和教学互动。两个平台：一是教育管理公共服务平台，二是教育资源公共服务平台，即资源云服务平台。

2012年7月，在教育部召开的教育信息化试点工作座谈会上，杜占元副部长强调，网络学习空间就是学生和教师有一个基本的学习空间，可以自主学习，也可以互动学习，可以突破现有教学模式的时空限制和教学方法限制，可以利用碎片时间，促进教与学、教与教、学与学的全面互补，既可以提高教师的教学水平也可以提高学生的学习能力，既有知识的学习也有能力的培养。网络学习空间今后是一个重要的探索领域，希望大家高度重视。网络学习空间做好了才能真正对以校园内学习为主的教育方式产生革命性影响，对继续教育、学习型教育和终身教育都有重大意义，而且对教育信息化甚至整个信息服务业的发展都有重大意义。我们的基本目标是通过五年或者更多一点时间，使教师、高校学生、职教学生和初高中学生基本实现每人拥有一个实名的网络学习空间，把技术和教育融合落实到我们每个教师和学生的日常教学活动和学习中。鉴于网络学习空间的特点，提出了三个优先（即教师优先，经济发达地区、条件比较成熟地区优先，职业教育优先）的基本原则。

2012年10月26日，教育部又在长沙组织召开全国教育信息化工作现场研讨会。教育部副部长杜占元出席会议并讲话，他要求各地要认真学习湖南等地好的经验，加快推动“网络学习空间人人通”建设。

三、全国推广

随后，在2014年11月教育部等五部委出台的《构建利用信息化手段扩大优质教育资源覆盖面有效机制的实施方案》、国务院2015年4月发布的《关于积极推进“互联网+”行动的指导意见》、教育部办公厅

2016年2月印发的《2016年教育信息化工作要点》、教育部2016年6月发布的《教育信息化“十三五”规划》、国务院2017年1月发布的《国家教育事业发展“十三五”规划》、教育部2018年印发的《网络学习空间建设与应用指南》《教育部关于加强网络学习空间建设与应用的指导意见》等文件中，都对网络学习空间建设与应用提出了要求，明确网络学习空间建设要服务于国家教育信息化整体战略大局，是“三通两平台”工程的核心。

2016年，在教育部科技司的委托下，中央电化教育馆率先在全国范围内大规模开展职业院校和中小学“网络学习空间人人通”专项培训。2016—2018年，3年的时间，中央电化教育馆在全国范围内共遴选出“网络学习空间人人通”培训基地学校68所（22所职业院校、46所中小学），完成了2800多名职业院校校长、6200多名职业院校骨干教师、5900多名中小学校长、7500多名中小学骨干教师的培训任务。3年的时间，在全国范围内举办了111期培训班，打造了一支能够深入解析网络学习空间内涵及应用方向的专家团队，锻炼了一支网络学习空间应用的优秀教师队伍，促进了各省、市、县相关主管部门及培训基地学校的业务能力提升，培训效果辐射上万所学校和数十万名教师，在推动网络学习空间建设与应用方面发挥了重要作用，为实现网络学习空间全覆盖奠定了示范引领的人才基础。经过3年的培训，涌现出一大批网络学习空间建设与应用的优秀区域和学校，形成了一批优秀应用案例。

2020年，网络学习空间在创新教育服务模式、变革教育体制机制、汇聚优质教育资源、改变教育教学模式、重塑评价方式、提升教育治理水平等方面发挥着应有的作用。网络学习空间的建设与应用，已经成为一种体现中国智慧与中国特色的教育信息化发展模式。

作者单位

刘　峰，中央电化教育馆。

民族教育信息化领域
第一个教育部重点实验室的建立与发展

◎ 甘健侯　周菊香

一、民族教育信息化教育部重点实验室的建立

《国家中长期教育改革和发展规划纲要》明确提出“重视和支持民族教育事业，全面提高少数民族和民族地区教育发展水平”的发展规划，并把教育信息化纳入国家信息化发展整体战略，为加快边疆少数民族地区教育的发展指明了方向。多年来，教育信息化在促进民族教育现代化进程中发挥了巨大的作用，但也面临着教育信息化发展的不平衡日渐凸显、资源建设与民族教育发展需求不同步、民族教育信息化建设区域性不协调、信息化学习环境与学习效能不匹配等诸多亟待解决的问题。在这样的背景下，基于云南省边疆、民族、山区及经济社会发展差异明显的多重特征，以云南师范大学为依托单位，民族教育信息化教育部重点实验室（简称“实验室”）于2010年7月经国家教育部批准开始筹建。2011年1月，教育部科技司组织的以李德仁院士为组长的专家组论证通过了实验室建设计划（见图1），标志着我国民族教育信息化领域第一个教育部重点实验室的建设工作正式启动。

实验室依托云南师范大学和国内相关高校的科研力量，着眼于国家教育发展战略，结合云南边疆民族区域优势，有效整合教育科学、计算机科学、应用数学和信息技术与科学等多学科资源，研究当前我国民族教育信息化面临的主要问题，探索民族地区教育信息化发展的新思路和新途径，旨在实现民族文化优质教育资源的数字化开发与应

图1　民族教育信息化教育部重点实验室建设专家论证会

用，丰富民族教育内容；构建信息化学习环境下的多样性教学模式及适应性教学评价体系，优化教学过程；提出转变学习者的学习行为配套措施，提高学习效能，形成教育学领域新的学科增长点，展现技术成效；开展区域教育发展决策咨询及人员培训，提升服务水平。

实验室主任由云南师范大学伊继东教授担任，学术委员会由相关领域的国内和国际知名专家和学者组成，学术委员会主任由华东师范大学丁钢教授担任。2012年6月26日，民族教育信息化教育部重点实验室揭牌仪式暨第一次学术委员会在云南师范大学举行（见图2），云南省教育厅领导、云南师范大学校领导、实验室学术委员会主要成员、联合研究基地单位领导、云南师范大学相关部门负责人、实验室负责人、实验室学术带头人及骨干等出席了会议。

图2　民族教育信息化教育部重点实验室揭牌仪式

云南师范大学高度重视实验室建设工作，专门划出3000平方米楼宇用于办公和实验场地，同时提供实验室建设专项资金、中央财政支持地方高校发展资金和其他配套经费的支持，并特设实验室专业技术人员岗位和编制。

二、民族教育信息化教育部重点实验室的发展

民族教育信息化教育部重点实验室是一个文理交叉、多学科融合、开放式的实验室，主要由云南师范大学教育科学与管理学院、信息学院、旅游与地理科学学院、高等教育与区域发展研究院等院所共同建设，涉及教育学、民族学、计算机科学与技术、心理学、地理学、设计学等学科领域。实验室设有民族文化教育资源数字化、民族地区信息化学习环境、信息环境中的学习行为和民族文化资源信息化应用4个研究方向。实验室本着“边建设、边研究、边开放”的原则，积极推进各项工作，经过5年的建设取得了初步成效。

经过5年的建设，2016年12月23日，由教育部科技司选派实验室验收专家组，委托云南省教育厅组织国内领域专家对依托云南师范大学建设的民族教育信息化教育部重点实验室进行验收（见图3）。专家组对实验室的建设工作给予高度评价，认为实验室学科方向明确、研究特色鲜明，队伍建设与人才培养成效显著，研究成果具有较大的学术和社会影响力。实验室条件完善、规章制度健全、运行管理规范，很好地完成了建设目标任务，专家组一致同意通过验收。

图3　教育部科技司组织专家对民族教育信息化教育部重点实验室进行验收

实验室获批建设以来，在理论研究和应用领域取得了丰硕的成果，先后承担国家科技支撑计划项目、国家科技惠民计划项目、国家自然科学基金项目、国家社会科学基金项目、省部级项目等共计160余项；获省部级以上奖励30余项；发表学术论文600余篇；获得国家专利授权10余项；软件著作权70余项；出版各类学术著作、研究报告和译著共计70余项，其中，国家级学术专著19部，国家级出版社出版教材10部。依托实验室，先后获批建设“云南教育发展与西南联大研究”云南省哲学社会科学研究基地、“少数民族教育资源共享平台”教育部互联网应用创新开放平台示范基地、云南省高校民族教育与文化数字化支撑技术工程研究中心、云南省社会科学普及示范基地、云南省智慧教育重点实验室、云南省院士专家工作站、德宏州甘健侯博士工作站、昆明市教育信息化重点实验室等多个重点科研平台。

经过近10年的发展，实验室目前现有专兼职研究人员76人，其中，固定研究人员46人（正高职称24人，副高职称16人，中级职称6人；博士或在读博士37人，博士生导师6人，硕士生导师38人）。先后培养云南省“万人计划”产业领军人才1人、云南省“万人计划”青年拔尖人才2人、中组部“西部之光”人才2名、云南省中青年学术与技术带头人5名、昆明市中青年学术和技术带头人1名。自2013年起，实验室增设教育技术学、计算机应用技术和计算机技术3个专业的硕士点，共培养硕士研究生100余名，同时实验室也承担云南师范大学教育学的“教育技术学”二级学科博士点（2018年获得）的人才培养和学科建设工作，在读博士研究生2人（2019年开始招生）、博士后在站1人。

实验室先后与中国科学院计算机网络信息中心、中国科学院计算技术研究所、华东师范大学、北京师范大学、华中师范大学、中国教育大数据研究院等共同建立了科学研究和人才培养的协作关系，吸引国内外专家进行科技合作和多形式的学术交流。多年来，实验室科研团队紧密围绕民族教育信息化开展了深入的理论技术研究和社会服务，在民族教育信息科学与技术、民族教育与信息技术融合、民族文化数字演绎技术、民族教育文化数字资源服务和产品研发等方面已形成相对稳定的研究方向和人才队伍，先后建立了“云南民族教育与边疆发

展研究”云南省哲学社会科学创新团队、云南省“民族教育信息化”创新团队和云南省高校教育大数据应用技术科技创新团队，构建了一批具有创新能力、科研能力、协作精神的教育信息化领域人才梯队。

三、民族教育信息化教育部重点实验室的引领

教育信息化推动教育现代化是当今世界教育改革与发展的共同趋势。积极探索教育信息化特别是民族地区教育信息化发展的新思路和新途径，是提高区域教育整体水平的突破口和实现区域教育均衡发展的客观需要，也是当今教育发展的重大理论研究课题和一项长期的实践任务。

云南作为边疆少数民族地区，教育资源匮乏、教学硬件设施落后、教育人才稀缺、地区发展不平衡等问题非常突显。多年来，实验室通过教育信息化平台建设、教育科学关键技术研究、特色教育资源构建、信息化人才培养，促进了民族地区的教育综合改革创新，为引领云南教育改革创新与发展，提升云南教育质量与决策水平，促进教育均衡发展发挥了示范、引领作用。实验室研究成果通过多种形式进行应用转化，并在文山壮族苗族自治州、德宏傣族景颇族自治州等多个民族地区进行了推广与示范，产生了显著的经济效益和社会效益，为民族教育信息化应用与实践提供了有力支撑和有效途径，极大地促进了云南省民族教育信息化研究与应用水平及创新能力，增强了云南省在民族教育信息化领域的竞争力，进一步加快了实现区域教育均衡发展的步伐。

作者单位

甘健侯，云南师范大学民族教育信息化教育部重点实验室。

周菊香，云南师范大学民族教育信息化教育部重点实验室。

第一个教育信息化战略研究基地的建立

◎ 杨宗凯　吴　砥

2010年以前，我国教育信息化经过多年发展，取得了较好的成绩，但一直没有一个专门服务于国家教育信息化战略规划和政策制定的高端专门研究机构，导致政府决策和管理过程中缺乏高端智库支持和决策参考。为解决这一问题，教育部于2011年3月21日正式批复同意依托华中师范大学建设“教育信息化战略研究基地（华中）”（简称“战略研究基地”）（教技厅函〔2011〕21号），这标志着我国教育信息化领域有了第一个专门的战略性研究机构，杨宗凯教授担任战略研究基地主任，战略研究基地同时还聘请了《教育信息化十年发展规划（2011—2020年）》编制专家组成员为指导专家，形成了以华中师范大学科研力量为主体，全国教育信息化领域专家指导参与的高水平研究团队。

为支持战略研究基地的建设，华中师范大学落实了专门的资源配置，明确战略研究基地在校内依托华中师范大学国家数字化学习工程技术研究中心建设，从人员编制、场地等各方面提供固定支持，每年还专门安排一定额度配套经费，使得战略研究基地各项工作得以顺利推进。

经过近十年的建设，战略研究基地已经成长为我国教育信息化战略研究、政策分析、绩效评估、决策支持方面的高端研究机构。战略研究基地作为核心起草单位先后参与《教育信息化十年发展规划（2011—2020年）》《教育信息化2.0行动计划》等多份重要规划文件和研究报告的起草工作，提交《关于发展我国教育云的政策建

议》《高度重视人工智能对未来教育的影响》等多份政策建议，研制《中国教育监测与评价统计指标体系（教育信息化部分）》等多项重要成果，被教育部采纳。战略研究基地承担了全国教育信息化评估指标研制和年度发展水平调研工作，每年发布的《中国教育信息化发展报告》，已经成为跟踪评估我国教育信息化发展状况的重要参考。

从起步开拓到稳健发展再到快速跃升，战略研究基地经过近十年的不懈努力，已成为我国教育信息化领域重要的高端战略研究平台，为我国教育信息化政策制定和部署实施提供了有力的智力支持。

作者单位

杨宗凯，西安电子科技大学，华中师范大学国家数字化学习工程技术研究中心。

吴　砥，华中师范大学国家数字化学习工程技术研究中心。

南国农先生获得
全国教育科学研究终身成就(突出贡献)奖

◎ 俞树煜

2011年6月，教育部办公厅下发《教育部办公厅关于开展第四届全国教育科学研究优秀成果评选奖励活动的通知》，开展第四届全国教育科学研究优秀成果评选奖励活动。本次评奖把奖励成果和激励个人结合起来，设立了“全国教育科学研究终身成就奖”，以表彰新中国成立以来为教育科学事业做出突出贡献的资深专家，树立先进典型，传承严谨求实的良好学风，推进教育科学的发展和创新。成就奖的参评条件是获奖者必须在创建中国特色社会主义教育理论体系、探索教育发展规律、促进教育事业科学发展等方面做出了突出贡献。具体应符合下列条件：（1）坚持马列主义、毛泽东思想、邓小平理论、“三个代表”重要思想和科学发展观为指导，正确运用马克思主义的立场、观点和方法进行教育科学研究，学风端正。（2）从事教育科研工作50年以上（含50年），目前仍从事教育科研工作。（3）在教育理论创新、教育决策服务和教育改革实验等方面做出了突出贡献，得到社会广泛认可。南国农先生（见图1）已从事教育科学研究近60年，且一直从事信息化教育（电化教育）研究没有退休。先生创立和发展了中国特色信息化教育（电化教育）理论体系，倡导创建了新中国教育技术学（电化教育）学科和专业，开拓和推动了新中国电化教育事业的发展，取得了丰硕的学术成果，形成了丰富的教育思想。先生完全符合参评条件，但先生不愿意申报。学校相关部门动员南国农先生申报，先生

图1　南国农先生

说要考虑一下。后来，学校领导动员先生申报，杨改学教授、徐福荫教授、郭绍青教授等也极力劝说先生要申报。他们认为，这不是给个人争荣誉，先生申报代表的是全国教育技术学领域老一辈的学者和西北师范大学教育学科老一辈的学者。在大家的动员下，先生才勉强同意申报终身成就奖，让我帮他整理填写了申报评审书。

2011年11月，获奖名单公布，南国农先生获得全国教育科学研究终身成就（突出贡献）奖（公布时改为“全国教育科学研究突出贡献奖”）（见图2），是全国11个获得终身成就奖的学者之一，是西部地区唯一的获奖者，也是全国教育技术学领域第一个获奖者。南国农先生获得全国教育科学研究终身成就奖既是对先生一生从事电化教育研究，创建和发展中国教育技术学科，推动中国教育信息化事业发展的肯定和褒奖，也是对新中国信息化教育（电化教育）研究所取得的丰硕成果的肯定和褒奖。

南国农先生（1920—2014年）是新中国电化教育事业的开拓者与奠基人，是我国著名教育家、知名电化教育专家。先生1920年9月出生于江西省清江县（现樟树市），1943年，毕业于广州国立中山大学教育系，同年到国民政府教育部工作。1945—1947年，在国立社会教育学院附属中学（青木关中学）工作，任校长。1948年，赴美国留学，在哥伦比亚大学教育研

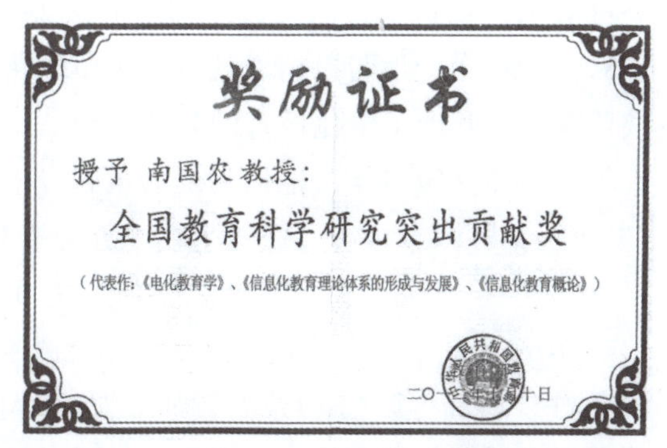
奖励证书

授予 南国农教授：

全国教育科学研究突出贡献奖

（代表作：《电化教育学》、《信息化教育理论体系的形成与发展》、《信息化教育概论》）

图2　南国农先生获得“全国教育科学研究突出贡献奖”证书

究院攻读比较教育与视听教育专业硕士学位。1950年，响应周恩来总理号召，回国参加新中国建设。1950—1951年，在北京华北人民革命大学政治研究院学习。1953年，受聘为国立西北师范学院教授。直至去世，先生一直工作在西北师范大学，历任西北师范大学教育科学研究所副所长、所长，电化教育系主任、名誉系主任，教育科学研究院名誉院长，教育技术与传播学院名誉院长，网络教育学院名誉院长。曾担任中国电化教育协会副会长、顾问，教育部电化教育课程教材编审组组长，教育部高等学校教育技术学专业教学指导委员会顾问等社会职务，兼任华南师范大学等多所高校兼职教授、客座教授。1991年，经国家人事部批准，延迟退休。1992年，享受国务院特殊津贴。2008年，南国农先生获得“甘肃省教学名师”称号。2011年，南国农先生获得“全国教育科学研究终身成就（突出贡献）奖”“中国教育技术事业杰出贡献奖”和“情系陇原·献身教育特别荣誉奖”。

南国农先生一生躬耕于大西北这片沃土，把毕生的智慧和精力都奉献给了新中国的电化教育事业，为探索中国特色电化教育理论体系与实践道路、发展我国电化教育事业、建立中国电化教育专业和学科做出了突出贡献。先生与电化教育结缘始于工作之初，1943年，他以电化教育委员会下设的电影教育委员会科员身份进入教育部工作，初识电化教育。1948年，他赴美留学，在哥伦比亚大学学习时再次接触到视听教育。1953年，先生到西北师范学院工作后兼任学校教育实习指导委员会秘书，在学校举办的教育实习展上，采用了电化教育手段进行演示，吸引了校内外许多师生前来观摩，效果很好，影响很大。1954—1956年，他与萧树滋教授编写了电化教育课程大纲，首开电化教育课程，开展了电化教育的教学活动，促进了西北师范学院的教育改革。1960—1973年，他们为外语系和音乐系开设了“电教教法”及“电教实验”课。1979年，先生在“五院校教育学”教材编写会议上，率先提出在《教育学》教材中增加“电化教育”专章并亲自撰稿。1979年6—8月，先生受教育部委托与萧树滋教授在西北师范学院举办了全国37所高等院校40余名教师参加的“电化教育讨论班”，培养了首批新中国电化教育骨干和电化教育课程教师，为全国电化教育的重新起步奠定了人才基础，人们称这个培训班为新中国电化教育的“黄

埔军校”第一期。1980年，先生创办《电化教育研究》杂志，旨在为大家提供一个理论与实践成果交流的平台，经过30余年的努力，先生把杂志办成了电化教育界的学术理论园地和国家级权威性学术期刊，被誉为“中国电化教育理论研究基地”。进入80年代，先生倡导建立电化教育专业和学科，在先生等老一辈专家的帮助和指导下，华南师范大学于1983年率先在全国创办了电化教育专业。先生也于80年代中期亲自主持创办了西北师范大学电化教育系和电化教育专业。在先生等人的倡导下，陕西师范大学等高校先后创办了电化教育专业。在先生等几代教育技术学人的共同努力下，教育技术学（电化教育）已经形成了本科、硕士和博士研究生3个学历层次的专业人才培养体系，成为1个独立的学科。1983—1990年，先生担任全国电化教育课程教材编审组组长，先后组织编写或主编了《电化教育学》《电化教育基础》《电化教育导论》等10余部教材和《传媒·教育·现代化——教育传播的理论与实践》等近20本的“电化教育丛书”，为我国电化教育教材建设和理论体系的完善奠定了坚实的基础。1983年，经先生等人精心策划，成功举办了“甘肃省电化教育展览”。时任甘肃省委书记李子奇、省长陈光毅亲临现场，为展览剪彩、讲话。全国20个省、市、自治区和香港特别行政区的专家、教师和电化教育工作者4万余人参观了展览。此次展览是当时全国范围内举办的一次规模最大的展览，在全国引起了强烈反响。1985年，先生主编了我国第一本系统介绍电化教育理论与方法的教材《电化教育学》，创立了以现代教育媒体的研究和应用为核心，由“七论”构成的具有中国特色的电化教育理论体系，得到了电化教育领域研究者的公认，对于建立电化教育学科起到了开创和奠基的作用。先生提出的“大电教”的概念，扩大了电化教育的视野，从根本上说明了电化教育系统在我国教育发展中的重要地位与意义。1991年，先生组织举办了“首届全国电化育教知识大奖赛”，吸引了数万读者参加，对普及电化教育知识产生了重要影响。1992年春天，先生受国家教育委员会电化教育司委托，主持开展了“全国电化教育考察万里行”大型活动，活动历时50天，行程近12850公里，途经17个省（市、自治区），受到了各级电化教育主管部门、电化教育中心（馆）和大中学校的热情支持。考察取得了丰硕的成果，不仅为我国电化教育方针政策的制定起到了指导作用，而且对全国电化教育的改革与发展产生了宣传激励效应，被赞为“中国电化教育史上的一次成功的壮举”。进入20世纪90年代，先生除了对电化教育近10多年来的发展做了系统的回顾和总结，预测其未来发展趋势，还投入大量的精力对教育传播学进行了深入系统的研究，主编了《教育传播学》。晚年，先生仍活跃在电化教育第一线，为教育技术学科的发展耕耘不止。他组织开展了“中国电化教育（教育技术）发展史研究”课题，主编出版《中国电化教育（教育技术）史》，对中国电化教育发展历程及发展规律进行了系统研究。

作者单位

俞树煜，西北师范大学教育技术学院。

第一个教育信息化十年发展规划的诞生

◎ 杨宗凯　吴　砥

20世纪末，世界发达国家对信息技术与教育的融合发展日益重视。美国从1996—2010年连续发布了4个国家教育技术计划（NETP），日本、韩国等也先后发布本国教育信息化推进政策，教育信息化成为各国提升教育发展水平和国家竞争力的重要战略关注点。

2010年，中共中央、国务院发布《国家中长期教育改革和发展规划纲要（2010—2020年）》（以下简称《教育规划纲要》），将“加快教育信息化进程”作为独立一章，明确提出“信息技术对教育发展具有革命性影响，必须予以高度重视”，教育信息化被提升到新的战略高度。从改革开放到2010年，我国教育信息化发展迅速、成绩显著，但面对新形势要求，亟待从顶层设计视角统筹全国教育信息化发展大局，制定国家级规划，明确里程碑、路线图、时间表。2010年年底，为落实《教育规划纲要》关于教育信息化的总体部署，紧扣国内需求，应对国际形势，从全局出发设计我国教育信息化发展蓝图，教育部决定研制第一份教育信息化领域的十年规划——《教育信息化十年发展规划（2011—2020年）》（以下简称《十年规划》）。

为保证编制工作的顺利实施，2011年5月3日，教育部办公厅发文成立了规划编制专家组（由25位专家组成）和编制支撑专家组（由15位专家组成）。规划编制专家组具体承担调研、起草、征求意见等规划编制各项工作，组长为杨宗凯教授。编制支撑专家组则主要负责提供教育信息化和其他行业信息化建设情况调研、论证和咨询等支持，包括来自高校、科研机构、管理部门及知名企业的专家。

《十年规划》编制工作于2011年3月正式启动（见图1），经过8个多月的艰辛努力（见图2、图3、图4），编制组完成了《十年规划》送审稿，并广泛征求、吸纳了国内知名专家、国务院相关部门、各地教育部门、各级各类学校和相关企业以及教育部相关司局和直属单位各类建设性意见，2012年3月，规划正式发布。

《十年规划》由总体战略、发展任务、行动计划、保障措施4部分组成，具体包含4大方针、5大目标、5大行动计划、8项发展任务、4项保障措施。作为一份战略规划性文件，规划既强调了指导性又兼顾了操作性，充分体现了整体统筹和分类指导思想，为后来的教育信息化发展打下了良好基础。

《十年规划》明确强调了推动信息技术与教育深度融合的发展目标，首次提出了要建设国家教育资源公共服务平台和教育管理公共服务平台，为随后教育部推进的“三通两平台”、教学点数字资源全覆盖和教师信息技术应用能力提升培训等7项重点工作提供了基本框架。规划实施以来，学校信息化教学条件和应用水平得到极大改善，国家数字教育资源公共服务平台全面建成，覆盖全国的数字教育资源公共服务体系趋于完善，优质资源共享能力和应用水平得到进一步加强，

图1　规划编制专家组第一次工作会议

超千万教师参加信息技术应用能力提升培训，半数以上教师实现了信息技术教学应用常态化；教育管理公共服务平台提升了管理与科学决策水平，促进了教育治理现代化。特别是在2020年上半年的新冠肺炎疫情防控期间，各地以教育信息化前期发展成果为基础，顺利实现了“停课不停教、不停学”，教育信息化的重要价值和《十年规划》的实施效果得到充分体现。

《十年规划》制定和实施过程的另一个有价值经验，是为尽量避免在规划实施过程中出现问题，专门确定了一个配套监测评估机制，教育部每年委托教育部教育信息化战略研究基地（华中）进行全国教育信息化进展情况调研，跟踪评估规划的落实情况，这为规划各项任务目标的推进落实提供了支持。

图2　规划编制专家组祝智庭教授等专家在青海调研

图3　规划编制专家组高新民教授等专家在江苏调研

图4　规划编制专家组杨宗凯、刘延申、王珠珠等专家在云南调研

《十年规划》为我国教育信息化的“十二五”“十三五”发展明确了基调，为我国教育信息化“十四五”和中长期规划的研制奠定了基础，对促进我国教育信息化和教育现代化建设具有重要意义。2020年正好是《十年规划》截止时间，回头看规划内容，会发现大部分任务指标均十分契合实际情况，至今仍具有指导意义。《十年规划》是我国教育信息化上升发展期一份重要的纲领性文件。《十年规划》发布后，我国教育信息化进入了高速发展阶段。

作者单位

杨宗凯，西安电子科技大学，华中师范大学国家数字化学习工程技术研究中心。

吴　砥，华中师范大学国家数字化学习工程技术研究中心。

国家教育资源公共服务平台开通

◎ 王珠珠　费　龙　杨　非

2012年12月28日，教育部在京举行“国家教育资源公共服务平台”开通仪式，国家教育资源公共服务平台（简称“国家平台”，www.eduyun.cn）正式开通上线试运行，全面推进数字教育资源共建共享。各大媒体对此进行了报道，人民网评价：“这是贯彻党的十八大精神、全国教育信息化工作电视电话会议工作部署，加快教育信息化进程，努力办好人民满意教育的重要举措，是中央政府提供教育基本公共服务的一次创新。”时任教育部杜占元副部长、部相关司局、直属单位及参加平台建设的中国移动集团公司、武汉天喻信息科技有限公司等企业的代表出席开通仪式。国家平台与全国各省级平台通过数字教育资源公共服务体系枢纽，为构建网络教育、智能教育的基本教与学环境发挥着重要的基础性作用。截至2020年5月底，国家数字教育资源公共服务体系拥有实名认证用户1700余万，联通地方平台160多个，汇聚企业服务商300多个，成为为全国广大师生提供基础教育、职业教育资源共享与应用服务的重要渠道。

一、从无到有

2012年9月，在全国教育信息化工作电视电话会议上，时任国务院副总理刘延东发表重要讲话，明确提出：“十二五”期间，要以建设好“三通两平台”为抓手，推进“宽带网络校校通、优质资源班班通、网络学习空间人人通”，建设教育资源公共服务平台和教育管理公共服务平台。这是当时教育信息化建设的核心目标与标志工程。

2012年初，国家平台设计与建设工作启动，如何建设，从哪里下手，资金投入如何落实？这一切都还没有着落。时任科技司司长王延觉亲自召集各方面人员反复研究，确定中央电化教育馆作为项目实施的牵头单位，华中师范大学、中国移动、武汉天喻、太极集团等单位各自发挥优势共同参加建设。于是，大家有钱出钱，有力出力，按照国务院领导的要求，高度重视云计算技术将给教育带来的革命性影响，努力建设一个技术先进性、可行性和扩展性强的大平台。

当时，在国内云计算技术还没有实现商用，一切都要从头做起。华中师范大学、武汉天喻、中国移动和中央电化教育馆等方面的技术人员通力合作，夜以继日地研究设计，终于拿出了设计方案，即充分依托国家公共基础设施，利用云计算等技术，逐步推动与区域教育资源平台和企业资源服务平台的互联互通，共同服务于各级各类教育，为资源提供者和资源使用者搭建起网络交流、共享和应用环境。为了保证系统建设与调试的及时性和有效性，中国移动集团指导其湖北分公司提供了最初所需的50多台虚拟机和实体机，有力地保证了系统开发和测试的顺利进行。

2012年11月底，中央电化教育馆、华中师范大学、中国移动和武汉天喻等单位的领导和技术人员在北京讨论确定，年底前保证国家平台上线试运行。中国移动承担了云数据中心从武汉向北京迁移并补充所需设备的全部任务，武汉天喻公司、华中师范大学国家数字化学习工程技术研究中心的技术人员集中在北京，全力进行系统优化，中央电化教育馆动员馆内技术资源等部门的同志与最先启动国家平台应用试点的浙江东阳、湖北武汉的中小学师生在平台上注册实名制网络空间，测试通过空间开展信息交流、资源应用和社区建设等信息化教学应用。这些工作不仅有力地保证了国家平台如期上线试运行，也为制作出质量上乘的《国家教育资源公共服务平台》专题片奠定了基础，在启动仪式上给人们提供国家平台建设和应用创新的真实感受。

开通仪式当天，所有参与工作的同志心情都非常激动且紧张，技术演示完成后，时任中央电化教育馆馆长王珠珠代表发言，希望国家平台的优质教育资源早日方便快捷地惠及所有学校、所有教师、所有学生以及所有家长，抒发了所有参与建设者的心声。杜占元副部长在开幕式上深刻地指出："国家教育资源公共服务平台强调以学习空间为核心的资源推送，把不同用户所需要的适当资源送入不同的个人空间，以教师的教学空间应用带动学生、家长和学校的应用，在'宽带网络校校通'的基础上，促进'优质资源班班通'和'网络学习空间人人通'。"国家教育资源公共服务平台的开通和不断完善将构建起我国"以公共服务平台为引导，以学校应用为主体，以社会各方共建共享为支撑"的教育资源建设与应用新体系，让优质资源和创新应用惠及人人。

二、推进创新

今天想来，国家平台在没有落实政府投入的情况下，能够先期启动，为全国创建以网络学习空间为基础的教育资源应用方式提供了可学习借鉴的模式。如果没有教育部及科技司领导的坚定决心和有力领导，没有参与企事业单位的勇于担当和无偿奉献，国家平台的开通是不可能实现的，这本身就是一个创新。后来国家教育云建设与应用在科技部"国家科技支撑计划重大项目"的研究经费的支持下，在财政部信息化发展专项资金对建设与运维、资源开发与共享的持续投入下，开展了一系列的创新实践。

2012年11月15日，教育部下发《关于公布第一批教育信息化试点单位的通知》正式批复了第一批教育信息化试点单位，国家数字教育资源公共服务平台规模化应用作为专项试点，在每个省、自治区、直辖市确定了一个地市或县级区域作为试点单位，参加国家数字教育资源公共服务平台规模化应用的创新实验。像所有试点一样，挂牌容易做事难。数字教育资源公共服务平台和体系建设每前进一步都是国家顶层设计和基层首创经验的结果。

空间怎么用起来？数字教育资源公共服务平台作为空间的载体，提供了空间应用的新模式，但是习惯了上传下载的教师们，怎样才能把他们带入新模式。试点地区各展高招，湖北武汉组织了空间微课比赛，甘肃临泽通过空间组织教师每周交流读书心得……新应用方式的优势逐渐被试点地区的教师所体验，浙江东阳教育局把横店小学的应用经验拍摄成为《教师的一天》和《学生的一天》向全市深入推广师生课前用、课中用、课后用的做法和经验。后来，教育部组织通过空间进行“晒课”，全国广大教师逐渐掌握了网络学习空间这一应用新模式。

平台应该怎么建？国家平台设计和建设之初，我们就清楚地知道，偌大一个国家不可能只有国家一个平台，且平台与平台之间应该是深度互联互通的，最重要的是能够让所有用户单点登录，全网互通。但是实现正在经历一个长时间的过程，即使在今天，可以说，方向明确，路径已见，但要实现理想目标还要继续努力。第一批数字教育资源公共服务平台规模化应用于地市和县级试点地区在实践中形成了多种模式，建设区域云数据中心及平台，与国家平台实现用户认证和资源互通（早期浙江东阳和湖北武汉均采用了这种方式），尝试使用本地政府或企业云基础设施（如黑龙江鸡西、山西阳泉等），还有一批地区直接使用国家平台（如甘肃临泽）。试点地区以外的一些地区也在积极推进数字教育资源公共服务平台建设，如何协调教育事权管理的需要和技术发展的优化，实现教育资源共享，解决全国教育资源体系建设与应用问题就更加急迫。2014年，中央电化教育馆委托浙江省开展数字教育资源公共服务平台的省级试点，协助吉林省在没有资金投入的情况下实现了国家平台本地部署。实践证明，两省的试点很成功，进一步理顺了省、地市、县市三级自身互联互通的关系，加强了与国家平台的互联互通。浙江省近些年来一直保持教育部教育信息化测评中第一的地位，与其教育云体系建设、空间建设、优质资源共享水平高直接相关。而吉林省也在资金投入不足的情况下，应用驱动产生了明显效果，还涌现出了吉林延边共享全国优质资源，促进民族教育的全国信息化典型。

优质教育资源共享是教育信息化优势所在，也是教育信息化机制创新的难点所在，国家平台和体系建设一开始就把逐步探索“企业竞争提供、政府评估准入、学校自主选择”的资源建设新机制作为工作重点，逐步构建政府购买公益服务与市场提供个性化服务相结合的资源共建共享新模式，以最大范围、最大限度地开放共享优质教育资源。我们利用中央财政投入试点了学校自主采购，利用科技部项目试点了专项采购成熟应用服务，推进学校应用。还组织资源汇聚到国家平台上的企业参加教育云规模化应用培训，让使用好的地区和教师讲应用，都在制度探索上收到了一定的效果，积累了经验。特别是教育部持续开展“一师一优课、一课一名师”活动，改变了财政投入开发资源的思路，对资源共享发挥了重要作用。

这些创新在我国教育信息化过程中都是第一次尝试，为教育信息化从1.0走向2.0奠定了基础。2017年12月，教育部下发了《关于数字教育资源公共服务体系建设与应用的指导意见》，国家教育资源公共服务平台建设和应用过程中的创新实践为政府政策的制定做出了重要的贡献。

作者单位

王珠珠，中央电化教育馆。

费　龙，中央电化教育馆。

杨　非，中央电化教育馆。

第一个教育信息化产业联盟的建立与发展

◎ 张　瑜　李　伟　张学波

一、联盟的发起与成立

“十二五”期间，李运林教授承担国家社科基金项目“信息化教育的新理论、新媒体与新模式研究”和中央电化教育馆重点项目“信息技术环境下的协同教育研究”。为了组织更大范围和深入的研究工作，课题组提出了对“管、产、学、研”协同操作的“教育信息化九大联合行动计划”，其中一项重要工作是发起成立教育信息化的产业联盟。

（一）联盟的发起

2013年，南国农教授、李运林教授、徐福荫教授提出在2012年成立的泛珠三角教育信息化协同创新中心基础上，是否可以联络一批国内教育信息化领域的优秀企业联合高校科研机构发起成立“教育信息化产学研技术创新战略联盟”。当年11月，有志于成立该联盟的15家国内教育信息化领域的高校、科研单位和知名企业，在华南师范大学教育信息技术学院召开会议共同探讨成立该联盟的可行性。

2013年11月28日，教育信息化产学研技术创新战略联盟在华南师范大学教育信息技术学院举行成立签约大会并举行了揭牌仪式（见图1）。华南师范大学、广东高校计算机网络与信息系统工程技术研究中心、广州市协同教育科学技术研究院和广州创显科教股份有限公司等成为首批成员。

教育信息化产学研技术创新战略联盟以教育信息化产业校企协同技术创新为纽带，以华南师范大学教育信息化领域专长为依托，与行业内知名企业协同合作，促进中国教育信息化产业技术创新战略联盟的正式成立。教育信息化产学研技术创新战略联盟单位一致推选南国农教授、李运林教授为联盟荣誉理事长，华南师范大学胡钦太副校长担任理事长，徐福荫教授担任专家委员会主任，教育信息技术学院院长黄慕雄教授和张瑜董事长负责组建秘书处，推进中国教育信息化产业技术创新战略联盟的正式成立。

图1　教育信息化产学研技术创新战略联盟成立

（二）联盟的成立

2014年10月24日，在中国产学研合作促进会的支持和指导下，依托教育信息化产学研技术创新战略联盟，中国教育信息化产业技术创新战略联盟筹备会在北京举行。来自全国30余家国家机关、社会团体、企事业单位及科研院所的人员出席了联盟筹备会。

2014年11月15日，在第八届中国产学研合作创新大会上，中国教育信息化产业技术创新战略联盟获批成立。2015年5月24日，中国教育信息化产业技术创新战略联盟CEIIA（简称“联盟”）在广州市华南师范大学国际会议中心成功举行了成立大会（见图2），三百余位来自全国高校、科研院所、教育信息化产业、金融服务行业的各界代表出席了大会。

二、联盟成立后各项活动

自成立以来，联盟先后通过动员和整合国内外教育信息化相关的各方面力量，建立教育信息化产业互动平台，推动政企互动、产学研合作、信息共享、上下游产业合作、企业与金融资本对接，促进产业资源的互联互通、融合发展，提高联盟企业成员的创新能力和市场竞争力，推动中国教育信息化的技术发展和产业升级，不断提高我国教育现代化水平。

（一）举办多场重磅学术研讨活动

联盟积极发挥自身的作用，先后举办了“互联网+”时代的教育信息技术与教育变革研讨会、协同创新——推进教育信息化理论与实践研讨会、教育信息化产业创新驱动国际研讨会（见图3）（2016—2019年已连续举办三届）、广东省职业院校专业文化建设大赛（连续举办两届）、广东省“中小学数字校园文化建设”研讨会、智慧经济生态核心成员企业峰会、“新平台、新视角、新路径，打造智慧教育高地”高峰论坛等多项重磅学术研讨活动。来自国内外知名高校、教育信息化企业、金融资本机构、创新创业媒体的众多专家学者和代表，围绕“协同培养创新人才”“一带一路人才培养机制”“教育信息化‘十三五’规划”“教育信息化产业发展及资本化”“基础教育信息化”“产学研相结合”等相关议题，全面、深刻探讨了教育信息化的发展现状以及教育技术学领域的研究现状、未来发

图2　中国教育信息化产业技术创新战略联盟揭牌仪式

展规划。全面深入分析了新形势下基于“互联网+”形态的教育信息技术的发展和变化，及其对教育变革产生的深远影响。

（二）发布多个行业技术标准

联盟成立至今，已发布《智慧校园建设与应用评价标准体系》行业标准，包括《智慧校园建设规范 V1.0》《微课技术标准 V1.0》《数字校园文化建设标准与评价指南 V1.0》三个子标准。发布《平安校园建设与应用评价标准体系》和《跨学科研究课程建设标准和应用指南》。

（三）促进区域教育发展

为促进教育公平和教育均衡发展，进一步完善区域教育信息化机制，提高教育信息化水平，联盟成员积极参与各项区域教育活动。先后参与调研天津市西青区、温江等地的教育信息化建设情况；承担定南县教育信息化发展规划编制；参与贵州习水、毕节，四川汶川，广东韶关等地教育精准扶贫系列活动；参与“筑梦礼物空间”项目建设；捐资147万元建设希望小学；组织“国培计划”在广西、郁南、阳西、翁源县等地的信息技术应用培训；共建华南师范大学——西藏林芝教育信息化（智慧教育）应用示范基地，支持教育精准扶贫。

图3　教育信息化产业创新驱动国际研讨会

为紧紧依托产学研合作平台，发动各方力量，协同创新推动国内智慧教育生态系统的构建，推动国家教育信息化事业的发展，联盟成立至今，已先后与华南师范大学、广东技术师范大学、广东财经大学等高校成立了广东省智慧学习工程技术研究中心、华南师范大学第一批产学研基地，建立了中国第一个智慧教育主题型孵化器，推动了广州市教育信息化产业联盟、广州市职业教育AR&VR技术创新联盟的成立，建立了华中区、华南区、西南区等五大联盟产业孵化基地。

同时，为引领教育产业创新创业，推动产业生态健康有序发展，2016—2019年，联盟连续举办三届全国大学生教育信息化创新创业大赛。为加强教育产业投资建设，联盟单位发起成立了“创胜未来”投资基金，完成对广州十牛科技、山西智林、深圳优伴等单位的投资。为推动教育信息化产业生态的建设，联盟召开教育产业与投资专题交流会，募集了总规模5亿元的文化教育产业投资基金。

（四）加强教育产业国际化，服务“一带一路”

近年，联盟积极响应国家的“一带一路”倡议，以智慧教育研发合作为契机，搭建中外友谊桥梁，拓展人文、教育等领域交流渠道。联盟成员共建粤港澳大湾区首个国际智能教育技术创新中心（首期投资超过5000万元），与广东第二师范学院联手打造粤港澳大湾区首个未来教育与未来学习体验中心、首个教育信息技术应用能力实训中心；与暨南大学国际学院共建留学生实践教学基地，先后协办亚洲、非洲、欧洲等地的信息技术应用培训班；与联合国教科文组织高等教育创新中心、西拉姆·拉玛克里西纳（Seeram Ramakrishna）的团队代表、青岛国际院士港、英国培生集团等多个国际性组织、团队签订战略合作协议；先后访问东南亚的印尼、缅甸，欧洲的波兰、匈牙利，非洲肯尼亚等地，启动了多项智慧教育项目合作。

三、总结与展望

联盟是智慧教育生态圈建设的枢纽平台，能促进融合面向家庭、社会和学校教育的全产业服务链的形成，建立区域的终身教育服务体系。联盟在发展的过程中也存在一些不足之处：在新形势下，配合政府推动产业转型升级的工作目标不够明确、方法不够精准、新模式研究推广力度不足；在国内面临金融去杠杆、企业融资难方面所做的工作不够，没有积极发挥联盟作用；对中国产学研促进会的平台资源建设没有充分发挥作用，对联盟间的交流与区域政府间的互动参与有待提升。

未来，中国教育信息化产业技术创新战略联盟，将进一步整合产业技术创新资源，推进各区域的产学研合作平台建设，建立区域的联盟服务中心；将努力为教育信息化产业发展提供精准、到位的服务；将继续通过多种方式加强行业交流合作，推动智慧教育生态圈建设，为区域教育信息化事业服务；将进一步加强对产业创新创业的扶持力度，搭建优质孵化平台；将全面提升教育信息化行业规范化发展水平，提升产业核心竞争力；将组织对教育精准扶贫的深度研究，推动区域教育均衡、全面发展；将响应国家“一带一路”倡议，搭建教育信息化、产业国际化合作平台。

作者单位

张　瑜，广州创显科教股份有限公司。

李　伟，广州创显科教股份有限公司。

张学波，华南师范大学教育信息技术学院。

一师一优课、一课一名师

——记全世界范围内规模最大的教育信息化应用活动

◎ 杨 非　黄旭光　陈伟玲　方圆媛　黄志南

在一个晴朗的夜晚，江苏省镇江市穆源民族学校谌老师兴奋地打开个人电脑。她点击浏览器程序，登录网站，点击“我要晒课”版块，依次选择“小学美术”“四年级”“苏少2001课标版”“会说话的手”，之后在弹出的页面中分别上传教学设计文档和课堂实录视频。随着电脑屏幕上显示的上传进度条由1%滑动至100%时，谌老师舒了一口气，脸上露出了微笑。

谌老师参加的是教育部2015—2016年度“一师一优课、一课一名师”（以下简称“一师一课”）活动，当年和她一样参加晒课活动的教师达到454万余名。

教育部“一师一课”活动自2014年启动以来，到2019年已是第五个年头。无论是参与教师人数还是晒课数都在千万级别。时任教育部副部长杜占元同志在2017年全国教育信息化工作会议上就曾指出：“活动已经成为全世界范围内规模最大的教育信息化应用活动。”这个活动是如何诞生的？活动的开展和发展又经历了怎样的过程？

2012年8月，全国教育信息化工作电视电话会议召开，标志着新一轮教育信息化工作的正式启动。在这次会议上，时任国务院副总理刘延东同志指出：“坚持雪中送炭的政策重点。把农村和边远地区作为重点优先保障，通过资源倾斜等方式，加快缩小城乡、区域、校际学生的‘数字差距’。”为贯彻党的十八大精神，落实全国教育信息化工作电视电话会议和《教育部等九部门关于加快推进教育信息化当前几项重点工作的通知》（教技〔2012〕13号）要求，教育部启动实施“教学点数字教育资源全覆盖”项目，项目以开足、开好国家规定课程为目标，支持各教学点建设可接收数字教育资源并利用资源开展教学的基本硬件设施，并通过卫星和互联网传输方式，推送数字教育资源至各教学点。

2013年年底，教育部“农村教学点数字教育资源全覆盖项目”资源应用案例经验交流会在北京成功举办。会上就项目中教学点教师应用项目资源开展教学应用的课例进行了交流和分享，反响很好。很多教师表示，这种形式一方面能帮助他们看到别人在教学中是如何用好资源的，另一方面也能督促自己应用资源。

在设计开发“农村教学点数学教育资源全覆盖项目”资源的过程中，我们发现现行的教材版本众多，要依据教师的教学习惯配合教材版本开发资源，国家投入十分巨大，另外版本更新非常快，国家投入资源开发的周期也较长，在版本更新反应的及时性上不够灵敏。在调研中，我们也发现教师们更喜欢源于一线的活生生的案例，过去的案例评选是基于评优的筛选，分散在各处，教师们想看却不容易得到。基于现状的分析研究，我们就在想是不是可以组织一个全国范围的案例征集活动，按照学科、年级、版本的形式来组织，方便教师在平时备课、上课时轻松查找、学习、借鉴。我们希望在每一个节点上所征集的案例都应该是能够体现本节点应用信息技术所开展的最佳案例，以起到充分的示范作用，我们给本活动起名叫“一课一名师”，也就是说每一堂课都有名师讲授的优质资源来供全国的教师分享。

我们将案例征集活动的想法向当时分管我们的时任中央电化教育馆馆长王珠珠同志和副馆长蔡耘同志进行了汇报，两位领导都非常支持我们的想法，也向时任教育部副部长杜占元同志进行了汇报。杜部长首先肯定了我们的想法，同时也提出了要推进广大教师的参与和应用。在此基础上，我们提出了“一师一优课”的想法，也就是说让每位教师都能够利用信息技术上好一堂课。于是，我们初步形成了“每位教师提供一堂自己利用数字教育资源开展教学的代表课，进行在线晒课交流”和“逐级遴选优秀应用案例”的思路。在该思路基础上，中央电化教育馆基础教育资源部草拟了活动方案。围绕方案内容和经费预算，中央电化教育馆和原教育部基础教育二司、科学技术发展司相关处室进行了多次沟通。原基础教育二司司长郑富芝同志和王延觉同志对活动的开展表示充分支持，并提出了宝贵的建议。在此基础上，统筹教育行政、教学教研和电化教育三方力量参与，活动的框架和路线也越来越清晰了。之后，活动方案经报杜占元同志，修改确定了“一师一优课、一课一名师”的名称。最终，经过专家项目方案论证，2014—2016年三年的“一师一课”活动项目得以确立。

2014年10月中旬，2014年度“一师一课”活动在北京正式启动。在活动国家级培训上，原基础教育二司副司长刘昌亚同志出席会议并讲话。培训后，活动正式开始。活动分为教师网上“晒课”与“优课”评选两个阶段：网上“晒课”面向全国所有中小学校教师，由各地结合本地实际，利用国家教育资源公共服务平台提供的“晒课”功能，组织教师在规定的时间内，通过平台实名制上传一堂完整课堂教学的教学设计、课堂实录、所用课件、相关资源（或资源链接）和评测练习等；“优课”评选是在网上“晒课”的基础上，采取县（区、市）、市（地）、省（市、区）和国家分级评选的方式，对年度各年级、各学科、各版本的资源开展逐级推荐评选。

各地形成了由教育行政部门牵头组织，各级电化教育、教研部门和中小学校协同配合、分工合作的工作模式。各级电化教育部门为教师平台晒课、资源使用、录课做课提供了强有力的支持；教研部门帮助梳理晒课节点，指导教师上课，帮助教师磨课，组织开展评课等。国家、省、市、县各级技术支持服务部门形成联动机制，采取各级“管理员”制度，具体落实线上组织管理工作。在三支队伍的通力合作下，2014年度第一次活动便取得了令人瞩目的成绩。报名参与活动的教师人数达到534.4万余名，晒课总数近305万堂，通过教师上传分享的生成性资源共计536万条。

“一师一课”活动为来自五湖四海的教师提供了跨越山水阻隔进行备课、磨课、教研、交流的机会，搭建了展示个人专业风采、促进广

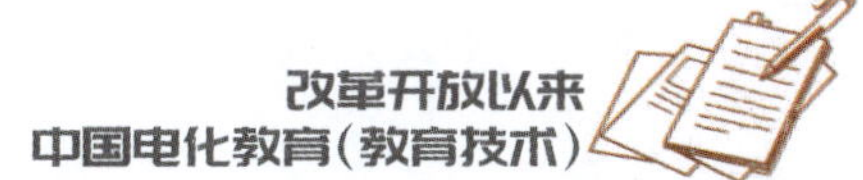

泛深度交流的平台。从2014年启动至今持续开展的5年时间里，全国教师的参与热情高涨，资源成果极大丰富，取得了非常好的效果。截至2019年8月31日，全国晒课共计2012万多堂，产生省级优课20多万堂，2020年将累计形成部级优课近8万堂。活动所产生的生成性资源已达4500万条，优质资源总量是过去10年国家投资建设资源的几十倍，覆盖了小学、初中、高中各科国家课程的主要教材版本的近80%知识节点，同时也覆盖了部分少数民族语言和安全教育、心理健康教育等专题教育教学资源。通过大规模地组织教师开展实践教学，一批扎根课堂教学，具有网络魅力的教学信息化新模式、新方法和新机制显现，有效促进了教师信息技术应用能力和教育教学质量的双提升。2015年11月，时任国务院副总理刘延东同志在第二次全国教育信息化工作电视电话会议上指出："这种'课堂用、经常用、普遍用'的信息化教学，使优质教育资源覆盖面不断扩大，促进了教育质量的进一步提高。"

在教育部基础教育司和科技司的领导下，作为活动的亲历者，我们见证了活动的诞生和发展，也深知活动开展过程中的艰辛和不易。活动中遇到的第一个困难便是因参与活动的教师人数巨大，高峰期访问量和上传量巨大。尽管我们前期在技术架构上做了精心的设计，但由于教师们更愿意在临近晒课截止日期的那几天开始传课，导致网络拥堵，并发数巨大，服务器负载过重。为了解决这个问题，我们一方面对硬件进行了扩容，升级服务器，提升上传速度；另一方面从2015年开始实施各学段分阶段分时晒课和截止，从机制上有效缓解了大量教师集中晒课的问题。第二个困难是晒课节点不够完善。我国基础教育实行"一纲多本"，各地不同学科采用多样的教材，而且每年都有新的版本投入应用。在活动开展之前，馆里同志已经梳理形成了相对全面的中小学各学科不同版本教材章节信息，但是各地教材的复杂程度超过了我们的想象。活动开始之后，我们仍然接到一些教师关于教材晒课节点需要修改和调整的反馈。于是，我们建立起了灵活的教材目录信息完善机制。不仅有专人根据教育部当年发布的教师用书目录清单来完善不同版本教材的章节信息，也有人针对晒课教师通过各种渠道反馈的信息，进行进一步核对和完善。通过这些努力，我们整理上线了全国各地正在使用的中小学教材版本近千个，为教师晒课、分享、查阅课程资源提供了一个当前版本最全、更新最及时的体系框架。第三个困难是部级优课评审的组织。以2014年为例，有近5万堂省优课，涉及小、初、高不同学段50多个学科。因为活动的目标是尽量覆盖更多的节点，所以在省级推优各学科数量上并没有作限制，造成的结果是省优课各学科的数量不确定。而从省级推优截止到部级评审结束基本只有不到一个月的时间。这其中要完成近3000名专家的抽取、任务派发，每名专家50堂左右的评审任务。3000名专家的管理，从评审任务派发，督促评审工作，解答评审过程中的释疑，到后期的劳务派发，短时间内工作繁琐且任务量巨大。这个工作我们得到了各省的积极响应和支持，从评审流程的培训、评审过程的督促和管理，到劳务的派发，各省级负责部门积极响应，众人拾柴火焰高，大大地提升了工作效率。第四一个困难是如何及时有效地回答一线教师的疑问。我国地域辽阔，各地信息化条件不同，教师的教学能力、信息化水平参差不齐，且各地对于活动参与方式和操作方法的宣传解读程度也存在差异，很多教师在报名晒课过程中遇到任何问题，第一个想到的便是给我们打电话，结果不仅导致我们客服的电话爆满，活动组织相关部门的电话也是一天到晚响个不停，我们每天都在接听和解答参与活动教师的各种疑问。为了有效解决这种问题，一方面将来电的问题进行归纳，梳理出几个集中的问题，联合有关部门高效解决；另一方面进一步畅通和宣传客服QQ、公共邮箱等多种答疑通道，进一步完善晒课指南，并将高频问题及其解决方案通过网上展示，提升问题解决效率。各省也分别建立各自的客服团队，通过热线电话、微信、QQ群等方式有效地帮助我们分解了教师答疑的压力。

“一师一课”活动顺应“互联网+”的发展趋势，为基层教师的草根力量搭建平台，充分响应了李克强总理所提出的万众创新的号召，集千万教师的智慧和创造力，实现了资源建设、更新与应用的突破，成为世界范围内规模最大的教育信息化应用活动，走出了一条中国特色的教育信息化应用之路。活动的有序开展，充分说明了教育系统众志成城，集中力量办大事，也是我们社会主义优越性的充分体现。“一师一课”活动在教师群体中可以称得上是无人不知的一项活动，对于推动信息技术在中小学课堂中的应用起到了积极作用。下一步工作的重点一方面将是继续开展好活动，另一方面是将活动中产生的资源用好，进一步发掘这些生成性资源的价值。

作者单位
杨　非，中央电化教育馆。
黄旭光，中央电化教育馆。
陈伟玲，中央电化教育馆。
方圆媛，中央电化教育馆。
黄志南，中央电化教育馆。

“南国农信息化教育发展基金”的建立

◎ 郭绍青　俞树煜

成立一个基金是南国农先生多年的心愿。1994年2月，南国农先生的夫人范春晖女士在广州去世。夫人去世后，先生将夫人的遗产20万元捐赠给了西北师范大学和华南师范大学，设立以范春晖女士名字命名的基金——春晖奖励基金，奖励两所学校电化教育专业的优秀本科生和全校研究生。20万元在当时可是一笔巨款，先生捐资助学的善举一时在学校被传为佳话，受到了广大师生的赞扬和尊崇。2010年8月，“南国农与中国电化教育发展学术研讨会”在兰州召开，全国的同仁和西北师范大学领导、教师和学生等一起祝贺南国农先生90岁生日。其后，先生就一直关注基金的事情，经常说到全国教育学界的一些基金。后来到2013年左右，先生明确提出要设立一个信息化教育基金。当时，郭绍青等带领西北师范大学教育技术学院教师着手帮助先生开始做这件事情，诸如起草章程等工作已经启动，但由于大家都觉得先生身体还好，工作推进不是很快。

2014年8月6日，身体一向康健的南国农先生突然生病住进西北师范大学附近的兰空医院，病情非常严重。经过医院抢救治疗后，病情才稳定下来，但因戴面罩呼吸，一度不能说话。先生可能自己预感不好，大约在8月12日凌晨，在自己能短时脱离呼吸面罩时，让兰空医院呼吸与老年病科林允信主任打电话给西北师范大学教育技术学院郭绍青教授，让其到医院。郭绍青教授感到非常突然，想先生肯定有重要事情要交代，就快速赶到病房。在医院病房，先生在郭绍青教授和林允信主任的见证下，录音口述并书写了遗嘱，他叮嘱郭绍青教授一定要把“信息化教育发展基金”成立起来，在遗嘱中他说：“设立信息化教育发展基金的60万元，我已经准备好。”后先生转至解放军兰州总医院治疗后于8月下旬出院，在家休养。郭绍青教授意识到先生本次病情较重，为使先生能在生前见证基金成立，迅速组织人员加快推进基金章程起草等工作。经反复、仔细斟酌，确定基金名称为“南国农信息化教育发展基金”，并多方征询了全国教育信息化领域专家的意见，大家一致赞同。基金章程也经多次讨论，反复修改，终成初稿。2014年9月24日，俞树煜去先生家里探望先生时，郭绍青教授让把基金章程带给先生看。俞树煜在先生床前给先生简单汇报了基金章程起草过程和章程主要内容，先生特别高兴，也显得特别精神，特意让把章程给他念了一遍。后让俞树煜把章程放在他的床头，他再仔细看看。遗憾的是先生于3天后（9月27日）离世，没有亲自见证基金的成立，但欣慰的是先生在生前看到了基金章程，基金用途也符合先生的意愿。先生逝世后，郭绍青教授加快了基金成立步伐，在全国范围内组织相关领导和专家成立了“南国农信息化教育发展基金”筹备委员会，并向社会募集资金，加快筹备成立基金。

2015年3月28—29日，“技术促进教育变革学术研讨会暨南国农信息化教育发展基金”成立仪式在兰州举行。在“南国农信息化教育发展基金”成立仪式上，清华大学教授程建钢、河南大学教授汪基德、深圳市巨龙科教高技术股份有限公司董事长诸健和华南师范大学教授徐福荫分别代表基金筹委会、学生、基金捐赠企业和生前好友代表发言，南国农先生儿子南林代表家属发言。华东师范大学副书记、副校长任友群教授，华南师范大学副校长胡钦太教授，北京师范大学校长助理陈丽教授和西北师范大学副校长万明钢教授为“南国农信息化教育发展基金”揭牌，宣告“南国农信息化教育发展基金”正式设立（见图1）。基金旨在继承与弘扬南国农先生献身教育信息化事业的精神，奖励在信息化教育领域有杰出贡献的个人或团体，促进中国信息化教育学科建设与事业发展，设立南国农信息化教育个人成就奖和南国农信息化教育杰出贡献奖，每两年各授予1项。个人成就奖主要奖励长期从事信息化教育领域教学与研究工作，在信息化教育理论研究

图1　胡钦太、陈丽、任友群、万明钢为“南国农信息化教育发展基金”揭牌

取得重大创新，或在国外理论引进与本土化方面取得重大突破，抑或在信息化教育学科建设中做出突出贡献的个人。杰出贡献奖主要奖励在促进教育信息化应用与实践方面取得创新成果或在教育信息化应用推广方面发挥重大作用，抑或在教育信息化新技术、新产品研发方面解决重大技术难题，并取得显著社会效益或经济效益的个人或团体。基金第一届管理委员会由中央电化教育馆、清华大学、北京师范大学、华东师范大学、华南师范大学、华中师范大学、西北师范大学等单位的专家教授，企业界代表及南国农先生亲属代表等共计24人组成（见图2）。“南国农信息化教育发展基金”起始资金为110万元人民币，其中南国农先生出资60万元，西北师范大学教育技术学院出资50万元。同时接纳政府部门、社会团体、企事业单位和个人等捐赠，截至2019年年底累计募集资金近500万元。

图2　“南国农信息化教育发展基金”管理委员会部分成员合影

2017年，经来自全国高等学校、基础教育、企业等相关单位的几百位人员的广泛推荐，及第一届“南国农信息化教育奖”评审委员会投票，并通过第一届“南国农信息化教育发展基金”管理委员会认定，第一届“南国农信息化教育奖”个人成就奖获奖者为北京师范大学何克抗教授、杰出贡献奖获奖者为华南师范大学李运林教授。第一届“南国农信息化教育奖”个人成就奖于2017年6月4日在“信息时代的教育技术学科创新与发展——暨何克抗教授学术思想研讨会”上，由西北师范大学校长、“南国农信息化教育发展基金”管理委员会主任委员刘仲奎教授向何克抗教授颁发（奖杯见图3）。颁奖词如下：何克抗教授是我国教育技术学领域的常青树，是一位具有博大情怀的理想主义教育家。数十年来，他心注一境，矢志耕耘，著作等身；融贯中西，知行合一，不懈精进。何克抗教授“顶天立地”的治学生涯，引领了理论创新和扎根本土的研究走向，为推进教育技术的学科自觉、领域自信和研究自主做出了杰出贡献。

第一届“南国农信息化教育奖”杰出贡献奖于2017年12月2日在第二届教育信息化产业创新驱动研讨会暨联盟第二届行业标准发布和“教育信息化创新创业奖”评选活动上，由时任西北师范大学党委书记陈克恭同志代表基金管委会向李运林教授颁发（奖杯见图4）。颁奖词如下：李运林教授将教学、科研、生产三结合，创办了我国第一个电化教育本科专业；创建的“三面向教育科技园”，在教育信息化应用与推广方面发挥了重大作用；承担国家教育信息化研究课题，成立协同教育研究院，进行教育信息化新理论、新媒体和新模式研究。

图3　第一届“南国农信息化教育奖”个人成就奖奖杯

南国农先生是新中国信息化

教育事业的开拓者与奠基人，是我国著名教育学家。南国农先生一生躬耕于大西北这片沃土，把毕生的智慧和精力都奉献给了新中国的信息化教育事业，为探索中国特色信息化教育理论体系与实践道路，发展我国信息化教育事业，建立中国信息化教育专业和学科做出了突出贡献。

图4　第一届“南国农信息化教育奖”杰出贡献奖奖杯

“南国农信息化教育发展基金”是我国信息化教育领域成立的以个人名字命名，奖励在信息化教育领域做出突出理论和实践贡献的个人或团体的全国性基金，它的成立必将会激励我国教育信息化领域的学者弘扬南国农先生献身教育信息化事业的精神，沿着南国农先生等老一辈学者开创的中国特色信息化教育发展道路，在中国教育信息化发展的时代大潮中砥砺奋进，不断前行，为中国教育信息化的实践发展和建立中国特色信息化教育理论体系奉献智慧和力量。

作者单位

郭绍青，西北师范大学教育技术学院。

俞树煜，西北师范大学教育技术学院。

面向义务教育全覆盖、全高速、全应用、全管控的省级网络建设和创新应用

◎ 罗　文

云南省是全国最早建设面向城乡义务教育全覆盖、全高速、全应用、全管控的省级网络的省份。到2016年年底，云南省在经历了从网络运营商的专线宽带网络接入和ADSL方式接入的校园网建设，乡镇中心学校以上学校的网络应用条件有了很大改善，但是对于一个94%的面积地处山区的省份来说，村一级的学校特别是小规模学校（教学点）网络速度慢，还有部分教学点不通网络，而它们正是国家“三通两平台”建设和应用的难点，也是义务教育均衡发展通过应用信息化直接得益的学校。

2017年8月机遇出现了，云南省委、省政府落实关于教育行业要主动融入国家战略，努力为云南经济社会跨越式发展服务的要求。为贯彻落实《云南省人民政府关于加快推进“互联网+”行动实施意见》的部署和要求，省教育厅大力推进学校网络建设，利用互联网把新技术、新模式与教育深度融合，提升教育创新能力和发展动力，促进云南义务教育均衡发展，提高义务教育的整体办学水平，特别是提高教学点（小规模学校）的教育质量，形成以互联网为基础设施和发展要素的教育供给新形态的有效途径和重要抓手，开启了前所未有的省级义务教育专用网络的建设和应用。

依据教育部相关要求、云南农村小学教育实际和网络应用需要，云南省义务教育网络设计建构一个“云+网+端”一体化全覆盖、全高速、全应用、全管控，有专用通道、有校园网络的“云网端融合、四全两有”教育网络。明确提出：实现优质教学资源共建共享，农村边

远学校能开出、开齐课程，缩小城乡差距，促进义务教育均衡发展；推进教与学方式的变革，转变人才培养模式和教学模式以及评价方式，提高教育质量；促进教育扶贫，为贫困地区提供优质教育，提升贫困地区学校的办学水平；加快教育管理的现代化，提升教育治理体系和治理能力现代化水平。

按照光纤到班的建设目标，云南省义务教育阶段17018所学校，其中教学点3308个；班级数146158个，其中包括教学点班级数7705个、“十三五”期间计划撤并的1050所学校以及消除大班额带来的班级数增加，预计新增班级数4300个。按照“统筹规划、分类统建，购买服务、企业建维，全面覆盖、分级管理，存量融合、共建共享”的原则，云南省在生均公用经费中每生每年拿出20元进行统筹，连续统筹5年，总投入达5.64亿元，建成了万兆主干、千兆到校、百兆到班的覆盖全省义务教育学校所有班级的专用光纤网络和应用的教育云平台。

网络建设为地处大山里的小规模学校和教学点架设起了一条高速公路。与此同时，云南省采取多项措施，努力加快教育资源共享，促进乡村学校教育质量提高和利用大数据推进高中教学评价方式转变，实施分层、个性化教学，一批在全省乃至全国具有创新性和重要影响的应用涌现出来。

怒江州贡山县独龙江乡的3所学校全部体验了义务教育网络带来的新变化——同在蓝天下，共享优质资源。乡里的一所九年一贯制乡中心学校，基于义务教育网络建设，实现了班班百兆光纤接入，两个教学点也接入义务教育专网。2015年5月，习近平总书记关心的独龙江乡的学校与昆明市学校，开启了异地同步课堂，各上了一节小学音乐、初中生物学课，让独龙族的娃娃们第一次体验到了“大山再也挡不住知识”。如今，昆明高新第一小学还持续对独龙江九年一贯制中心学校进行帮扶开课，每个月通过异地同步课堂组织1～2次教研课，对语文、数学、英语进行帮扶教学，累计开课30余节。独龙江乡的学校已实现光纤网络到每个班，师生在课堂上就能共享网络教育资源。中心校和教学点的教师都能上网进行网络研修。乡中心学校继续与云南大学附属中学、昆明高新第一小学实现了在线同步课堂和网络研修（见图1），帮助独龙乡学校改变了开不齐、开不出国家规定课程的状况。独龙乡学校还依托义务教育网络，建起了“爱心小屋——留守儿

图1　独龙江中心学校与昆明高新第一小学的网络教研

童之家”，通过双向可视电话系统，为留守儿童提供与父母网上见面通话的条件，加强留守儿童与父母亲的沟通交流，增强了留守儿童与父母之间的亲情。

在国家教育信息化“课堂用、经常用、普遍用”的要求导向下，网络同步教学已经得到了快速发展，但如何利用高速网络实现多点互动的同步教学，在一段时间仍然是个难题。云南省积极实验并推进贫困地区学校教育资源共享和规模化应用，利用云南义务教育专网，实施“1+N（一校带多校）同步互动课堂”，对边远贫困地区小规模学校（教学点）开齐开足课程，促进义务教育均衡发展发挥重要作用。“1+N同步互动课堂”跨越了地域的限制，让边远贫困地区的孩子能接受优秀教师上课，共同学习、共同交流、共同进步，调动了学生的积极性，提高了边远贫困地区学校的办学水平。但是，一个优质学校与多个相对薄弱学校实现互动教学，不仅是技术问题，也有许多教学法需要研究。云南省以小学音乐课为例，通过网上备课、上课和课后各环节的优化，总结和推广同步互动教学的经验，让优质学校教师用最短的时间展示最需要讲授清楚的概念、能力要点，帮助薄弱学校教师学习掌握学科知识技能和教学法，收到了良好的效果。泸水市新建完全小学音乐教师的一节这样的课被录像后在全省推广（见图2）。2018年5月，我们把这一案例拿到教育部举办的全国基础教育信息化交流展示会上展示。孙春兰副总理听了汇报，看到薄弱学校教师获得体会后，给予了高度评价。现在，这所学校每周二、四都为全镇的11所学校的370名学生同时

图2　怒江州泸水市新建完全小学教师上音乐课

上音乐课，实现了贫困地区学校开齐课程和区域优质教育资源共享。

云南省还利用义务教育网络，推动了高三学生统测大数据分析，促进了分层教学、个性化学习和教学质量提高。2018年年底，在义务教育云端建成学生学业质量监测平台，组织全省27万多名学生进行学业质量统测。依托云南义务教育专网建设教学质量管理平台，在全省各县市区和有条件的学校建设343个试卷扫描点和251个阅卷点；按照《普通高等学校招生全国统一考试大纲》组织专家按照学科需要检测的知识、能力、素养、品质等维度设计双向细目表命题，并在制卷过程中依据学科双向细目表做好试卷的切割；27万多名学生答卷后，在251个阅卷点组织4000多名教师进行阅卷，阅卷结束，测试数据平台得到各检测点的数据。首先是对区域和学校高三年级的教学水平做出准确分析。全省各州市、各县市区和各学校的平均分和标准差分布，各学科知识、能力、素养、品质等维度具体测试点的情况，准确判断每所学校每一个学科的每一个检测点的情况。按照合理的平均分和标准差取值，将学校成绩分为9类，并采用大样本Z检验模型对学校教学水平进行差异检验，确定学校整体的教学水平和学科教学水平。同时还对每个学生学习情况进行了分析。每个高三学生能获得一份质量分析报告，包括各学科成绩，薄弱学科分析，每道题目的得分率，知识、能力和素养维度得分率，判断出学生在知识和能力掌握应用上存在的问题，同时能判断学生自己在学校、区域和全省学生中的学习情况，有利于学科教师根据每个学生的学习情况针对性地进行教学，学生自己也可根据质量分析报告进行针对性的学习，实现学科分层教学和个性化学习，推进因材施教的新突破。

贯彻落实“应用驱动、机制创新”的发展思想，云南义务教育网络建设应用实现新的跨越，拓展了学校教育教学的共享、情境、融合、交互、时空、精准、高效和生成等属性，为育人方式的转变，加快办公平而有质量的基础教育提供了有力支撑。

作者单位
罗　文，云南省教育科学研究院。

我国教育信息化领域第一个国家地方联合工程实验室的建立与发展

◎ 郭绍青　贺相春

一、“工程实验室”的创建与发展历程

2016年10月18日，国家发展和改革委员会正式发文（发改高技〔2016〕2203号），批准成立“互联网教育数据学习分析技术国家地方联合工程实验室”（简称“工程实验室”），这是我国教育信息化领域第一个获批建设的国家地方联合工程实验室。

“工程实验室”的创建与发展，离不开西北师范大学教育技术人多年的砥砺前行与开拓创新。2008—2013年，西北师范大学批准郭绍青教授牵头成立教育信息化研究所，聚焦西部、农村、民族地区，开展互联网推动城乡教育均衡发展的超前研究；开发教师专业发展网络课程、师范生信息化教学能力培养课程，推动混合式教学教研模式在教师专业发展中的应用，开发教师专业发展支持服务平台，探索建立“互联网+教育”云服务体系架构；开展甘肃省教育信息化发展现状调研与评价指标战略研究，为教育信息化战略决策提供服务。2013年10月，郭绍青教授带领团队的研究成果与实力得到认可，甘肃省发改委批准成立甘肃省教育信息化领域唯一的省级工程实验室“甘肃省数字化教育工程实验室”。同年，甘肃省教育厅批准成立甘肃省人文社科重点研究基地“教育信息化发展研究中心”。2014年，“甘肃省数字化教育工程实验室”获得甘肃省发改委工程实验室创新能力建设专项资助

（甘发改投资〔2014〕813号），研究的基础条件、技术条件和外部协同条件得到完善，学科优势、团队优势、人才培养优势凸显。在此基础上，2016年申报国家地方联合工程实验室并获批建设，2019年甘肃省教育厅批准建立省级“2011协同创新中心”——智能教育协同创新中心。经过十余年的发展，目前已形成了以教育技术学为主导学科，以国家地方联合工程实验室为纽带，聚合各科研平台，开展跨学科、跨领域的综合创新研究基地、咨询服务基地、人才培养基地和成果转化基地。

二、“工程实验室”的研究方向

“工程实验室”秉承多学科融合、产学研合作的建设理念，聚合由教育技术学、心理学、电子工程、软件工程等多学科专家构成的、稳定的研究团队，围绕互联网教育云服务关键技术、自适应数字教育资源研发和教育信息化决策与咨询服务三个方向开展研究。

1.互联网教育云服务关键技术研究

在当前智慧城市建设背景下，在互联网教育云服务体系构建中的大数据学习分析技术、大数据数字教育资源质量分析与推送技术等关键技术上进行系统研究与技术攻关，为互联网教育企业提供技术支撑。教育大数据学习行为分析关键技术研究：将教育领域研究与学习分析方法相结合，对教育教学过程中的关键对象（学生、教师、课程等）进行模型构建研究，并开展教育大数据学习行为采集规范和标准研究。

2.自适应数字教育资源研发

在网络学习心理分析、数字资源与深度学习等理论与方法的基础上，对数字资源界面设计及交互设计标准等进行研究，提高学习者的人机交互层次和学习深度，增加学习沉浸感。在应用学习者认知特征与风格测量、学习行为分析等理论与方法的基础上，进行资源自适应关键技术研发，提高学习者对个性化资源需求的满意度。充分利用国内外虚拟现实技术的最新研究成果，对真实情境与虚拟情境融于一体的虚拟现实和增强现实数字学习资源环境中的关键技术进行研发。与K12教育、民族教育等内容相结合，对人机交互模式和教学适用性进行深入研究和迭代开发，实现具有深度沉浸、多感知互动、跨时空体

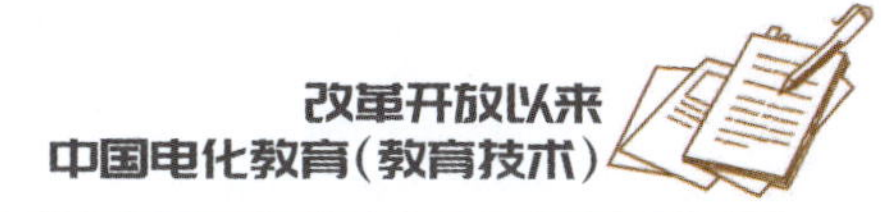

验、线上线下、实体流动相结合的虚拟现实学习资源平台。

3.教育信息化决策与咨询服务

研制教育大数据采集、教育大数据跨平台交换等标准，提取关键数据进行分析以供决策者判断运筹。设计开发数据分析工具，发挥数据的多维度比较分析（如从各类人群的需求、技术不断发展等）功能，为互联网教育发展目标预测与进一步规划提供坚强、有力的支持。利用大数据分析技术的可视化优势，帮助分析者挖掘、呈现不同数据之间的联系，发现问题，寻找解决问题的途径并提供咨询，支持决策者科学决策、动态管理。

三、“工程实验室”的研究成果

1.关键技术研发形成了良好的产学研一体化的态势

所研发的集“个人空间、工作坊、学校社区、区域社区”于一体的“教师研修网”实现了科研转化。建立在数据管理与数据分析服务框架下的自学考试信息系统，已经为甘肃省、贵州省、海南省的考试院校提供数据管理与可视化分析服务。与互联网教育企业联合开展的教育大数据采集标准、教育大数据跨平台交换标准等企业标准研制项目，针对大数据与适应性学习平台开展的学科知识图谱、学习者特征分析、个性化推荐技术等均取得突破性进展，研究成果已经在企业产品中得到应用，“工程实验室”的技术研发优势与企业的资金、产品化优势实现了有机融合态势。

2.数字教育资源研发形成特色

系统开展了网络学习心理分析、数字资源与深度学习等理论与方法的研究活动。针对教师培养培训一体化的卓越教师建设，系统开发了教师培训课程，构建了730门课程的体系，开发的师范生与教育硕士教学案例库正在教师培训与师范生培养中发挥作用，融合人工智能技术、虚拟现实技术的藏区民族教育体验性、沉浸性的学习资源系统开发已具雏形，完成学前及小学低段国家通用语智能学习系统的研发，在甘肃省甘南藏族自治州开展试验并取得良好效果。

3.教育决策与咨询服务智库建设成绩显著

2000—2020年，为中欧甘肃省基础教育项目、中英甘肃省基础教育项目、联合国儿童基金会灾区项目等国内、国际教育信息化项目提供了智力服务，形成了一批理论与实践研究成果。作为主持单位研制的《中小学教师信息技术应用能力培训课程标准（试行）》《网络学习空间建设与应用指南》被教育部采用；受教育部委托，领衔团队在甘肃省舟曲县、四川省雷波县开展《教育信息化2.0行动计划》（教技〔2018〕6号）八大行动之一的“利用高通量宽带卫星实现学校（教学点）网络全覆盖试点项目”。为甘肃省教育厅制定了多项标准与规划，设计并全程跟踪指导的甘肃省教育厅长突破项目“互联网+”师范生支教取得巨大社会效益，对其他地区基础教育均衡发展具有广泛的指导和借鉴意义。为省内外各级各类教育行政部门提供政策咨询服务，在教育信息智库建设中取得良好的成绩。

“工程实验室”将继续全面贯彻“互联网+”教育发展战略，聚集互联网教育人才，提升科技创新能力，促进产学研紧密结合，为推进互联网教育发展，解决区域之间、城乡之间的教育差距，为不断促进区域教育均衡发展服务。

作者单位

郭绍青，西北师范大学教育技术学院。

贺相春，西北师范大学教育技术学院。

互联网教育智能技术及应用国家工程实验室的建立

◎ 袁克定　吕巾娇

根据《国家发展改革委办公厅关于开展互联网教育智能技术及应用国家工程实验室组建工作的通知》（发改办高技〔2017〕163号），北京师范大学作为承担单位，联合清华大学、中国移动、网龙华渔教育、科大讯飞，组建了互联网教育智能技术及应用国家工程实验室（简称“互联网教育国家工程实验室”）。

图1　互联网教育智能技术及应用国家工程实验室理事会第一次会议

2017年7月8日，互联网教育国家工程实验室理事会第一次会议，通过了第一届理事会、专业技术委员会成员名单和理事会章程（见图1）。北京师范大学党委书记程建平担任理事会理事长，陈丽副校长担任专业技术委员会主任，聘任“长江学者”特聘教授黄荣怀为实验室主任（见图2）。

一、互联网教育国家工程实验室的主要任务

理事会确定了实验室的主要任务是针对我国优质教育资源分布不

均衡、个性化学习服务能力不足等问题，围绕优质教育资源共享和智能教育服务的迫切需求，建设互联网教育智能技术应用研究平台，以联盟机制建设工程化研究与试验基地，打造一批技术成果应用示范基地。支撑开展远程教学交互系统、知识建模与分析、学习者建模与学习分析、学习环境设计与评测、系统化教育治理等技术的研发和工程化。通过建立支撑互联网教育的试验平台，形成国内一流的科研环境，主动承担国家和行业重大科研项目，在学习资源生成进化和智慧学习环境等方面取得一批关键技术成果并成功转化，构建互联网教育智能技术领域的自主知识产权和标准体系，形成可持续的产学研协同创新机制，促进教育公平、教育质量提升和学生个性化发展，为推动互联网教育智能技术的进步和产业发展提供技术支撑。

图2　黄荣怀教授在《职业教育技术展望:地平线项目报告》发布会上

根据《国家工程实验室管理办法（试行）》《国家高技术产业发展项目管理暂行办法》的通知要求，互联网教育国家工程实验室在建设和发展过程中，将紧密围绕互联网教育智能技术及应用发展的需要，开展相关产业关键技术攻关、重要技术标准研究制定，集聚、培养产业急需的技术创新人才。建立促进国家工程实验室良性发展的运行机制，探索和实施适合行业特点的具体措施，着力解决互联网教育行业发展的重大技术问题，提高产业自主创新能力，建立该领域发展趋势和重大问题的协同创新研究机制，积极完成国家有关部门委托的科研课题和行业技术咨询工作，主动提供行业发展研究情况和重要进展，更好地为国家和行业发展服务，支撑“大众创业、万众创新”发展。

二、互联网教育国家工程实验室承担的主要项目

互联网教育国家工程实验室目前承担的项目：教育部哲学社会科学研究重大课题攻关项目“‘互联网+’教育体系研究”、国家发改委

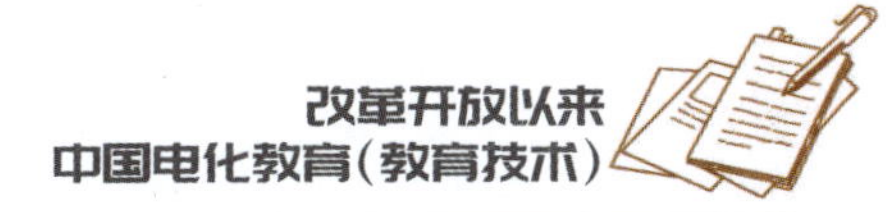

重大项目工程“基础教育大数据研发与应用示范”等项目。

三、互联网教育国家工程实验室的研究范畴

在云计算与存储环境及共性支撑技术条件下，互联网教育国家工程实验室确立了5个研究方向，相应地依托于5个子实验室。

1. 远程教学交互实验室

建设内容有交互活动组件开放平台、自然交互技术融合集成示范平台、多网融合/多点互动远程实时高速传输平台。上述3大平台主要服务于“三通两平台”升级解决方案，提高交互活动设计能力，示范下一代远程交互技术。

2. 知识建模与分析实验室

建设内容有基础教育学科知识本体库、面向教育的知识服务平台、学习资源进化示范平台、建立知识服务标准。上述本体库、平台和服务标准将作为面向行业开放知识本体库，为企业提供知识服务接口，提供学习资源应用方案以及提供学习资源进化示范等项目的资源支持和技术支持。

3. 学习者建模与学习分析实验室

建设内容有教育教学数据采集系统、学习者模型常模数据库、学生健康成长监测示范系统、教学过程监测与学习分析系统。上述4大系统及数据库将服务于为行业提供学习数据自动采集技术，助力学校全面评价学生健康状况，为办学机构精准监测学习过程以及示范个性化推送服务等方面。

4. 学习环境设计与评测实验室

建设内容有学习环境设计优化与评测平台、VR教育资源生成与共享平台、学习环境建设标准以及4类典型学习环境等。上述平台、标准及学习环境将服务于为学校提供学习环境设计工具，为行业企业提供学习环境测试平台以及展示新一代典型学习环境等。

5. 系统化教育治理实验室

建设内容为教育治理仿真与决策示范平台。该平台将为政府和区域提供系统化治理模型与方法以及为行业提供仿真与决策示范平台。

北京师范大学校长董奇在互联网教育国家工程实验室申报工作动

员会上指出：“国家工程实验室申报的重要性体现在多个方面：一要学习贯彻习近平总书记系列重要讲话精神，大学在国家的发展中，要真正做出重大的贡献；二要与‘双一流’结合，科技前沿要扎根中国大地办大学；三是大学的变革和创新，国家在科技创新方面布局有新需求，需要校内机构同企业合作。”

作者单位

袁克定，北京师范大学教育学部。

吕巾娇，北京师范大学教育学部。

勇敢站上时代风口　全力构筑教育未来

——教育大数据应用技术国家工程实验室成立侧记

◎ 罗丽华　汪　兵　敖俊杰

大数据技术是21世纪最具时代标志的技术之一，对促进教育公平，提高教育质量和优化教育治理都具有重要作用，已成为实现教育现代化必不可少的重要支撑。2017年1月，国家发展和改革委员会正式发文，同意由华中师范大学作为承担单位，联合相关单位筹建教育大数据应用技术国家工程实验室，这也是我国首个面向教育行业，专门从事教育大数据研究和应用创新的国家工程实验室，意味着大数据技术在教育领域的应用研究全面提速，数据驱动教育发展的时代即将到来。

一、时代使命：走向数据驱动的未来

2010年7月29日，备受关注的《国家中长期教育改革和发展规划纲要（2010—2020年）》正式全文发布。这是中国进入21世纪之后的第一个教育规划，是指导全国教育改革和发展的纲领性文件。它首次把教育信息化纳入国家信息化发展整体战略，明确提出要加快教育信息化进程。

经过“十二五”的发展，我国教育信息化各项标志工程和重点工作取得了显著成效，特别是“三通两平台”建设，对引领我国教育变革、促进教育公平、提高教育质量的支撑作用日益凸显。

进入“十三五”，以教育信息化支撑引领教育现代化已成为新时代

我国教育事业改革发展的战略选择。随着大数据技术对互联网信息技术行业的革命性影响，世界各国纷纷尝试利用大数据技术推动教育的改革与创新，以大数据技术推动教育深层次变革已经成为现代教育发展不可阻挡之势。

2018年4月，教育部正式发布《教育信息化2.0行动计划》，标志着我国教育信息化从以基本技术条件建设和普及应用为主的“1.0”时代，进入到以深度融合、创新发展为主的“2.0”时代。以大数据驱动教育改革，创造未来教育新形态，是教育信息化“2.0”时代的发展之路。

为了迎上新技术浪潮的时代风口，构建基于数据分析的教学范式，实现基于数据支撑的教育决策，推进基于数据驱动的教育全域应用，我们联合相关单位，积极申报教育大数据应用技术国家工程实验室，成功组建了教育大数据应用技术领域第一支“国家队”。它将针对我国教学过程质量管理、学生学习成长监测、教育管理智能决策能力不足等问题，开展学习过程追踪与量化、教育数据融合与共享、综合建模与分析、动态监测与智能决策、教育数据可视化等技术的研发和工程化，提升教育大数据应用技术的自主创新能力，加速教育大数据应用基础理论与服务模式创新，助力教育向精准化、个性化和智能化发展。

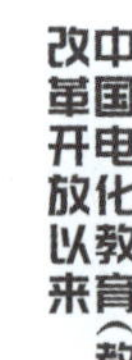

二、责无旁贷：难以忘怀的申报始末

2016年8月26日，国家发展和改革委员会网站发布了《关于请组织申报大数据领域创新能力建设专项的通知》，决定在教育大数据应用技术方向组建国家工程实验室。这是落实国家大数据领域相关战略政策的一项重大举措，也是提高教育大数据应用技术创新能力和转化水平，为国家创新体系建设、未来教育发展提供关键技术支撑的一项重大举措。

这个通知让一直致力于教育信息化关键技术研究和应用的我们十分兴奋，虽然深知实验室建设任务艰巨，但是我们不想错过这个机会，也相信我们一定能够完成建设任务。通知发布第二天，也就是2016年8月27日，我们就正式成立了国家工程实验室申报工作组。工作组里既有杨宗凯、王珠珠等教育信息化领域领军人才，也有以国家数字化

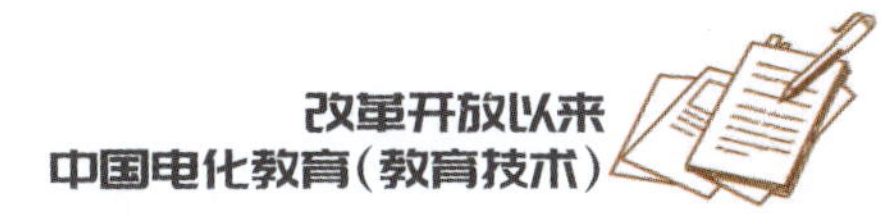

学习工程技术研究中心科研人员为主的一批青年学者。

从这一天开始，到2016年11月1日在国家发展和改革委员会答辩结束，申报工作组度过了炼狱般的66天，没有周末，没有中秋节，没有国庆节，有的只是无穷无尽的加班。连续高强度的工作，很多年轻人都扛不住了，接二连三地病倒，不严重的带病坚持，严重的到医院取点药后立马归队。

申报期间，杨宗凯教授的腿受伤了，但他坚持要对申报工作进行面对面地指导，从整体思路到每一处细节，跟工作组一遍一遍地反复推敲、打磨。有一次他拄着拐杖过来，电梯坏了正在维修，他忍着疼痛爬了四层楼参加讨论。这一幕深深地感动和激励了工作组的每一位成员。

怀着迎头赶上时代发展、奋力实现使命担当的决心和信心，得益于我们华中师范大学近十年来在教育信息化领域取得的成果，特别是杨宗凯教授领衔的团队在信息技术与教育深度融合方面所取得的突破性进展，积累的技术优势和广泛的社会影响力，以及华中师范大学在教育大数据领域所具有的平台优势和技术、理论、实践发展等方面的长期积淀，特别是华中师范大学教育科学和数据科学交叉研究基础与实力，我们最终战胜了多个实力强劲的对手，获得组建我国教育大数据应用技术国家工程实验室的殊荣和重任！

三、大幕拉开：实验室建设计日程功

道阻且长，行则将至。教育大数据应用技术国家工程实验室成立后，我们不敢有丝毫的骄傲和懈怠，便立即投入到了实验室建设工作中。

（一）平台建设

2017年3月16日，我们召开了实验室理事会筹备会议，研究讨论实验室建设整体方案，并议定了理事会及技术委员会组建事宜。同年3月31日，我们又召开了项目资金申请报告评估咨询会，并对实验室建设方案进行了第二轮讨论。根据最终确定的实验室建设方案，我们计划用5年左右的时间建成国内一流的教育大数据应用技术研发平台和工程化试验环境，包括1个数据中心、5大研发平台、7大研究中心。

大数据计算中心设于即将落成的华中师范大学南湖综合楼内，该中心共提供80台高性能服务器、40万亿次计算能力、3PB数据存储空间，并预留了200台高性能服务器、10PB数据存储扩容空间等，今后还可根据实际需求随时进行扩容建设。该中心采用互联网应用架构模型，可以实现对海量非结构化数据存储、分析、处理以及应用。

针对实验室需要攻克的教育大数据5大关键技术，我们分别设立了教育情境感知技术研发平台、教育数据汇聚与共享技术研发平台、教育综合建模与分析技术研发平台、教育管理决策技术研发平台与教育智能服务技术研发平台。这“5大研发平台”为“7大研究中心”提供相应的技术支撑，并把相关的数据汇聚到教育大数据存储与计算中心。

7大研究中心为相应的研发平台和数据中心提供应用与数据反馈。目前，教育部教育管理信息中心教育大数据管理决策创新研究中心、中央电化教育馆教育大数据综合应用创新研究中心、联想集团智能治理创新研究中心已经成立。

此外，实验室一直聚焦国家需求，全面支撑教育的创新发展。跟随着国家《粤港澳大湾区发展规划纲要》，率先布局成立“教育大数据应用技术国家工程实验室粤港澳分中心”；为响应习近平总书记提出的“一带一路”倡议，积极推进“一带一路”建设，联合网龙网络公司，成立“一带一路合作分中心”；为全面支撑宁夏回族自治区建设“互联网+教育”国家示范区，成立分中心全面助力示范区建设。

（二）学术交流活动

要想在教育大数据领域走在世界前列，加强国内外同行的学术交流，提升理论创新和技术创新水平是十分必要的。2017年11月2日，在杨宗凯教授召集下，我们举办了“教育大数据建设及应用研讨会”。这次会议盛况空前，杜占元副部长、周洪宇副主任、郭生练副省长等领导到会指导，来自实验室共建单位的200多位专家学者共同探讨教育大数据应用技术发展趋势。2018年9月23日，我们又在北京组织召开了教育大数据标准化研讨会，教育大数据标准的研制工作迈出了实

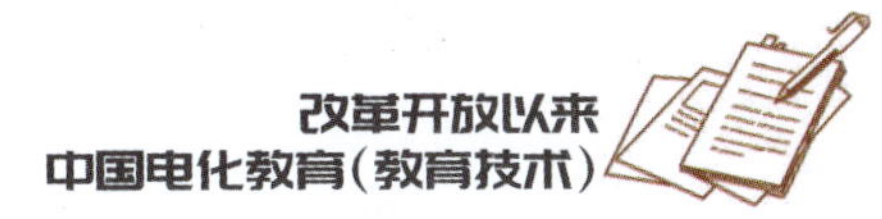

质性的一步，对于推进后续的教育大数据标准体系研制具有里程碑意义。

2019年3月25—27日，教育大数据应用技术国家工程实验室联合洪堡大学，在中德科学中心和国家自然科学基金委员会的资助下，来自中德相关领域的知名专家集聚桂子山，基于中德视角共同探讨人工智能与教育融合应用的前沿问题，引起强烈反响。

2019年5月16—19日，由教育部、联合国教科文组织、中国联合国教科文组织全国委员会、北京市人民政府共同主办的第三届国际人工智能与教育大会在北京召开，国家主席习近平向大会致贺信，中共中央政治局委员、国务院副总理孙春兰出席会议并致辞，教育部部长陈宝生、副部长钟登华做了主旨报告。大会上，教育大数据应用技术国家工程实验室“对学习过程进行多维度分析”的应用案例被重点推介，实验室杨宗凯主任、陈靓影教授受邀做专题报告，实验室提供的“人工智能+学前教育”“人工智能+基础教育解决方案”“AI+教育”等最新产品经教育部遴选后在大会布展。实验室的相关工作获得高度赞誉。

（三）学科建设布局

面对新一代信息技术，特别是大数据、人工智能技术的发展趋势，经过充分论证，我们积极组织申报数据科学与大数据本科专业，同时设立专门的研究方向培养硕士、博士高级人才，2017年成功获批设立数据科学与大数据技术本科专业，2018年完成首届本科生招生，为进一步完善教育学科体系，培养大数据应用技术领域的专业人才，做出了积极的探索和有益的实践。

作者单位

罗丽华，华中师范大学国家数字化学习工程技术研究中心。

汪　兵，华中师范大学国家数字化学习工程技术研究中心。

敖俊杰，华中师范大学国家数字化学习工程技术研究中心。

第一个教育信息化方向国家级教学成果特等奖的诞生

◎ 杨宗凯　吴　砥

2018年12月底，2018年国家级教学成果奖公布，全国仅有2项高等教育教学成果获特等奖，华中师范大学“深度融合信息技术的高校人才培养体系重构与探索实践”即为其一。

1994年，国务院发布《教学成果奖励条例》，在高等学校中正式确立了由国家法规所确定的，与科技“三项奖”所并行的国家级教学成果奖励制度。高等教育国家级教学成果奖是国家在教学研究和实践领域中颁授的最高奖项，每4年评审1次，体现了国家对高等学校教学工作的高度重视，展现了高等学校在教学建设、教学改革、人才培养等方面所取得的成绩。其中，特等奖是最高奖，每届只有2项，竞争非常激烈。2018年，国家级教学成果奖的申报和评选工作如期开展，华中师范大学以“深度融合信息技术的高校人才培养体系重构与探索实践”为主题，成功获评高等教育国家级教学成果特等奖。这是在教育技术学科发挥主干牵引作用的情况下，高等学校获得的第一个国家级教学成果特等奖。

华中师范大学是较早启动信息化教学改革的高校，早在2012年即获评为教育部首批信息化试点高校。学校贯彻以教育信息化带动教育现代化的总体思路，将信息化列为学校基本战略，坚持全面推进信息技术与教育教学深度融合研究，重点针对信息时代人才培养的三大问题进行实践探索：一是如何充分发挥信息技术优势，构建信息时代以

学生发展为中心的高校人才培养体系；二是如何利用信息技术共享优质资源、创新教学方法，借助教育大数据解决教学活动中规模化与个性化的矛盾；三是如何营造信息时代高校重视教学、崇尚创新，善教、乐教的文化氛围。

针对上述问题，华中师范大学在杨宗凯、彭南生、刘建清、李鸿飞等主要领导和骨干专家的带领下，栉风沐雨，砥砺前行，将“教育信息化”列为学校发展战略，着力构建信息时代以学生为中心的连接、共享、自主、开放、适切的新型人才培养体系。从培养方案、教学环境、师生能力、教学资源等八大维度推进教育教学创新实践（见图1）。

图1 华中师范大学的创新维度

1.修订培养方案，构建以学生为中心的人才培养模式

我们主动贯彻以学生发展为中心的教育理念，设计理论研究、复合交叉、创新创业三个方向，系统修订人才培养方案：课程结构上，调整通识教育、专业主干、个性发展三类课程比重；学时分布上，压缩课内学时；教学方式上，全面开展线上线下结合的研究型教学；评价方式上，实施基于数据的过程评价。

2.重构教学环境，实现三空间深度融合

注重“物理·资源·社交”三空间的融合，建成一批具有良好展示能力、丰富互动能力和智能分析能力的智慧教室（见图2）；在资源空间上，汇聚自主开发和引进的优质数字化课程向全校开放共享；在网络空间上，依托自主研发部署的云平台，实现师生一人一空间。

图2　华中师范大学的智慧教室

3.开展进阶培训，提升教师信息化教学能力

根据信息化条件下的教育教学需要，重新定义教师角色和能力要求，构建了教师信息化教学能力发展进阶标准，对不同类型教师开展针对性培训，每年送约20名种子教师出国研训研修，为推进信息化教学改革培育出一批核心力量，学校教师教学水平显著提升。

4.丰富教学资源，提供更加开放的教育

出台A、B、C三类数字课程资源规范，采用自建、共享、购置三种方式汇聚优质资源；以自主研发云平台为基础，提供课程共享接口；开通师范生毕业后两年网上攻读教育硕士通道。

5.创新教学方法，推广混合课堂教学

广泛推行讲授与研讨结合、线上与线下一体的混合式教学模式，翻转式课堂等新课堂教学形态快速发展，教师依托信息化环境和资源开展教学创新的主动性显著提升，涌现出一大批信息化教学创新案例。

6.改革评价方式，开展基于数据的综合评价

建立教学基本状态数据库，开展过程性评价，从学生在课内学习行为、在线作业研讨情况及测验考试情况等多渠道采集数据，为学情诊断、综合评价和学业规划提供支撑。

7.优化管理服务，构建育人新生态

通过基于信息门户的一站式服务，基于校园网格的一张网管理和基于学生成长档案的一张表跟踪，学校实现从学生录取到毕业的全过

程跟踪服务，夯实思想政治教育主阵地，利用新媒体技术实现网络思政教育可视化。2017年，时任华中师范大学校长杨宗凯教授主讲新生思想政治课，依托云平台采用“1+X”模式实现了全校2700名学生同上一堂思想政治课（见图3），通过智能终端实现了多现场实时互动，取得良好效果，形成了以信息化为支撑的思政、通识、专业、实践教育和管理服务“五位一体”育人生态。

8.设立教学节，营造教学文化

学校首创“教学节”品牌活动，自2015年起每年举办1次，包括教学公开课、教学工作坊、教育教学改革论坛、东亚教师教育国际研讨会、“卓越数字化教师”教学技能竞赛、学生信息化学习能力竞赛等一系列丰富多彩的活动内容；自2013年起每年开展教学创新奖评比赛，重点关注教师的教学创新策略和学生的学习效果，为获奖教师配套专门奖励政策，并在职称评聘方面予以倾斜；充分发挥学校在教育信息化方向的国家级科研基地优势，实施科教结合、协同育人，在全校范围内营造出重视教学、崇尚创新的文化氛围。

经过几年的积累，华中师范大学信息化教学改革成效逐步显现，学生自主学习意识和能力显著提高，教师信息化教学应用能力、教学水平与效果明显提升，学校管理育人和服务育人能力大幅度增强，学校办学空间等各类资源的集约化利用水平大幅提高。2016年华中师范大学获评教育部首批信息化试点优秀高校，2017年学情调查显示学生学习的积极性和满意度连续五年提升。

教学成果奖是华中师范大学人才培养工作和教育教学改革成果的集中检阅和全面展示，反映出国家对信息化背景下教育教学创新工作的重视和肯定。华中师范大学能够获得这一奖励，跟学校长期重视教育技术学科建设和应用研究，尤其是重视将科研探索与教学实践相结

图3　时任校长杨宗凯教授为新生上思想政治课

合密不可分。早在2009年，华中师范大学就获批建立教育技术学科首个国家级科研基地——国家数字化学习工程技术研究中心；2012年，学校成功申报教育信息化方向第一个战略研究基地——教育部教育信息化战略研究基地（华中）；2017年，华中师范大学再接再厉，成功获批建设教育大数据应用技术国家工程实验室，这都为学校持续开展教育信息化研究和实践提供了良好支持。

作者单位

杨宗凯，西安电子科技大学，华中师范大学国家数字化学习工程技术研究中心。

吴　砥，华中师范大学国家数字化学习工程技术研究中心。

全国第一个智能教育二级学科在西北师范大学设置

◎ 郭绍青　杨鸿武

以互联网、大数据、云计算、物联网、人工智能为代表的新兴信息技术正在推动社会从后工业社会向智慧社会转型。智慧社会是机器智能与人类智慧融合的社会，是人类社会的又一次系统性重构，将对人类的生产、生活、思维与学习方式等产生巨大影响。面对即将到来的智慧社会，世界各国都在制定教育发展战略，调整人才培养格局与教育体系，推动体制与机制创新发展。国家《新一代人工智能发展规划》中明确提出要发展智能教育，利用智能技术加快推动人才培养模式、教学方法改革，创新教学环境，开发智能教育助理，推动人工智能在教学、管理、资源建设等全流程应用。西北师范大学郭绍青教授敏锐地意识到高等院校、科研院所、“互联网+”教育企业及政府等有关决策部门都迫切需要掌握智能教育理论与技术的高端人才，教育学科本身的发展也需要开展智能教育相关理论与实践的研究，便萌生了建设智能教育学科的念头。机缘巧合的是，西北师范大学电子科学与技术学科带头人杨鸿武教授也打算将自己在人工智能方面的研究与教育结合，利用人工智能技术解决民族地区国家通用语言学习的问题。在这一背景下，郭绍青和杨鸿武共同合作，计划在“教育学”一级学科下申报“智能教育”二级学科。

在决定申报“智能教育”二级学科后，首先面临的问题是如何组建学科团队。“智能教育”是一门典型的新型综合交叉学科，其理论和研究方法来源于教育学、心理学、学习科学、人工智能等多个学科。因此，在组建学科团队时，我们集中了西北师范大学教育学、教育技术学、心理学、计算机科学与技术、软件工程、电子科学与技术等学科的研究力量。同时，“智能教育”是人工智能技术与教育的深度融合，离不开人工智能技术的支持，而成熟的人工智能技术都掌握在人工智能企业中，因此，在团队的组建中，也增加了科大讯飞这一国内著名人工智能企业的研究人员刘邦奇教授。组建好学科团队后，经过团队的多次讨论，最终确定了“智能教育基础理论与方法”“智能学习环境”“智能学习分析与评测”三个主要研究方向，并依此完成了申报“智能教育”二级学科的论证方案。

2019年7月14日，由广东工业大学胡钦太教授、华东师范大学荀渊教授、北京师范大学李芒教授、江南大学陈明选教授、中国科学技术大学吴敏教授、华中师范大学杨九民教授、华南师范大学胡小勇教授共同组成的专家组对论证方案进行评议，专家组一致认为“西北师范大学设立智能教育二级学科是国内首创，是新时代教育科学发展新的生长点，具有较强的前瞻性和战略意义，能够满足智能时代人才培养和经济社会发展的需求”，一致建议西北师范大学在教育学一级学科下自主设置“智能教育”二级学科博士点和硕士点。

作者单位

郭绍青，西北师范大学教育技术学院。

杨鸿武，西北师范大学教育技术学院。